LE GUIDE ASTRO DES COMPLÉMENTARITÉS amoureuses

Illustrations : © Istock : p. 28, 30, 33, 56, 59, 62, 86, 88, 91, 93 : ulimi ; p. 125 : Liubov ; p. 127 : AnastasiaSit ; p. 150, 155 : Elena Kalinicheva ; p. 180 : Nadezhda Ivanova ; p. 183 : Yevheniia Bondarets ; p. 214, 219, 276, 279, 282 : shima ; p. 221 : pernsanitfoto ; p. 246, 248 : Vect0r0vich ; p. 251, 284 : pleshko74 ; p. 310, 315, 340, 372 : Elena Treshcheva ; p. 402, 408 : Maroshka.
Maquette et mise en pages : © Bénédicte Souffrant – PCA-CMB.

ISBN : 978-2-38578-019-7

www.editions-tredaniel.com
info@guytredaniel.fr
www.facebook.com/tredanieleso
@tredaniel_eso

Nancy Farhat
@TheSuperNancy

LE GUIDE ASTRO DES COMPLÉMENTARITÉS amoureuses

GOOD MOOD DEALER
By EXERGUE
27, rue des Grands-Augustins
75006 Paris

Sommaire

Les signes de l'automne

Introduction

Une étude de l'astrologie issue du terrain, et pas des astres!

L'analyse du comportement humain m'anime depuis mon plus jeune âge, et m'a menée à étudier le caractère des individus selon leur date de naissance, à travers des sondages, des expériences sociales, et bien plus encore.

Mais comment étudier l'astrologie? En se penchant sur les astres? Pour ma part, c'est sur le terrain que je l'ai abordée: en analysant les gens, tout simplement.

Bienvenue dans ce guide dédié à l'astrologie des relations amoureuses, une approche concrète qui se concentre sur l'étude des individus plutôt que sur celle des astres.

Nous explorerons ensemble comment utiliser l'astrologie de manière pratique, en nous penchant sur les personnes elles-mêmes plutôt que sur les configurations célestes. Nous découvrirons comment les différentes caractéristiques comportementales peuvent influencer les relations amoureuses et comment comprendre les dynamiques uniques qui se déploient entre les partenaires.

Oublions les interprétations générales et les prédictions stéréotypées. Ici, nous nous intéressons aux faits concrets et aux expériences réelles pour mieux comprendre les forces et les faiblesses observées dans chaque couple selon les dates de naissance de chacun. Que vous soyez novice en astrologie ou que vous souhaitiez approfondir vos connaissances, ce guide vous accompagnera pas à pas dans votre exploration des liens étroits entre l'astrologie et l'amour.

Préparez-vous à plonger dans un voyage passionnant à travers les signes astrologiques, leurs différentes caractéristiques et les forces et faiblesses de chaque couple astrologique. Nous allons démythifier l'astrologie des relations amoureuses et vous aider à développer une compréhension plus profonde de vous-même et de vos partenaires.

Il est temps d'étudier l'astrologie de manière tangible, en plaçant les gens au centre de notre exploration. Préparez-vous à découvrir les merveilles et les surprises de l'astrologie appliquée aux relations amoureuses. Bonne lecture et bon voyage astrologique!

L'astrologie, science ou croyance ?

Avant de commencer, il est essentiel de définir notre sujet : l'astrologie, c'est quoi ?

L'astrologie est une discipline qui consiste à étudier les mouvements et les positions des corps célestes, tels que les étoiles et les planètes, ainsi que leur influence sur les événements et les comportements humains.

Le signe astrologique, aussi appelé signe solaire, est déterminé selon l'emplacement du Soleil le jour de votre naissance.

Selon Wikipédia : « L'astrologie est considérée comme une pseudoscience relevant du charlatanisme, une croyance indûment présentée comme scientifique, ou comme une superstition. »

À quoi ça sert ?

L'astrologie se fonde sur l'idée que les positions des astres au moment de la naissance d'un individu peuvent avoir un impact sur sa personnalité, ses traits de caractère, ses préférences, son destin et même sa vie amoureuse et professionnelle. Elle aurait donc plusieurs fonctions, dont une informative qui nous permettrait de connaître la personnalité ou le caractère des individus, et une autre prédictive, à savoir l'horoscope.

L'horoscope découle de la voyance, laquelle prétend prédire l'avenir ou donner des informations sur des événements ou des personnes sans aucune base scientifique solide. Il n'y a aucune preuve empirique ou méthodologie reproductible qui puisse soutenir cette thèse. Les prédictions des voyants sont souvent formulées de manière très vague et générale, ce qui permet une interprétation libre par les personnes qui les reçoivent. Elles peuvent s'appliquer à de nombreuses situations et à des individus différents, ce qui augmente les chances de réussite apparente. Les consultants ont tendance à se rappeler et à souligner les prédictions qui se sont révélées vraies, tout en ignorant ou en oubliant celles qui se sont révélées fausses. Cela crée un biais de confirmation, par lequel les gens croient à tort que les voyants ont une capacité spéciale.

De nombreux voyants utilisent des techniques de manipulation psychologique pour donner l'impression qu'ils ont une connaissance spéciale ou des pouvoirs surnaturels. Ils peuvent poser des questions suggestives, lire les indices non verbaux ou utiliser des astuces pour obtenir des informations auprès de leurs clients sans que ceux-ci s'en rendent compte. Les charlatans de la voyance ciblent souvent des personnes vulnérables, désespérées, qui souhaitent obtenir des réponses ou de l'aide dans leur vie. Ils profitent de cette vulnérabilité émotionnelle pour leur vendre des services coûteux et souvent inutiles.

L'utilité de l'astrologie

L'astrologie est un outil de développement personnel qui nous aide à nous connaître et à mieux nous comprendre, ainsi qu'à mieux comprendre les autres. Ce faisant, il devient plus facile d'anticiper leurs réactions, de s'adapter à leurs caractéristiques individuelles, comme leur nervosité ou leur susceptibilité, et ainsi de mieux gérer nos relations avec eux.

L'astrologie peut nous donner des indications sur les traits de caractère et les comportements généraux associés à chaque signe, ce qui nous permet d'interagir de manière plus harmonieuse avec les autres et d'éviter les malentendus et les conflits potentiels en tenant compte des prédispositions naturelles de chacun.

Si l'astrologie offre la possibilité de connaître intimement autrui, pourquoi continue-t-elle à être étiquetée comme une pseudoscience, alors même qu'elle se présente comme un outil puissant pour s'adapter et s'épanouir au sein de la société, auquel personne ne devrait renoncer ?

Très jeune, je me suis plongée dans le monde des livres d'astrologie et des sites Internet décrivant les différents signes astrologiques. J'ai cherché avidement toutes les informations que je pouvais trouver sur le sujet afin d'en apprendre davantage. Cependant, j'ai rapidement été confrontée à des incohérences, notamment en ce qui concerne mon propre signe, auquel je ne parvenais pas à m'identifier. Néanmoins, j'ai souhaité croire en ce que je lisais, car je cherchais un moyen de mieux me connaître et de comprendre les autres. J'ai donc voulu nourrir ma confiance et ma croyance... mais je ne pouvais pas me mentir à ce point.

Je suis Verseau. Toutes les descriptions présentaient la femme Verseau comme ne supportant pas d'être étroitement liée à son partenaire dans une relation de couple... Mais dans mon cas, c'était tout le contraire. Ces descriptions m'ont même amenée à tenter inconsciemment de changer afin de correspondre à mon signe astrologique, ce qui est totalement ridicule. Cependant, toutes mes amies Verseau étaient également très engagées et disponibles dans leurs relations amoureuses. Elles considéraient leur couple comme une équipe fusionnelle et accordaient une grande importance aux moments passés à deux.

De la même manière, j'ai constaté des incohérences et des contradictions notables lors de mon analyse des autres signes astrologiques. Les livres que je lisais et les sites Internet que je consultais donnaient souvent des informations divergentes et contradictoires. Par exemple, ils présentaient l'homme Taureau et l'homme Poissons comme les plus fidèles alors que les faits (sur des milliers de Taureau et de Poissons) prouvent le contraire. Cela m'a laissée perplexe et m'a conduite à remettre en question la fiabilité et la cohérence de ces contenus astrologiques, différents d'une source à l'autre.

Une des limites que j'ai constatées dans les descriptions des signes astrologiques est également le manque de distinction entre les traits et les caractéristiques propres au genre. Les descriptions générales ne prennent souvent pas en compte les différences entre hommes et femmes et ne fournissent pas d'explications approfondies sur leurs processus respectifs de réflexion et de développement. À la place, elles se contentent de formuler des généralités vagues qui pourraient s'appliquer à n'importe qui, sans apporter de réelles explications ou précisions. Cette approche réductrice limite la compréhension et l'analyse de la complexité individuelle au sein des différents signes astrologiques.

En effet, il est courant que les astrologues utilisent l'ensemble du thème astral comme explication lorsque des incohérences ou des contradictions se présentent. Lorsqu'ils ne parviennent pas à fournir des explications précises ou à justifier certaines caractéristiques ou événements, ils peuvent se tourner vers l'idée que d'autres aspects du thème astral, tels que la position des planètes et leurs différentes interprétations, pourraient influencer la situation. Cela leur permet de maintenir une certaine crédibilité en invoquant la complexité de l'ensemble du thème astral. Cependant, cela ne fournit pas nécessairement des réponses claires et convaincantes et peut être considéré comme une façon de justifier les limites de l'astrologie.

Les sources de l'astro

L'astrologie s'appuie sur des croyances et des concepts issus de la mythologie, ce qui peut susciter des questionnements quant à leur validité et leur pertinence. Lorsqu'un astrologue analyse un thème astral, il interprète la position des planètes au moment de la naissance et les associe à des caractéristiques et des influences spécifiques. Par exemple, si une personne a Vénus en Scorpion, l'astrologue explique qu'elle vivra ses relations amoureuses à la manière d'un Scorpion, car Vénus, déesse de l'Amour dans la mythologie, est considérée en astrologie comme la planète de l'amour.

Effectivement, le principal problème de l'astrologie telle qu'elle est souvent présentée est qu'elle se base sur l'étude des astres pour prétendre décrire les comportements humains, plutôt que sur une étude directe et spécifique des individus. Ainsi, il est justifiable de considérer l'astrologie comme une croyance plutôt qu'une science.

Le danger de ces fausses informations sur les signes astrologiques est de se faire influencer et de s'auto-convaincre afin de vouloir correspondre à son signe astrologique.

Comment j'ai étudié l'astrologie ?

En tant que passionnée, j'ai refusé d'être influencée par des informations potentiellement fausses et souhaité me forger ma propre compréhension des interactions entre les signes astrologiques et les traits de caractère. J'ai approfondi mes propres études en analysant directement les individus en lien avec leur signe astrologique et ainsi entrepris une exploration indépendante afin de tout comprendre de manière objective.

Ma formation sur le **terrain** m'a permis d'examiner les faits avec rigueur, de chercher des preuves tangibles et d'adopter une approche analytique. Grâce à des compétences acquises durant mes études de droit, j'ai été en mesure d'aborder l'astrologie avec une volonté de compréhension objective, sans me laisser influencer par d'éventuelles expériences ou relations personnelles qui auraient faussé ma compréhension des individus.

Au cours des dix-sept dernières années, j'ai donc consacré mon temps à analyser les caractères des individus en relation avec leur date de naissance. J'ai effectué des sondages, réalisé des expériences sociales et interrogé de nombreuses personnes pour comprendre leurs traits de personnalité, en rassemblant les données statistiques et en analysant les corrélations afin d'affiner mes analyses. En parallèle, j'observe constamment et attentivement les personnes de mon entourage, celles que je vois à la télévision et dans les émissions, afin d'étudier et analyser le comportement de chacun... même celui de mon chauffeur Uber afin d'analyser sa conduite et d'établir des liens avec sa date de naissance. Cette approche globale m'a permis de recueillir et compiler des données, et de créer ainsi des analyses approfondies et des statistiques astrologiques en identifiant des tendances communes aux individus en fonction de leur date de naissance.

Reprenons...

Les astrologues soutiennent l'idée selon laquelle chaque signe astrologique renferme une personnalité unique, symbolisée par le signe lui-même et l'astre auquel il est associé. Selon eux, cette connexion entre les caractéristiques distinctives de chaque signe et les influences célestes qui les gouvernent est fondamentale. En d'autres termes, ils affirment que les traits de personnalité associés à chaque signe sont profondément enracinés dans la symbolique des astres, ce qui confère à chaque individu une essence cosmique particulière.

Or, plutôt que de chercher dans les astres et de se faire entraîner par les croyances associées aux planètes et à tout ce monde irrationnel, il faut chercher sur Terre, en analysant les individus et en observant ceux qui nous entourent, sans se demander ce que Vénus ou Mercure ont à faire ici pour ne pas risquer d'être mal influencé. Ce faisant, nous avons davantage de chances d'apprendre à les connaître et à les comprendre qu'en analysant Mars, qui, selon la mythologie, représenterait la colère inspirée par le dieu de la Guerre.

J'ai privilégié une approche terre à terre et fondée sur des analyses factuelles lors de mon étude des individus et de leurs caractéristiques. En effet, l'utilisation de méthodes **scientifiques** rigoureuses telles que les méta-analyses permet de recueillir des données s'appuyant sur l'observation, la comparaison portant sur des milliers de personnes, étudiant leurs réactions naturelles en situation; on peut ainsi obtenir des réponses claires et précises quant aux traits de caractère, aux préférences, aux comportements et aux dynamiques interpersonnelles qui caractérisent les individus. Cette approche met l'accent sur l'objectivité, l'analyse des données et la recherche de corrélations à travers les **statistiques**.

Il est important de noter que cela ne signifie pas nécessairement rejeter complètement les croyances ou les intérêts personnels associés à l'astrologie ou à d'autres domaines spirituels. Chacun est libre d'explorer différentes perspectives et croyances dans sa quête de compréhension de soi et des autres. Cependant, lorsqu'il s'agit d'obtenir des réponses claires et précises basées sur des preuves tangibles, une approche scientifique et factuelle peut être privilégiée.

Le constat est clair : les individus nés à des dates proches entre elles au cours d'une année donnée répartie en mois présentent souvent des similitudes de traits de caractère.

En réalité, ce n'est pas la personnalité, mais la date de naissance qui exerce une influence sur le caractère d'une personne, ce qui constitue une distinction importante que les astrologues ne prennent pas en considération. La **personnalité** se différencie du **caractère** en ce sens qu'elle se développe et se façonne à travers les expériences vécues. En revanche, le caractère est quelque chose d'inné, une composante inhérente à notre être, même s'il n'est pas destiné à rester figé et qu'il peut évoluer grâce à la volonté.

Ainsi, bien que la date de naissance puisse jouer un rôle dans la formation de notre caractère initial, notre personnalité est influencée par nos interactions, nos apprentissages et notre développement personnel tout au long de notre vie. Par exemple, une personne impatiente peut apprendre à devenir patiente à travers ses expériences de vie. Cette idée souligne la capacité de chaque individu à évoluer, à transcender les caractéristiques déterminées à notre naissance et à façonner activement sa propre personnalité.

Le signe astrologique définit-il le caractère d'une personne ?

En réalité, **ce n'est pas tant le signe astrologique qui est déterminant, mais la date de naissance**. N'avez-vous jamais remarqué, pour rester sur ce même exemple, combien un Poissons de février était différent d'un Poissons de mars ?

Par exemple, un Poissons né le 22 février partage des traits de caractère communs avec un Verseau du 19 février et peut parfois ressembler davantage à ce Verseau qu'à un autre Poissons du 20 mars, qui lui-même présentera des traits de caractère proches de ceux du Bélier, et ainsi de suite.

De plus, lorsque l'on cherche à connaître son signe astrologique, les informations divergent selon les sites Internet. En fonction de celui qui est consulté, deux personnes nées le même jour peuvent se dire de deux signes différents. Une personne née le 22 octobre peut être Scorpion pour certains astrologues et Balance pour d'autres. Comment trouver cohérent qu'entre une personne née le 22 octobre à 23 h 55 et une autre née à minuit, soit cinq minutes après, il y ait un monde de différences entre la personnalité de la première qui serait associée à la Balance et celle de la seconde qui serait associée au Scorpion ?

Les personnes nées entre deux signes astrologiques ont des caractéristiques propres aux deux signes, le constat est clair. Ce guide présentera donc les noms donnés aux signes cuspides afin de ne plus hésiter en se présentant selon son signe astrologique.

Pour reprendre l'exemple précédent, une Balance du 21 octobre aura des caractéristiques propres à la Balance, et d'autres propres au Scorpion.

Deux individus Balance nés le 21 octobre n'ont pas nécessairement les mêmes caractéristiques du signe Scorpion et du signe Balance. Il est possible que l'un ait pris le côté rancunier qu'on retrouve souvent chez les personnes nées fin octobre (Scorpion), tandis qu'un autre lui aussi né le 21 octobre aura peut-être récupéré le côté méfiant. C'est de la casuistique, du cas par cas, et heureusement !

L'astrologie différencie également les signes astrologiques en fonction des décans, ce qui a déjà plus de sens. Chaque décan représente une dizaine de jours. Par exemple, les Lion du premier décan sont nés durant les dix premiers jours du signe, soit du 23 juillet au 1er août, ceux du second décan sont nés la seconde dizaine du signe, soit du 1er au 10 août, et enfin ceux du dernier décan correspondent aux dix derniers jours, à savoir entre le 10 et le 21 août. Cette division en trois permet de mieux préciser les nuances de caractère dans chaque signe astrologique, ce qui fait sens.

Nous ne sommes pas des Sims et c'est ce qui fait notre particularité. Il est impossible de déterminer un pourcentage exact d'un trait de caractère spécifique présent de façon unanime chez toutes les personnes nées le même jour, mais nous pouvons constater la présence de certains traits très majoritairement présents chez les personnes nées à des dates proches. Par exemple : le Cancer est courageux. Mais nous ne pouvons pas dire : « Le Cancer est courageux à 70 % » en raison des diverses variables qui entrent en jeu, comme celle de la personnalité qui est propre à chacun.

Si la date de naissance a donc bien une influence sur le caractère, alors pourquoi reprendre les noms des signes astrologiques pour en parler ?

Il est vrai que les signes astrologiques sont largement connus de nos jours, ce qui rend leur utilisation pratique pour qualifier rapidement les personnes. Les terminologies astrologiques, telles que les douze signes qui divisent l'année, peuvent en effet être utilisées pour faciliter les discussions et les références aux caractéristiques personnelles. Les noms des signes astrologiques offrent une sorte de langage commun qui permet aux gens de se comprendre plus facilement lorsqu'ils évoquent les traits de caractère généraux associés à chaque signe. Cela peut servir de point de départ pour engager des conversations sur les comportements, les réactions et les préférences d'une personne, même si cela ne reflète pas nécessairement la totalité de sa complexité individuelle.

Un homme et une femme du même signe astrologique ne présentent-ils aucune différence de caractère et de comportement ?

Il est vrai que les astrologues ont tendance à parler des signes astrologiques de manière générale, sans faire de distinction entre hommes et femmes. Cela peut être dû à la nature simplifiée de l'astrologie qui se concentre sur des schémas et des tendances générales plutôt que sur des variations individuelles. Les hommes et les femmes peuvent présenter des différences dans certains aspects de leur caractère en raison de leurs cheminements de pensée et de réactions distincts, ainsi que de leur perception de leurs rôles dans la société. Ces différences sont influencées par des facteurs biologiques, sociaux et culturels, qui contribuent à façonner les comportements et les traits de caractère propres à chaque genre.

Il est donc nécessaire de considérer le genre afin de mieux comprendre leurs caractères respectifs. Bien qu'un grand nombre de traits de caractère restent évidemment communs à l'homme et à la femme d'un même signe astrologique ou ayant la même date de naissance (plus ou moins), les comportements sont souvent différents.

Ce guide sépare donc l'analyse des caractères et des différents comportements d'un signe astrologique selon qu'il s'agit d'un homme ou d'une femme.

Mais comment expliquer que ma sœur jumelle, qui est née le même jour que moi, ne me ressemble pas du tout ?

Au-delà de l'astrologie qui offre une compréhension des comportements humains à travers les traits de caractère innés, il existe d'autres éléments clés tels que **l'énergie**.

Il est fascinant de constater que malgré leur lien de parenté et leur naissance simultanée, deux jumeaux peuvent sembler radicalement différents au premier regard, car l'un est extraverti et l'autre introverti.

Introverti, ça veut dire qu'on recharge en priorité son énergie quand on est seul, qu'on préfère les environnements calmes et qu'on est davantage tourné vers son monde intérieur ; et extraverti, c'est quand on est tourné vers le monde extérieur et qu'on recherche des échanges avec les autres pour recharger son énergie et se ressourcer.

La complexité de la nature humaine réside dans le fait que nous ne sommes pas strictement définis comme étant totalement introvertis ou totalement extravertis. Il existe un troisième terme, l'ambiversion.

Cette notion d'ambiversion signifie que nous sommes capables de nous adapter et de nous comporter de manière introvertie ou extravertie selon les moments de notre vie ou les personnes avec lesquelles nous interagissons. Parfois, nous pouvons être à l'aise et épanouis en étant au centre de l'attention, tandis qu'à d'autres moments, nous préférons nous retirer et rechercher la solitude. Ce spectre d'ambiversion démontre que notre comportement et notre préférence d'interaction sociale sont dynamiques et susceptibles de changer. Il n'y a pas de catégorisation rigide, mais plutôt une palette de comportements et de réponses qui peuvent varier en fonction de notre environnement, de notre état émotionnel et de nos expériences individuelles.

C'est pourquoi deux personnes nées le même jour, mais se situant à des pôles différents de l'extraversion et de l'introversion, peuvent sembler radicalement différentes à première vue. L'extraverti se montre ouvert et affable, arborant un sourire constant, tandis que l'introverti se montre plus réservé, préférant la tranquillité et la quiétude. Cependant, si l'on creuse plus profondément et que l'on observe le caractère intrinsèque de chacun, on découvre une base fondamentale de traits de caractère similaires. L'essence de leur caractère demeure inchangée, indépendamment de leur relation à l'énergie environnante. En plus de l'extraversion ou de l'introversion, il y a également l'énergie féminine et masculine qui peuvent varier selon les personnes. Ainsi, il est important de ne pas se laisser aveugler par les apparences et de chercher à comprendre les profondeurs de chaque personne.

Comme nous l'avons déjà souligné, il est crucial de différencier le caractère de la **personnalité**, car ces deux notions sont distinctes et influencées par des facteurs variés. Le caractère fait référence à notre essence innée, à notre nature profonde qui englobe des traits tels que la jalousie, l'impulsivité, la rancune, l'optimisme, la séduction, la patience, l'altruisme, la générosité, l'honnêteté, la rancune, l'égoïsme, l'impatience, la curiosité, le mensonge, la malhonnêteté, etc.

Bien que notre caractère puisse évoluer avec le temps, il subsiste toujours une nature chez chaque individu qui lui est intrinsèque.

D'un autre côté, la personnalité est le fruit de toutes les expériences que nous avons traversées dans notre vie. Elle est façonnée par des influences extérieures telles que l'éducation que nous avons reçue, les épreuves que nous avons surmontées ou encore nos fréquentations. Notre personnalité est une composition unique de nos connaissances, de nos croyances, de nos valeurs et des comportements qui se sont développés au fil du temps. Ainsi, il est tout à fait logique que deux personnes nées le même jour ne soient pas exactement identiques car elles ont des personnalités différentes. Peut-être l'une a-t-elle appris des leçons et acquis des connaissances que l'autre n'a pas eues, ce qui influe sur leurs comportements et leurs choix. Le parcours individuel de chacun, marqué par des expériences uniques, contribue à façonner leur personnalité de manière distincte. Il est donc essentiel de garder un esprit ouvert et de reconnaître la différence entre le caractère inné d'une personne et sa personnalité acquise. Cela nous permet d'appréhender la complexité de chaque individu, d'apprécier les diverses influences qui ont contribué à son développement et de ne pas le réduire à des généralisations simplistes. En comprenant cette distinction, nous sommes en mesure d'approcher les autres avec compassion et de reconnaître la richesse et la diversité de l'expérience humaine.

Pour résumer, la personnalité et l'énergie peuvent également influencer le comportement d'une personne.

- Par exemple, le **Scorpion** est naturellement réservé et timide, des traits qu'on retrouve souvent chez les personnes introverties. Cependant, il peut tout à fait être extraverti et tendre vers cette énergie soit avec les années, soit selon les situations ou les personnes en présence. Le Scorpion extraverti est beaucoup plus souriant et ouvert, bien que dans tous les cas, il puisse rester réservé sur sa vie ou ses réelles pensées.

- Le **Taureau**, quant à lui, est également naturellement timide notamment lorsqu'il n'est pas en situation de familiarité. Cependant, il évolue et apprend assez vite à travailler sur ce point. Pour autant, il peut prendre le taureau par les cornes et ne pas hésiter à s'imposer si nécessaire. Il est tout à fait possible que les expériences de sa vie aient contribué à lui apprendre à surmonter sa timidité. De la même façon, la femme Taureau introvertie a souvent une voix très douce tandis que la femme Taureau extravertie possède une voix plus forte ; pour autant, les deux s'expriment très clairement et sans détour. Ainsi, deux Taureau ne sont pas nécessairement identiques sur tous les points au même moment de leur vie, bien que les traits de caractère innés restent identiques.

Les expériences de la vie permettent à chacun de prendre des chemins différents. On peut vouloir changer par amour, ou pour évoluer, tout simplement. Il faut donc analyser chaque comportement en lien avec l'ensemble de leurs caractéristiques afin de bien assimiler les différents signes astrologiques.

- Par exemple, le **Bélier** a besoin de faire une erreur six fois pour être bien sûr que c'en est une et ne plus la reproduire. Donc deux Bélier nés le même jour peuvent avoir un décalage dans leur évolution personnelle. Ainsi, un Bélier qui a davantage de vécu a plus de probabilités d'avoir fait suffisamment d'erreurs pour ne plus être aussi naïf qu'un autre Bélier.
- Bien que les **Lion** aient généralement tendance à apprécier être au cœur de l'attention, il est possible qu'un Lion introverti se comporte différemment. Certains Lion introvertis peuvent être plus calmes et à l'écoute, sans chercher à monopoliser la parole. Cela montre que chaque individu est unique et que les caractéristiques astrologiques ne déterminent pas définitivement leurs comportements.
- Le **Poissons** est attiré par les gens influents, qui ont du pouvoir ; pour autant, tous les Poissons ne le réalisent pas nécessairement tant qu'ils n'ont pas fréquenté ce genre de personnes. De la même façon, le Poissons se méfie de plus en plus au fil de ses expériences de vie, qui vont venir accentuer ce trait. Mais certains Poissons ayant été assez chanceux pour ne pas avoir eu à vivre d'épreuves de trahison ne développeront pas forcément de méfiance.
- Le **Sagittaire** a tendance à être naturellement spontané et plutôt naïf, mais grâce à son esprit vif et ses intuitions, il apprend rapidement à se méfier dans un monde empreint d'hypocrisie et de calcul.
- En ce qui concerne les personnes **Vierge**, il est intéressant de noter qu'elles peuvent présenter deux facettes de leur personnalité : une plus sage et réfléchie, et une autre plus extravertie et spontanée. Ces aspects peuvent coexister simultanément ou varier à différents

moments de leur vie. Les Vierge peuvent donc présenter cette dualité et donner l'impression d'avoir une certaine folie. Cela peut donner l'impression que deux Vierge sont différents, alors qu'en réalité ces deux facettes ne sont pas prononcées de la même manière au même moment de leur vie.

- Autre exemple, il est courant de constater chez les personnes de signe **Balance** une tendance à l'insolence lorsqu'elles accèdent au pouvoir. Ce trait de caractère peut être plus prononcé chez certaines Balance, surtout lorsque les natifs de ce signe occupent des postes influents. Cependant, toutes les personnes Balance ne vivent pas forcément cette expérience et n'ont pas toutes développé ce comportement en elles-mêmes. Par conséquent, les natifs de la Balance ne partageront pas nécessairement les mêmes traits de caractère au même moment, car ils auront vécu des expériences factuelles différentes.

On constate donc que chaque individu est unique. Chacun a ses propres **principes** qu'il a pu développer de par son éducation notamment et peut donc adopter un comportement respectueux de ces valeurs.

Par exemple, les **Gémeaux** ont de grandes convictions, mais tous les Gémeaux n'auront pas les mêmes, bien qu'ils sachent chacun les défendre corps et âme.

Le **Verseau** peut également être totalement fermé ou totalement ouvert selon les personnes qui l'entourent. Pour autant, qu'il soit introverti ou extraverti, sa nature humaniste subsistera. Encore une fois, le caractère est à distinguer de l'énergie et de la personnalité.

De la même façon, certains signes astrologiques ont une plus grande tendance naturelle à la tromperie, comme le **Verseau** ou le **Sagittaire**. Pour autant, il n'est pas rare de connaître des Verseau ou des Sagittaire qui travaillent sur eux afin d'adopter un comportement digne de leurs valeurs et de devenir une meilleure version d'eux-mêmes.

De la même façon, certains signes astrologiques ont la capacité de pardonner des tromperies (**Poissons** et **Balance** notamment, selon les statistiques) **par amour** ; pour autant, des déclics peuvent rendre les natifs de ces signes radicaux et intolérants à tout comportement indésirable. Ou au contraire, le **Scorpion**, qui a tendance à être rancunier face à la trahison, peut pardonner **par amour** ou encore par obsession.

La femme **Cancer**, elle, peut être totalement insociable lorsqu'elle est introvertie. L'énergie est toujours à prendre en considération dans la compréhension de chacun. De la même manière, l'homme **Cancer** peut être très capricieux lorsqu'il est amoureux. Ainsi, l'amour peut être une condition au changement.

Il ne faut donc pas être fermé d'esprit afin de bien saisir la réalité des différents caractères astrologiques et réaliser que la vie n'offre pas à tout le monde les mêmes épreuves.

Le **Capricorne** est souvent reconnu pour être un travailleur acharné qui met tout en œuvre pour atteindre ses objectifs. Cependant, il est important de noter qu'il est pragmatique, il sait trouver des moyens plus simples d'obtenir ce qu'il veut sans avoir à travailler aussi dur. Bien qu'il fasse preuve d'un grand professionnalisme et aime voir son évolution, il est également guidé par la logique.

Ainsi, il y a une variété de traits de caractère au sein d'un même signe qu'il faut considérer et relier entre eux afin de bien comprendre les comportements et la complexité des individus en fonction de leur date de naissance. Une personne peut très bien avoir pris plus d'un trait de caractère propre à son signe astrologique qu'une autre personne du même signe.

Le caractère **naturel et primaire** est présent dès la naissance, et bien qu'on cherche à évoluer, à se développer et à changer afin de devenir meilleurs, cette nature revient souvent au galop lorsque nos émotions sont en jeu. Il peut arriver que nous prenions la décision de modifier certains aspects de notre comportement, comme devenir plus égoïstes ou moins généreux, par dépit ou colère envers notre environnement. Cependant, si notre nature profonde est d'être altruistes et généreux, nous reviendrons naturellement à ces traits, même si nous faisons des efforts pour les éviter, car cela fait partie intégrante de notre nature.

Il est donc très intéressant d'identifier le caractère de chaque individu afin de le comprendre. La nature n'est pas figée mais elle est présente.

L'astrologie, la vraie, celle basée sur **des études scientifiques et factuelles**, est l'outil le plus puissant permettant de comprendre les caractères des individus.

Et qu'en est-il de l'ensemble du thème astral, comme le signe lunaire ou encore l'ascendant ?

Selon l'astrologie traditionnelle, le signe lunaire façonne les émotions et l'âme. L'ascendant, lui, dicte votre mode de vie, les caractéristiques de votre visage, de votre corps, et votre personnalité.

Mes études m'ont permis d'admettre que le signe lunaire, qui est déterminé par rapport à la place de la Lune le jour de votre naissance, concerne effectivement les émotions. Cependant, aucune planète ne peut avoir d'influence directe sur l'âme d'un individu.

Cependant, est-il réellement nécessaire de prendre en considération ce signe lunaire afin de mieux nous comprendre ?

Les émotions telles que la colère, la peur, la tristesse et le stress s'expriment généralement en réaction à des événements ou comportements extérieurs. Même si vous ressentez fréquemment l'une de ces émotions, cela ne signifie pas qu'elle fasse partie de vos traits de caractère intrinsèques. Par exemple, si vous éprouvez du stress, vous n'êtes pas nécessairement stressé de nature. Pour autant, pour une même situation, deux personnes ne réagissent pas forcément de la même manière. L'une, plus sensible naturellement, pourrait réagir de façon plus intense à une émotion telle que la peur, tandis qu'une autre pourrait traverser bien plus facilement ce sentiment, en raison de son caractère courageux qui lui permet de surpasser ses craintes.

L'intérêt d'étudier le signe lunaire est donc faible, d'autant plus que les divers comportements constatés dans l'étude statistique des différents signes astrologiques relèvent clairement de la date de naissance. Il est donc plus judicieux de s'intéresser à la date de naissance afin d'assimiler clairement les caractères des gens qui nous entourent, de les comprendre et de s'y adapter.

Et les éléments Air, Terre, Feu, Eau ?

Les signes astrologiques sont regroupés en quatre éléments : le Feu, l'Air, la Terre et l'Eau. Chaque élément représente une énergie spécifique et est associé à trois signes astrologiques.

- **Les signes de Feu :** Bélier, Lion, Sagittaire. Ils sont caractérisés par leur passion, leur dynamisme et leur impulsivité. Ils sont souvent pleins d'énergie et ont un fort désir de réaliser leurs objectifs.
- **Les signes d'Air :** Gémeaux, Balance, Verseau. Ils sont connus pour leur côté intellectuel, leur curiosité et leur communication fluide. Ils sont souvent sociables, adaptables et cherchent à établir des liens avec les autres.
- **Les signes de Terre :** Taureau, Vierge, Capricorne. Ils sont réalistes, pratiques et axés sur la stabilité. Ils ont une forte connexion avec le monde matériel et ont souvent un sens aigu de la responsabilité et de l'organisation.
- **Les signes d'Eau :** Cancer, Scorpion, Poissons. Ils sont profonds, intuitifs et émotionnellement sensibles. Ils ont une grande capacité d'empathie et sont souvent connectés à leur monde intérieur. Ils sont également connus pour leur créativité et leur imagination.

La classification des signes astrologiques en fonction des éléments est défendable, mais peut conduire à des généralisations excessives et à des faux stéréotypes. Par exemple, l'association des signes de Feu à la passion et à l'impulsivité peut ignorer les variations individuelles et réduire les personnes à des clichés simplistes, alors que des signes d'Air, tels que le Verseau, peuvent être très impulsifs et des signes d'Eau également partager la même passion, notamment en amour. Dans les faits, on pourrait trouver d'autres traits justifiant ces classifications. Par exemple, ce qu'il y a surtout de commun aux signes d'Air, c'est qu'avec eux, ça dépend. Tout dépend. Comme leur méfiance, ça dépend. Ils s'adaptent surtout au feeling. On ne peut pas les décrire sans dire que telle chose ne dépend pas de telle autre, car leur caractère s'adapte tellement aux situations, aux gens, à leurs humeurs, que finalement pour les comprendre il faut garder en tête cet aspect de leur nature.

En réalité, plusieurs classifications sont possibles et défendables, à condition de garder à l'esprit que plusieurs signes astrologiques peuvent partager des traits communs.

Une classification basée sur les saisons offre une approche naturelle et intéressante. Les signes astrologiques associés à chaque saison partageraient des caractéristiques communes en lien avec les énergies saisonnières et les cycles de la nature. Chaque saison a ses propres caractéristiques distinctes, ce qui permettrait de mieux refléter les nuances et les variations des caractères et de mettre en évidence les caractéristiques constatées sur les comportements des individus spécifiques à chaque signe, tout en évitant les sources non scientifiques et provenant des croyances mythologiques. Cette classification saisonnière des douze signes astrologiques sera présentée tout au long du guide.

De la même façon que pour la classification par élément, on pourrait tout de même remarquer que le Scorpion sait faire preuve d'auto-analyse, tout comme le Verseau ne supporte pas l'injustice. En réalité, les choses sont complexes, et bien que deux personnes puissent ressentir le même besoin de justice, par exemple, elles ne réagissent pas forcément de la même manière au même sentiment.

Et l'amour dans tout ça ?

L'amour est un sentiment profond qui impacte nos émotions et nos actions, ce qui peut entraîner l'adoption de comportements différents. L'étude scientifique des personnes basée sur leur date de naissance et plus généralement sur leur signe astrologique permet de mieux comprendre les comportements amoureux, car l'amour peut induire des changements dans notre manière d'être.

Les astrologues prétendent que certains signes astrologiques seraient compatibles en amour tandis que d'autres ne le seraient pas, mais cette conception est fondamentalement erronée. L'idée d'établir une compatibilité soulève certaines limites et interrogations.

En réalité, on trouve des hommes et des femmes de tous signes astrologiques qui sont tombés amoureux, ont eu des enfants et vécurent heureux. Il n'existe pas un seul couple de signes astrologiques qui n'ait pas existé. L'amour triomphe toujours, et ce sentiment permet à chacun d'entre nous de faire des efforts afin de maintenir l'harmonie dans la relation.

Comment l'astrologie peut-elle nous aider dans nos relations amoureuses ?

Tout d'abord, ce n'est pas l'astrologie qui nous aide, c'est l'étude scientifique par l'observation des couples existants, par les sondages et les analyses faites sur des milliers de couples en comparant les données afin d'établir des constats et des **statistiques** des signes astrologiques qui sont souvent ensemble, ou encore des **reproches** régulièrement faits à tel signe astrologique ou encore les **forces** d'un couple. Les signes astrologiques peuvent donc nous aider à comprendre quelqu'un dans son comportement en couple.

Il s'agit donc de **mettre en avant les faits**. *Quels sont les signes astrologiques que l'on retrouve le plus souvent en couple ? Quelles sont les principales forces et faiblesses rencontrées par le couple du point de vue de chacun des partenaires ? Comment tel signe astrologique se comporte-t-il lorsqu'il est en couple ?*

De cette manière, aucune influence irrationnelle ne peut fausser notre compréhension des faits. De plus et surtout, l'analyse des individus en couple nous permet d'avoir d'eux une vision concrète et de répondre aux questions qui nous intéressent tous : quels sont les signes astrologiques les plus fidèles ? Qui est naturellement plus romantique ? L'étude de centaines de milliers de cas concrets nous offre les meilleures réponses que l'astrologie puisse proposer.

Les comportements amoureux sont influencés par de nombreux facteurs, tels que l'éducation, l'environnement social, les expériences personnelles, les valeurs individuelles et les besoins en présence. **Ainsi, tout est de la casuistique et personne ne peut noter votre compatibilité amoureuse mieux que vous-même**. Ceux qui disent le contraire mentent et influencent injustement des personnes qui recherchent l'amour, en limitant leur possibilité de s'ouvrir à certains signes astrologiques, jugés « incompatibles ».

Comment lire ce guide ?

Pour parfaire votre compréhension des signes astrologiques à travers ce guide :

1. Si vous voulez connaître la fréquence du couple, celle-ci est établie par des icônes en forme de cœur :
   - 1 cœur : couple le moins fréquent dans les faits,
   - 5 cœurs : couple le plus souvent ensemble.
2. Si vous êtes né cinq jours après ou cinq jours avant un 21 du mois, alors il est probable que vous ayez pris certains traits propres au signe astrologique précédent ou à celui qui suit, selon les cas (voir le schéma ci-dessous). Vous pouvez dès lors correspondre aux douze signes cuspides.

Exemple du VERSEAU

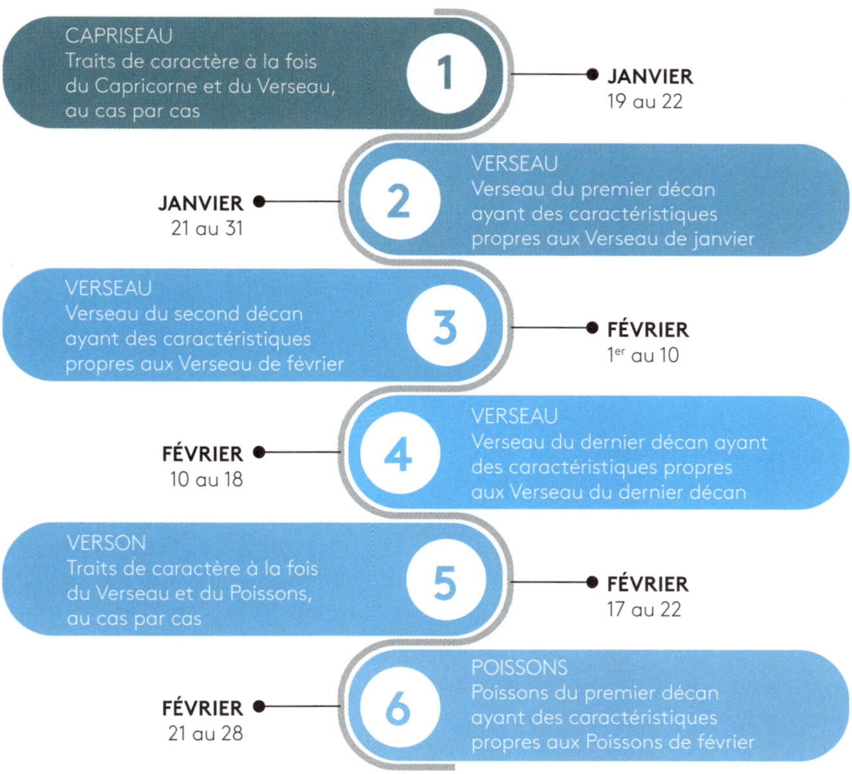

3. Si vous ressentez votre part de féminité plus marquée, alors vous correspondez au caractère du signe astrologique féminin, et si vous ressentez votre part de masculinité plus marquée, alors vous correspondez au caractère du signe astrologique masculin. Vous pouvez également avoir une part de féminité en vous, bien que vous soyez totalement masculin, et dans ce cas, vous pouvez correspondre sur certains traits de caractère à un signe astrologique féminin. Cette approche permet également à la communauté LGBTQIA+ de s'y retrouver, quel que soit son genre. En réalité, peu importe le couple, il y a toujours un des deux partenaires qui se sent plus masculin ou féminin que l'autre. Si vous vous ressentez tous deux du même genre, vous pouvez déjà vous baser sur les caractères de chaque signe astrologique présentés de façon générale et en amour afin d'en avoir la compréhension, et mener ensuite votre propre réflexion, comme nous devons de toute façon tous le faire, car l'astrologie ne peut pas déterminer complètement qui nous sommes.
4. Les forces et les faiblesses du couple sont divisées en deux parties correspondant à la vision de chaque partenaire : celle de la femme et celle de l'homme.

   Par exemple :

   - Pour la compatibilité d'un couple composé d'un homme Capricorne et d'une femme Verseau, les forces et les faiblesses ressenties du point de vue de l'homme Capricorne figurent dans le chapitre Capricorne. Les forces et les faiblesses du même couple ressenties par la femme Verseau sont dans le chapitre Verseau.
   - Ainsi, dans le chapitre consacré au Capricorne, vous trouverez les forces et les faiblesses principales des couples qu'il peut former avec tous les signes astrologiques selon son propre point de vue. Il en est de même pour chaque signe astrologique étudié.

Ce guide présente les 288 combinaisons de couples possibles en prenant en compte l'homme et la femme. Il offre une présentation générale des forces et des faiblesses les plus fréquemment rencontrées dans chaque couple de chaque signe astrologique, en se basant sur les statistiques disponibles (observations, analyses, sondages, expériences sociales, c'est-à-dire des centaines de milliers de données recueillies).

Il aborde ces aspects du point de vue de chacun, offrant ainsi une perspective équilibrée et générale, afin d'avoir une meilleure compréhension des dynamiques relationnelles entre les différents signes astrologiques, en prenant en compte les expériences et les caractéristiques propres à chaque genre.

Les signes de l'hiver

CAPRICORNE
VERSEAU
POISSONS

pourraient être associés à l'introspection, à la réflexion, et sont enclins à l'auto-analyse.

Capricorne

Le signe du Capricorne, qui débute le 22 décembre et finit le 20 janvier, est le premier signe astrologique de l'année et ouvre la saison d'hiver. Il est associé à l'élément Terre (avec le Taureau et la Vierge). Ce signe débute sur une période de célébration, de rassemblement et de traditions familiales et culturelles.

Les grandes caractéristiques du Capricorne

Déterminé, rien ne l'arrête quand il a un projet en tête, il est prêt à tout donner pour obtenir ce qu'il désire.

Il pèse toujours le pour et le contre de chaque situation.

Il t'aime, mais il se préfère.

Il gère bien ses finances.

Il ne croit que ce qu'il voit.

Mots-clés

Efficace
Pragmatique
Réaliste
Rigoureux
Discipliné
Attaché aux principes et aux valeurs
Professionnel
Sélectif
Responsable

Froid
Autoritaire
Rigide
Économe
Logique
Compétitif
Un côté rigolo
Ambitieux
Ne perd pas de temps
Entrepreneur

Pudique
Peur de manquer
Concret
Il a de vraies punchlines
Égoïste positif
Prudent
Pratique
Direct
Matinal
Sérieux

L'homme **Capricorne**

L'homme Capricorne est très attaché aux principes et aux valeurs. Ambitieux et discipliné, travailleur et consciencieux, il est déterminé à réussir ses projets, n'abandonnant pas facilement et consacrant souvent beaucoup de temps et d'efforts à ses objectifs. Échouer ne l'effraye pas. Il a tendance à être directif au travail. Il sait généralement bien gérer ses finances et les faire fructifier. Économe, il est autant à cheval sur ses principes que sur ses dépenses. Cette prudence peut découler de son désir de préserver sa sécurité et de minimiser les éventuelles déceptions.

> « Vous devez être en mesure d'accepter l'échec pour vous améliorer. »
>
> LEBRON JAMES

Lorsqu'il n'est pas engagé dans une activité professionnelle, il peut rapidement se relâcher. Il peut être routinier, rigide ou obstiné et avoir du mal à s'adapter aux changements ou aux idées différentes des siennes.

Pour lui, il y a un temps pour travailler et un temps pour s'amuser et faire le show (ou le clown). Il peut être très sérieux et stoïque, donnant parfois l'impression qu'il est froid et insensible, mais il préfère seulement garder ses émotions pour lui. Il est tellement logique qu'il peut paraître détaché et inflexible vis-à-vis des besoins des autres. Il pèse toujours le pour et le contre de chaque situation et réfléchit naturellement à ses intérêts. Fiable envers ses proches et très attaché à sa famille, il est respecté pour son intégrité, son honnêteté et son sens du devoir. Il est très loyal envers ses amis qu'il compte sur les doigts d'une main. Il prend ses responsabilités très au sérieux et on peut souvent compter sur lui, tant que ça ne l'handicape pas. L'homme Capricorne possède un esprit très pratique. Prudent et réfléchi, il sait gérer les situations difficiles avec calme et assurance. Il peut être très méfiant face aux personnes imprévisibles.

> « Votre histoire vous appartient, et elle vous appartiendra toujours. À vous de vous en emparer. »
>
> MICHELLE OBAMA

En amour

L'homme Capricorne prend ses relations amoureuses au sérieux. Il met du temps à s'engager complètement, car il a besoin d'observer et de connaître sa partenaire avant de se lancer dans une relation sérieuse. Il recherche quelqu'un de stable et lorsqu'il est engagé, il n'abandonne pas facilement et sait fournir les efforts nécessaires pour maintenir l'harmonie au sein de son couple. Il est prêt à investir du temps, de l'énergie et de la patience (mais jamais trop d'argent) dans une relation s'il sent que la personne en vaut la peine. Il lui faut une partenaire avec qui il partage les mêmes valeurs, principes et objectifs de vie afin de construire un avenir durable.

> « Si l'on m'apprenait que la fin du monde est pour demain, je planterais quand même un pommier. »
>
> MARTIN LUTHER KING

Il recherche une femme ambitieuse, indépendante et respectueuse, et est attiré par celles qui prennent soin d'elles et savent se mettre en valeur. L'homme Capricorne peut avoir du mal à exprimer ses sentiments ouvertement, être pudique et réservé. Il est habitué à son rythme de vie simple et structuré et peut manquer de flexibilité, ce qui peut créer des conflits dans son couple. Il est très traditionaliste et sait offrir un cadre de vie stable à sa partenaire. Il est également très travailleur et s'investit souvent beaucoup dans sa carrière, au détriment parfois de sa vie amoureuse.

Ils sont Capricorne

Orlando Bloom • Jude Law • Jim Carrey • François Damiens • Rowan Atkinson • Martin Luther King • Omar Sy • Bradley Cooper • Nicolas Cage • Gérard Depardieu • Denzel Washington • LeBron James • Tiger Woods • Jul • Isaac Newton • Louis Pasteur • Stephen Hawking • Mel Gibson • Elvis Presley...

Test d'introspection pour **l'homme Capricorne**

1 Comment est-ce que je perçois le processus d'engagement dans une relation amoureuse ? Est-ce que je prends mon temps pour observer et connaître ma partenaire avant de m'investir pleinement ?

2 Quels sont mes critères essentiels pour choisir une partenaire ? Doit-elle être simple à comprendre, stable et prévisible pour correspondre à mes attentes ?

3 Comment est-ce que je juge les personnes considérées comme instables dans mes relations amoureuses ? Est-ce que je les qualifie rapidement de « folles » ? Pourquoi est-ce important pour moi de rechercher la stabilité chez ma partenaire ?

4 Quels sont les investissements que je suis prêt à faire dans une relation amoureuse ? Est-ce que j'investis du temps, de l'énergie et de la patience ? Comment est-ce que je détermine si une personne en vaut la peine ?

5 Quels sont les principes, valeurs et objectifs de vie que je recherche chez une partenaire ? Est-ce que je veux construire un avenir durable avec quelqu'un qui partage ces aspects importants pour moi ?

6 Comment est-ce que je me sens à l'idée de m'engager complètement dans une relation ? Est-ce que je pèse le pour et le contre avant de prendre une décision finale ?

7 Quelles sont les caractéristiques que je recherche chez une femme ? Suis-je attiré par les femmes ambitieuses, indépendantes et respectueuses ? Qu'est-ce qui est important pour moi en termes d'apparence physique et de soin personnel ?

8 Comment est-ce que j'exprime mes sentiments amoureux ? Suis-je pudique et réservé ou suis-je capable d'ouvrir mon cœur facilement ? De combien de temps ai-je besoin pour être sûr de mes sentiments avant de les exprimer ouvertement ?

9 Comment est-ce que je gère l'équilibre entre mes attentes élevées envers moi-même et mes attentes envers ma partenaire ? Est-ce que je suis aussi exigeant avec elle qu'avec moi-même ?

10 Comment vois-je mon couple par rapport à mes projets professionnels ? Est-ce que je considère mon couple comme un projet à entreprendre et à maintenir avec autant d'efforts que ma carrière ? Comment est-ce que je maintiens l'harmonie au sein de mon couple malgré mes exigences et mon rythme de vie structuré ?

La femme Capricorne

La femme Capricorne force naturellement le respect. Très à cheval sur les principes, elle est éloquente, a beaucoup de prestance et sait faire preuve d'une remarquable répartie. Quand on ne la connaît pas, on peut croire qu'elle joue un rôle. C'est vrai qu'elle peut être culottée et maniérée, mais ce n'est pas une chochotte. Elle a une façon de s'exprimer très théâtrale. Elle a en réalité deux facettes : une très sérieuse, et l'autre plus fofolle et qui sait mettre l'ambiance et faire le show.

> « Quand vous avez un but véritable dans la vie, travailler dur n'est pas une option, c'est une nécessité. »
>
> TIGER WOODS

Elle connaît ses besoins, elle sait ce qu'elle veut et ne perd pas de temps avec les relations inutiles. Pragmatique, elle va droit au but, mène tous ses projets à leur terme et il lui faut exceller dans ce qu'elle entreprend. Responsable, sérieuse et ponctuelle, elle est très professionnelle. Très sélective, elle peut prendre son temps pour s'ouvrir et faire confiance aux autres, mais ensuite elle peut être une amie loyale et fiable. Elle a quelques amis à qui elle peut s'en remettre et qui comptent énormément pour elle, comme sa famille. Elle a les pieds sur terre et peut paraître inflexible face aux besoins des autres, mais elle est en réalité très sensible sous sa grande carapace. Derrière son air de femme forte se cache une personnalité qui peut facilement être blessée.

> « Être aimé par 30 % des gens, ça me suffit. Je ne veux pas faire l'unanimité. »
>
> GÉRARD DEPARDIEU

Elle accorde tellement d'importance à ses principes et valeurs qu'elle peut avoir du mal lorsque les autres ne les partagent pas. Elle essaie de ne pas accorder d'importance au regard des gens, bien qu'elle soigne énormément son image. Même si elle vous aime, elle se préfère. Non qu'elle soit égoïste, mais pour elle, c'est logique : comment vous aider si elle ne prend pas soin d'elle avant ? Elle a besoin de garder le contrôle de sa vie. Elle est ambitieuse, travailleuse, disciplinée, persévérante. Elle est très courageuse et se construit seule. Pour réussir, elle est prête à tout, tant que ça correspond à ses principes. La femme Capricorne est très rancunière, et même si elle peut pardonner, elle n'oublie jamais. Elle peut être très impulsive lorsqu'on la cherche trop et sait remettre les gens à leur place. Avertie et prudente, une routine peut la rassurer, car elle recherche la stabilité et la sécurité.

En amour

La femme Capricorne est aussi dure avec son partenaire qu'elle l'est avec elle-même. Exigeante, elle recherche quelqu'un d'au moins aussi ambitieux qu'elle et qui la fasse sortir de sa routine. Elle peut prendre son temps avant de s'engager pour s'assurer de trouver quelqu'un qui réponde à ses critères et lui apporte un plus à tous les niveaux. Quand elle choisit de faire entrer quelqu'un dans sa vie, c'est qu'elle l'estime énormément.

> «Je n'ai pas la recette du bonheur, mais le moteur, je crois, c'est simplement d'avoir envie.»
>
> VANESSA PARADIS

Très rancunière, elle n'oubliera pas une trahison, même si elle peut pardonner. Si elle vous choisit, c'est souvent sérieux. Quand elle est séduite, ça se voit direct ! Elle passe de la femme forte à la fille timide. Elle joue souvent un rôle par peur de paraître vulnérable et peut facilement être blessée. Elle préfère régler les conflits mais ne pleurera jamais en votre présence, car elle privilégie le contrôle. Bien qu'elle puisse traverser des moments difficiles, elle trouve toujours la force de se relever, préférant aller de l'avant et garder la tête haute.

Elle impose souvent son cadre de vie plus qu'elle ne s'adapte à celui de son partenaire, ce qui peut créer des tensions au sein du couple. Elle peut également avoir du mal à se détendre et à s'amuser, préférant se concentrer sur les responsabilités et les tâches à accomplir. Lorsque son couple bat de l'aile, elle ne baisse pas les bras ; ne supportant pas l'échec, elle voit même son couple comme une entreprise. Si elle préfère ne compter que sur elle-même, elle a besoin de quelqu'un sur qui se reposer et qui ait les mêmes aspirations qu'elle. Bien que le physique soit important dans le choix son partenaire, le charisme l'attire bien plus et elle recherche surtout une personne de confiance qui lui assure une sécurité et une stabilité.

> «On ne naît pas femme : on le devient.»
>
> SIMONE DE BEAUVOIR

Elles sont Capricorne

Kate Middleton • Michelle Obama • Zooey Deschanel • Évelyne Thomas • Kate Moss • Simone de Beauvoir • Vanessa Paradis • Irina Shayk • Valérie Damidot • Carla Bruni...

Test d'introspection pour
la femme Capricorne

1 Quels sont mes critères essentiels pour choisir un partenaire amoureux ? Sont-ils en accord avec mes aspirations et mes ambitions personnelles ?

....

....

2 Comment est-ce je me sens lorsque je suis dans une relation qui me donne l'impression d'être enfermée dans une routine quotidienne ? Est-ce que je ressens le besoin d'avoir des moments de nouveauté et d'excitation dans ma vie amoureuse ?

....

....

3 Ai-je tendance à prendre mon temps avant de m'engager dans une relation sérieuse ? Pourquoi est-il important pour moi de m'assurer que mon partenaire répond à mes critères et ambitions ?

....

....

4 Quels sont les domaines de ma vie où je souhaite que mon partenaire apporte des compétences et contribue à mon épanouissement personnel ?

....

....

5 Comment est-ce que je me positionne vis-à-vis de l'amour ? Suis-je une personne logique et rationnelle dans mes choix amoureux ? Est-ce que je sais ce que je veux et ce que je ne veux pas dans une relation ?

....

....

6 Comment est-ce que je réagis face à la trahison dans une relation ? Est-ce que je pardonne facilement ou est-ce que je garde des rancunes ? Comment est-ce que je distingue les personnes qui me causent plus de pertes que de gains ?

7 Comment est-ce que je manifeste mes émotions lorsque je suis séduite ? Ai-je tendance à jouer un rôle pour masquer ma vulnérabilité ? Comment est-ce que je me protège des blessures émotionnelles tout en maintenant le contrôle de ma vie ?

8 Comment est-ce que je gère les conflits dans une relation amoureuse ? Est-ce que je préfère me disputer pour régler les problèmes ou est-ce que j'exprime mes émotions de manière différente ? Comment est-ce que je maintiens le contrôle de ma vie tout en résolvant les conflits ?

9 Dans une relation amoureuse, est-ce que j'impose souvent mon cadre de vie ou est-ce que je suis ouverte à l'adaptation et à la compromission ? Comment puis-je trouver un équilibre entre mes attentes et celles de mon partenaire ?

10 Comment est-ce que je perçois mon couple ? Est-ce que je le considère comme une entreprise où je travaille constamment à atteindre la perfection ? Comment est-ce que je gère les échecs et les difficultés dans ma relation ? Ai-je besoin d'un partenaire qui partage mes aspirations et ma détermination à réussir dans la vie ?

Capricorne/Capricorne

♂ Capricorne / ♀ Capricorne

L'homme Capricorne sait qu'il peut compter sur la femme Capricorne pour assurer la sécurité financière, et elle peut également s'appuyer sur sa solidité. Ils s'inspirent ainsi mutuellement une certaine stabilité, propice à la mise en œuvre de leurs projets respectifs et à la création d'une famille. Ils partagent les mêmes principes et sont sur la même longueur d'onde. L'esprit entreprenant de la femme Capricorne challenge quotidiennement l'homme Capricorne, le poussant à donner le meilleur de lui-même au niveau professionnel. Elle recherche un homme ambitieux, fiable et constant, ce qu'elle retrouve aisément chez l'homme Capricorne.

L'homme Capricorne n'est pas souvent attiré par la femme Capricorne, qui lui ressemble un peu trop. Elle manque de folie et, comme lui, elle veut trop paraître forte. Il se sent en concurrence face à elle, ce qui pourrait instaurer un rapport de forces. Pour la femme Capricorne, l'homme Capricorne n'exprime pas ses émotions aussi intensément qu'elle le souhaiterait, ayant aussi besoin de quelqu'un qui la surprenne, et elle peut parfois le trouver trop ennuyeux. Elle peut aussi lui reprocher de passer plus de temps avec ses amis qu'avec elle. Elle ne ressent pas cette puissance de désir et ne crée pas avec lui la complicité qu'elle recherche.

STATISTIQUES ♥♥♥♡♡

Bradley Cooper et Irina Shayk, Kate Moss et Nikolai von Bismarck, Ellie Goulding et Caspar Jopling, Tiger Woods et Elin Nordegren.

Capricorne/Verseau

♂ Capricorne / ♀ Verseau

L'homme Capricorne est charmé par l'énergie et la spontanéité de la femme Verseau. Dynamique mais légère, flexible et transparente, elle lui apporte la folie qu'il recherche. Elle le stimule mentalement et lui apporte une ouverture d'esprit en l'aidant à franchir les limites qu'il s'impose dans ses réflexions. Avec la femme Verseau, il apprend à revoir ses principes pour s'adapter aux évolutions du temps et aux besoins des autres. Il admire sa façon de penser et son charisme original et décalé.

L'homme Capricorne peut être refroidi par les sautes d'humeur, les euphories imprévues et les colères de la femme Verseau. Il la trouve parfois trop compliquée à comprendre et peut penser qu'elle est « folle ». Lui est souvent concentré sur un projet à la fois, alors que la femme Verseau a tendance à sauter d'un plan à l'autre en fonction de ses humeurs. La facilité de la femme Verseau à passer du calme à la colère sans transition peut rebuter l'homme Capricorne, qui a besoin de sentir qu'il a le contrôle de la situation.

STATISTIQUES ♥♡♡♡♡

Christophe Beaugrand et Ghislain Gerin, Kit Harington et Rose Leslie.

♀ Capricorne / ♂ Verseau

♥ La femme Capricorne est séduite par le charisme de l'homme Verseau. Elle admire sa vivacité d'esprit, sa motivation pour réussir, son optimisme et son humour. Il est son meilleur ami et son amoureux en même temps. Il la tire vers le haut et la pousse à donner le meilleur d'elle-même. Il lui permet de s'exprimer et sait être à l'écoute. Elle peut facilement l'intégrer à son cercle d'amis, puisqu'il sait s'adapter à qui il veut. Encore faut-il qu'il le veuille...

💔 La femme Capricorne en couple avec l'homme Verseau n'est pas toujours la plus sereine. Elle s'inquiète souvent du manque de constance et de stabilité de son partenaire qui fait beaucoup de promesses sans toujours les tenir. Il peut être trop spontané, cru et blessant dans ses propos, ce qui peut créer des conflits. Enfin, l'homme Verseau n'est pas l'homme le plus fidèle que la femme Capricorne ait pu connaître.

STATISTIQUES ♥♥♥♡♡

Carla Bruni et Nicolas Sarkozy.

Capricorne/Poissons

♂ Capricorne / ♀ Poissons

♥ L'homme Capricorne est souvent séduit par la femme Poissons. En un rien de temps, il se laisse emporter par le charme envoûtant qu'elle exerce sur lui. Elle sait l'adoucir et l'apaiser lors des tensions. Lui qui n'aime pas déléguer les tâches, bizarrement les confie à la femme Poissons sur qui il peut compter. Il se sent rapidement à l'aise et compris. La femme Poissons lui permet de prendre conscience de ses ressentis les plus profonds et de les exprimer librement.

💔 L'homme Capricorne reproche principalement à la femme Poissons de trop vite baisser les bras, ainsi que son esprit un peu trop dubitatif à son goût. Il déplore également sa susceptibilité qui la pousse parfois à trop vite se braquer. Les tensions proviennent essentiellement de la difficulté de l'homme Capricorne à comprendre les changements d'humeur de la femme Poissons, qui analyse trop les choses, même les petits détails, et se méfie beaucoup de l'inconnu.

STATISTIQUES ♥♥♥♥♡

Kevin Costner et Christine Baumgartner.

♀ Capricorne / ♂ Poissons

♥ La femme Capricorne est attirée par la *good vibe* et la sensibilité de l'homme Poissons. Elle qui ne se laisse pas charmer facilement apprécie les jeux de séduction masqués à travers l'humour et les petites attentions de l'homme Poissons, qui sait comment lui plaire. Il lui apporte la douceur dont elle a besoin après une longue journée de boulot. Ce n'est pas qu'elle porte un peu la culotte dans son couple avec l'homme Poissons, mais la femme Capricorne peut parfois prendre l'ascendant sur lui, ce qui ne lui déplaît pas forcément.

💔 La femme Capricorne peut reprocher à l'homme Poissons sa tendance à se renfermer sur lui lors des conflits. Elle peut également se sentir freinée par la susceptibilité de son partenaire. Elle a besoin d'un compagnon qui se braque moins et qui soit plus direct, sans chercher à lui faire comprendre les choses par des détours ou des tests ou encore des jeux de provocation.

STATISTIQUES ♥♥♥♡♡

Kate Moss et Daniel Craig.

Capricorne/Bélier

♂ Capricorne / ♀ Bélier

♥ Au cours de sa vie, l'homme Capricorne aura été au moins une fois attiré par une femme Bélier. Avec elle, il se sent complet. Elle réveille en lui son goût pour les défis et lui permet ainsi de repousser ses limites et même parfois de sortir de la zone de confort qu'est sa routine. L'énergie de la femme Bélier, qui avance sans méfiance, émerveille l'homme Capricorne et le rend plus soucieux et protecteur de sa partenaire : lui à qui on reproche parfois son égoïsme peut même se découvrir envers elle une générosité jusqu'ici inconnue de certains. Ensemble, ils peuvent aller loin.

💔 La nature trop directe de la femme Bélier peut parfois blesser l'ego de l'homme Capricorne. L'impulsivité et la réactivité spontanée de la femme Bélier entraînent souvent l'homme Capricorne à la suivre dans ses décisions, qui n'ont pas toujours pu être très réfléchies. Il doit être capable de suivre le rythme, il lui faudra beaucoup de cardio pour cela, et beaucoup de sang-froid pour supporter les folles dépenses de la femme Bélier.

STATISTIQUES ♥♥♥♥♥

Orlando Bloom et Miranda Kerr, Bradley Cooper et Jennifer Esposito, Jeff Bezos et MacKenzie Scott.

♀ Capricorne / ♂ Bélier

❤ La femme Capricorne est séduite par la dynamique et l'esprit positif de l'homme Bélier, qui fait preuve naturellement de déterminisme. Elle aime les gens entreprenants, décidés et capables, ce qui correspond à l'homme Bélier, grand challenger. Ils partagent le même goût pour les défis personnels ou professionnels. L'homme Bélier lui permet d'adopter un état d'esprit plus positif, spontané et moins rancunier puisqu'il ne réfléchit jamais trop longtemps avant de se lancer, contrairement à elle qui aime garder le contrôle de la situation.

💔 Les disputes sont fréquentes entre une femme Capricorne et un homme Bélier. La femme Capricorne doit faire face aux impulsions et à la brutalité de son partenaire, qui se caractérisent également par une forte réactivité. Ces conflits peuvent provoquer des tensions au sein du couple, car l'homme Bélier a deux comportements possibles : il peut minimiser l'importance des situations cruciales pour la femme Capricorne ou alors adopter une attitude agressive qui ne lui offre pas la sécurité dont elle a besoin.

STATISTIQUES ♥♥♥♥♡

Hilaria et Alec Baldwin.

Capricorne/Taureau

♂ Capricorne / ♀ Taureau

❤ L'homme Capricorne est souvent attiré par l'énergie rassurante de la femme Taureau. Il apprécie sa patience, sa stabilité, sa douceur et sa détermination. Sa nature posée, qui correspond à son propre besoin de sécurité et de fiabilité, lui permet de vite se projeter. Elle lui est d'un soutien émotionnel solide lors des épreuves difficiles. La femme Taureau offre une présence rassurante à l'homme Capricorne par son approche pratique de la vie ainsi qu'un sentiment d'apaisement et de confort dans la relation.

💔 L'homme Capricorne peut parfois se sentir limité par l'esprit trop rassurant de la femme Taureau, qui en réalité ne fait que le réconforter en cas d'échec. C'est une chose positive en soi, mais l'homme Capricorne, qui a besoin de se sentir défié pour donner le meilleur de lui-même, a tendance à se relâcher excessivement lorsqu'il est accompagné d'une personne dotée d'une bienveillance maternelle trop prononcée envers lui. Enfin, la femme Taureau pouvant être très têtue et attachée à ses opinions, l'homme Capricorne sait qu'il lui sera difficile de négocier avec elle lorsqu'elle est décidée.

STATISTIQUES ♥♥♡♡♡

Martin Luther King et Coretta Scott King.

♀ Capricorne / ♂ Taureau

♥ La femme Capricorne est charmée par la concentration inébranlable ainsi que la nature prudente et réfléchie de l'homme Taureau. Elle apprécie sa capacité à garder son calme dans les situations les plus chaotiques. Cela rassure la femme Capricorne, qui peut ainsi se sentir en sécurité et se projeter sereinement. Elle a besoin d'un homme qui agit plus qu'il ne parle, ce qu'elle retrouve aisément chez l'homme Taureau qui sait être efficace et pratique. Ce couple est stable dans le temps.

💔 La femme Capricorne peut reprocher à l'homme Taureau son entêtement légendaire qui peut parfois lui donner l'impression qu'elle parle à un mur. Il a ses opinions bien ancrées, et il peut être difficile de le faire changer d'avis lorsqu'il a pris une décision. Elle a besoin de quelqu'un qui lui fasse découvrir de nouveaux horizons, tandis que l'homme Taureau préfère le confort douillet de son foyer ou traîner avec ses copains.

STATISTIQUES ♥♥♥♡♡

Lucy Boynton et Rami Malek.

Capricorne/Gémeaux

♂ Capricorne / ♀ Gémeaux

♥ L'homme Capricorne est naturellement fasciné par la *vibe* positive de la femme Gémeaux. Plus optimiste et moins constante que lui, elle lui apporte légèreté et ouverture d'esprit en l'aidant à explorer ses pensées en profondeur, sans se restreindre à une perspective étroite des choses. L'homme Capricorne grandit beaucoup avec la femme Gémeaux, qui le stimule mentalement. Elle lui permet de réaliser qu'il possède des compétences qu'il ne soupçonnait pas avant de la connaître.

💔 L'homme Capricorne peut trouver la femme Gémeaux déroutante et difficile à concilier avec sa propre personnalité. Son manque de stabilité, de discipline ou encore son besoin permanent de stimulation peuvent frustrer l'homme Capricorne qui est plus constant dans son comportement et très attaché à ses habitudes. La femme Gémeaux est très expressive : quand ça se dispute, ça peut crier très fort des deux côtés. Elle met moins de temps que lui à se calmer, ce qui peut être troublant pour l'homme Capricorne qui ne passe pas aussi vite qu'elle d'une émotion à l'autre.

STATISTIQUES ♥♥♥♥♥

Jude Law et Sadie Frost.

♀ Capricorne / ♂ Gémeaux

♥ La femme Capricorne peut être attirée par l'esprit serein de l'homme Gémeaux. Généralement il lui plaît physiquement et l'intrigue par son comportement séducteur et drôle à la fois. Elle est souvent charmée par son humour et son esprit aventurier. Elle s'amuse beaucoup avec lui, communique sans trop de difficultés et apprend à relativiser lors des épreuves difficiles. Elle apprécie sa personnalité confiante et ambitieuse professionnellement, et développe avec lui un esprit plus ouvert lui permettant de se détacher de ses avis bien tranchés.

💔 La femme Capricorne est à la recherche de stabilité et redoute énormément l'homme Gémeaux pour ses valeurs plus changeantes et adaptables. Elle craint de ne pouvoir assouvir le besoin constant de stimulation (physique comme mentale) de l'homme Gémeaux et qu'il ne puisse tenir ses engagements. Elle qui accorde plus d'importance aux actes qu'aux paroles souffre surtout de son manque de fiabilité.

STATISTIQUES ♥♥♥♡♡

Kate Middleton et le prince William, Zooey Deschanel et Jacob Pechenik.

Capricorne/Cancer

♂ Capricorne / ♀ Cancer

♥ L'homme Capricorne apprécie chez la femme Cancer sa nature douce, aimante et maternelle. Il est attiré par sa capacité innée à créer un cocon familial chaleureux et sécurisant, où il peut se sentir aimé et protégé. Elle cerne ses besoins avant même qu'il ne les réalise et peut lui apporter une profonde connexion émotionnelle. Elle est prête à s'investir et à donner tout son amour, ce qui correspond à l'engagement que l'homme Capricorne recherche chez sa partenaire. Ils partagent des valeurs similaires en termes de famille, de sécurité et d'objectifs de vie à long terme.

💔 L'homme Capricorne peut reprocher à la femme Cancer sa grande émotivité et sa tendance à réagir intensément lorsqu'elle accumule trop de tensions internes. Son besoin constant d'assurance et de témoignages d'amour peut sembler excessif à l'homme Capricorne, qui a du mal à exprimer ses sentiments ouvertement. Il peut également avoir du mal avec les caprices de la femme Cancer et avec sa tendance à se lamenter et se poser en victime dans chaque situation, ce qui peut entraîner un sentiment de frustration chez l'homme Capricorne.

STATISTIQUES ♥♥♥♥♡

Dax Shepard et Kristen Bell, Norman Reedus et Diane Kruger.

♀ Capricorne / ♂ Cancer

♥ La femme Capricorne apprécie chez l'homme Cancer sa profondeur émotionnelle et sa douceur. Elle est attirée par sa capacité à exprimer ses sentiments et à nourrir leur relation d'amour ainsi que par son besoin d'en recevoir. Très sentimental, sa générosité en amour correspond aux attentes de la femme Capricorne, car il investit du temps, de l'énergie et parfois même de l'argent dans leur relation. Elle apprécie la profondeur de ses sentiments et sa recherche d'une vie simple, ce qui correspond à la vision de la stabilité et de la sécurité dans une relation de la femme Capricorne.

💔 Bien que motivés par son profond besoin d'affection, les comportements de l'homme Cancer peuvent être perçus comme manipulateurs. Cependant, il est important de souligner qu'ils ne sont pas malveillants, mais représentent plutôt une tentative d'établir un lien émotionnel fort. De plus, la femme Capricorne peut trouver l'homme Cancer parfois pleurnichard, susceptible et capricieux, ce qui peut être le résultat de l'intensité de ses sentiments et de sa difficulté à se sentir compris dans le domaine de l'amour. Ces traits de caractère peuvent créer des tensions et des frictions dans leur relation.

STATISTIQUES ♥♡♡♡♡

Vanessa Paradis et Samuel Benchetrit.

Capricorne/Lion

♂ Capricorne / ♀ Lion

♥ L'homme Capricorne est séduit par la femme Lion, ambitieuse et indépendante, qui sait s'affirmer. Elle possède un charisme naturel et un besoin de reconnaissance, ce qui peut inciter l'homme Capricorne à la soutenir dans ses projets et à croire en ses capacités. De plus, la femme Lion est généreuse et affectueuse, ce qui peut apporter une dose de chaleur, de passion et d'aventures dans la vie de l'homme Capricorne, habitué à un rythme de vie plus routinier.

💔 Tout d'abord, il est nécessaire pour la femme Lion d'avoir une attention constante et d'être mise en avant, ce qui peut entrer en conflit avec la nature plus réservée de l'homme Capricorne. Son besoin de reconnaissance et son désir d'être admirée peuvent parfois sembler excessifs aux yeux de l'homme Capricorne, qui préfère une relation plus discrète et stable. De plus, la femme Lion peut être têtue et avoir du mal à présenter des excuses, ce qui est susceptible de créer des tensions dans le couple. Son projet d'une vie simple peut également entrer en conflit avec l'état d'esprit de croissance de la femme Lion.

STATISTIQUES ♥♥♥♡♡

Gérard et Élisabeth Depardieu, Stephen Hawking et Elaine Mason.

♀ Capricorne / ♂ Lion

Les forces du couple homme Lion / femme Capricorne résident dans le respect mutuel de leurs ambitions et dans la capacité de la femme Capricorne à apporter à l'homme Lion ce qu'il recherche. Celle-ci apprécie chez lui sa fierté et son assurance, ainsi que sa capacité à se distinguer et à être admiré. Elle reconnaît ses réalisations et lui témoigne une considération profonde, ce qui nourrit l'ego de l'homme Lion et renforce leur relation.

La femme Capricorne reproche parfois à l'homme Lion son besoin constant d'être mis en avant et admiré par sa partenaire. Elle peut trouver ses attentes excessives et superficielles, ce qui crée des frictions et des conflits. De plus, il peut se braquer lorsque la femme Capricorne ne se montre pas fière de lui ou ne le respecte pas ouvertement. Sa fierté est fragile, et il lui faut se sentir valorisé dans la relation. La femme Capricorne n'a pas de mal à se remettre en question et reproche à l'homme Lion de ne pas faire de même.

STATISTIQUES ♥♥♥♥♥

Michelle et Barack Obama.

Capricorne/Vierge

♂ Capricorne / ♀ Vierge

L'homme Capricorne apprécie chez la femme Vierge sa force mentale et sa dualité sagesse / folie. Il trouve en elle une partenaire fiable et entreprenante, qui lui offre un sentiment de sécurité émotionnelle. La femme Vierge incarne la tranquillité d'esprit que l'homme Capricorne recherche, et il se sent en confiance à ses côtés. De plus, la femme Vierge partage les mêmes valeurs et principes de vie, ce qui crée une base solide pour la relation. Elle peut soutenir l'homme Capricorne dans ses ambitions et objectifs, car elle le comprend parfaitement.

L'homme Capricorne peut reprocher à la femme Vierge son attitude exigeante et autoritaire. Il peut être frustré par sa tendance au contrôle et au perfectionnisme, ce qui peut créer des conflits dans le couple. De plus, la femme Vierge peut parfois devenir possessive et jalouse, et ainsi mettre à l'épreuve la patience de l'homme Capricorne. Son besoin de sécurité matérielle et émotionnelle peut également créer une pression sur l'homme Capricorne, qui peut se sentir responsable de répondre à ces attentes. Par ailleurs, lui peut trouver difficile de s'adapter aux deux facettes de la femme Vierge.

STATISTIQUES ♥♥♥♥♡

Mel Gibson et Robyn Moore, LeBron et Savannah James.

♀ Capricorne / ♂ Vierge

❤ La femme Capricorne apprécie chez l'homme Vierge sa sélectivité et son investissement sérieux dans les relations amoureuses. Elle sait qu'il ne s'engage pas facilement et voit cela comme un signe de maturité et de fiabilité. De plus, elle admire son côté rationnel, sa clarté dans ses préférences et son goût pour les femmes élégantes et intelligentes. Cela correspond à son désir d'être avec quelqu'un d'ambitieux et compétent. La femme Capricorne peut trouver en l'homme Vierge un partenaire sur qui compter et qui sera présent pour elle.

💔 La femme Capricorne peut reprocher à l'homme Vierge sa tendance à être critique et à garder ses sentiments pour lui. Elle peut le trouver incohérent en raison de son approche différente entre ses actes et ses pensées. De plus, il arrive que l'homme Vierge manque d'attention et de patience lorsqu'il est absorbé par son travail, ce qui peut créer des frictions dans la relation. Enfin, la femme Capricorne peut également être dérangée par le manque de volonté de l'homme Vierge.

STATISTIQUES ♥♥♥♡♡

Charlotte Riley et Tom Hardy.

Capricorne/Balance

♂ Capricorne / ♀ Balance

❤ L'homme Capricorne apprécie la femme Balance pour sa capacité à créer une atmosphère harmonieuse et équilibrée dans leur relation. Sa nature douce et sensible lui permet de comprendre intuitivement les sentiments et les besoins de son partenaire, qui a du mal à exprimer ouvertement ses émotions. De plus, la femme Balance est une compagne dévouée, prête à faire des efforts pour maintenir l'harmonie et le bien-être de son partenaire. En tant que compagne ambitieuse et indépendante, elle le soutient dans toutes ses difficultés, ce qui renforce leur connexion et crée une base solide pour un avenir durable ensemble.

💔 L'homme Capricorne peut reprocher à la femme Balance son côté indécis et ses changements d'humeur rapides. Le caractère versatile de celle-ci peut déstabiliser l'homme Capricorne qui préfère la stabilité et la prévisibilité dans une relation. De plus, la femme Balance peut être sujette à la jalousie, ce qui peut créer des tensions si l'homme Capricorne ne se sent pas suffisamment en confiance ou soutenu. Son besoin constant d'attention peut également poser des problèmes si l'homme Capricorne trouve cela étouffant.

STATISTIQUES ♥♥♥♥♡

Denzel et Pauletta Washington, Dita von Teese et Marilyn Manson.

♀ Capricorne / ♂ Balance

♥ La femme Capricorne apprécie chez l'homme Balance son charme naturel et son côté séducteur, qui la captive et l'attire. Elle est également séduite par son sens de l'esthétique et de la justice, ainsi que par sa sensibilité, qui créent une connexion sensorielle spéciale avec elle. L'homme Balance est un partenaire attentionné et affectueux, prêt à gâter sa compagne et à lui offrir des cadeaux pour témoigner ses sentiments. Cela correspond aux attentes de la femme Capricorne qui recherche un partenaire qui puisse la combler à tous les niveaux.

💔 La femme Capricorne peut reprocher à l'homme Balance de se laisser influencer par son entourage, et ainsi de compromettre son autonomie et sa prise de décision indépendante. Il arrive qu'elle trouve chez l'homme Balance une propension à s'éparpiller dans ses affections, ce qui peut générer des doutes et de la jalousie, rebutant la femme Capricorne qui recherche une relation qui lui offre un sentiment de stabilité émotionnelle. Elle peut également lui reprocher sa grande susceptibilité et parfois son insolence.

STATISTIQUES ♥♥♥♡♡

Trudie Styler et Sting.

Capricorne/ Scorpion

♂ Capricorne / ♀ Scorpion

♥ L'homme Capricorne apprécie la femme Scorpion pour sa finesse d'esprit et son intensité émotionnelle. Il est attiré par son côté mystérieux et profond, ainsi que par sa franchise. La femme Scorpion offre à l'homme Capricorne une connexion émotionnelle profonde et sincère, ce qui est précieux pour lui. Fidèle, loyale, entière et engagée dans la relation, la femme Scorpion correspond à la vision de l'amour de l'homme Capricorne. Elle est également très protectrice et disponible en amour, ce qui le touche énormément.

💔 L'homme Capricorne peut reprocher à la femme Scorpion son besoin constant de tout savoir et de ne pas assez le comprendre. Elle peut être possessive et exigeante envers son partenaire. Son intensité émotionnelle peut parfois le dépasser, lui qui préfère une approche plus calme et rationnelle des relations. La femme Scorpion a parfois du mal à faire confiance pleinement, ce qui peut susciter des doutes et des craintes chez l'homme Capricorne. De plus, sa réaction excessive en cas de trahison peut être difficile à gérer pour l'homme Capricorne, qui pourra avoir tendance à garder pour lui ses réelles pensées.

STATISTIQUES ♥♥♡♡♡

Orlando Bloom et Katy Perry, Jim Carrey et Jenny McCarthy, David Bailey et Catherine Deneuve.

♀ Capricorne / ♂ Scorpion

♥ La femme Capricorne apprécie chez l'homme Scorpion son côté posé et calme, et son intensité dans les relations amoureuses. Elle est attirée par sa manière subtile de s'adapter à elle après l'avoir analysée, ainsi que par sa générosité et sa fierté qui l'incitent à montrer qu'il peut lui être utile dans la vie. La femme Capricorne recherche un partenaire fidèle et compétent, et l'homme Scorpion répond à ces critères. Cette connexion profonde, à la fois cérébrale, physique et émotionnelle, crée une base solide pour la femme Capricorne.

💔 La femme Capricorne peut reprocher à l'homme Scorpion son besoin naturel de domination au sein de la relation. Son désir d'exercer son pouvoir et son contrôle, combiné à sa susceptibilité et à son intensité émotionnelle, peut parfois conduire à des propos blessants lorsqu'il se sent vexé dans son ego. La femme Capricorne, qui préfère garder le contrôle de sa vie, peut être affectée par cette dynamique. De plus, l'homme Scorpion peut être méfiant en amour, gardant une part de mystère et de secret, ce qui peut rendre difficile le fait de cerner sa véritable nature émotionnelle.

STATISTIQUES ♥♥♥♥♡

Kate Bosworth et Michael Polish, Chloe Bridges et Adam DeVine, Afida et Ronnie Turner.

Capricorne/ Sagittaire

♂ Capricorne / ♀ Sagittaire

♥ L'homme Capricorne apprécie chez la femme Sagittaire son allure séduisante et son charme naturel. Il est attiré par sa confiance en elle et sa capacité à s'exprimer librement, sans être trop dépendante de lui. Elle lui offre une certaine liberté et lui permet de s'évader de son rythme de vie simple et structuré. Sa nature indépendante et généreuse correspond aux attentes de l'homme Capricorne en termes de respect mutuel et d'engagement. Ensemble, ils peuvent partager une relation où chacun a sa propre liberté, tout en construisant un avenir durable basé sur des valeurs et des objectifs communs.

💔 L'homme Capricorne peut reprocher à la femme Sagittaire son manque de tact et son faible penchant à suivre des règles ou à obéir aux ordres. La femme Sagittaire est parfois imprévisible et peu encline à la planification à long terme, ce qui peut contrarier l'homme Capricorne habitué à ses routines et à la prévisibilité. Il peut également avoir du mal à lui faire pleinement confiance quand il s'agit de garder sa langue dans sa poche. Enfin, la femme Sagittaire peut être très directe et blessante lors des conflits.

STATISTIQUES ♥♥♥♡♡

Liam Hemsworth et Miley Cyrus.

♀ Capricorne / ♂ Sagittaire

♥ La femme Capricorne apprécie chez l'homme Sagittaire sa force de caractère et sa franchise. Elle est attirée par son énergie et son humour, ce qui lui permet de sortir de sa routine quotidienne et de retrouver un certain enthousiasme. De plus, la femme Capricorne recherche un partenaire ambitieux, et l'homme Sagittaire possède cette volonté de fer qui peut la stimuler dans ses propres projets. Elle peut également apprécier son indépendance, car cela lui donne une certaine assurance dans la relation.

💔 La femme Capricorne peut blâmer l'homme Sagittaire pour son manque de réflexion avant de prendre la parole. Elle peut avoir du mal à comprendre sa façon d'interpréter les choses et lui reprocher d'être blessant ou trop obstiné. Cela peut créer des tensions et des frictions dans leur relation, car la femme Capricorne préfère souvent imposer son cadre de vie plutôt que de s'adapter à celui de son partenaire. De plus, l'homme Sagittaire peut être résistant et ferme lorsqu'il se sent contraint ou lorsqu'il reçoit des ordres, ce qui est susceptible d'entraîner des désaccords entre eux.

STATISTIQUES ♥♥♥♡♡

Kate Moss et Jamie Hince.

Je note ma compatibilité avec **l'homme Capricorne**

1. Quelles caractéristiques recherchez-vous chez un partenaire ?

A. Un partenaire spontané, plein de folie et d'énergie.
B. Un partenaire audacieux mais réfléchi.
C. Un partenaire simple à comprendre, stable et prévisible.

2. Comment préférez-vous que votre partenaire exprime ses sentiments ?

A. J'ai besoin d'un partenaire ouvert et expressif quant à ses sentiments dès le début.
B. Je préfère qu'il m'exprime ses sentiments à travers ses actions plutôt que des déclarations d'amour.
C. Je suis à l'aise avec un partenaire qui est pudique et réservé sur ses sentiments, car je n'apprécie pas qu'on attende de moi que j'exprime ouvertement les miens.

3. Comment envisagez-vous votre relation amoureuse par rapport à vos projets professionnels ?

A. Je n'ai pas d'ambitions professionnelles et me satisfais des projets de mon partenaire.
B. Ma carrière est ma priorité absolue, et mon partenaire doit être prêt à comprendre et à soutenir mon ambition professionnelle.
C. Ma relation amoureuse est aussi importante que mes projets professionnels, et je suis prête à fournir les efforts nécessaires pour maintenir l'harmonie dans les deux domaines.

4. Êtes-vous casanière ?

A. Absolument pas, j'étouffe à force de trop rester enfermée.
B. Pas vraiment, mais en couple j'aime passer des moments à *Netflix and chill*.
C. J'aime profiter de mon chez-moi, et rester à la maison ne m'ennuie pas.

5. Quel rythme de vie préférez-vous dans votre relation amoureuse ?

A. J'apprécie l'aventure et la flexibilité, et j'aimerais que mon partenaire soit ouvert à de nouvelles expériences.
B. Je cherche un équilibre entre une vie structurée et des moments d'excitation et de spontanéité avec mon partenaire.
C. J'aime un rythme de vie simple et structuré, avec une routine stable.

6. Comment gérez-vous les conflits au sein de votre couple ?

A. Je suis de nature impulsive et je ne gère pas mes émotions, ce qui me pousse à faire des crises de colère lors des conflits.
B. Je n'aime pas les conflits et j'ai tendance à les fuir.
C. J'ai besoin de communiquer ; logiquement, chaque problème a sa solution, et si nous n'en trouvons pas, il suffit de se séparer.

7. Comment réagiriez-vous si votre partenaire passait beaucoup de temps avec ses amis ?

A. Je n'apprécie pas que mon partenaire préfère passer ses moments libres avec ses amis plutôt qu'avec moi.
B. Je suis prête à accepter qu'il passe du temps avec ses amis, à condition que je ne me sente pas mise de côté.
C. J'ai besoin d'un partenaire qui ait une vie sociale remplie, car j'ai moi-même grandement besoin de passer du temps avec mes amis.

8. Quels sont vos besoins émotionnels et comment souhaitez-vous que votre partenaire les comble ?

A. J'ai besoin d'un partenaire généreux et attentionné, qui n'hésite pas à m'offrir des cadeaux et à me faire des surprises.
B. J'ai besoin d'un partenaire à l'écoute afin de pouvoir me sentir soutenue.
C. J'ai besoin d'un partenaire fiable, qui s'engage dans des projets avec moi.

9. Quels sont les critères non négociables d'une relation pour vous ?

A. La générosité, la transparence et la spontanéité.
B. L'indépendance et l'humour.
C. Le respect mutuel.

10. Une vie de couple routinière vous plaît-elle ?

A. Sûrement pas, j'ai besoin d'excitation et d'aventures, et je fuis les relations trop ennuyeuses.
B. J'ai besoin d'un cadre de vie structuré, mais j'ai tellement besoin de changement que je suis prête à prendre sur mes économies pour permettre à mon esprit de s'évader.
C. J'ai besoin d'un train de vie stable, même si j'aime casser ma routine de temps en temps, à condition que cela ne nous coûte pas trop cher.

Écrivez le nom de vos hommes Capricorne préférés :

....

....

....

Résultat du test :
A : Mauvaise compatibilité
B : Compatibilité normale
C : Bonne compatibilité

Je note ma compatibilité avec **la femme Capricorne**

1. Quelle est votre vision de l'ambition et de la réussite personnelle ?

A. Je n'ai pas d'ambitions professionnelles, je m'efforce de faire le minimum.

B. J'ai quelques aspirations, mais je ne suis pas obsédé par la réussite.

C. Je suis très ambitieux et je m'efforce de réaliser mes objectifs les plus élevés.

2. Comment préférez-vous gérer les conflits et les désaccords dans une relation ?

A. Il est vrai que je peux être impulsif, voire agressif lorsque je me sens incompris.

B. J'ai tendance à éviter les conflits et à les résoudre plus tard.

C. Je suis prêt à discuter des problèmes, à écouter attentivement et à trouver un terrain d'entente avec ma partenaire.

3. Quel type de femme préférez-vous en termes de caractère et de détermination ?

A. J'ai une préférence pour les femmes dociles.

B. J'ai une préférence pour les femmes plus douces et moins affirmées.

C. J'apprécie les femmes sensibles mais qui se montrent toujours fortes et dignes.

4. Quelle est votre opinion sur la conformité aux règles établies dans une relation ?

A. Je préfère que ma partenaire ne soit pas trop rigide en matière de conformité aux règles établies.

B. Je suis respectueux des règles établies, tant qu'elles m'arrangent.

C. J'accorde de l'importance à la conformité aux règles établies et j'apprécie une partenaire qui les respecte.

5. Comment envisagez-vous l'équilibre entre vie amoureuse et vie sociale ?

A. Mes amis sont une priorité absolue et peuvent occuper une grande partie de mon temps.

B. J'accorde une importance équitable à ma relation amoureuse et à mes amis.

C. Je suis prêt à trouver un équilibre entre ma vie amoureuse et sociale, tout en respectant les aspirations de ma partenaire.

6. Quelle est votre approche des émotions et de l'expression émotionnelle ?

A. J'ai parfois du mal à exprimer mes émotions, mais je suis prêt à travailler dessus.

B. J'ai tendance à exprimer mes émotions à travers des gestes affectueux.

C. Je suis ouvert et à l'aise pour exprimer mes émotions.

7. Quelle importance accordez-vous à la stabilité et à la sécurité dans une relation ?

A. J'ai besoin de vivre au jour le jour pour me sentir épanoui.
B. J'aime prendre des risques, même si cela peut me coûter cher.
C. La stabilité et la sécurité sont des aspects cruciaux pour moi dans une relation, ce qui me pousse à ne pas prendre de risques même si les résultats peuvent s'avérer intéressants.

8. Quelle connexion recherchez-vous ?

A. Une connexion émotionnelle.
B. Une connexion physique.
C. Une connexion cérébrale.

9. Comment envisagez-vous la communication et la compréhension mutuelle dans une relation ?

A. Je n'aime pas trop parler, je préfère écouter.
B. J'aime débattre de tout, mais je peux devenir virulent lorsqu'on ne partage pas le même avis que moi.
C. J'aime débattre de tout et je peux comprendre tous les avis tant qu'on se respecte mutuellement.

10. Comment démontrez-vous votre engagement et votre fiabilité dans une relation ?

A. Je suis enclin à faire des promesses mais j'ai tendance à souvent changer d'avis.
B. Je m'engage verbalement, mais j'ai du mal à le prouver par des actions concrètes.
C. Je fournis des preuves concrètes de mon engagement plutôt que de faire de simples promesses.

11. Quelles sont mes valeurs et mes priorités dans une relation amoureuse ?

A. J'ai besoin de liberté et je ne compte pas changer mes priorités une fois en couple.
B. Le travail est ma priorité, car sans cela je ne peux pas prendre soin de ma partenaire.
C. Le respect et la confiance sont des valeurs essentielles et j'accorde une grande importance à la fidélité.

Écrivez le nom de vos femmes Capricorne préférées :

....

....

....

....

Résultat du test :

A : Mauvaise compatibilité
B : Compatibilité normale
C : Bonne compatibilité

Capriseau

ENTRE LE 19 ET LE 22 JANVIER

Les personnes nées entre le 19 et le 22 janvier (parfois même à partir du 18… en réalité, c'est de la casuistique), c'est-à-dire entre le signe du Capricorne et celui du Verseau, prennent souvent certains traits de caractère liés au Capricorne et d'autres liés au Verseau.

Célébrités

Audrey Lamy
Omar Sy
David Lynch
Evan Peters
Benjamin Biolay

Verseau

Le signe du Verseau, qui débute le 21 janvier et finit le 20 février, est le second signe astrologique de la saison d'hiver. Il est associé à l'élément Air (avec le Gémeaux et la Balance). Le signe du Verseau débute en janvier, le mois des nouveaux départs, et se poursuit en février, période idéale pour se fixer de nouveaux projets et objectifs.

Les grandes caractéristiques **du Verseau**

Multicasquette, il n'a pas peur de se lancer dans de nouveaux projets

Il veut changer le monde et croit plus en ses rêves qu'en ce qu'il voit.

Il a des amis en CDD.

Solitaire mais solidaire.

Son esprit, c'est comme une Ferrari : il passe de 0 à 100 kilomètres/heure en deux secondes.

Mots-clés

Persévérant

Esprit de contradiction

Esprit d'équipe, mais seul dans son monde

Volonté de réunir

Déteste mettre les gens dans des cases

Partage du savoir

Il est dans les astuces

Persévérant

Stratège

Déterminé

Malin

Ouvert et vif d'esprit

Cérébral

Visionnaire

Ambitieux

Il sait se mettre en capacité d'agir

Courageux

Révolutionnaire

Imprévisible

Persuasif

Cool

Aime les théories bizarres

A toujours plein d'idées et de projets

Déconnecté

Colérique

Lunatique

Impulsif

Nerveux

Ironique

Sympathique

Empathique

Intelligent

Reconnaissant

Protecteur

Joue à l'imbécile mais est très malin

Aime les casse-tête

Décalé

Furtif

Débrouillard

Indiscipliné

Menteur

Bizarre

Investit dans les cryptomonnaies

L'homme Verseau

L'homme Verseau est malin et réfléchit beaucoup. C'est un être très ouvert d'esprit, authentique, rempli de paradoxes. Il est maîtrisé, mais prend tout à cœur et peut être nerveux. Il a besoin de tout contrôler. Empathique mais froid, impulsif mais réfléchi, cool mais bizarre, il se fiche du regard des gens mais aime frimer. Il peut être respectueux et imbu de sa personne en même temps. Le matériel, au fond, il y est peu attaché, mais comme pour l'argent, il cherche à en avoir car il y trouve un moyen d'atteindre la liberté indispensable à son bonheur. Stratège, débrouillard, astucieux, multicasquette, il n'est attaché à aucune règle. Il a plein de rêves et toujours plein d'idées. Technique, il sait gagner de l'argent dans divers domaines grâce à sa polyvalence et à son ingéniosité. Son but : ne travailler pour personne d'autre que pour lui-même.

> « L'avenir appartient à ceux qui croient en la beauté de leurs rêves. »
>
> OPRAH WINFREY

L'homme Verseau est très motivé pour gagner : c'est un bon tricheur qui n'est tenu par aucune contrainte ni par sa propre parole. Il peut faire beaucoup de promesses sans toujours s'y tenir. Il peut être très sociable et s'entendre avec tout le monde. S'il lui arrive de se renfermer, il sait faire de nouvelles connaissances, souvent toutes différentes les unes des autres, qu'il ne garde que sur de courtes durées, mais il n'a finalement que très peu de vrais amis voire pas du tout.

> « Un amour sincère ne se termine pas. Il connaît des virgules mais jamais de point. »
>
> SHAKIRA

Très motivé, il aime apprendre de nouvelles choses et est toujours à la recherche de relations qui peuvent l'élever. Souhaitant constamment évoluer, le Verseau est un opportuniste optimiste, qui a sans arrêt de nouveaux projets pour réaliser ses rêves et qui sait avoir besoin de s'entourer pour les mener à bien. Il sait se débrouiller et se sortir de situations improbables. Pour lui, « pas vu, pas pris », et parfois « la fin justifie les moyens ». Il n'a pas peur de se retrouver seul et déteste dépendre des gens pour réussir.

L'homme Verseau fait tout pour mettre une bonne ambiance. Il n'aime pas le conflit mais ne se laisse jamais faire, non qu'il soit susceptible, mais il ne tolère pas l'injustice. Il peut manifester une grande impulsivité et de la colère lorsqu'il se sent abusé, et il n'est pas difficile de le provoquer.

Pour autant, il sait parfaitement se maîtriser et communiquer calmement dans des situations délicates. Il a beaucoup de bon sens et de lucidité. L'homme Verseau a tendance à être pudique et n'apprécie pas l'idée de dévoiler son intimité à tout un chacun. Pour autant il est méfiant au feeling, sachant rapidement discerner le vrai du faux et cerner les esprits. Lorsqu'il a tort, il sait mettre sa fierté de côté et l'admettre. Il possède également un humour souvent ironique.

« On ne peut rien enseigner à autrui. On ne peut que l'aider à le découvrir lui-même. »

GALILÉE

En amour

L'homme Verseau est un amoureux original et protecteur. Ses relations commencent souvent par de l'amitié. Empathique mais fier, il aime taquiner celle qu'il apprécie. En couple, il est important qu'il puisse se sentir soutenu, rire de tout et partager ses idées les plus folles. Il aime convoiter des personnes en mesure de l'élever socialement. Il attend de sa partenaire qu'elle le stimule mentalement, qu'elle comprenne ses besoins et qu'elle soit présente pour lui. Il peut être imprévisible et menteur, mais si vous ne courez pas après lui, il reviendra tout seul. Il peut même devenir très collant et insistant, détestant qu'on lui refuse quelque chose. Mais ça, c'est seulement s'il est amoureux.

Pour s'épanouir, l'homme Verseau a besoin d'une femme qui ne l'étouffe pas mais qui soit disponible pour lui. Au fond, il apprécie de savoir qu'une compagne ne puisse pas se passer de lui. Quand il est amoureux il ressent lui-même le désir de partager un maximum de choses avec sa partenaire. Généreux, l'homme Verseau peut être très jaloux et parfois parano et très colérique. Ses réactions peuvent être brusques et ses humeurs en dents de scie. Il n'est pas le plus fidèle et sait très bien garder le secret d'une double relation, réussissant à aimer les deux partenaires tout autant. Si ses sentiments semblent volages, en réalité, ce sont juste ses humeurs. Il s'échauffe aussi vite qu'il se refroidit. Mais quand il tombe amoureux, il peut avoir beaucoup de mal à se détacher.

« Acceptez qui vous êtes… à moins que vous soyez un *serial killer.* »

ELLEN DEGENERES

« Je peux accepter l'échec, tout le monde échoue dans quelque chose. Mais je ne peux pas accepter de ne pas essayer. »

MICHAEL JORDAN

Il est attiré par les personnes intelligentes, drôles, qui ont du charisme. Il ne tombe pas amoureux d'un physique mais d'une personnalité. Il a besoin d'une femme qui sache l'écouter et qui ne lui tienne pas tête. L'homme Verseau peut très rapidement éprouver des sentiments lorsqu'il a trouvé son idéal. Tout va vite avec lui, sinon c'est qu'il n'est pas très emballé, car pour ce qu'il désire réellement, il n'a pas de limites ni de temps à perdre.

Ils sont Verseau

Mozart • Bob Marley • Thomas Edison • Harry Styles • Ed Sheeran • Justin Timberlake • Neymar • Cristiano Ronaldo • Angel Di Maria • Edinson Cavani • Michael Jordan • Michael B Jordan • Squeezie • Inoxtag • Daniel Auteuil • John Travolta • Ashton Kutcher • Galilée • Charles Darwin • Nicolas Copernic • Bernard Tapie • Nicolas Sarkozy • Julien Courbet • Pascal Bataille • Evan Peters • Tom Hiddleston • Joseph Gordon-Levitt • Benicio del Toro • Christian Bale • Gerard Piqué • Christophe Dechavanne • Evan Peters...

P.-S. : Avez-vous remarqué que beaucoup de footballeurs sont Verseau ?

Test d'introspection pour **l'homme Verseau**

1 Qu'est-ce que l'amitié représente pour moi dans une relation amoureuse ? Comment cela influence-t-il mes débuts de relation ?

2 Comment est-ce que je préfère que ma partenaire me soutienne et soit présente pour moi dans une relation ? Quelles sont mes attentes en termes de soutien émotionnel ?

3 Quelles sont les qualités intellectuelles et sociales qui m'attirent chez une femme ? Comment ces qualités contribuent-elles à m'élever socialement ?

4 Quels sont mes besoins en termes de stimulation mentale dans une relation amoureuse ? Comment est-ce que j'apprécie le partage d'idées et d'opinions avec ma partenaire ?

5 Comment est-ce que je me comporte lorsque je suis amoureux ? Comment est-ce que je gère mes émotions et humeurs changeantes dans une relation ?

6 Quelles sont mes attentes en termes de liberté et d'espace personnel dans une relation amoureuse ? Comment pourrais-je réagir si je me sens étouffé ?

7 Comment est-ce que je gère la jalousie et la paranoïa dans une relation ?

8 Quels sont mes sentiments et réactions lorsque je me sens blessé ou énervé dans une relation ? Est-ce que je m'excuse et me remets suffisamment en question ?

9 Qu'est-ce qui m'attire chez une femme en termes d'intelligence, d'humour et de charisme ? Comment ces traits influencent-ils mon attirance et ma connexion émotionnelle ?

10 Puis-je envisager une relation amoureuse sans mensonge ? Puis-je réussir à rester fidèle à ma partenaire toute une vie ? Même si ça implique de faire des sacrifices ?

La femme Verseau

La femme Verseau, c'est la hippie dans un corps de *lady*. Décalée, rêveuse, ouverte d'esprit, authentique, résistante, souriante, forte et spontanée, elle réfléchit énormément. Elle n'aime pas l'hypocrisie et sait se montrer très directe. Communicative et empathique, elle se met à la place des autres et peut prendre les choses à cœur. Sensible et exigeante à la fois, elle est lucide, maligne et vive d'esprit. Elle n'est pas dans le jugement et n'aime pas les « étiquettes ». Innovante, elle n'est prisonnière d'aucune règle et ne suit que ses idées, aimant se démarquer. Indépendante intellectuellement, elle déteste se sentir redevable.

La femme Verseau est très paradoxale. Elle est directe mais sait aussi très bien mentir pour parvenir à ses fins. Elle est à la fois cool et sévère, calme et nerveuse, compréhensive et têtue, très réactive et impulsive, et peut parfois paraître froide. Elle n'est pas stressée, même si son côté perfectionniste la rend soucieuse de bien faire. Elle est souvent sur la défensive et ne se laisse pas attaquer sans remettre l'autre à sa place. Elle n'est pas rancunière, bien qu'elle n'hésite pas à supprimer de sa vie ceux qui l'ont trahie. Elle pardonne assez facilement lorsqu'elle juge les excuses sincères, et n'éprouve aucune difficulté à présenter les siennes quand elle a tort. Très optimiste, elle a une grande capacité à visualiser l'avenir et sait voir le merveilleux là où d'autres ne verraient que du banal. Bien qu'elle sache contrôler ses émotions, elle peut avoir du mal à les gérer tant elles peuvent être intenses lorsqu'elle se sent impuissante.

« La liberté de l'homme est dans la pensée. »

BOB MARLEY

La femme Verseau met naturellement les gens à l'aise. Souvent partante pour tout, elle peut avoir beaucoup de copains mais peu d'amis et garde peu de liens stables. Elle donne tellement de sa personne qu'elle attend une loyauté sans faille en retour. Ouverte d'esprit et tolérante, elle sait s'adapter. Courageuse, elle aime se surpasser. Le respect des engagements est très important pour elle.

Au niveau professionnel, elle préfère travailler pour son propre compte et sait être une véritable femme d'affaires. Elle n'est pas effrayée financièrement, car elle sait toujours se débrouiller pour trouver un travail ou un nouveau projet. Bordélique ou organisée selon son humeur, elle peut être dispersée ou procrastiner mais sait se discipliner pour atteindre ses objectifs. L'argent représente pour elle le chemin vers la liberté. Très appliquée, elle sait faire preuve de persévérance pour atteindre ses rêves. C'est une grande rêveuse, qui peut paraître décalée ou dans son monde.

En amour

Bien qu'indépendante, la femme Verseau recherche une relation fusionnelle avec son partenaire, qui commence souvent par de l'amitié. Quand elle aime, elle veut profiter de chaque moment avec son amoureux et priorise souvent son couple au reste. Bien qu'elle ait besoin de ses moments à elle, elle aime fonctionner à deux, que son amoureux soit son meilleur ami, son coéquipier. Il y a une grande différence pour elle entre être seule et se sentir seule. Elle a besoin de transparence afin de développer de réels sentiments. Elle est très fidèle et dévouée, et peut même s'oublier et en faire un peu trop pour plaire à son amoureux. Elle est toujours en quête de nouvelles idées pour séduire son chéri et le rendre fier. Elle a besoin d'un partenaire qui la stimule intellectuellement.

> «Je n'ai pas échoué. J'ai simplement trouvé dix mille façons qui ne fonctionnent pas.»
>
> **THOMAS EDISON**

La femme Verseau n'aime pas qu'on dirige sa vie mais il lui faut tout de même un homme qui sache s'imposer, prendre des décisions adaptées à ses besoins et qui ne lui laisse pas d'autre choix que de l'aimer. Elle ne supporte pas les hommes arrogants ou machos qui se surestiment. Elle recherche un partenaire authentique et qui n'a pas à en faire trop pour être entendu. Elle peut paraître superficielle mais recherche une complicité et une connexion cérébrale exclusive avec un partenaire fiable, qui a librement choisi d'être avec elle. Elle est une épaule solide pour son chéri et il faut qu'elle puisse se confier car elle a énormément besoin d'être écoutée. Elle n'est pas jalouse tant qu'elle est sûre des sentiments de son partenaire, mais elle peut le devenir dès lors qu'elle a une raison de douter. N'essayez pas de jouer à la rendre jalouse, car elle peut énormément prendre sur elle... ou pas. Elle est très patiente et compréhensive, mais devient très impulsive lorsqu'elle se sent trahie.

Pour la femme Verseau, le vrai amour n'a pas de fin. Quand elle n'est pas amoureuse, elle ne se prend pas la tête, mais, si elle l'est, c'est tout l'inverse : elle s'investit beaucoup et refuse de ne pas aller au bout des choses. Très engagée dans sa relation, elle sait être une partenaire multicasquette, à la fois meilleure amie, amoureuse, associée. Elle aspire à une relation dynamique et stimulante, où les deux partenaires sont constamment amenés à évoluer. Elle privilégie toujours la communication, même si les choses peuvent être difficiles à entendre.

Elles sont Verseau Rosa Parks • Oprah Winfrey • Shakira • Paris Hilton • Alicia Keys • Wallen • Brandy • Sheryfa Luna • Georgina Rodriguez • Iris Mittenaere • Nabilla • Géraldine Nakache • Christiane Taubira • Yara Shahidi • Eiza Gonzáles • Kerry Washington • Emma Roberts • Elizabeth Olsen • Chloë Grace Moretz • Christina Ricci...

Test d'introspection pour **la femme Verseau**

1 Qu'est-ce que la liberté signifie pour moi dans une relation de couple ?

2 Comment est-ce que je me sens lorsque je suis dans une relation à distance ? Quelles sont mes limites en termes d'espace personnel ?

3 Quelles sont les activités que j'aime partager avec mon partenaire ? Comment est-ce que j'apprécie le fait de fonctionner en binôme ?

4 Que signifie être seule pour moi ? Comment faire la distinction entre être seule et me sentir seule ?

5 Comment est-ce que je me comporte lorsque je suis amoureuse ? Dans quelle mesure suis-je fidèle et dévouée envers mon partenaire ?

6 Comment est-ce que je réagis lorsque je me sens jalouse ? Comment voudrais-je que mon partenaire gère ma jalousie ?

7 Quelles sont mes limites à ne pas dépasser en couple ?

8 Comment est-ce que je me sens lorsque je prends les devants et décide dans une relation ? Comment est-ce que je réagis lorsque mon partenaire prend les devants ?

9 Quelles sont mes préférences en matière d'écoute et de soutien émotionnel de la part de mon partenaire ?

10 Comment est-ce que j'envisage la durabilité d'une relation amoureuse ? Quels sont les éléments importants pour moi afin de maintenir une connexion solide avec mon partenaire ?

Verseau / Capricorne

♂ Verseau / ♀ Capricorne

♥ L'homme Verseau admire les qualités de leader de la femme Capricorne et son esprit ambitieux. Elle l'aide souvent à concrétiser ses idées, à se concentrer, ou encore à se décider tout en lui apportant une stabilité émotionnelle. Ensemble ils surmonteront beaucoup d'épreuves et travailleront dur pour faire de leur couple une entreprise fructueuse. Ils se lancent souvent à deux dans des projets et font de bons partenaires professionnels. Ils sont déterminés et ne décideront pas facilement de se séparer.

💔 L'homme Verseau a besoin de changement. La femme Capricorne, beaucoup plus routinière, lui offre un cadre de vie trop prévisible et parfois monotone. Il ne se sent pas toujours compris dans ses idées les plus folles et risquées et peut s'estimer bridé par l'esprit un peu trop réaliste de la femme Capricorne. Ce couple manque de fun pour l'homme Verseau qui ne se prend pas trop au sérieux même quand il l'est.

STATISTIQUES ♥♥♥♡♡

Nicolas Sarkozy et Carla Bruni.

♀ Verseau / ♂ Capricorne

♥ La femme Verseau peut apprécier chez un homme Capricorne sa stabilité émotionnelle, son ambition et son sens pratique. Elle peut également valoriser sa capacité à se tenir à ses principes. Il sait aussi poser des bases solides dans leur couple et ces qualités peuvent l'aider à construire une relation stable basée sur la confiance, la loyauté et le respect. Il l'aide à se discipliner et se concentrer sur une idée à la fois. Enfin, la femme Verseau peut être très indécise par peur de faire le mauvais choix et apprécie que l'homme Capricorne puisse avoir des avis tranchés.

💔 L'homme Capricorne peut être parfois trop conservateur ou rigide dans sa façon de penser et d'agir, tandis que la femme Verseau aime expérimenter de nouvelles choses et repousser ses limites. Sa méfiance envers le changement va à l'encontre de l'attitude innovante et progressiste de la femme Verseau. Il manque de flexibilité. Les Capricorne peuvent être très préoccupés par l'argent et la sécurité financière, ce qui ne correspond pas aux valeurs de la femme Verseau. Ce n'est pas le couple le plus fun pour la femme Verseau car l'homme Capricorne, bien qu'il soit déterminé à atteindre ses objectifs, rêve finalement d'une vie trop ordinaire pour l'exciter, elle qui a besoin de folie.

STATISTIQUES ♥♥♡♡♡

Iris Mittenaere et Diego El Glaoui, Sonia Rolland et Jalil Lespert.

Verseau / Verseau

♂ Verseau / ♀ Verseau

❤ Naturellement séduit par la femme Verseau, avec elle, l'homme Verseau ne s'ennuie pas, et surtout il ne se sent ni jugé, ni freiné. Elle qui aime la nouveauté, casser les codes, avec lui, elle est servie et trouve souvent en lui son idéal. Vifs et ouverts d'esprit, ils partagent une certaine complicité intellectuelle et toutes leurs idées folles, ce qui leur permet de s'aider mutuellement à s'épanouir sur ce plan-là. Les deux sont très ouverts d'esprit et aiment apprendre et partager leur savoir. Ils ne se limitent pas et sont chacun d'un précieux soutien pour l'autre dans chaque projet. Ils savent tous deux rire et ne pas se prendre au sérieux. Amoureuse, la femme Verseau est très dévouée et fait tout pour rendre fier son partenaire, qui trouve souvent en elle sa meilleure amie.

💔 Une fois réellement amoureuse, la femme Verseau peut devenir jalouse et a besoin d'être rassurée tandis que le besoin de nouvelles aventures de l'homme Verseau peut le pousser à succomber à l'infidélité. Son désir de stabilité se fera donc parfois ressentir, car il lui faut tout partager en couple, tandis que lui a besoin de ses moments à lui et peut se sentir parfois étouffé. La femme Verseau peut remarquer très rapidement les mensonges du Verseau. Ce couple ne quitte pas le navire facilement lorsqu'ils sont engagés, les disputes ne les effrayent pas.

STATISTIQUES ♥♥♥♥♥

Rosa et Raymond Parks, Cristiano Ronaldo et Georgina Rodriguez,
Shakira et Gerard Piqué, Paris Hilton et Carter Reum,
Evan Peters et Emma Roberts.

Verseau / Poissons

♂ Verseau / ♀ Poissons

❤ L'homme Verseau est souvent séduit par la perspicacité de la femme Poissons. Consciente et rêveuse, elle peut aussi aider l'homme Verseau à devenir plus vigilant sur ses propres ressentis. Elle lui apporte souvent de la douceur et de la compassion, et ne l'étouffe pas physiquement, comprenant son besoin de liberté, l'aidant ainsi à trouver un équilibre et un soutien émotionnel ainsi qu'à éviter le conflit. Il est rassuré par la ténacité de ses sentiments et peut facilement rire de tout avec elle comme avec sa meilleure amie.

L'homme Verseau recherche plutôt une connexion cérébrale intense alors que la femme Poissons désire une connexion émotionnelle profonde. Sa jalousie et son besoin d'attention peuvent être source de conflit. Il peut la trouver très méfiante s'agissant de son couple et bien moins concernant ses propres amis, et lui reprocher d'accorder sa confiance trop rapidement. Le couple homme Verseau / femme Poissons n'est pas le plus stable mais il sait généralement faire face aux difficultés

STATISTIQUES ♥♥♡♡♡

Justin Timberlake et Jessica Biel, Harry Styles et Olivia Wilde, Nick Flynn et Lili Taylor, John Warner et Elizabeth Taylor.

♀ Verseau / ♂ Poissons

La femme Verseau, qui n'aime pas trop se prendre au sérieux, peut être attirée par la joie de vivre de l'homme Poissons. Ils ont le même délire et le même humour. Elle peut être séduite par ses petites attentions et son côté rêveur. Ce qu'elle aime chez lui, c'est sa sensibilité, son esprit perspicace, il est très malin et vif d'esprit. Avec lui, elle se sent à l'aise pour exprimer ses pensées, même les plus folles, et ses sentiments les plus profonds.

La femme Verseau recherche surtout un homme qui, au-delà de l'écouter, lui dise tout. Or avec l'homme Poissons, ce n'est pas gagné. Il intériorise beaucoup et exprimera souvent ses besoins à travers des jeux de provocation. Il aime beaucoup la rendre jalouse, ce qui la fait fuir. Elle qui affronte tout prendra ça pour de la lâcheté. Elle recherche en général un homme plus solide, frontal, direct, moins susceptible et surtout pas quelqu'un qui se braque sans expliquer ses réelles pensées.

STATISTIQUES ♥♡♡♡♡

Oprah Winfrey et Stedman Graham, Mareva Galanter et Arthur, Hélène Mercier-Arnault et Bernard Arnault.

Verseau / Bélier

♂ Verseau / ♀ Bélier

Il est rare que l'homme Verseau rencontre la femme Bélier sans être immédiatement séduit par son énergie. Souriante, à l'aise et mystérieuse à la fois, elle l'intimide facilement. Et c'est ce qu'il aime. Enfin du challenge, du fun, du rythme. Lui qui se croit insaisissable et imprévisible pourrait trouver en la femme Bélier plus imprévisible que lui. Avec elle, il devient donc moins impulsif, puisqu'il s'adapte facilement et que la femme Bélier peut souvent agir sans trop réfléchir. Il aime son esprit entreprenant et direct. Les gens trop mous ou trop lents, ça les angoisse. Donc ensemble, c'est généralement intense.

💔 L'homme Verseau qui veut être le protecteur, le dominateur dans la relation, peut être confronté au fort ego de la femme Bélier, parfois très têtue. Cela peut créer des tensions dans le couple. La femme Bélier peut prendre des décisions pour deux, sans consulter son Verseau, ce qui peut être déconcertant pour lui, qui n'aime pas qu'on dirige sa vie. Leur impulsivité risque de mener le couple à la séparation s'ils n'apprennent pas à maîtriser leurs réactions afin que la relation puisse perdurer.

STATISTIQUES ♥♥♥♥♥

Christian Bale et Sandra Blazic, Michael Jordan et Yvette Prieto, Neymar et Bruna Biancardi.

♀ Verseau / ♂ Bélier

♥ La femme Verseau est charmée par la positivité et la spontanéité de l'homme Bélier. Enfin quelqu'un qui réagit rapidement ! Comme elle, il accorde sa confiance dès le début, il n'attend pas des années avant de se lancer. Ensemble, ils ne perdront pas de temps et ne s'ennuieront pas. Elle aime son côté protecteur, elle qui est souvent la plus protectrice. Avec lui, elle ne reste pas enfermée à la maison, leur besoin d'excitation est souvent comblé par de nouveaux projets qu'ils lancent ensemble. Ce couple d'optimistes déterminés communique facilement. Ils ont la même dynamique de vie.

💔 La femme Verseau, impulsive mais analytique, peut avoir du mal avec le besoin d'agir de l'homme Bélier qui ne réfléchit pas toujours assez avant de prendre des décisions. Même si elle a le goût du risque, elle préfère un homme plus réfléchi. Elle a besoin de stabilité et le côté trop challenger, tactile et volage de l'homme Bélier peut l'effrayer et créer des tensions. La naïveté de l'homme Bélier peut également inquiéter la femme Verseau, qui aimerait un partenaire plus averti et concentré.

STATISTIQUES ♥♥♥♡♡

Doutzen Kroes et Sunnery James Gorré, Lin Feng-jiao et Jackie Chan.

Verseau / Taureau

♂ Verseau / ♀ Taureau

♥ L'homme Verseau trouve beaucoup de maturité en la femme Taureau qui l'aide ainsi à se responsabiliser et à moins s'éparpiller. La femme Taureau, bien plus concentrée que l'homme Verseau, l'aide à prioriser ses projets, lui qui se disperse facilement. Il est attiré par la féminité, la douceur et l'empathie de la femme Taureau, très sensible et compréhensive. Elle sait faire preuve de patience et être à l'écoute, et surtout elle a les qualités d'une bonne mère, ce qui rassure l'homme Verseau et lui permet de trouver une stabilité assez naturellement.

L'homme Verseau peut se sentir ralenti par la femme Taureau. Elle qui est très prudente, bien que positive, a une vision assez matérialiste et concrète des choses, ce qui peut freiner l'homme Verseau dans ses idées les plus folles, alors qu'il apprécie que sa partenaire le suive. La femme Taureau, décidée, peut être très têtue, ce qui peut créer des tensions au niveau de la communication. L'homme Verseau peut également se sentir étouffé par son côté possessif.

STATISTIQUES ♥♥♥♡♡

Ed Sheeran et Cherry Seaborn, Elijah Wood et Mette-Marie Kongsved, Robbie Williams et Ayda Field.

♀ Verseau / ♂ Taureau

La femme Verseau peut être attirée par la discrétion de l'homme Taureau, à qui il arrive d'être assez timide lorsqu'une fille lui plaît. Elle sait également apprécier son côté jaloux. D'une certaine façon, ça la rassure. Il sait être sérieux ou s'amuser selon les circonstances, et offre donc un cadre de vie stable et équilibré à la femme Verseau qui se surmène beaucoup et a du mal à s'enraciner. Il l'aide ainsi à s'organiser et à se discipliner afin de trouver un équilibre.

Trop lent pour la femme Verseau, l'homme Taureau ne réagit pas toujours aussi vite qu'elle peut l'espérer. Il prend souvent beaucoup de temps avant de commencer les choses. Sauf que pour la femme Verseau, « après l'heure, c'est plus l'heure ». Dans une fable de La Fontaine, elle serait le lièvre et lui la tortue. Elle a davantage besoin d'être stimulée intellectuellement que physiquement, et lui, c'est l'inverse. Elle peut avoir l'impression de ne pas se sentir comprise par l'homme Taureau, qui est peut-être un peu trop stable et routinier pour la suivre.

STATISTIQUES ♥♡♡♡♡

Amal et Georges Clooney, Anne-Claire Coudray et Nicolas Vix, Elizabeth Banks et Max Handelman.

Verseau / Gémeaux

♂ Verseau / ♀ Gémeaux

L'homme Verseau s'épanouit intellectuellement avec la femme Gémeaux, aussi curieuse que lui. Ils s'enrichiront mutuellement à travers des conversations stimulantes et se motiveront ensemble. Ces deux signes aiment exprimer leurs pensées et leurs idées et ne s'éternisent jamais sur des émotions négatives. Ils partagent une vivacité d'esprit semblable, et les deux étant très optimistes, une connexion cérébrale s'établit naturellement entre eux. Ce qu'il préfère chez elle, c'est qu'elle peut aussi bien faire le clown qu'être très sérieuse, et ce dans la même conversation.

La femme Gémeaux a besoin de tout savoir de son partenaire et a tendance à être intrusive dans sa vie et à partager ses intuitions, ce qui peut être difficile pour l'homme Verseau qui n'aime pas sentir qu'on dirige sa vie. Elle peut être très exigeante, pressée, et vouloir absolument avoir le dernier mot plus qu'écouter les autres points de vue, ce qui peut créer de la discorde au sein du couple.

STATISTIQUES ♥♥♥♡♡
Chris Rock et Malaak Compton, Benjamin Biolay et Chiara Mastroianni, Taylor Lautner et Marie Avgeropoulos.

♀ Verseau / ♂ Gémeaux

La femme Verseau a besoin d'être stimulée mentalement, ce qu'elle trouve naturellement chez l'homme Gémeaux, cet être éloquent avec qui elle peut débattre de tout et renouveler son point de vue. Ils s'entendent facilement. Elle est souvent attirée par son ouverture d'esprit, son humour et son optimisme. Enfin quelqu'un pour qui rien n'est jamais définitivement perdu, pour qui tout est encore possible. Elle sait apprécier sa polyvalence, son adaptabilité, sa subtilité intellectuelle et son comportement aux multiples facettes.

La femme Verseau peut être gênée par le manque de sensibilité et l'indélicatesse de l'homme Gémeaux, qui ne sait pas vraiment comment réagir lorsqu'elle souffre. Assez narcissique, il peut faire preuve de mépris pour ceux qu'il considère comme « faibles ». Enfin, la femme Verseau peut reprocher à l'homme Gémeaux de toujours vouloir avoir le dernier mot. Ils sont généralement plus stables en tant qu'amis qu'en tant qu'amoureux.

STATISTIQUES ♥♥♥♡♡
Bridget Fonda et Danny Elfman.

Verseau / Cancer

♂ Verseau / ♀ Cancer

L'homme Verseau est séduit par la douceur de la femme Cancer. Il ressent naturellement le besoin de la protéger. Elle est souvent d'un grand soutien émotionnel pour l'homme Verseau. Privilégiant son couple et sa famille, la femme Cancer apporte une structure solide à l'homme Verseau qui se sent vite à l'aise, puisqu'elle arrive à comprendre ses besoins avant même qu'il ne les comprenne lui-même. La femme Cancer apporte une dose de calme et d'apaisement à l'homme Verseau, qui a tendance à se surmener.

La femme Cancer peut être trop émotive et capricieuse pour l'homme Verseau qui est très spontané et impulsif. Il ne comprend pas toujours la susceptibilité de la femme Cancer qui peut se replier dans son cocon et intérioriser lorsqu'elle est blessée, ce qui constitue un obstacle pour leur communication et leur évolution. L'homme Verseau, qui minimise le négatif, peut être troublé par le mécanisme défensif de la femme Cancer qui détecte des dangers un peu partout.

STATISTIQUES ♥♥♥♡♡

Nancy et Ronald Reagan, Ángel Di Maria et Jorgelina Cardoso, Edinson Cavani et Maria Soledad Cabris Yarrús.

♀ Verseau / ♂ Cancer

La femme Verseau se fait souvent courtiser par l'homme Cancer. Elle aime sa sensibilité, elle qui est très réceptive sentimentalement sait apprécier la douceur de l'homme Cancer et ses petites attentions. La nature compatissante de ce couple leur permet de communiquer en profondeur sans trop de difficultés. La femme Verseau se sent à la fois écoutée et comprise par l'homme Cancer. Il la soutient émotionnellement autant que dans ses projets professionnels.

La femme Verseau peut trouver l'homme Cancer assez capricieux ou encore trop gâté, ce qu'elle n'apprécie pas vraiment. Il demande beaucoup d'attention et peut bouder quand il n'en a pas assez, tandis qu'elle préfère la confrontation et régler le problème. L'homme Cancer peut également souvent se plaindre et avoir tendance à faire du chantage affectif, ce qui risque de faire fuir la femme Verseau qui prend cela pour de la manipulation, elle qui déteste qu'on dirige sa vie.

STATISTIQUES ♥♥♥♡♡

Kerry Washington et Nnamdi Asomugha.

Verseau / Lion

♂ Verseau / ♀ Lion

L'homme Verseau est très séduit par la dynamique de la femme Lion, entreprenante, indépendante et fière, qui attire facilement l'attention sur elle. Il admire ses qualités naturelles de coach, elle qui sait motiver les troupes et être à l'affût de nouveaux projets à réaliser. Il apprécie en outre sa capacité à aller de l'avant, lui qui a besoin en permanence de sentir qu'il avance dans sa vie. Ce qui lui plaît le plus chez la femme Lion, c'est qu'elle aime se mettre en valeur et prendre soin d'elle. Ensemble, ils aiment débattre et partager leurs points de vue souvent opposés.

L'homme Verseau peut être confronté au fort ego de la femme Lion, qui cherche un peu trop à se mettre en avant et à imposer son point de vue, or le Verseau, lui, n'a jamais un seul point de vue et essaie toujours de comprendre les opinions de chacun. Elle peut être très têtue, mauvaise perdante, ce qui risque de créer des tensions dans le couple, surtout que lui aussi peut être mauvais perdant. Il peut attendre très longtemps avant que madame n'admette ses torts.

STATISTIQUES ♥♥♥♥♡

Ashton Kutcher et Mila Kunis, Gabriel Macht et Jacinda Barrett.

♀ Verseau / ♂ Lion

La femme Verseau admire les hommes entreprenants, ce qu'elle trouvera chez l'homme Lion. Avec lui, elle vivra plein d'expériences nouvelles et d'aventures, donc elle n'aura pas l'occasion de se lasser. Il aime tout autant apprendre qu'elle, ce qui lui plaît, elle qui cherche à évoluer en permanence. Ce qui l'attire chez l'homme Lion, c'est son esprit individualiste qui le pousse à ne suivre que ce qu'il a décidé de suivre, peu importent les avis de chacun...

La femme Verseau a besoin d'un meilleur ami avant toute chose, tandis que l'homme Lion, au contraire, peut avoir l'impression de perdre son pouvoir séducteur en créant une relation d'amitié avec sa partenaire. L'esprit parfois négatif de l'homme Lion peut freiner la femme Verseau qui refuse de voir les réalités appelant au pessimisme. La femme Verseau, préférant trouver des solutions que de se plaindre, lui reproche de trop râler et de reporter un peu trop souvent la faute sur les autres. Ce couple n'est pas le plus stable.

STATISTIQUES ♥♥♥♡♡

Jennifer Aniston et Justin Theroux.

Verseau / Vierge

♂ Verseau / ♀ Vierge

Au départ, l'homme Verseau est souvent intrigué par la femme Vierge. Son air sérieux et parfois hautain cache en réalité une folie qui lui plaît. Ils partagent le même esprit rationnel et analytique et savent donc communiquer clairement. Il admire sa capacité à savoir ce qu'elle veut et à être déterminée dans ses choix. Elle apporte de la stabilité, une dose de réalisme et une perspective plus pragmatique à sa vie, et l'encourage à respecter ses engagements et à être fidèle à ses promesses.

La femme Vierge a tendance à être très critique, ce qui peut porter atteinte à la confiance du Verseau. Les conflits commencent souvent parce qu'ils sont très têtus et qu'aucun des deux n'admet facilement ses torts. L'homme Verseau reproche à la femme Vierge de masquer ses fragilités derrière une attitude de fermeté et de force, alors qu'il valorise la transparence et l'authenticité dans les relations. Ce couple n'est pas le plus stable.

STATISTIQUES ♥♥♥♡♡

Lea Michele et Zandy Reich.

♀ Verseau / ♂ Vierge

♥ La femme Verseau s'est forcément déjà fait draguer au moins une fois dans sa vie (si ce n'est plus) par un homme Vierge. Il l'admire et se met à son service pour lui plaire. Et c'est ce qui la fait craquer. Ils sont tout de suite très complices. Entre eux, ça peut vite être l'amour fou. Elle aime son côté protecteur et jaloux et se sent naturellement en sécurité avec lui, parce qu'il ne rompt pas facilement les liens et reste solide et loyal dans la relation. Et puisqu'elle n'abandonne pas facilement, ils mettront difficilement fin à leur relation. Ils sont toujours collés l'un à l'autre et aiment partager un maximum de moments ensemble. L'homme Vierge peut également beaucoup s'effacer pour laisser sa femme Verseau briller.

💔 La femme Verseau et l'homme Vierge sont tous deux très sanguins. Elle lui reproche surtout de ne pas être à l'écoute, de toujours l'interrompre, de ne pas se remettre en question, d'être trop têtu, critique, monotone et parfois ennuyeux et de ne pas tenir ses promesses. Elle a besoin d'être stimulée mentalement, et avec lui elle manque de folie et de surprises. Elle s'adapte naturellement à ses besoins, mais pas l'inverse. Il n'est pas assez souple pour elle et très rigide. Avec lui, elle a tendance à développer une routine, qui va naturellement peser sur son moral.

STATISTIQUES ♥♥♥♥♥
Alicia Keys et Swizz Beatz, Nabilla et Thomas Vergara.

Verseau / Balance

♂ Verseau / ♀ Balance

♥ L'homme Verseau est tout de suite séduit par le charme de la femme Balance, qui aime prendre soin d'elle. Il apprécie sa gentillesse, son esprit positif, son sens de l'équité, sa diplomatie et sa légèreté. C'est typiquement son genre. Lors des disputes, elle ne reste pas vingt ans à bouder sans qu'on comprenne ce qu'il se passe. Elle communique clairement et sans brusquerie, en tentant toujours d'arrondir les angles, ce qui aide l'homme Verseau à améliorer son comportement sans se braquer.

💔 L'homme Verseau peut être confronté à la jalousie de la femme Balance, qui a un fort besoin d'attention. Au fond, elle n'aime pas se sentir seule, et l'homme Verseau peut parfois soudainement vouloir prendre quelques distances, après avoir été très présent. Enfin, la femme Balance peut être très sensible aux opinions des autres, ce qui peut affecter la confiance en soi de son partenaire Verseau.

STATISTIQUES ♥♥♥♡♡
John Travolta et Kelly Preston.

♀ Verseau / ♂ Balance

La femme Verseau se sent libérée avec l'homme Balance. Enfin quelqu'un qui ne va pas sauter sur l'occasion pour créer un conflit ! C'est le partenaire le plus facile à vivre pour la femme Verseau, elle qui cherche à pouvoir communiquer sans filtre et sans qu'à la première opportunité il en fasse tout un drame. Elle se laisse séduire par l'homme Balance, ses attentions, ses cadeaux. Elle aime sa façon de l'aimer et de toujours la séduire. Elle peut compter sur ses qualités : débrouillard, malin et vif d'esprit, pour assurer une sécurité financière au couple.

La femme Verseau peut souvent reprocher à l'homme Balance de faire preuve de lâcheté. Elle qui assume tout ce qu'elle fait et n'a pas de difficulté à choisir son camp a besoin d'un homme qui prenne un peu plus parti. La susceptibilité de l'homme Balance et son désir de plaire sont deux aspects de son caractère qui peuvent rebuter la femme Verseau, laquelle, bien moins préoccupée par le regard des autres, ne cherche à plaire qu'à son homme.

STATISTIQUES ♥♥♥♥♥

Sacha Baron Cohen et Isla Fisher.

Verseau / Scorpion

♂ Verseau / ♀ Scorpion

L'homme Verseau est séduit par la *vibe* mystérieuse de la femme Scorpion, légère en apparence mais ferme sur le fond. Elle sait ce qu'elle aime et ce qu'elle n'aime pas, et peut ainsi aider l'homme Verseau à se concentrer en profondeur plutôt que de s'éparpiller un peu partout superficiellement. Il apprécie son intuition, sa perspicacité, sa passion, voire son obsession, pour ce qu'elle aime, et surtout sa loyauté. Elle prend très au sérieux ses engagements, ce qui rassure l'homme Verseau qui a besoin de fiabilité pour se projeter.

L'homme Verseau et la femme Scorpion sont très différents sur de nombreux points. Il peut être trop cru dans ses paroles, ce qui peut amener la femme Scorpion à se braquer. Le manque de spontanéité de celle-ci et son besoin de contrôle risquent de faire fuir l'homme Verseau qui ne supporte pas qu'on tente de diriger sa vie. Elle est aussi capable de garder pour elle ses pensées, ce qui peut rendre la communication difficile lorsqu'il y a un conflit. La jalousie, la méfiance et parfois les manières de la femme Scorpion peuvent rebuter l'homme Verseau.

STATISTIQUES ♥♥♥♡♡

Ashton Kutcher et Demi Moore, Abhishek Bachchan et Aishwarya Rai Bachchan, Nicolas Sarkozy et Cécilia Attias.

♀ Verseau / ♂ Scorpion

♥ En théorie, la femme Verseau et l'homme Scorpion ont beaucoup de points communs. Ensemble, c'est passionnel et profond. Leur goût pour l'analyse, le mystère et les théories les plus étranges leur permet de communiquer profondément et de ne pas s'ennuyer ensemble. Ils partagent un même sens de la justice et sont très protecteurs. La femme Verseau se sent rassurée par la capacité de l'homme Scorpion à tenir ses engagements, et réciproquement. Il parle peu et préfère agir, ce qui lui prouve sa fiabilité.

💔 La femme Verseau peut être principalement perturbée par le fait qu'elle n'arrive jamais vraiment à savoir ce que pense l'homme Scorpion. Il peut paraître trop distant pour elle, voire trop fourbe par moments et elle risque de devenir méfiante. Elle recherche un partenaire qui la mette plus à l'aise en étant naturellement transparent, sans qu'elle se sente obligée de forcer la communication. La femme Verseau reproche principalement à l'homme Scorpion sa tendance à se braquer et à intérioriser lors des conflits.

STATISTIQUES ♥♥♥♡♡

Matthew McConaughey et Camila Alves.

Verseau / Sagittaire

♂ Verseau / ♀ Sagittaire

♥ L'homme Verseau admire l'indépendance de la femme Sagittaire. Elle a encore plus besoin de sa liberté que lui. Avec elle, il va bouger, explorer de nouveaux horizons et débattre de tout et n'importe quoi. Ils ont la même approche lucide de la vie et cherchent constamment à se stimuler mentalement par des nouvelles aventures, projets ou activités. Avec elle, il ne s'ennuie pas.

💔 Comme l'homme Verseau, la femme Sagittaire n'aime pas qu'on lui dicte sa vie. Comme lui, elle déteste les ordres, comme lui, elle préfère les adresser – imaginez ce que ça peut donner. Les conflits sont fréquents dans ce couple, or la femme Sagittaire a plus de mal à redescendre après la dispute et peut rester plus longtemps braquée que l'homme Verseau, qui peut aussi vite s'énerver que se calmer. Des infidélités pourraient survenir de la part des deux partenaires.

STATISTIQUES ♥♥♡♡♡

Harry Styles et Taylor Swift, Justin Timberlake et Britney Spears, Dr. Dre et Michel'le.

♀ Verseau / ♂ Sagittaire

C'est souvent en soirée ou avec des proches que cette relation peut naître. La femme Verseau est séduite par la position de l'homme Sagittaire au sein de son groupe d'amis. Il n'est pas du genre à parler derrière le dos des autres, ce qui plaît et donne confiance à la femme Verseau. Ensemble, ils rigolent beaucoup, et c'est primordial pour la femme Verseau qui a besoin d'un homme qui la fasse rire, et qui soit à la fois son meilleur ami. Cette relation est très intense.

La femme Verseau ne se sent pas toujours à l'aise avec l'homme Sagittaire, qui ne communique pas beaucoup. Elle cherche un partenaire qui soit à l'écoute de ses besoins sans qu'elle se sente envahie. Avec lui, elle ne s'estime pas toujours libre d'exprimer ses sentiments sans craindre de le déranger. Et la femme Verseau déteste sentir qu'elle dérange. Elle a l'impression de trop coller et il lui faut un partenaire qui soit suffisamment sensible pour la rassurer dans la relation, ce qu'elle ne trouve pas en l'homme Sagittaire qui n'est pas le plus fidèle du zodiaque. Son manque d'empathie est souvent ressenti fortement par la femme Verseau.

STATISTIQUES ♥♥♥♡♡

Brad Pitt et Jennifer Aniston, Walt et Lillian Disney.

Je note ma compatibilité avec **l'homme Verseau**

1. Comment envisagez-vous la communication dans votre couple ?

A. J'ai du mal à accepter une communication directe et je préfère garder mon jardin secret.

B. Je préfère une communication franche et directe, mais j'apprécie qu'on prenne des pincettes pour me dire les choses les plus difficiles à entendre.

C. J'ai besoin de parler de tout sans filtre et de partager mes idées les plus folles sans me sentir jugée.

2. Comment réagissez-vous face à la routine dans une relation ?

A. J'apprécie la stabilité de la routine et n'ai pas besoin de stimulations constantes.

B. J'apprécie une certaine routine, mais je suis également ouverte aux nouvelles expériences.

C. La routine m'angoisse et j'ai besoin de stimulations variées pour me sentir épanouie.

3. Quelle est votre opinion sur la conformité aux règles établies dans une relation ?

A. J'accorde de l'importance à la conformité aux règles établies et j'apprécie un partenaire qui les respecte.

B. Je préfère que mon partenaire ne soit pas trop rigide en matière de conformité aux règles établies.

C. Je suis respectueuse des règles établies tant qu'elles m'arrangent.

4. Êtes-vous prête à pardonner une infidélité de votre partenaire ?

A. Je suis à la fois très rancunière et très radicale au sujet des infidélités.

B. Je trouve difficile de pardonner une tromperie, et cela peut mettre en péril la confiance dans la relation.

C. Je suis capable de pardonner une trahison car tout le monde peut faire des erreurs.

5. Quel type de relation recherchez-vous principalement ?

A. Je valorise d'avantage la connexion physique que la connexion cérébrale.

B. Je préfère une relation axée sur une connexion émotionnelle profonde plutôt que sur une connexion cérébrale.

C. Je recherche une relation basée sur une amitié profonde et une connexion cérébrale forte.

6. Comment réagissez-vous aux humeurs changeantes de votre partenaire ?

A. Les humeurs changeantes de mon partenaire peuvent être déroutantes et difficiles à gérer pour moi.

B. Je peux comprendre ses changements d'humeurs, mais je peux également être lunatique, et je recherche un partenaire stable émotionnellement.
C. Je suis à l'aise avec les humeurs changeantes de mon partenaire.

7. Quelles caractéristiques appréciez-vous chez un homme ?

A. Je recherche un partenaire stable et sérieux, respectant les limites imposées.
B. Je recherche un partenaire sensible qui partage des valeurs humaines et est disposé à se rendre disponible pour moi à tout moment.
C. Je recherche un partenaire entreprenant, autonome et qui donne la priorité à ses projets.

8. Comment préférez-vous que votre partenaire soit en termes d'indépendance sociale ?

A. J'apprécie que mon partenaire soit disposé à accorder beaucoup de temps à sa famille.
B. J'apprécie que mon partenaire soit indépendant et solitaire.
C. J'apprécie que mon partenaire ait un cercle social actif et diversifié, mais qu'il n'ait besoin de personne pour avancer.

9. Quelle est votre opinion sur l'optimisme et le réalisme dans une relation ?

A. J'ai horreur des personnes trop optimistes et qui ne semblent pas préparées à d'éventuels échecs.
B. J'accorde de l'importance à un certain réalisme dans une relation, même si cela implique moins d'optimisme.
C. Pour moi, il est important d'être avec quelqu'un qui voit le bon côté des choses, même s'il manque de réalisme.

10. Comment réagissez-vous à l'impulsivité et à la nervosité de votre partenaire ?

A. Je recherche un environnement calme et un partenaire assez mature et évolué pour s'exprimer sans s'emporter.
B. L'impulsivité et la nervosité de mon partenaire peuvent être dérangeantes pour moi.
C. Je suis à l'aise avec l'impulsivité et la nervosité de mon partenaire, et j'apprécie qu'il s'exprime ouvertement.

Écrivez le noms de vos hommes Verseau préférés :

....

....

....

Résultat du test :
A : Mauvaise compatibilité
B : Compatibilité normale
C : Bonne compatibilité

Je note ma compatibilité avec **la femme Verseau**

1. Quelle est votre approche de la communication dans une relation de couple ?

A. Je suis très réservé et je peux avoir du mal à extérioriser mes pensées et sentiments.

B. Je suis ouvert à la communication, mais je préfère garder certaines pensées pour moi-même.

C. Pour moi, la communication est primordiale et je suis prêt à partager toutes mes pensées et à tout connaître de ma partenaire.

2. Quel est votre point de vue sur le besoin d'être constamment ensemble avec votre partenaire ?

A. J'ai besoin d'une partenaire indépendante qui passe autant de temps avec ses amis que j'en passe avec les miens.

B. J'apprécie le temps passé ensemble, mais j'ai aussi besoin de moments de solitude et d'indépendance.

C. Je préfère passer un maximum de moments avec ma partenaire, qui peut être ma meilleure amie et même mon associée.

3. Quel est votre rapport aux « règles » établies par la société ?

A. Je préfère suivre les règles établies plutôt que de les remettre en question, afin de me sentir intégré.

B. J'accorde de l'importance aux règles établies, mais je peux les enfreindre si je les trouve trop injustes.

C. Les seules règles à suivre sont celles qui me conviennent et respectent mes principes.

4. Quelle est votre opinion sur l'engagement de votre partenaire envers sa famille ?

A. J'accorde de l'importance à la relation de ma partenaire avec sa famille et souhaite qu'elle s'implique.

B. J'ai besoin que ma partenaire accorde autant d'importance à sa famille qu'à son couple.

C. Je suis indifférent à l'implication de ma partenaire envers sa famille, tant qu'elle reste engagée dans notre relation.

5. Quel type de relation de couple envisagez-vous ?

A. Je ne cherche pas forcément une relation basée sur une amitié profonde et une connexion mentale, mais plus sur le respect mutuel.

B. J'accorde de l'importance à la séduction et à la connexion mentale, et l'humour n'est pas nécessairement la priorité.

C. Pour moi, il est important que ma partenaire soit ma meilleure amie et que nous puissions discuter de tout avec l'humour comme élément essentiel.

6. Comment gérez-vous vos promesses et engagements dans une relation ?

A. Je peux m'engager trop vite et le regretter par la suite.
B. J'essaie de tenir mes promesses, mais il peut y avoir des circonstances où je ne serai pas en mesure de les respecter.
C. Je fsuis particulièrement attentif aux promesses que je fais ; je tiens tous mes engagements et en attends autant en retour.

7. Comment réagissez-vous aux difficultés et aux problèmes dans une relation ?

A. Je suis plus enclin à me plaindre face aux difficultés qu'à chercher activement des solutions.
B. Je peux avoir besoin de faire la tête un moment, mais je finis toujours par revenir pour régler les choses.
C. Je n'ai pas tendance à me plaindre et je préfère trouver des solutions aux problèmes.

8. Comment vous décririez-vous en termes d'ambition et de détermination à atteindre vos objectifs ?

A. Je préfère une vie sécurisante, même si cela implique de prendre moins de risques.
B. J'ai un certain niveau d'ambition, mais je connais mes limites.
C. Je suis très ambitieux et déterminé à me surpasser pour atteindre mes objectifs.

9. Quelle connexion êtes-vous le plus disposé à créer ?

A. Une connexion physique et émotionnelle.
B. Une connexion spirituelle et physique.
C. Une connexion cérébrale et spirituelle.

10. Comment réagissez-vous aux crises de colère et aux changements d'humeur de votre partenaire ?

A. Les crises de colère et les changements d'humeur de ma partenaire peuvent me faire fuir.
B. Les crises de colère et les changements d'humeur peuvent être dérangeants pour moi, mais je peux les gérer s'ils sont légitimes.
C. Les crises de colère et les changements d'humeur de ma partenaire ne me font pas fuir, je suis à l'aise avec ça.

Écrivez le nom de vos femmes Verseau préférées :

....

....

....

....

....

Résultat du test :
A : Mauvaise compatibilité
B : Compatibilité normale
C : Bonne compatibilité

Versons

ENTRE LE 17 ET LE 22 FÉVRIER

Les personnes nées entre le 17 et le 22 février (parfois même le 23... en réalité, c'est de la casuistique), c'est-à-dire entre le signe du Verseau et celui des Poissons, prennent souvent certains traits de caractère liés au Verseau et d'autres liés aux Poissons.

Célébrités

Rihanna

Drew Barrymore

Olivia Rodrigo

Ivana Trump

Cindy Crawford

Poissons

Le signe des Poissons, qui débute le 19 février et finit le 20 mars, est le signe astrologique qui clôture la saison d'hiver. Il est associé à l'élément Eau (avec le Cancer et le Scorpion). Le signe des Poissons, dont les sentiments amoureux sont souvent intenses, débute en février, le mois de l'amour où la Saint-Valentin est célébrée, et se poursuit en mars.

Les grandes caractéristiques **du Poissons**

Il se fait des scénarios et des films que même Netflix n'a pas su faire.

Il peut avoir tendance à s'isoler.

Il sait esquiver les coups mieux que personne.

C'est le provocateur du zodiaque, qui teste les limites pour voir les réactions.

Esprit éveillé et conscient de ses propres émotions.

Mots-clés

Sentimental
Sensible
Bavard
Lunatique
Capricieux
Généreux seulement s'il vous aime
Calcule tous ses sous
À l'écoute
Il peut être de mauvaise humeur s'il n'a pas mangé
Monde intérieur
Teste les limites
Provocateur
Bosseur
Envieux et jaloux
Sévère
Intériorise
Séducteur
Parfois infidèle
Aime les animaux

Pessimiste
Malin
Perspicace
Éveillé
Conscient
Spirituel
Intuitif
Opportuniste
Insomniaque mais aime dormir
Fêtard selon son *mood*
Joue à l'imbécile alors qu'il comprend tout
Aime rire et faire rire
Actif
S'ennuie vite
Dispersé
Dans son monde
Il aime la musique
Il cogite beaucoup la nuit

Peureux
Conciliant
Fûté
Carapace
Solitaire
Commère
Égoïste
Rêveur
Imaginatif
Autosuffisant
Humour
Intéressé par le surnaturel
Conscient de ses sentiments et émotions
Filou
Tête en l'air
Il aime laisser les autres briller
Séducteur
Fan de musique
Peureux

L'homme
Poissons

L'homme Poissons est un esprit perspicace libre et indépendant. Il se révèle intuitif, séducteur, créatif, rêveur, profond, susceptible, soucieux de son apparence et habile à exprimer comme à dissimuler ses émotions. Très soigné, il peut passer des heures le matin dans sa salle de bains à se préparer. Sa méfiance, son discernement aiguisé et ses remarquables capacités d'analyse lui permettent de détecter instantanément les mensonges. Il excelle dans l'art de la dissimulation et peut mentir habilement. Indépendant, fier, mais sensible et susceptible, il ne veut jamais se montrer vulnérable. Bien qu'il puisse être discret, il n'est pas timide. Cependant, il évite les confrontations directes et les échanges virulents non constructifs. Provocateur, il n'hésite pas à prêcher le faux pour avoir le vrai ou à lancer des piques pour obtenir une réaction.

> «J'aimerais pouvoir repousser les pensées qui empoisonnent ma joie, et pourtant je prends un certain plaisir à m'offrir à elles.»
>
> FRÉDÉRIC CHOPIN

Il aime taquiner et possède un charme irrésistible qui fait de lui un séducteur accompli. Il entretient un cercle d'amis restreint, pour autant, il peut connaître énormément de monde. Il peut être assez solitaire, et avoir tendance à s'isoler proclamant parfois : « Mon meilleur ami, c'est moi-même ! » Déterminé à atteindre ses objectifs, il est en quête de succès et de réussite. Très sensible, le regard de ses proches peut beaucoup le préoccuper. Il accorde difficilement sa confiance, la retirant tout aussi rapidement. Il intériorise énormément jusqu'à imploser. Il apprend très vite et sait s'adapter à toute situation. Il peut donner l'impression d'être dur et parfois totalement insensible aux causes qu'il juge futiles, mais il peut énormément souffrir et déprimer lorsqu'il vit une déception.

Au niveau professionnel, l'homme Poissons est un véritable proactif, entrepreneur opportuniste qui sait parfaitement gérer son argent et le réinvestir. Méticuleux et sélectif, il sait très bien gérer ses finances, ses dépenses sont toujours très mesurées, lui permettant de faire des économies aisément. Il peut être perfectionniste et influençable par ce qu'il juge bon pour lui. Envieux et admiratif des gens qui réussissent, il aime s'entourer de personnes de pouvoir et peut développer des obsessions pour obtenir ce qu'il souhaite, ce qui en fait un concurrent de taille.

En amour

L'homme Poissons est à la fois séducteur, entreprenant et attachant. Il est attiré par les détails mignons d'une personnalité, bien que l'attirance physique reste importante à ses yeux. Sensible et susceptible, il a tendance à intérioriser ses sentiments et explore les méandres de son monde intérieur dans lequel il trouve un refuge et où tous ses rêves prennent vie. Son sens de l'humour, qu'il utilise comme une armure pour masquer les émotions qui le rendent vulnérable, est son arme de séduction. Il peut se braquer lors d'un conflit et devenir provocateur. Il lui est essentiel de créer un environnement de confiance, un cocon dans lequel il peut se sentir en sécurité pour partager ses émotions. Son amour est un océan profond et débordant, empreint de passion et d'imagination. Très attentif, il est à l'écoute de sa partenaire et affectueux.

> « Si vous ne travaillez pas à vos rêves, quelqu'un vous embauchera pour travailler pour les siens. »
>
> STEVE JOBS

Indépendant de nature, cet homme trouve une forme de réconfort dans la solitude. L'homme Poissons peut être casanier mais aussi très sociable. Il a tendance à beaucoup se méfier et ses attentes sont souvent élevées, envers lui-même et envers ceux qu'il aime le plus. Parfois, il peut nourrir des rancunes qui persistent dans le temps. Malgré sa tendance à la solitude, il a un besoin intrinsèque d'attention. Chez cet homme aux multiples facettes, on trouve également des aspects complexes liés à ses tendances séductrices. Il est vrai qu'il peut succomber à la tentation et tromper sa partenaire, attiré par l'inconnu et l'excitation de conquêtes nouvelles.

Toujours prêt à partager une plaisanterie ou une *playlist* pour mettre de l'ambiance, l'homme Poissons est souvent attiré par les femmes qui soignent leur image sans en faire trop. Il perçoit beaucoup de choses à travers les regards et se fie à ses intuitions pour se projeter dans ses relations amoureuses. Il a besoin d'une partenaire vive d'esprit, conciliante, compréhensive et qui ne soit ni trop brutale dans sa communication, ni trop dépendante de lui. Il sait mentir aisément ou omettre de dire certaines choses pour éviter de blesser sa partenaire. Lorsqu'il atteint un point de saturation émotionnelle, sa sensibilité est si forte qu'il préfère souvent éviter les conflits parce qu'il craint de devenir blessant. Il est pleinement conscient de ses émotions et de ce qu'il ressent, et peut être très froid et rancunier quand il a été trahi.

Ils sont Poissons

Victor Hugo • Frédéric Chopin • Albert Einstein • Steve Jobs • Ronaldinho • Stromae • Luc Besson • Justin Bieber • Laurent Ruquier • Kurt Cobain • Elliot Page • Javier Bardem • Bruce Willis • Oscar Isaac • Daniel Craig • Antoine Griezmann • Matthieu Delormeau • Pierre Niney • Gérard Darmon • Éric Naulleau • José Garcia • Adam Levine • Jean-Luc Lemoine • Bernard Arnault • Marc Simoncini...

Test d'introspection pour
l'homme Poissons

1 Comment est-ce que j'exprime mes émotions les plus vulnérables et ai-je tendance à les garder pour moi ?

2 Est-ce que j'utilise mon sens de l'humour comme une armure pour masquer mes émotions les plus profondes ?

3 Quelle est ma réaction lors d'un conflit, et comment est-ce que je gère mes émotions à ce moment-là ?

4 Comment est-ce que je crée un environnement de confiance et de sécurité pour partager mes émotions avec ma partenaire ?

5 Comment est-ce que je trouve l'équilibre entre mon besoin de solitude et mon besoin d'attention dans mes relations amoureuses ?

6 Ai-je tendance à nourrir des rancunes qui persistent dans le temps et comment puis-je les surmonter ?

7 Qu'est-ce qui motive mon besoin de rendre jalouse ma partenaire et comment puis-je le gérer de manière saine ?

8 Comment puis-je résister à la tentation et maintenir la fidélité dans mes relations amoureuses ?

9 Qu'est-ce qui attire mon attention chez une femme et comment est-ce que je construis une connexion énergétique avec elle ?

10 Comment est-ce que je gère les conflits pour éviter d'être blessant et comment puis-je améliorer ma communication lors de disputes ?

La femme **Poissons**

La femme Poissons est un esprit libre et ouvert, et est loin d'être soumise. Bien qu'elle puisse paraître niaise pour certains, elle maîtrise en réalité l'art de vous faire croire que vous êtes aux commandes. Perspicace, elle lit dans les regards et mène sa vie en fonction de ses intuitions et pressentiments les plus profonds. Elle peut être très sensible aux causes qui lui tiennent à cœur et paraître insensible à celles qui lui semblent futiles. C'est une très grande spirituelle, séductrice, débrouillarde, déterminée à obtenir ce qu'elle désire. Elle peut sembler irrationnelle, mais elle sait ce qu'elle veut. Elle adore rire de tout et ne se prend pas toujours au sérieux. Elle est très empathique et réussit aisément à mettre des mots sur ses émotions. Elle peut parfois faire preuve de lâcheté et esquiver les discussions qui ne l'arrangent pas. En revanche, elle n'éprouve aucune difficulté à partager ses opinions même si elle peut paraître sévère et autoritaire. Elle aime soigner son image.

> « L'imagination est plus importante que le savoir. »
>
> ALBERT EINSTEIN

La femme Poissons est une grande pensive, mais elle se crée sa réalité avec ses ancrages du passé et apprécie tout autant rêver que se tourmenter, surtout le soir avant de dormir. Elle est très active, et n'est pas de nature casanière, bien qu'il lui arrive parfois, selon son *mood*, de préférer rester chez elle dans son cocon. Elle sait s'amuser, et possède beaucoup d'humour et d'autodérision. Elle aime se faire de nouvelles copines et a tout le temps des idées pour amuser la galerie. C'est une bonne vivante qui aime partir à la découverte. Grande pipelette, elle n'a pas toujours sa langue dans sa poche et aime commérer. Ses mots peuvent être crus et acerbes. Elle est rancunière et n'oublie rien, même si elle est capable de pardonner. La jalousie et l'envie peuvent parfois submerger la femme Poissons qui a une fâcheuse tendance à se comparer aux autres. Au fond, elle se sent souvent incomprise et seule dans son monde. Elle redoute que cette vulnérabilité perçue puisse être exploitée et se refuse à être considérée comme faible. Elle ressasse beaucoup le passé. Elle aime tester les réactions des autres afin de se faire son propre avis, mais n'assume pas toujours les conséquences et préfère prendre la fuite et éviter les confrontations trop brutales.

> « Il n'y a pas que l'argent dans la vie, il y a aussi les fourrures et les bijoux. »
>
> ELIZABETH TAYLOR

Au niveau professionnel et financier, la femme Poissons est une bosseuse prête à se lever tôt si elle suit une passion, et qui n'éprouve pas de difficultés à gérer ses finances. Elle apprend très vite, sait se donner les moyens d'obtenir ce qu'elle souhaite. En grandissant, elle acquiert une meilleure maîtrise de ses émotions et apprend à équilibrer ses sentiments avec d'autres aspects importants de sa vie, tels que ses ambitions personnelles, sa carrière ou ses propres besoins. Bien qu'elle puisse sembler égoïste, elle fait preuve d'une très grande générosité envers ceux qu'elle aime, investissant du temps, de l'énergie et parfois même de l'argent. Sa famille occupe une place importante dans sa vie. Très soucieuse de son apparence, le regard des gens peut la préoccuper. Lorsqu'elle est blessée, elle a tendance à se braquer.

> « Aimer quelqu'un, c'est lui donner de l'importance à ses propres yeux, l'aider à croire en lui-même. »
>
> VICTOR HUGO

En amour

La femme Poissons est une véritable rêveuse, qui s'enflamme vite et qui nourrit l'idée d'un prince charmant. Elle peut tout quitter par amour, même si elle sait qu'elle devrait faire passer ses intérêts avant. Elle peut vite s'emballer et a besoin d'une relation fusionnelle. Souvent attirée par les personnes qui ont du pouvoir, une fois qu'elle a jeté son dévolu sur quelqu'un, elle sait parfaitement comment le charmer et le conquérir. La femme Poissons peut être capricieuse et autoritaire au sein de son couple. Elle sait mieux que quiconque faire croire à son partenaire qu'il maîtrise la situation, alors qu'en réalité, c'est elle qui pilote. Elle peut être très jalouse et a tendance à tester les limites de son partenaire afin d'être sûre de sa solidité. Très méfiante à l'égard des hommes, elle peut être assez secrète. Elle veut être la priorité de son partenaire ; elle peut développer un désir profond de châtier lorsqu'elle a été blessée, tout en étant également encline à accepter les peines qui lui sont infligées. Elle a énormément de mal à oublier les trahisons.

> « On commence tous quelque part, c'est là où tu finis qui compte. »
>
> RIHANNA

Contrairement à ce qu'on pourrait penser, elle n'est pas nécessairement câline et privilégie une connexion émotionnelle et cérébrale forte. Elle aspire à trouver un partenaire mature et puissant qui puisse prendre soin d'elle et rire de tout. Elle a une épaisse carapace et préfère souvent garder ses sentiments pour elle, par crainte d'être vulnérable. Elle a donc besoin d'un partenaire qui ne profite pas de ses faiblesses, afin de pouvoir extérioriser toutes ses pensées et émotions. Elle éprouve souvent l'envie d'explorer ses désirs profonds. Elle recherche un homme qui mette des paillettes dans sa vie. Elle peut être très dure avec les hommes. Pour elle, plaire est important, et tant qu'elle n'a pas rencontré le partenaire de ses rêves, elle sait être une véritable séductrice et jongler avec plusieurs prétendants. Mais lorsqu'elle est amoureuse, elle se révèle d'une fidélité et d'un dévouement sans limite. Elle aspire à avoir des enfants, et sera une mère aussi aimante que sévère avec sa progéniture.

Bien qu'elle soit très attentionnée, affectueuse et taquine, elle ressent le besoin d'avoir ses propres moments à elle, que ce soit en solitaire ou avec ses amies. La femme Poissons nourrit souvent des rancunes qui persistent dans le temps. Sa tendance à la mélancolie la pousse à se replonger souvent dans ses souvenirs, même les plus sombres. Par amour, elle peut pardonner l'impardonnable et être sujette aux dépendances affectives et aux obsessions. Elle éprouve des difficultés à s'ouvrir, donc n'accepte pas facilement les séparations qui créent rapidement en elle des ancrages négatifs et des croyances limitantes. Cependant, elle est capable de se détacher et de se remettre rapidement en selle, pourvu qu'elle abandonne ses pensées nostalgiques, car son cœur déborde d'un amour sans limites.

> « Il faut garder la tête haute et être l'homme que votre mère a élevé. »
>
> JUSTIN BIEBER

Elles sont Poissons

Rihanna • Eva Longoria • Leïla Bekhti • Camila Cabello • Eva Mendes • Sharon Stone • Cindy Crawford • Ophélie Winter • Géraldine Maillet • Laeticia Hallyday • Hélène Ségara • Drew Barrymore • Dakota Fanning • Elizabeth Taylor • Emily Blunt • Jessica Biel • Sophie Turner • Millie Bobby Brown • Juliette Binoche • Alia Bhatt • Paola Locatelli • Mónica Cruz • Jennifer Love Hewitt • Faustine Bollaert • Valérie Lemercier...

Test introspection pour **la femme Poissons**

1 Quelles sont les images idylliques et romantiques que je nourris dans ma recherche de l'amour véritable ?

2 Comment est-ce que je parviens à équilibrer mes propres intérêts avec ceux de mon partenaire dans mes relations amoureuses ?

3 Qu'est-ce qui me fait ressentir une intense passion amoureuse et comment puis-je canaliser cet élan avec sagesse ?

4 Quelles sont les qualités ou actes de mon partenaire qui me font tomber amoureuse et nourrissent mon besoin d'une relation fusionnelle ?

5 Quels sont les types de personnes qui exercent une forte attraction sur moi et comment puis-je m'assurer que leur pouvoir est équilibré dans notre relation ?

6 Comment puis-je exprimer mon charme et mes talents de séductrice pour conquérir mon partenaire de manière authentique et bienveillante ?

7 Dans quelles situations suis-je encline à exprimer ma volonté de manière capricieuse ou autoritaire, et comment puis-je développer une meilleure communication au sein de mon couple ?

8 Comment puis-je trouver un équilibre entre les besoins de contrôle et de protection dans ma relation amoureuse tout en respectant l'indépendance de mon partenaire ?

9 Comment puis-je guérir et surmonter les blessures du passé pour avancer sereinement dans ma vie amoureuse et cultiver la confiance dans mes relations actuelles ?

10 Comment puis-je apprendre à gérer les conflits de manière constructive, en écoutant mes propres besoins tout en maintenant une atmosphère d'amour et de respect mutuel dans mon couple ?

Poissons / Capricorne

♂ Poissons / ♀ Capricorne

L'homme Poissons est souvent en quête de stabilité émotionnelle et il trouve aisément cette sécurité avec la femme Capricorne. Ce qui l'impressionne chez elle, c'est sa capacité à rester forte et impassible dans n'importe quelle situation. Cependant, derrière son masque de fer, l'homme Poissons perçoit la sensibilité profonde de la femme Capricorne, une facette qu'elle dissimule souvent en public pour préserver sa dignité. C'est cette dualité qui le touche au plus profond de son être. De plus, il est rassuré par le fait qu'elle soit attachée à ses principes et valeurs, car cela lui donne confiance en un avenir solide et harmonieux avec elle, sans lequel il se sent donc incapable de se projeter rapidement.

La femme Capricorne peut parfois repousser l'homme Poissons par sa nature trop froide et ferme. Son caractère strict peut donner l'impression à l'homme Poissons qu'elle manque de flexibilité et de spontanéité. Il cherche une partenaire qui puisse lui enseigner l'art de la détente et de la légèreté, des qualités qu'il peine à trouver chez la femme Capricorne. Cette différence dans leur approche de la vie peut créer des frictions, car l'homme Poissons a besoin d'une femme qui lui permette de lâcher prise et de vivre dans le moment présent, ce qui ne correspond pas entièrement à la nature de la femme Capricorne.

STATISTIQUES ♥♥♥♡♡

Daniel Craig et Kate Moss.

♀ Poissons / ♂ Capricorne

La femme Poissons admire l'homme Capricorne en raison de sa stabilité et de sa capacité à prendre des décisions réfléchies. Elle apprécie son sérieux et sa ténacité. Il lui apporte un sentiment de sécurité qui lui permet de se sentir en confiance dans leur relation. Sa nature pragmatique et rationnelle peut également équilibrer les tendances rêveuses de la femme Poissons, offrant ainsi une perspective réaliste dans leur relation. Ensemble, ils peuvent trouver un équilibre entre la passion et la sécurité, créant une relation où les forces de l'homme Capricorne complètent les besoins émotionnels de la femme Poissons.

La femme Poissons peut parfois trouver que l'homme Capricorne est égoïste, qu'il ne prend pas assez en considération ses ressentis, les interprétant le plus souvent comme des caprices. Elle lui reproche souvent son manque de sensibilité et de compassion, ainsi que sa tendance à rester froid et distant même dans les moments où elle a besoin de sa tendresse et de son attention. Cette attitude peut la décevoir et lui laisser un sentiment d'incompréhension. Elle recherche un partenaire sachant faire preuve de davantage de chaleur émotionnelle et de soutien lorsque cela est nécessaire.

STATISTIQUES ♥♥♥♥♡
Kevin Costner et Christine Baumgartner.

Poissons / Verseau

♂ Poissons / ♀ Verseau

♥ L'homme Poissons est fréquemment captivé par l'originalité de la femme Verseau, qui sait trouver un équilibre subtil entre légèreté et sérieux. Il est séduit par sa capacité à ne jamais se prendre trop au sérieux tout en étant incroyablement engagée dans ses convictions. Cette combinaison unique suscite l'admiration de l'homme Poissons, car il apprécie son bon sens inné et sa perspicacité remarquable. En sa présence, il se sent libre d'exprimer ses pensées et ses émotions sans craindre d'être jugé. La femme Verseau lui accorde une oreille attentive, ce qui donne à l'homme Poissons le sentiment d'être compris et soutenu. Il admire ses réflexions stimulantes, qui lui permettent de sortir de sa propre réalité et de s'ouvrir à de nouvelles perspectives.

💔 L'homme Poissons peut parfois se sentir déconcerté par la difficulté de la femme Verseau à gérer ses émotions de manière stable. De plus, la femme Verseau possède une remarquable capacité à lire les intentions cachées de l'homme Poissons, ce qui a tendance à le mettre mal à l'aise. Lors des disputes, l'homme Poissons peut se trouver submergé par l'énergie que la femme Verseau place dans la confrontation. Il préfère souvent éviter les conflits et les conversations inutiles, et la femme Verseau peut être plus encline à s'engager dans des débats passionnés et à vouloir qu'il extériorise ses émotions. Cette différence d'approche peut créer des tensions dans leur relation.

STATISTIQUES ♥♡♡♡♡
Arthur et Mareva Galanter, Luc Besson et Virginie Besson-Silla, Bernard Arnault et Hélène Mercier-Arnault.

♀ Poissons / ♂ Verseau

♥ La femme Poissons admire l'esprit optimiste de l'homme Verseau et apprécie sa capacité à penser différemment. Elle est séduite par sa faculté à comprendre ses propres folies et ses caprices sans la juger, ce qui lui permet de partager avec lui des moments de complicité et de rire de tout. Quand elle fuit, il la retient, et c'est ce qu'elle aime. Elle est également attirée par sa capacité à s'épanouir dans la différence, à défier les normes et à ne dépendre de personne. Il la stimule mentalement, suscitant son intérêt par ses idées novatrices et sa vision du monde.

La femme Poissons peut reprocher à l'homme Verseau son côté imprévisible et ses humeurs en dents de scie. Elle peut aussi se sentir frustrée par son besoin d'indépendance et de liberté, qui peut parfois donner l'impression qu'il s'éloigne. De plus, la femme Poissons peut souffrir d'un manque de connexion émotionnelle et parfois de la brutalité de l'homme Verseau lors des conflits, de son impulsivité et de ses colères. Elle a du mal à contrôler son couple avec l'homme Verseau, qui peut paraître étrange lorsqu'il adopte des comportements contradictoires, comme être très amoureux ou succomber à l'infidélité en raison de son besoin d'aventures.

STATISTIQUES ♥♡♡♡♡

Jessica Biel et Justin Timberlake, Faustine Bollaert et Maxime Chattam.

Poissons / Poissons

♂ Poissons / ♀ Poissons

Les Poissons s'offrent une complicité qui se tisse instantanément grâce à leur partage de sensibilité et de détermination. Leur connexion émotionnelle est profonde et magique, car ils semblent lire dans les pensées l'un de l'autre sans même avoir besoin de se parler, ce qui crée un sentiment de confort et de sécurité dans leur relation. L'homme Poissons est irrésistiblement séduit par la douceur et la perspicacité de la femme Poissons. Compatissant et capable de rire de tout, il sait comment la séduire et être affectueux. La femme Poissons apprécie l'homme Poissons en tant que père qui sait accorder du temps à ses enfants et les éduquer avec autant de tendresse que d'autorité. Ensemble, « qui se ressemble s'assemble ».

La femme Poissons peut parfois se montrer méfiante, être en proie à une profonde jalousie, et recourir à des provocations et à des tests pour évaluer la loyauté de son partenaire, des tactiques pouvant être éreintantes pour l'homme Poissons, qui aspire à une relation fondée sur la confiance et la stabilité. Elle peut également devenir colérique et autoritaire, ce qui est susceptible d'effrayer l'homme Poissons. La femme Poissons a besoin d'un homme qui se braque moins durant les disputes et qui soit moins dans la provocation. Il peut avoir du mal à exprimer clairement ses propres émotions ou encore prendre la fuite ou s'éloigner dans les moments les plus importants, ce qui peut entraîner des malentendus.

STATISTIQUES ♥♥♡♡♡

Daniel Craig et Rachel Weisz, Antoine Griezmann et Erika Choperena.

Poissons / Bélier

♂ Poissons / ♀ Bélier

L'homme Poissons est souvent fasciné par le courage et la détermination de la femme Bélier. Son esprit intrépide et sa nature audacieuse l'impressionnent profondément. La femme Bélier respire la spontanéité et la positivité, ce qui lui confère une énergie contagieuse qui illumine la vie de l'homme Poissons. Son courage face à l'adversité et sa capacité à affronter les défis avec confiance incitent l'homme Poissons à sortir de sa zone de confort. La femme Bélier ne recule pas devant les obstacles et cela pousse l'homme Poissons à surmonter ses propres peurs et à embrasser de nouvelles opportunités. Sa présence énergique et stimulante éveille l'homme Poissons, le tirant de sa rêverie pour l'encourager à vivre pleinement l'instant présent.

L'homme Poissons peut parfois se sentir déconcerté par la femme Bélier, qui est constamment en quête de vérité et n'a pas peur de poser des questions difficiles. Sa nature directe et franche peut parfois mettre l'homme Poissons mal à l'aise, car il a tendance à intérioriser et à esquiver les confrontations. L'homme Poissons peut parfois ressentir de la frustration envers la femme Bélier en raison de son impulsivité et de sa tendance à agir sans réfléchir. De plus, il peut également être préoccupé par les habitudes dépensières de la femme Bélier. Cette façon de gérer l'argent peut être source de tension pour l'homme Poissons, qui préfère une approche plus prudente et économique.

STATISTIQUES ♥♡♡♡♡

Freddie Prinze Jr. et Sarah Michelle Gellar.

♀ Poissons / ♂ Bélier

La femme Poissons est captivée par l'homme Bélier, qui incarne pour elle la force et le pouvoir. Elle admire sa détermination, son charisme et son enthousiasme naturel. L'homme Bélier a le potentiel de la faire se sentir puissante et chérie, comblant ainsi son désir de trouver un partenaire qui lui apporte un sentiment de sécurité et d'admiration. De plus, la femme Poissons possède une grande intuition et est capable de décrypter facilement les émotions de l'homme Bélier, plus naïf qu'elle, ce qui lui permet de se sentir en confiance et rassurée. Ce couple est rare et pourtant durable.

La femme Poissons peut reprocher à l'homme Bélier son impulsivité et son caractère trop brut. Ses réactions virulentes lors de disputes peuvent la désarçonner et provoquer des tensions au sein du couple. De plus, le besoin constant de l'homme Bélier de découvrir de nouvelles sensations et aventures peut inquiéter la femme Poissons. Sa propension à agir sans toujours penser aux conséquences à long terme peut être difficile à accepter pour elle, qui aspire à une relation stable et fidèle. Elle peut se sentir blessée et méfiante envers l'homme Bélier, en raison de sa nature précipitée et impatiente.

STATISTIQUES ♥♡♡♡♡

Eva Longoria et José Antonio Bastón Patiño.

Poissons / Taureau

♂ Poissons / ♀ Taureau

♥ L'homme Poissons trouve un grand soulagement dans la bienveillance et la force tranquille de la femme Taureau. Elle incarne la stabilité et crée un environnement rassurant pour lui. Elle lui offre un cadre de vie routinier et apaisant qui permet à l'homme Poissons de se sentir en sécurité et en harmonie. Le réalisme de la femme Taureau est une qualité qui séduit l'homme Poissons. Cette approche équilibrée et pratique lui permet de maintenir un équilibre entre ses rêves, ses aspirations, et les réalités du monde concret. La patience de la femme Taureau est très appréciée par l'homme Poissons. Elle ne le presse jamais et respecte son besoin d'introspection et de temps pour lui-même.

L'homme Poissons peut éprouver des difficultés avec les accès de violence de la femme Taureau lorsqu'elle exprime sa colère. Il peut lui reprocher sa tendance à être têtue, exigeante et ferme, notamment en matière de trahison. Il peut avoir du mal à s'adapter à sa nature radicale, car il préfère une approche plus légère et adaptable. L'homme Poissons peut également reprocher à la femme Taureau d'être très dépensière, notamment pour se faire plaisir, ce qui peut l'inquiéter, lui qui sait bien gérer ses finances.

STATISTIQUES ♥♥♡♡♡

Javier Bardem et Penélope Cruz, Arthur et Estelle Lefébure, Luc Besson et Anne Parillaud, Rob Kardashian et Blac Chyna.

♀ Poissons / ♂ Taureau

♥ La femme Poissons trouve de nombreuses qualités attrayantes à l'homme Taureau. Elle apprécie sa nature concentrée et son côté pratique, qui lui procurent un sentiment de sécurité émotionnelle. Elle est attirée par sa présence rassurante et son besoin d'affection, car cela répond c son désir de se sentir chérie et aimée. L'homme Taureau, avec son approche réaliste de la vie, offre à la femme Poissons une base solide sur laquelle elle peut compter. Sa loyauté et son engagement envers leur relation lui apportent un sentiment de stabilité, ce qui est essentiel pour une femme Poissons qui recherche une relation fusionnelle.

La femme Poissons peut reprocher à l'homme Taureau sa tendance à la routine et sa résistance au changement, aspirant à plus d'aventure et de spontanéité dans leur relation. Son désir d'exploration et de rêverie peut être entravé par la nature pratique de l'homme Taureau. Il lui faut beaucoup d'attention, d'écoute et de communication ouverte afin de se sentir épanouie. Grande pipelette, la femme Poissons a besoin d'un homme qui livre plus ses pensées et émotions que l'homme Taureau. De plus, elle peut être lunatique et se sentir parfois déconcertée face à l'homme Taureau, naturellement stable, qui a du mal à supporter ses changements d'humeur rapides. Enfin il peut être trop possessif et jaloux pour elle.

STATISTIQUES ♥♥♡♡♡

Eva Longoria et Tony Parker, Cindy Crawford et Rande Gerber.

Poissons / Gémeaux

♂ Poissons / ♀ Gémeaux

L'homme Poissons est instantanément attiré par la nature communicative de la femme Gémeaux. Il trouve facilement une connexion cérébrale avec elle, car ils échangent sans effort et se comprennent mutuellement. Il apprécie son ouverture et sa vivacité d'esprit qui stimulent son imagination et lui permettent d'explorer de nouvelles idées et perspectives. Il admire sa flexibilité et sa capacité à faire face aux changements avec agilité. Cette qualité l'incite à être plus adaptable dans sa propre vie. L'homme Poissons est souvent captivé par la beauté expressive de la femme Gémeaux. Son charme naturel et sa manière de s'exprimer le touchent profondément. Sa présence magnétique l'intrigue et l'attire.

L'homme Poissons peut parfois se sentir déconcerté par l'émotivité et l'expressivité excessive de la femme Gémeaux, qu'il s'agisse de ses émotions positives comme négatives. Sa tendance à les exprimer de manière intense et intrusive peut sembler étrangère à l'homme Poissons, qui est plus enclin à l'introspection et à l'expression subtile et douce de ses sentiments. La femme Gémeaux peut être très déterminée et insistante pour atteindre ses objectifs, ce qui peut donner l'impression à l'homme Poissons d'être limité dans sa liberté de choix et d'action. Son besoin de tout organiser peut sembler trop restrictif pour lui, qui préfère parfois laisser les choses se dérouler naturellement.

STATISTIQUES ♥♥♥♡♡

Bruce Willis et Emma Heming, Heidi Klum et Seal.

♀ Poissons / ♂ Gémeaux

♥ La femme Poissons est captivée par l'homme Gémeaux pour sa nature positive et son esprit intellectuel stimulant, ainsi que pour son ouverture d'esprit. Elle apprécie la communication fluide et sans crainte qu'elle partage avec lui, lui offrant l'opportunité de nourrir ses besoins mentaux et émotionnels. La femme Poissons est attirée par l'homme Gémeaux en raison de sa capacité à s'adapter rapidement à toutes les situations. Avec lui, elle se sent libre d'explorer toutes les facettes de la vie et d'évoluer sans aucune limitation. Enfin, elle admire l'esprit confiant de l'homme Gémeaux, ce qui lui permet de se sentir puissante et épanouie.

💔 La femme Poissons peut reprocher à l'homme Gémeaux son besoin d'indépendance et de liberté, ce qui crée parfois des frictions dans la relation et rend la femme Poissons très jalouse. Elle peut se sentir déstabilisée par son rythme trop changeant et son désir constant d'exploration. De plus, la femme Poissons reprochera à l'homme Gémeaux son manque de sensibilité ou d'empathie, et se sentira souvent incomprise dans son couple. Elle peut également ressentir une pression de ne pas être autorisée à pleurer et de devoir se remettre immédiatement, ce qui est épuisant pour elle.

STATISTIQUES ♥♥♥♡♡

Laeticia et Johnny Hallyday.

Poissons / Cancer

♂ Poissons / ♀ Cancer

♥ L'homme Poissons est instinctivement attiré par la femme Cancer. Il est séduit par sa générosité inconditionnelle et son ouverture émotionnelle. Elle possède également une intuition puissante, ce qui signifie qu'elle peut souvent deviner les besoins et les désirs de l'homme Poissons avant même qu'il ne les exprime. Cette empathie naturelle est un trait qui les unit, car ils sont capables de se connecter sur un niveau émotionnel profond et de se soutenir mutuellement dans les hauts et les bas de la vie. Elle lui ouvre son cœur sans réserve et lui offre un soutien inébranlable. Cette connexion émotionnelle profonde crée une atmosphère de sécurité et de réconfort pour l'homme Poissons, qui se sent compris et accepté tel qu'il est.

💔 L'homme Poissons peut parfois trouver la femme Cancer trop résiliente, et cela peut susciter chez lui une certaine frustration. La femme Cancer a tendance à accepter rapidement les situations telles qu'elles se présentent, ce qui donne l'impression à l'homme Poissons qu'elle abandonne trop facilement ou qu'elle manque de motivation pour changer les choses. En outre, l'homme Poissons peut se sentir déconcerté par les moments d'émotions exagérées de la femme Cancer, même s'il éprouve de l'empathie naturelle et qu'il comprend que chaque individu a sa propre manière d'exprimer ses émotions, il attend de sa partenaire qu'elle soit plus portée à aller de l'avant au lieu de se plaindre.

STATISTIQUES ♥♥♥♡♡

Justin Bieber et Selena Gomez, Tristan Thompson et Khloé Kardashian.

♀ Poissons / ♂ Cancer

♥ La femme Poissons trouve souvent son âme sœur avec l'homme Cancer. Ensemble, c'est vite l'amour fou. Elle apprécie sa profondeur émotionnelle et sa capacité à exprimer son amour. Elle est attirée par sa douceur et son énergie, qui la font se sentir chérie et protégée. L'homme Cancer sait charmer la femme Poissons en lui montrant son attachement sincère et en partageant ses sentiments. Il sait comment la combler et la rendre heureuse. Il comprend intuitivement ses émotions et sait se montrer très affectueux envers elle. Ensemble, ils peuvent former une véritable équipe, où chacun se sent écouté, compris et aimé. Ils partagent des moments d'affection, de complicité et de douceur, créant ainsi une relation émotionnellement profonde et enrichissante.

💔 La femme Poissons peut avoir tendance à devenir très jalouse avec l'homme Cancer. Elle lui reproche souvent d'être un gros bébé capricieux qui recourt à du chantage affectif pour obtenir ce qu'il souhaite. Elle peut se sentir manipulée et avoir du mal à comprendre ses motivations. De plus, l'homme Cancer peut parfois se montrer pleurnichard, susceptible et capricieux, ce qui est frustrant pour la femme Poissons. Il exagère souvent ses sentiments et peut être très dur et blessant lorsqu'il n'a pas ce qu'il souhaite. Elle préfère une relation où les émotions sont exprimées de manière plus équilibrée.

STATISTIQUES ♥♥♥♥♥

Leïla Bekhti et Tahar Rahim, Lily Collins et Charlie McDowell, Drew Barrymore et Will Kopelman, Paola Locatelli et Jaden Smith.

Poissons / Lion

♂ Poissons / ♀ Lion

♥ L'homme Poissons trouve souvent irrésistible l'énergie solaire émanant de la femme Lion, qui sait parfaitement cultiver un jeu de séduction où elle oscille entre audace et retenue. Elle préfère être courtisée plutôt que de jouer un rôle trop actif, laissant ainsi à l'homme Poissons la possibilité de diriger le jeu et de l'aborder à sa manière. Sa nature passionnée et démonstrative lui permet de montrer son amour de manière flamboyante, ce qui ravit l'homme Poissons et renforce son estime de soi. De plus, elle a la capacité de lui accorder une certaine liberté, car elle n'est pas encline à la jalousie excessive tant qu'elle reçoit de son partenaire l'attention et l'affection nécessaires.

Dans cette relation, l'homme Poissons peut avoir l'impression que la femme Lion a tendance à privilégier son propre intérêt avant le sien et à se placer au centre de l'attention. Il souhaite une partenaire qui soit plus ouverte à l'autocritique et à l'acceptation de ses propres erreurs, afin de pouvoir développer une relation basée sur l'honnêteté et la croissance personnelle mutuelles. Il est lui-même naturellement enclin à l'introspection et à l'autocritique, et espère avoir une partenaire capable de mettre sa fierté de côté. L'homme Poissons peut également être déconcerté par le caractère direct de la femme Lion, qui ne prend pas nécessairement en considération la sensibilité de son partenaire, ce qui le rend réticent et susceptible de se braquer.

STATISTIQUES ♥♥♥♡♡

Benicio del Toro et Kimberly Stewart, Vanessa Williams et Rick Fox.

♀ Poissons / ♂ Lion

La femme Poissons, rêveuse romantique, est captivée par l'aura de pouvoir et de leadership de l'homme Lion. Elle est attirée par sa confiance en lui et son charisme, ce qui lui permet de ressentir de l'admiration envers lui. La femme Poissons est séduite par la façon dont l'homme Lion se démarque dans n'importe quelle situation. Il sait comment attirer l'attention et se faire remarquer, ce qui lui confère un charme irrésistible aux yeux de la femme Poissons. Son attitude protectrice et sa capacité à prendre des décisions fermes sont des qualités qui la captivent.

La femme Poissons peut reprocher à l'homme Lion son besoin constant d'être admiré et mis en avant. Elle peut se sentir submergée par son ego et son désir d'attention, ce qui fait qu'elle se sent parfois reléguée au second plan. L'homme Lion peut être trop centré sur lui-même et ne pas accorder suffisamment d'attention aux besoins émotionnels de la femme Poissons. Son attitude fière et dominatrice crée parfois un déséquilibre dans la relation, laissant la femme Poissons négligée ou incomprise. Enfin, la femme Poissons peut reprocher à l'homme Lion son orgueil démesuré et sa difficulté à s'excuser ou à reconnaître ses erreurs ou ses faiblesses.

STATISTIQUES ♥♥♥♥♡

Sophie Turner et Joe Jonas, Drew Barrymore et Tom Green.

Poissons / Vierge

♂ Poissons / ♀ Vierge

L'homme Poissons est attiré par la femme Vierge pour sa force de caractère et sa capacité à maîtriser ses émotions. Ce qui le fascine particulièrement, c'est sa nature complexe. Elle sait parfaitement alterner entre sérieux, prudence et folie, des traits qui correspondent totalement à l'homme Poissons qui privilégie la réflexion à l'action. Néanmoins, il est également charmé par son côté audacieux et sa soif d'aventure, saisissant chaque opportunité pour réussir, bien qu'elle apprécie de se détendre et ne rien faire aussi. Elle correspond à ses attentes en termes d'image puisqu'elle sait très bien soigner son apparence et peut être minutieuse dans ce qu'elle aime, à l'écoute et empathique, ce qui permet à l'homme Poissons de se sentir épanoui et de facilement se projeter dans une vie quotidienne avec elle.

L'homme Poissons peut parfois reprocher à la femme Vierge sa difficulté à se remettre en question, de ne pas être suffisamment adaptable et de ne pas savoir dissimuler ses sentiments lorsque cela pourrait être bénéfique pour tous. De plus, étant fière, elle ne s'excuse pas toujours, même si elle sait qu'elle a parfois tort, simplement par orgueil. L'homme Poissons peut également reprocher à la femme Vierge son côté rancunier. Il trouve frustrant qu'elle ait du mal à laisser aller les rancœurs passées et à pardonner, car il préférerait une approche plus ouverte et détachée envers les erreurs du passé, bien qu'il puisse parfois lui-même garder de profondes rancunes.

STATISTIQUES ♥♥♥♡♡

Matthew Vaughn et Claudia Schiffer.

♀ Poissons / ♂ Vierge

La femme Poissons est souvent séduite par l'homme Vierge. Elle apprécie sa clarté dans ses choix et le fait qu'il ne se laisse pas facilement emporter par de simples flirts. L'homme Vierge sait comment rassurer la femme Poissons en étant disponible pour elle, protecteur, encourageant et motivant, et il ne fuit pas dès qu'elle lui fait une crise d'hystérie. Il est même capable de revenir vers elle après une dispute, ce qui lui permet de se sentir rassurée. La femme Poissons trouve un sentiment de sécurité émotionnelle dans cette relation fusionnelle avec l'homme Vierge, où elle peut partager ses secrets les plus profonds.

La femme Poissons peut reprocher à l'homme Vierge son manque d'expressivité, d'écoute et d'attention. Son esprit sélectif et impatient peut parfois le rendre moins réceptif aux nombreux récits de sa partenaire, bavarde, donnant l'impression qu'il est peu intéressé ou égoïste. De plus, l'homme Vierge peut éviter les questions cruciales et importantes dans une relation, repoussant les discussions à plus tard. La femme Poissons, qui aspire à une connexion émotionnelle profonde, peut trouver cela frustrant. Enfin, elle peut le trouver beaucoup trop jaloux à son goût.

STATISTIQUES ♥♥♡♡♡
Richard Gere et Cindy Crawford.

Poissons / Balance

♂ Poissons / ♀ Balance

♥ L'homme Poissons est irrésistiblement attiré par la femme Balance. Il est captivé par sa légèreté, sa beauté et son charme naturel, ainsi que par sa capacité à rendre les choses simples et positives. Ils peuvent tous deux se sentir maladroits et se comprendre mutuellement, car ils partagent une approche similaire de l'amour. Il adore son sens de l'humour et apprécie les premiers moments de séduction avec elle, qui sont souvent marqués par des échanges humoristiques. Ce qui le touche profondément, c'est qu'il sait qu'elle garde en elle-même les épreuves les plus difficiles, et cela résonne en lui car il peut lui ressembler à cet égard. Il admire son désir constant de garder le sourire même lorsque les choses vont mal, y voyant une sensibilité profonde qui le charme.

💔 L'homme Poissons peut parfois reprocher à la femme Balance de garder trop pour elle ce qu'elle pense réellement et de ne pas se livrer suffisamment. Il peut également déplorer qu'elle soit trop dure et critique envers elle-même et de trop se mettre la pression. Il peut le regretter car il souhaite la voir s'épanouir et se sentir à l'aise dans sa peau. L'homme Poissons peut parfois considérer que la femme Balance est trop gentille envers ses amis et lui reprocher de ne pas leur fixer suffisamment de limites. De plus, bien que l'homme Poissons puisse partager le besoin d'attention et d'écoute de la femme Balance, il peut parfois se sentir submergé ou dépassé par ses demandes.

STATISTIQUES ♥♥♥♡♡
Le prince Andrew et Sarah Ferguson, Chris Martin et Gwyneth Paltrow, Miles Teller et Keleigh Sperry, Brad Falchuk et Gwyneth Paltrow.

♀ Poissons / ♂ Balance

♥ La femme Poissons est souvent séduite par l'homme Balance qui lui ressemble beaucoup. Elle apprécie son humour et sa capacité à captiver les cœurs, et à la séduire avec ses paroles. L'homme Balance, avec son sens de l'esthétique et sa nature charismatique, sait comment charmer la femme Poissons et la conquérir. Elle se sent libre, puissante et belle dans les yeux de l'homme Balance. Il lui offre un sentiment de bien-être et de légèreté, ce qui est important pour elle qui a horreur des confrontations brutales. Enfin, l'homme Balance est très sensible, ce qui plaît énormément à la femme Poissons qui a besoin d'un partenaire doux, empathique et aussi attentionné que l'homme Balance.

💔 La femme Poissons peut reprocher à l'homme Balance d'être trop susceptible et insolent. Elle peut se sentir déconcertée par l'homme Balance qui lui fait tantôt ressentir qu'il est fou amoureux d'elle et tantôt qu'elle le déçoit, ce qui peut pousser la femme Poissons à constamment se remettre en question, sans toujours comprendre sur quel pied danser pour ne pas le blesser. Elle peut également s'inquiéter de son esprit trop versatile et indécis, la poussant à développer un sentiment de méfiance et à se protéger pour ne pas tomber de haut.

STATISTIQUES ♥♥♥♡♡

Rihanna et A$AP Rocky, Emily Blunt et John Krasinski.

Poissons / Scorpion

♂ Poissons / ♀ Scorpion

♥ L'homme Poissons est irrésistiblement attiré par l'énergie profonde et mystérieuse de la femme Scorpion. Il est fasciné par son côté réservé et calme, qui cache en réalité des émotions d'une intensité incroyable. Il peut lire en elle la profondeur et la sincérité de ses sentiments, ce qui lui permet de se sentir en confiance en sa présence. Il apprécie tout particulièrement son amour passionné et se sent véritablement aimé. Leur complicité est très forte et leur amour se développe rapidement, sans nécessiter beaucoup de temps pour s'épanouir. Ils partagent une connexion profonde et se comprennent instinctivement, ce qui renforce encore plus leur lien. Ils se complètent mutuellement et sont attirés par les aspects les plus profonds de leur être.

💔 L'homme Poissons peut parfois se sentir complètement contrôlé par la femme Scorpion, qui a besoin de tout savoir et contrôler pour pouvoir donner son amour de manière profonde et s'engager pleinement dans la relation. Cette exigence peut susciter des doutes et conduire à des comportements excessifs, surtout lorsque la femme Scorpion a du mal à gérer ses propres émotions. Elle peut être très extrême dans ses décisions, avoir des réactions intenses et rancunières, ce qui peut créer des tensions dans leur relation car l'homme Poissons préfère une approche plus douce et plus nuancée.

STATISTIQUES ♥♥♥♥♥

Justin et Hailey Bieber, Bruce Willis et Demi Moore,
Robert Kardashian et Kris Jenner, Steve Jobs et Laurene Powell.

♀ Poissons / ♂ Scorpion

La femme Poissons est captivée par l'homme Scorpion en raison de sa passion et de son intensité amoureuse. Elle est séduite par sa capacité à créer une connexion profonde avec elle, tant sur le plan physique qu'émotionnel. La femme Poissons trouve également chez l'homme Scorpion un partenaire qui lui ressemble, sachant l'écouter, prendre sur lui pour ne pas la blesser, et prêt à s'engager pleinement dans la relation. Elle admire sa détermination et sa générosité. Il aime offrir des cadeaux pour exprimer ses sentiments, ce qui plaît à la femme Poissons qui a besoin d'un homme attentionné et à l'écoute.

La femme Poissons peut reprocher à l'homme Scorpion sa tendance à la domination et à la jalousie au sein de la relation. Parfois, elle peut se sentir subordonnée et avoir besoin de plus d'autonomie. De plus, elle peut percevoir son caractère possessif et jaloux comme étouffant. La femme Poissons préfère une relation plus libre et légère, ce qui peut parfois entrer en conflit avec les désirs de contrôle de l'homme Scorpion. En cas de conflit, l'homme Scorpion peut parfois dire des choses blessantes en réaction à son ego meurtri. Enfin, la femme Poissons se questionne souvent sur les réelles intentions de l'homme Scorpion qui peut parfois rester très silencieux ou mystérieux.

STATISTIQUES ♥♥♥♥♡

Eva Mendes et Ryan Gosling, Rihanna et Drake,
Jennifer Love Hewitt et Brian Hallisay, Lily Collins et Jamie Campbell Bower.

Poissons / Sagittaire

♂ Poissons / ♀ Sagittaire

L'homme Poissons est fortement attiré par la femme Sagittaire malgré leurs différences marquées. Elle est lumineuse, audacieuse et n'hésite pas à dire ce qu'elle pense, ce qui contraste avec le tempérament plus réservé de l'homme Poissons. Il apprécie le franc-parler et la nature directe et courageuse de la femme Sagittaire. Son assurance et sa capacité à exprimer ses opinions sans détour l'inspirent profondément. Il est également attiré par son côté séducteur, naturel et spontané. La femme Sagittaire ne se cache pas derrière des jeux de séduction compliqués, elle se montre telle qu'elle est, ce qui crée une connexion authentique entre eux. Malgré leurs différences, l'homme Poissons trouve dans la femme Sagittaire une partenaire stimulante et passionnante.

L'homme Poissons ne réussit pas toujours à s'imposer avec la femme Sagittaire, qui est incontrôlable et peut être très autoritaire et trop dure dans ses critiques. Son franc-parler sans pincettes peut heurter la sensibilité de l'homme Poissons et le pousser à se replier lors de conflits. Étant déjà peu enclin aux confrontations, il n'apprécie pas de se sentir écrasé et peut avoir l'impression que la femme Sagittaire ne tient pas compte de ses sentiments ou qu'elle ne s'adapte pas à sa sensibilité. Il a besoin d'être traité avec plus de douceur et de compréhension. Il peut être découragé et chercher un refuge ailleurs, ressentant le désir de s'évader et de trouver un soutien émotionnel. Il sait bien garder des secrets pour lui, dans le but de préserver sa tranquillité d'esprit et d'éviter de potentiels conflits.

STATISTIQUES ♥♥♥♡♡

Justin et Hailey Bieber, Luc Besson et Milla Jovovich, Doums et Adèle Exarchopoulos.

♀ Poissons / ♂ Sagittaire

La femme Poissons est immédiatement attirée par le charisme et la force de l'homme Sagittaire. Elle admire l'énergie et la détermination de son partenaire, qui correspondent à sa vision d'un homme puissant. Il satisfait pleinement son désir d'exploration et de découverte, comblant ainsi ses besoins. Elle apprécie énormément son sens de l'humour et sa volonté de fer. Elle est attirée par les personnes qui ont une ambition, une détermination claire dans la vie, et ne craignent pas de prendre des décisions et de suivre leur propre chemin, des qualités naturelles chez l'homme Sagittaire.

Bien que la femme Poissons soit souvent attirée par l'homme Sagittaire, ce couple peut être très toxique. Elle a tendance à tester son partenaire afin de connaître ses réactions, ce qui ne plaît pas à l'homme Sagittaire. La femme Poissons peut facilement développer des dépendances affectives, notamment avec les personnes qui n'ont pas de difficultés à l'ignorer ou à rester stoïques. Préférant les personnes directes, lui choisit d'ignorer ses tests. La punition par le silence est une chose qui frustre énormément la femme Poissons qui a besoin de communication claire. Elle peut également trouver l'homme Sagittaire trop autoritaire, insensible, direct et blessant dans ses propos, alors qu'elle fait très attention à ne pas blesser son partenaire (en tout cas pas la première).

STATISTIQUES ♥♥♥♥♡

Barbara Marx et Frank Sinatra.

Je note ma compatibilité avec **l'homme Poissons**

1. Comment préférez-vous vous exprimer dans une relation amoureuse ?

A. En intériorisant toutes mes pensées et émotions.
B. En exprimant clairement et ouvertement tout ce que je pense.
C. En exprimant directement mes pensées et émotions, et en prenant des pincettes pour les plus sensibles.

2. Comment réagissez-vous lors d'un conflit dans une relation ?

A. Je cherche à résoudre le conflit de manière immédiate et parfois agressive.
B. Je peux devenir provocatrice et lancer des piques sans être trop brutale.
C. J'évite généralement les confrontations et préfère bouder ou rester silencieuse.

3. Comment appréciez-vous votre temps libre dans une relation amoureuse ?

A. J'aime être constamment en compagnie de mon partenaire.
B. Je suis solitaire et préfère prendre du temps pour moi.
C. J'apprécie d'équilibrer mes moments entre ma vie sociale et ma vie amoureuse.

4. Comment réagissez-vous à la jalousie dans une relation ?

A. Je deviens possessive et jalouse en retour.
B. Je considère la jalousie comme une preuve d'attachement.
C. Je suis conciliante et rassure mon partenaire sans être trop dépendante.

5. Qu'appréciez-vous chez un partenaire en termes d'expression émotionnelle ?

A. La communication directe et ouverte de ses sentiments, même si ça doit signifier qu'il s'énerve ou pleure constamment.
B. Les gestes d'affection et les attentions qu'il m'accorde.
C. Sa capacité à partager ses émotions profondes à travers la séduction et l'humour malgré sa tendance à les intérioriser pour ne pas être blessant.

6. Comment gérez-vous la jalousie dans votre relation ?

A. Je fais des crises de jalousie et j'ai besoin de tous ses mots de passe.
B. Je ne suis pas jalouse du tout.
C. Quand je doute, j'ai besoin qu'il se justifie, mais je n'abuse jamais.

7. Quelles sont les qualités essentielles que vous recherchez chez un partenaire ?

A. Entreprenant, impulsif et direct.
B. Calme, routinier et stable.
C. Soigné, perspicace et intuitif.

8. Comment réagissez-vous lorsque votre partenaire vous provoque ?

A. Je le provoque en retour.
B. J'ai tendance à me braquer.
C. Je ne rentre pas dans son jeu et je passe rapidement à autre chose.

9. Quelle importance accordez-vous à la générosité dans une relation ?

A. Les hommes radins, pour moi, c'est rédhibitoire.
B. J'ai besoin d'un partenaire généreux car je le suis moi-même.
C. J'ai besoin d'un partenaire qui sache économiser afin de me responsabiliser.

10. Comment réagissez-vous à la trahison dans une relation amoureuse ?

A. Je suis rancunière et incapable de le pardonner.
B. Je peux devenir froide et blessante en retour.
C. Je préfère calmer les conflits et chercher une solution pacifique.

Écrivez le nom de vos hommes Poissons préférés :

....

....

....

....

....

Résultat du test :

A : Mauvaise compatibilité
B : Compatibilité normale
C : Bonne compatibilité

Je note ma compatibilité avec
la femme Poissons

1. Comment préférez-vous exprimer vos émotions dans une relation amoureuse ?

A. En les gardant pour moi, par crainte d'être considéré comme vulnérable.
B. En les exprimant clairement et ouvertement.
C. En utilisant des gestes d'affection et des cadeaux.

2. Comment réagissez-vous à la jalousie dans une relation ?

A. Je ne supporte pas la jalousie, qui me fait généralement fuir.
B. Je considère la jalousie comme une preuve d'attachement.
C. Je suis compréhensif et rassure ma partenaire sans chercher à la contrôler.

3. Avez-vous besoin d'être toujours collé à votre partenaire ?

A. Non, je ne supporte pas qu'on me colle ni qu'on me demande d'être trop disponible.
B. Oui, j'ai besoin de toujours tout faire avec elle.
C. J'ai besoin d'équilibre entre mon temps avec ma partenaire et mes moments à moi.

4. Quelle importance accordez-vous à la stabilité émotionnelle de votre partenaire ?

A. C'est l'un de mes critères les plus importants.
B. Je suis prêt à gérer son côté lunatique, mais pas sur le long terme.
C. Je conçois que mon devoir est justement de soigner mon comportement afin de ne pas accentuer ce trait chez ma partenaire.

5. Lorsque vous devez lui faire un reproche, comment vous y prenez-vous ?

A. Je privilégie la spontanéité, même si ça doit blesser ma partenaire.
B. Je préfère rester silencieux et lui faire comprendre les choses en boudant.
C. Je privilégie une communication claire et calme, m'adaptant à la sensibilité de ma partenaire pour ne pas la blesser.

6. Comment réagiriez-vous si votre partenaire devenait blessante dans ses propos ?

A. J'accorde tellement d'importance au respect que c'est une cause de rupture.
B. J'ai tendance à me renfermer ou à fuir, et à la longue, je peux devenir totalement silencieux.

C. Je considère que lors des disputes, il est normal de s'emporter et je suis prêt à pardonner.

7. Comment réagissez-vous à la dépendance affective dans une relation ?

A. Une partenaire trop dépendante de moi, ça me fait fuir.

B. J'encourage l'indépendance et l'autonomie de chacun dans la relation, mais je peux comprendre et faire des efforts afin de combler son besoin d'attention.

C. Je comprends et lui apporte le soutien nécessaire afin de la rassurer et qu'elle puisse retrouver son indépendance.

8. Comment adaptez-vous votre rythme de vie en couple ?

A. Je ne pense pas changer mes habitudes une fois en couple.

B. J'ai besoin d'une partenaire pour trouver un rythme de vie.

C. Je préfère qu'on adapte nos habitudes afin de trouver un rythme commun.

9. Quelle importance accordez-vous à la fidélité dans une relation amoureuse ?

A. Je ne crois pas à la monogamie, mon cœur est trop grand pour aimer une personne à la fois.

B. Je m'adapte à la vision de ma partenaire, mais je suis ouvert à la possibilité d'avoir d'autres relations.

C. C'est une valeur fondamentale, je suis fidèle et j'en attends autant en retour.

10. Quelle connexion êtes-vous le plus disposé à créer ?

A. Une connexion cérébrale et spirituelle.

B. Une connexion cérébrale et émotionnelle.

C. Une connexion émotionnelle cérébrale et physique.

Écrivez le nom de vos femmes Poissons préférées :

....

....

....

....

Résultat du test :

A : Mauvaise compatibilité
B : Compatibilité normale
C : Bonne compatibilité

Poilier

ENTRE LE 19 ET LE 23 MARS

Les personnes nées entre le 19 et le 23 mars (parfois même le 24… en réalité, c'est de la casuistique), c'est-à-dire entre le signe des Poissons et celui du Bélier, prennent souvent certains traits de caractère liés aux Poissons et d'autres liés au Bélier.

Célébrités

Spike Lee
Bruce Willis
Faustine Bollaert
Ronaldinho Gaúcho
Reese Witherspoon

Les signes du printemps

BÉLIER
TAUREAU
GÉMEAUX

pourraient être associés au renouveau et caractérisés par une attitude positive, une capacité à se réinventer, à se reconnecter avec la nature et à profiter du plein air.

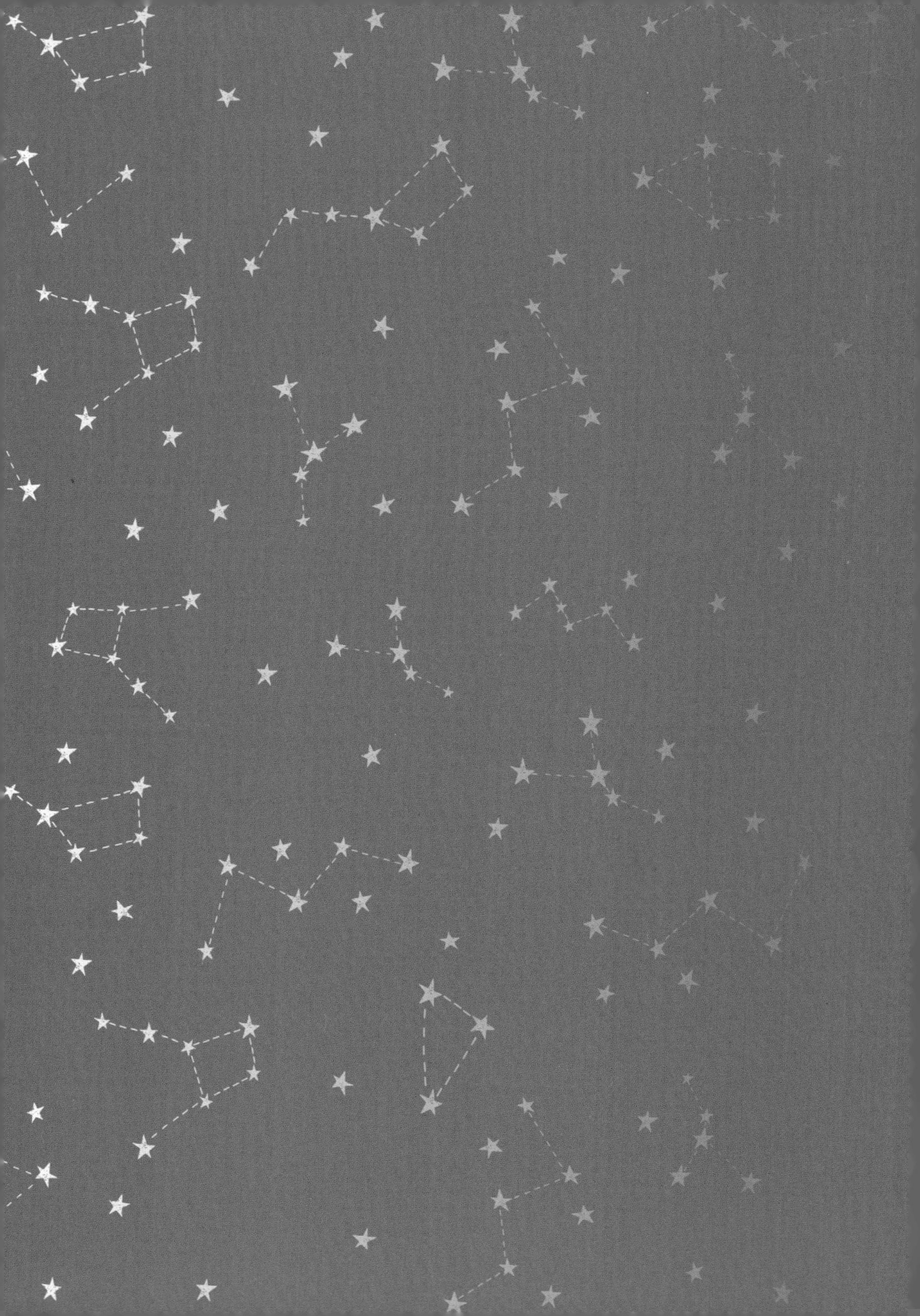

Bélier

Le Bélier, qui débute le 21 mars et finit le 20 avril, est le signe astrologique qui ouvre la saison du printemps, celle de la renaissance. Il est associé à l'élément Feu (ainsi que le Lion et le Sagittaire). Le Bélier débute en mars et se poursuit en avril, une période où les fleurs commencent à éclore et où la nature se réveille. C'est un moment propice pour renouveler son corps et retrouver toute son énergie vitale.

Les grandes caractéristiques
du Bélier

Il déteste le mensonge.

Pas rancunier mais revanchard.

Quand il veut quelque chose, il le lui faut tout de suite.

Il a le syndrome du sauveur et tente d'aider tout le monde.

Sa thérapie : le shopping.

Mots-clés

Faux calme
Franc
Curieux
Impatient
Indépendant
Sauveur
Besoin de chérir ceux qu'il aime
Angoissé
Râleur
Positif
Enthousiaste
Naïf
Gourmand
Généreux
Dépensier
Bon vivant

Sociable
Actif
N'aime pas l'autorité
Impulsif
Excité
Protecteur
Fier
Travailleur
Admiratif
Réactif
Brute
Ambitieux
Volontaire
Têtu
Déteste le mensonge
En quête de vérité

Drôle
Humble au fond de lui, même s'il prend plaisir à montrer qu'il a réussi
Dominateur
Besoin de vengeance mais ne va pas toujours au bout
Entier
Reconnaissant
Peur de manquer
Exigeant
Susceptible
Très famille
Maladroit

L'homme **Bélier**

Véritable réservoir d'énergie, le Bélier est un faux calme qui paraît détendu alors qu'il peut réagir assez impulsivement. Il est protecteur, entreprenant et sait s'imposer. Lorsqu'il a des projets intéressants financièrement, il est animé par une détermination sans faille qui le pousse à atteindre ses objectifs les plus ambitieux. Vif et audacieux, il aime les défis et les challenges, qu'ils soient physiques ou mentaux.

Il n'est pas casanier et apprécie de se lever tôt pour profiter de sa journée. Il cherche toujours des activités stimulantes et développe ses projets sans perdre de temps. Il a besoin de déterminer lui-même les contours de son destin sans être entravé par les contraintes extérieures afin de se sentir accompli. Il aspire à une totale indépendance et à la liberté de suivre ses propres convictions.

« Il n'y a rien de plus artificiel que quelqu'un qui cherche à séduire à tout prix. C'est ce qui échappe qui est intéressant. »

GUILLAUME CANET

L'homme Bélier ne se préoccupe pas des conséquences, notamment financières. Pour lui, l'abondance et la gratification immédiate sont plus importantes que la réserve ou la retenue. Il peut être très sociable et se faire des amis très facilement. Parfois un peu naïf, il peut rapidement accorder sa confiance lorsqu'il ressent une connexion avec quelqu'un. En raison de son optimisme naturel, il se focalise sur le bon côté des gens. Cette attitude peut le conduire à être trahi, ce qu'il prend comme un défi pour se relever plus fort. Il canalise sa frustration en se concentrant sur ses propres réussites, pour trouver une forme de revanche. Le type maléfique du Bélier n'est ni vicieux ni fourbe, mais plutôt bête et méchant.

« Soit tu subis, soit tu mets les coups. »

NEKFEU

Il est attiré par les activités stimulantes, l'adrénaline et les défis. Son esprit de compétition et son besoin de se surpasser le poussent à donner le meilleur de lui-même dans tout ce qu'il entreprend. Il peut être impulsif et avoir tendance à percuter les obstacles plutôt qu'à les contourner, mais il possède également une grande capacité d'adaptation, une humilité exemplaire et une spontanéité naturelle.

En amour

L'homme Bélier est un véritable amoureux dans l'âme, qui aspire à ressentir une connexion profonde sur le plan tant physique que mental pour succomber à l'amour. Ce n'est pas difficile pour lui, car il a tendance à s'enflammer rapidement. Le charisme le séduit plus que la beauté figée, et il est particulièrement attiré par des femmes actives, intelligentes et déterminées. Lorsqu'il tombe amoureux, il aime faire les choses en grand. Il a tendance à vouloir impressionner sa partenaire en dépensant sans compter. Il ressent le besoin irrépressible d'exprimer pleinement son amour sans limites. Jaloux et exigeant, l'homme Bélier recherche une partenaire qui soit capable de le défier intellectuellement sans être trop têtue, et de l'accompagner dans ses aventures sans le provoquer. Il est attiré par les femmes qui s'engagent dans leurs propres passions et qui ne se contentent pas de suivre le courant. C'est la prestance, l'esprit, la force et la détermination qui le fascinent et l'attirent irrésistiblement.

Il recherche une relation où il peut être pleinement lui-même, sans retenue. Il a besoin de régler les conflits. Direct, il peut être susceptible et virulent lors d'une dispute s'il est blessé. Têtu, il n'accepte pas facilement la critique et peut se braquer. Il recherche une partenaire qui lui offre une stabilité émotionnelle et qui l'encourage dans la poursuite de ses passions. C'est un amoureux entier, spontané et un partenaire inoubliable, prêt à se lancer tête baissée dans les flammes de la passion. Mais en raison de sa forte impulsivité, l'homme Bélier peut parfois succomber à l'infidélité, ce qu'il regrette souvent par la suite. Lorsqu'une opportunité se présente, il peut être difficile pour lui de résister à la tentation, étant donné son besoin constant de nouvelles sensations et d'aventures. Cependant, ces infidélités ne reflètent pas nécessairement un manque d'amour ou d'attachement envers son partenaire. C'est plutôt une conséquence de sa spontanéité qui l'empêche parfois de réfléchir avant d'agir sous le coup de l'émotion, sans toujours prendre en compte les conséquences à long terme. Son naturel sincère, entier et loyal le pousse à assumer ses erreurs et à essayer de réparer les torts causés. Cependant, l'homme Bélier peut se révéler un partenaire passionné, touchant et dévoué, capable de canaliser son énergie dans une relation solide et épanouissante. Il peut surmonter ces obstacles et construire une relation fondée sur la confiance, le respect et la loyauté.

Ils sont Bélier

Léonard de Vinci • Robert Downey Jr. • Pharrell Williams • Eddie Murphy • Heath Ledger • Elton John • Quentin Tarantino • Paul Rudd • Gad Elmaleh • Jackie Chan • Niska • Ninho • SCH • Nekfeu • Ciryl Gane • James Franco • Ewan McGregor • Guillaume Canet • Serge Gainsbourg • Benjamin Castaldi • Hayden Christensen • Michel Denisot • Kad Merad • Jacques Brel…

Test d'introspection pour
l'homme Bélier

1 Quelles sont les valeurs et les qualités que je recherche chez une partenaire amoureuse ?

2 Suis-je conscient de mon besoin de ressentir une connexion profonde, à la fois physique et mentale, dans mes relations amoureuses ?

3 Comment est-ce que je m'exprime et manifeste mon amour envers mes partenaires ?

4 Est-ce que je suis généralement satisfait de la façon dont je gère les conflits et les disputes dans mes relations amoureuses ?

5 Est-ce que je me reconnais dans la tendance à être jaloux ou exigeant envers mes partenaires ?

6 Quel est mon rapport à l'infidélité et comment est-ce que je gère mes impulsions émotionnelles ?

7 Ai-je déjà fait face à des situations où mes actes impulsifs ont eu des conséquences négatives dans mes relations amoureuses ?

8 Suis-je prêt à faire des efforts pour développer ma capacité à réfléchir davantage avant d'agir sur mes émotions ?

9 Comment est-ce que je gère les remords et les regrets lorsque mes actes impulsifs ont causé du tort à ma partenaire ?

10 Quelles sont les étapes à mettre en place pour construire une relation basée sur la confiance, le respect et la loyauté ?

La femme Bélier

La femme Bélier incarne une authentique force de la nature, entière, volontaire et inspirante. Elle est spontanée, réactive, passionnée, dynamique et sociable. Elle complimente facilement les gens qu'elle apprécie et aime s'entourer de personnes qu'elle admire. Entreprenante et énergique, elle s'engage pleinement dans différents projets audacieux.
Elle est motivée par le désir de s'épanouir professionnellement, montrant une ambition marquée pour atteindre ses objectifs. Les défis la stimulent. Susceptible, elle peut avoir tendance à se braquer et a du mal à s'excuser, même si elle se remet fréquemment en question. Elle sait prendre les devants, décider et assumer ses responsabilités.

> « Savoir écouter, c'est posséder, outre le sien, le cerveau des autres. »
>
> LÉONARD DE VINCI

Protectrice, elle aime défendre les causes qui lui tiennent à cœur. Impatiente, elle se lance rapidement sans toujours prendre le temps de réfléchir, et le regrette souvent après. Ses engouements impulsifs peuvent la conduire à prendre des engagements parfois un peu trop précipités. Elle se sent plus à l'aise dans l'instant présent, toujours prête à saisir les opportunités qui se présentent à elle. Le problème, c'est qu'elle peut commencer plein de projets sans forcément les finir.

Contrairement aux idées reçues, la femme Bélier n'est pas irréfléchie ; elle sait garder son sang-froid, maîtriser son image et prendre sur elle. Elle se révèle d'ailleurs être une travailleuse acharnée. Elle a besoin d'excitation et n'aime pas perdre son temps. Elle éprouve une aversion pour les personnes apathiques ou trop lentes à réagir. Elle peut être assez naïve, imprudente et souvent répéter les mêmes erreurs. Elle accorde sa confiance assez rapidement, préférant la rétracter en cas de trahison. Elle accorde toujours le bénéfice du doute, cherchant systématiquement les qualités chez chacun. Elle a de grandes convictions : quand elle croit, elle croit à fond. Elle est aussi très franche et animée par une quête perpétuelle de vérité, et éprouve une aversion viscérale pour le mensonge. Derrière sa forte énergie se cache une femme souvent très fragile qui peut manquer de confiance en elle. Ses réactions impulsives peuvent parfois la rendre blessante.

> « Je ne suis en concurrence avec personne d'autre que moi-même. Mon but est de battre ma dernière performance. »
>
> CÉLINE DION

Bien qu'elle soit de nature optimiste, elle stresse beaucoup. La femme Bélier est très mystérieuse et il est difficile de prédire ses réactions. Pour elle, de l'amour à la haine il n'y a qu'un pas. Elle peut aisément se faire manipuler car sa facilité à faire confiance lui joue des tours. Sa générosité et son aisance à dépenser sans compter sont notoires. Elle se laisse souvent emporter par le syndrome du sauveur, désireuse de venir en aide même à ceux qui ne l'ont pas demandé.

«Je ne suis pas ce qui m'est arrivé, je suis ce que j'ai choisi de devenir.»

EMMA WATSON

En amour

La femme Bélier séduit ses partenaires par son énergie débordante et son charme mystérieux et audacieux. Franche et spontanée, elle n'hésite pas à exprimer directement son intérêt à celui qui lui plaît. Elle est très attachée au physique et recherche surtout quelqu'un de charismatique et confiant. En quête d'un partenaire ambitieux, elle peut être séduite par les hommes matures et plus âgés. Les hommes trop mous ou lents peuvent la frustrer et la brider. Elle aime les défis et il faut que son partenaire sache suivre son rythme effréné. Elle est attirée par l'aventure, l'excitation et le renouveau constant. La femme Bélier peut ressentir le besoin de montrer son amour à travers des démonstrations d'affection passionnées et des surprises éclatantes. L'ennui n'a pas sa place dans son univers amoureux.

Il faut à la femme Bélier un partenaire qui ne lui mente jamais. Elle peut devenir très colérique, lorsqu'elle se sent trahie. Ayant beaucoup d'ego, elle ressent le désir instantané de se venger, et peut être très blessante afin d'assouvir sa haine. Elle vit ses relations avec intensité, ce qui peut la conduire à prendre des décisions hâtives ou des risques imprévus. Elle recherche un partenaire qui respecte son besoin de liberté. Malgré son dynamisme, la femme Bélier est une partenaire dévouée et attentionnée, qui peut dépenser autant d'énergie que d'argent pour exprimer ses sentiments. Elle n'est pas rancunière et peut donner une seconde chance à une relation passée. Son impulsivité, son impatience et son charme séducteur peuvent également constituer des défis pour sa fidélité. Elle peut surprendre par sa maturité et son engagement profond dans une relation sérieuse, dans laquelle elle se révèle être d'une loyauté sans faille, faisant preuve d'une fidélité remarquable. Avant de s'engager dans la maternité, elle se laisse souvent envahir par le doute. Elle peut craindre que l'arrivée d'enfants entrave ses projets professionnels, mettant ainsi à mal ses ambitions. Cependant, elle se révèle être une mère exceptionnelle, dotée d'un instinct maternel profondément ancré dans sa nature protectrice innée. Elle parvient à concilier brillamment sa carrière et sa vie de famille.

«On sait qu'on a trouvé quelqu'un de spécial quand on peut la boucler et partager un silence agréable.»

QUENTIN TARANTINO

Les hommes qui souffrent d'un complexe d'infériorité pourraient vite se sentir déstabilisés par la femme Bélier. Sa force de caractère et son indépendance peuvent être déconcertants et susciter un sentiment d'impuissance ou de compétition chez son partenaire.

Il est important que les partenaires potentiels de la femme Bélier soient assez confiants pour respecter ses décisions souvent tranchées, afin de maintenir une relation équilibrée. La femme Bélier peut facilement se sentir fautive, ce qui peut permettre à quelqu'un de pervers de la manipuler en conséquence. Il est donc essentiel pour elle de faire preuve de discernement, afin de ne pas être exploitée par des individus mal intentionnés.

> « Ce qui compte, c'est l'intensité d'une vie, pas la durée d'une vie. »
>
> JACQUES BREL

Elles sont Bélier

Lady Gaga • Emma Watson • Céline Dion • Kristen Stewart • Diana Ross • Keira Knightley • Sarah Jessica Parker • Reese Witherspoon • Mariah Carey • Kourtney Kardashian • Brigitte Macron • Victoria Beckham • Jessica Chastain • Aretha Franklin • Patricia Arquette • Élodie Bouchez • Marcia Cross • Shannen Doherty • Jennifer Garner • Sarah Michelle Gellar • Leighton Meester • Rooney Mara • Maria Sharapova • Elle Macpherson • Maïwenn • Zazie • Élisa Tovati • Shay Mitchell...

Test d'introspection pour
la femme Bélier

1 Quelles sont les qualités et les valeurs que je recherche chez un partenaire amoureux ?

2 Est-ce que j'ai tendance à exprimer directement mon intérêt pour quelqu'un qui me plaît, ou est-ce que je préfère être plus réservée et mystérieuse ?

3 Comment est-ce que je gère mes émotions passionnées dans mes relations amoureuses ?

4 Quelles sont mes attentes en termes de physique et d'attraction physique dans mes relations amoureuses ?

5 Comment puis-je communiquer de manière claire et directe mes besoins, mes attentes et mes limites à mon partenaire, tout en favorisant une communication ouverte et respectueuse ?

6 Comment est-ce que je gère ma propre indépendance et mon besoin d'autonomie dans une relation amoureuse, tout en trouvant un équilibre avec les besoins et les attentes de mon partenaire ?

7 Comment est-ce que je réagis aux tentations séduisantes de mes ex-partenaires ?

8 Est-ce que je considère mes décisions hâtives ou mes prises de risques dans mes relations amoureuses comme un défi pour ma fidélité ?

9 Comment est-ce que je concilie ma carrière professionnelle et ma vie de famille, et cela peut-il affecter mes ambitions et mes doutes concernant la maternité ?

10 Comment fais-je preuve de discernement et de vigilance dans mes relations amoureuses pour éviter d'être exploitée par des personnes mal intentionnées ?

Bélier / Capricorne

♂ Bélier / ♀ Capricorne

♥ L'homme Bélier est attiré par la femme Capricorne qui incarne la force, l'intelligence et la détermination qu'il recherche chez une partenaire. Sa nature ambitieuse et sa propension à gérer sa vie professionnelle intriguent et stimulent l'homme Bélier. La femme Capricorne peut lui offrir une stabilité émotionnelle et un soutien dans ses passions. Leur désir mutuel de réussir leur vie et leur quête de connexion profonde peuvent les aider à construire une relation solide fondée sur la confiance et l'ambition partagée.

💔 L'homme Bélier peut reprocher à la femme Capricorne son caractère exigeant susceptible d'entraîner une pression supplémentaire dans la relation. Sa tendance à imposer son cadre de vie et à garder le contrôle peut en outre provoquer des tensions. L'homme Bélier peut être dérangé par le manque de spontanéité de la femme Capricorne, qui préfère se concentrer sur les responsabilités et les tâches à accomplir. Il peut également se sentir freiné par son esprit trop réaliste.

STATISTIQUES ♥♥♥♥♡

Eddie Murphy et Nicole Murphy.

♀ Bélier / ♂ Capricorne

♥ La femme Bélier est attirée par l'homme Capricorne en raison de sa stabilité émotionnelle, de sa fiabilité et de sa capacité à prendre des décisions réfléchies. Elle apprécie son engagement sérieux dans la relation amoureuse et sa volonté d'investir du temps et de l'énergie dans la construction d'un avenir solide. L'homme Capricorne offre un sentiment de sécurité à la femme Bélier, répondant à son besoin de soutien robuste. Il est respectueux de ses décisions tranchées et de sa force de caractère, ce qui permet l'équilibre de la relation.

💔 La femme Bélier peut reprocher à l'homme Capricorne son manque de flexibilité et de folie. Son rythme de vie simple et prévisible peut entrer en conflit avec le besoin constant de stimulation de la femme Bélier. De plus, l'homme Capricorne peut avoir du mal à exprimer ouvertement ses sentiments, surtout quand il souffre, ce qui peut frustrer la femme Bélier à qui il faut des démonstrations d'affection passionnées. Enfin, l'homme Capricorne peut être exigeant envers lui-même et envers sa partenaire, créant ainsi une pression supplémentaire pour la femme Bélier.

STATISTIQUES ♥♥♥♥♥

Orlando Bloom et Miranda Kerr.

Bélier / Verseau

♂ Bélier / ♀ Verseau

❤ L'homme Bélier apprécie la forte dynamique de la femme Verseau, sa vivacité d'esprit, ainsi que sa capacité à être à la fois une partenaire et une amie. Sa dévotion et sa fidélité peuvent rassurer l'homme Bélier, naturellement jaloux et à la recherche d'une connexion profonde. La femme Verseau apporte une stimulation intellectuelle et une volonté d'évoluer constantes, ce qui correspond aux désirs d'aventure et d'enthousiasme de l'homme Bélier. Ensemble, ils peuvent construire une relation dynamique où ils s'encouragent mutuellement à suivre leurs passions.

💔 Les faiblesses du couple homme Bélier / femme Verseau peuvent résider dans leur tendance à l'impulsivité et à la jalousie. L'homme Bélier peut reprocher à la femme Verseau son caractère parfois imprévisible, son besoin constant de nouvelles idées, et sa jalousie susceptible d'entraîner des conflits et des remords.

STATISTIQUES ♥♥♥♡♡

Vince Vaughn et Jennifer Aniston, Jackie Chan et Lin Feng-jiao.

♀ Bélier / ♂ Verseau

❤ La femme Bélier est attirée par l'énergie débordante, l'originalité et l'humour de l'homme Verseau. Elle apprécie son côté imprévisible et spontané, ainsi que sa capacité à communiquer sans jugement. Avec son esprit indépendant, l'homme Verseau stimule mentalement la femme Bélier et lui offre une relation riche en idées et en discussions intéressantes. Elle trouve en lui un partenaire qui peut suivre son rythme effréné dans sa quête d'aventure.

💔 La femme Bélier peut reprocher à l'homme Verseau son côté mythomane et son penchant pour la disparition soudaine. Sa tendance à insister et son comportement parfois collant peuvent devenir un sujet de friction. De plus, l'homme Verseau peut être attiré par les tentatives de séduction d'une nouvelle partenaire, ce qui est susceptible de mettre en péril sa fidélité. La femme Bélier peut également être déstabilisée par les sautes d'humeur de l'homme Verseau, qui est même capable de devenir hystérique quand il s'emporte ou lorsqu'il sent qu'il perd le contrôle de la situation.

STATISTIQUES ♥♥♥♥♥

Bruna Biancardi et Neymar, Leona Lewis et Dennis Jauch, Vivienne Westwood et Andreas Kronthaler.

Bélier / Poissons

♂ Bélier / ♀ Poissons

L'homme Bélier est attiré par la perspicacité, l'indépendance et la sensibilité de la femme Poissons. Il est séduit par sa capacité à cerner les gens et à suivre son intuition. Elle lui offre une affection profonde, un soutien émotionnel et une compréhension intuitive de ses besoins. L'homme Bélier est captivé par la capacité de la femme Poissons à nourrir l'idée d'un amour idéal et par sa tendance à chérir son partenaire. Il apprécie son dévouement et sa tendresse. Ce couple est stable.

L'homme Bélier peut avoir du mal à comprendre les besoins affectifs de la femme Poissons, qui a tendance à intérioriser, et à lui reprocher son côté méfiant et son désir de contrôle. Il peut également être frustré par sa tendance à ressasser le passé et à nourrir des rancunes, ce qui peut entraver la résolution des conflits. Il peut aussi considérer que la femme Poissons est trop limitée par ses intuitions négatives.

STATISTIQUES ♥♥♡♡♡

Hayes MacArthur et Ali Larter.

♀ Bélier / ♂ Poissons

La femme Bélier ne fréquente que très peu les hommes Poissons, mais lorsque c'est le cas, elle est séduite par leur charme énigmatique et leur sens de l'humour. Elle apprécie leur vivacité d'esprit, leur imagination et leur propension à explorer leur monde intérieur, ce qui crée une connexion cérébrale profonde. L'homme Poissons offre à la femme Bélier confiance et sécurité, lui permettant d'exprimer librement ses émotions et ses désirs. Sa capacité à instaurer cet environnement sain satisfait le besoin de stabilité de la femme Bélier.

La femme Bélier reproche à l'homme Poissons sa tendance à intérioriser ses sentiments, qui peut lui procurer un sentiment de distance. Elle peut aussi lui reprocher son comportement passif-agressif lors des disputes, qui rend la communication difficile. L'homme Poissons, de son côté, peut être déstabilisé par la force de caractère et l'indépendance de la femme Bélier, qui peuvent susciter en lui un sentiment d'impuissance ou de compétition. Tous deux peuvent également être tentés de succomber à la tentation de nouvelles conquêtes.

STATISTIQUES ♥♡♡♡♡

Sarah Michelle Gellar et Freddie Prinze Jr., Patricia Arquette et Thomas Jane.

Bélier / Bélier

♂ Bélier / ♀ Bélier

❤ L'homme Bélier est attiré par la femme Bélier pour sa force de caractère, son énergie débordante et son dynamisme. La femme Bélier est séduite par l'énergie féconde et l'enthousiasme naturel de l'homme Bélier, ainsi que par son charisme. Il apprécie sa confiance en elle, son ambition, et sa capacité à le défier intellectuellement. La femme Bélier apporte à l'homme Bélier une stimulation constante. Elle est capable de suivre son rythme effréné, et leur connexion est profonde, sur une passion partagée et une compréhension mutuelle de leurs besoins ardents. Ils partagent une attirance physique mutuelle et cherchent tous deux une relation dynamique et excitante.

💔 L'homme Bélier peut parfois reprocher à la femme Bélier son impulsivité et son tempérament colérique. La femme Bélier peut reprocher à l'homme Bélier son caractère susceptible et ses réactions impulsives et irréfléchies. Lui, peut se sentir menacé ou en compétition avec sa force de caractère et son indépendance. De plus, leur nature impulsive et leur désir constant de nouveauté peuvent mettre leur fidélité à l'épreuve s'ils sont tentés par de nouvelles sensations et aventures. Ils peuvent tous les deux être enclins à agir sous le coup de l'émotion, ce qui est susceptible d'entraîner des disputes virulentes et des actes impulsifs.

STATISTIQUES ♥♥♥♥♥

Sarah Jessica Parker et Matthew Broderick, Mariah Carey et Bryan Tanaka.

Bélier / Taureau

♂ Bélier / ♀ Taureau

❤ La femme Taureau offre à l'homme Bélier une stabilité émotionnelle et une présence réconfortante. Elle le soutient dans ses passions et l'encourage à poursuivre ses rêves. Sa tendresse et sa bienveillance répondent aux besoins d'affection de l'homme Bélier. En combinant la passion de l'homme Bélier et la stabilité de la femme Taureau, le couple peut trouver un équilibre harmonieux.

💔 L'homme Bélier peut surtout reprocher à la femme Taureau son manque de spontanéité, sa tendance à être aussi têtue que lui ou encore trop réaliste ou prudente, ce qu'il peut percevoir comme un manque d'enthousiasme. Leurs désaccords débouchent souvent sur des confrontations explosives. Parfois, la femme Taureau extériorise ses émotions de façon violente, ce qui est susceptible de créer des problèmes de communication dans la relation.

STATISTIQUES ♥♥♥♥♡

David Harbour et Lily Allen, Russell Crowe et Danielle Spencer, Francis Ford Coppola et Eleanor Coppola.

♀ Bélier / ♂ Taureau

❤ La femme Bélier est particulièrement attirée par l'homme Taureau en raison de son sang-froid, de sa stabilité émotionnelle et de sa nature tactile. Elle apprécie sa tendance à exprimer ses sentiments profonds à travers des gestes d'affection concrets. L'homme Taureau offre à la femme Bélier un sentiment de confort et de constance dans la relation, ce qui permet à celle-ci de se sentir aimée et de se laisser aller dans l'amour. Son calme et sa patience sont des qualités appréciées par la femme Bélier, car elles lui permettent de comprendre ses émotions intenses et de les accepter.

💔 La femme Bélier peut trouver que l'homme Taureau n'est pas aussi entreprenant qu'elle le souhaiterait. C'est simplement qu'il est trop réfléchi pour se lancer sans prendre son temps, contrairement à la femme Bélier, ce qui donne parfois le sentiment à celle-ci que les choses ne vont pas assez vite. Elle peut lui reprocher d'être têtu et borné, et de ne pas toujours réussir à trouver un compromis afin de s'adapter à ses choix.

STATISTIQUES ♥♥♥♡♡

Victoria et David Beckham, Kristen Stewart et Robert Pattinson.

Bélier / Gémeaux

♂ Bélier / ♀ Gémeaux

❤ L'homme Bélier apprécie la capacité de la femme Gémeaux à le défier intellectuellement et à stimuler son esprit. Il est également séduit par sa facilité à communiquer et sa volonté de résoudre les problèmes de manière ouverte et directe. La femme Gémeaux apporte à l'homme Bélier une connexion cérébrale profonde. Elle est capable de partager ses intérêts et de l'encourager à évoluer. Leur préférence commune pour la communication ouverte et l'expression des sentiments favorise une relation dynamique et stimulante.

💔 L'homme Bélier peut reprocher à la femme Gémeaux son ego fort et sa tendance à être trop émotive lorsqu'elle se sent trahie. De son côté, la femme Gémeaux peut être jalouse et possessive, et exiger une attention constante de la part de l'homme Bélier pour se sentir en sécurité. Le besoin de la femme Gémeaux de garder le contrôle est susceptible de créer de la frustration chez l'homme Bélier et d'entraîner des conflits et des désaccords dans la relation.

STATISTIQUES ♥♥♡♡♡

James Dougherty et Marilyn Monroe, Novak et Jelena Djokovic.

♀ Bélier / ♂ Gémeaux

♥ La femme Bélier est attirée par les talents d'orateur de l'homme Gémeaux et apprécie son charme audacieux et son esprit de leader. Elle est séduite par sa capacité à établir une connexion mentale profonde. Il la stimule intellectuellement et la pousse à évoluer. Il reconnaît et respecte ses qualités, ce qui renforce leur complicité. Ils partagent une soif d'aventure et de renouveau constant, ce qui leur offre une relation stimulante et excitante. L'homme Gémeaux apporte à la femme Bélier à la fois une confiance et un soutien indéniables, et la liberté dont elle a besoin pour s'épanouir pleinement.

💔 La femme Bélier peut reprocher à l'homme Gémeaux de ne pas toujours aller au bout des choses. En cas de conflit, ils peuvent chacun vouloir avoir le dernier mot, ce qui complique l'issue des débats. Elle peut parfois le trouver insensible ou distant émotionnellement alors qu'elle n'est pas capricieuse et ne demande pas trop d'affection. Elle peut aussi se sentir déstabilisée par ses attentions vis-à-vis de nombreuses amies et son côté séducteur, ce qui peut susciter des sentiments de jalousie ou d'insécurité.

STATISTIQUES ♥♥♡♡♡

Kate Hudson et Matthew Bellamy, Miranda Kerr et Evan Spiegel.

Bélier / Cancer

♂ Bélier / ♀ Cancer

♥ L'homme Bélier est attiré par la femme Cancer en raison de sa nature aimante et de sa douceur. Il apprécie sa loyauté, sa disponibilité émotionnelle et sa volonté de lui donner tout son amour. La femme Cancer offre à l'homme Bélier une stabilité émotionnelle et une compréhension profonde de ses besoins. Elle est prête à l'écouter, à le défendre et à le soutenir. Ensemble, ils peuvent construire une relation solide fondée sur la confiance, le respect mutuel et la tendresse, créant ainsi un foyer sécurisant, chaleureux et aimant.

💔 L'homme Bélier peut reprocher à la femme Cancer son besoin excessif de sécurité et de stabilité, qui lui semble parfois étouffant. De plus, l'homme Bélier peut trouver que la femme Cancer est un peu trop sensible et réservée, alors qu'il préfère une communication plus directe et franche. Il arrive également qu'il soit frustré par la réticence de la femme Cancer à exprimer ses propres besoins et désirs.

STATISTIQUES ♥♥♥♡♡

Benjamin Castaldi et Flavie Flament.

♀ Bélier / ♂ Cancer

❤ La réussite amoureuse entre l'homme Cancer et la femme Bélier repose sur des forces distinctes. La femme Bélier est attirée par le côté sentimental et chaleureux de l'homme Cancer, qui sait la mettre à l'aise et démontre un investissement émotionnel profond. L'homme Cancer peut apporter à la femme Bélier une stabilité émotionnelle, et une présence rassurante. Il peut nourrir son besoin d'attention et d'affection en lui offrant une relation profonde et engagée.

💔 La femme Bélier peut reprocher à l'homme Cancer sa susceptibilité ou son côté capricieux et manipulateur. Ces traits de caractère peuvent susciter un sentiment de culpabilité chez elle, qu'il entretient notamment à travers du chantage affectif. De plus, l'homme Cancer peut être colérique et vindicatif lorsqu'il se sent impuissant, ce qui peut la perturber car elle se sent d'emblée responsable des choses et est donc plus naturellement susceptible de se faire manipuler.

STATISTIQUES ♥♥♥♥♡

Roselyn Sánchez et Eric Winter, Mariah Carey et Tommy Mottola, Jennifer Garner et Scott Foley, Shannen Doherty et Kurt Iswarienko, Clotilde Courau et Emmanuel-Philibert de Savoie.

Bélier / Lion

♂ Bélier / ♀ Lion

❤ L'homme Bélier apprécie chez la femme Lion sa confiance en elle, son charisme et son désir d'accomplir de grandes choses. Il est attiré par sa générosité et son besoin de se sentir admirée, ce qui lui permet de se sentir valorisé dans leur relation. Il est naturellement séduit par son énergie de meneuse et sa capacité à renaître de ses cendres. Ensemble, ils forment un couple dynamique et inspirant, prêt à relever tous les défis. Leur relation est emplie d'excitation et d'aventure, ce qui alimente leur connexion profonde et leur permet de construire des projets ensemble.

💔 L'homme Bélier peut reprocher à la femme Lion qu'il lui faille constamment attention et validation, parfois au détriment de leur relation. Il peut se sentir frustré par son besoin de briller devant les autres et peut-être même négligé dans certaines situations. Il peut également lui reprocher sa trop grande fierté et sa difficulté à présenter des excuses. Les principales faiblesses de ce couple résident dans leur impulsivité respective et leur tendance à succomber à la tentation.

STATISTIQUES ♥♥♥♥♡

Paul et Julie Rudd, Jesse James et Sandra Bullock, Seth Rogen et Lauren Miller.

♀ Bélier / ♂ Lion

❤ La femme Bélier est attirée par le charisme et la confiance en lui de l'homme Lion. Ensemble, ils peuvent former un couple passionné et engagé, prêt à relever tous les défis ; c'est ce qui séduit la femme Bélier qui recherche un partenaire actif, entreprenant et séducteur, avec cette énergie de businessman. Elle aime pouvoir débattre avec lui et entreprendre des projets professionnels. Ils peuvent être aussi bons amoureux qu'associés. Enfin, elle apprécie sa capacité à prendre des décisions et à s'y tenir, ce qui lui permet de se sentir émotionnellement sécurisée.

💔 Le couple formé par l'homme Lion et la femme Bélier peut rencontrer des difficultés en raison de leurs personnalités intenses et parfois impulsives. La femme Bélier peut reprocher à l'homme Lion d'être plus enclin à parler qu'à agir, lui donnant le sentiment qu'il cherche simplement à impressionner sans réellement être efficace. La femme Bélier peut aussi être confrontée à la fierté et à l'ego de l'homme Lion, susceptible d'être difficile à gérer lorsqu'il refuse de s'excuser ou d'admettre ses torts.

STATISTIQUES ♥♥♥♡♡

Jennifer Garner et Ben Affleck, Rosie Huntington-Whiteley et Jason Statham, Reese Witherspoon et Jim Toth.

Bélier / Vierge

♂ Bélier / ♀ Vierge

❤ L'homme Bélier est attiré par la femme Vierge pour sa capacité à se maîtriser, sa fiabilité et sa loyauté. Elle peut lui apporter un cadre stable et une sécurité émotionnelle, ce qui lui permet de se sentir en confiance. La femme Vierge est attentive aux détails, ce qui peut correspondre aux attentes de l'homme Bélier en termes d'apparence et de langage corporel.

💔 L'homme Bélier peut critiquer l'attitude ferme et exigeante de la femme Vierge, ainsi que sa tendance à bouder et à attendre des excuses. Leurs approches des conflits peuvent également créer des tensions au sein du couple et des soucis de communication. L'homme Bélier peut en outre reprocher à la femme Vierge sa tendance à être trop critique et prévoyante, ce qui étouffe parfois sa spontanéité et sa capacité à exceller dans l'urgence.

STATISTIQUES ♥♡♡♡♡

Hayden Christensen et Rachel Bilson.

♀ Bélier / ♂ Vierge

♥ La femme Bélier est immédiatement séduite par l'homme Vierge qui respire la stabilité. Elle aime son approche sélective et le fait qu'il prenne le temps de s'engager sérieusement et se sent rassurée par sa loyauté. Elle apprécie qu'il valorise le respect mutuel et la compréhension. Celui-ci peut offrir une belle vie à la femme Bélier, par sa présence protectrice et son soutien financier. Il lui permet de se stabiliser émotionnellement.

💔 La femme Bélier peut reprocher à l'homme Vierge cette même approche sélective, qui lui donne alors l'impression d'être mise à l'épreuve avant qu'il ne s'engage pleinement. Elle peut trouver frustrant qu'il prenne du temps pour exprimer ses sentiments et qu'il ne se montre pas toujours très romantique. De son côté, l'homme Vierge peut sembler moins audacieux et aventureux vis-à-vis des attentes de la femme Bélier, qui recherche constamment la stimulation et le renouveau. Il peut également être critique et de mauvaise foi. Enfin, le tempérament sanguin de l'homme Vierge peut entrer en conflit avec le caractère faussement calme de la femme Bélier.

STATISTIQUES ♥♥♥♥♥

Keira Knightley et James Righton, Reese Witherspoon et Ryan Phillippe.

Bélier / Balance

♂ Bélier / ♀ Balance

♥ L'homme Bélier est attiré par la femme Balance en raison de son énergie positive et de son intelligence émotionnelle. Il apprécie sa capacité à mettre à l'aise, à apaiser les tensions et à créer une complicité naturelle entre eux. L'homme Bélier peut aisément se confier à la femme Balance. Elle l'encourage à se lancer dans ses projets les plus fous et n'est pas vraiment têtue, ce qui permet à l'homme Bélier de se complaire dans son rôle de chef décideur. Ce couple est très stable sur le long terme.

💔 L'homme Bélier peut reprocher à la femme Balance son indécision et son désir constant d'attention, et se sentir frustré si elle ne répond pas à ses besoins de manière directe et claire. Il peut s'irriter de sa tendance à intérioriser lorsqu'elle est blessée dans son ego. L'homme Bélier peut également être dérangé par la tendance de la femme Balance à être jalouse et à se comparer.

STATISTIQUES ♥♡♡♡♡

Guillaume Canet et Marion Cotillard, Michael Fassbender et Alicia Vikander.

♀ Bélier / ♂ Balance

La femme Bélier est séduite par la tchatche de l'homme Balance et sa capacité à mettre une bonne ambiance. Il sait lui montrer de l'affection et de l'attention, en la gâtant pour témoigner de ses sentiments. La femme Bélier aime les défis et recherche un partenaire qui puisse suivre son rythme effréné, et l'homme Balance, avec son charme et sa confiance, peut répondre à ses attentes. Il peut aussi lui apporter un certain équilibre et une stabilité émotionnelle grâce à sa nature conciliante et son désir d'harmonie.

La femme Bélier peut reprocher à l'homme Balance de se laisser influencer par son entourage au détriment de sa propre volonté. Appréciant les réactions franches et spontanées, elle a besoin d'un partenaire qui prenne des décisions tranchées, et elle peut percevoir la nature conciliante de l'homme Balance comme un manque de fermeté. Elle peut lui reprocher de trop jouer de sa séduction avec les autres femmes ou d'être quelque peu insolent. Elle lui tient également rigueur de fuir, par moments, alors qu'elle a besoin de confrontation.

STATISTIQUES ♥♥♥♡♡

Mariah Carey et Nick Cannon, Keira Knightley et Rupert Friend.

Bélier / Scorpion

♂ Bélier / ♀ Scorpion

Les forces du couple homme Bélier / femme Scorpion résident dans leur attrait mutuel pour l'intensité émotionnelle et la passion. L'homme Bélier est captivé par la profondeur émotionnelle de la femme Scorpion, ainsi que par sa loyauté sans faille et sa franchise totale. Son immense fierté lui procure un sentiment de sécurité, et il apprécie énormément son attention lorsqu'elle parle, veillant à ne jamais être blessante la première. Ce couple est très stable sur le long terme.

L'homme Bélier, en raison de son caractère impulsif et passionné, peut parfois succomber à l'infidélité, ce qui le conduit à des regrets ultérieurs. La femme Scorpion peut réagir de manière intense et jalouse face à une menace perçue pour la relation, ce qui provoque des conflits. Leur tendance à être emportés par leurs émotions intenses peut créer des tensions. La femme Scorpion est capable d'être très radicale dans ses décisions, ce qui est susceptible de déstabiliser l'homme Bélier.

STATISTIQUES ♥♥♥♥♡

Quentin Tarantino et Daniella Pick, Robert Downey Jr. et Susan Downey, Christophe Lambert et Sophie Marceau.

♀ Bélier / ♂ Scorpion

La femme Bélier est attirée par l'homme Scorpion en raison de sa nature mystérieuse et calme. Il lui permet de se poser et de se stabiliser. Leur relation est souvent passionnelle et très tactile. Ils créent rapidement une profonde connexion physique. L'homme Scorpion suscite l'intérêt de la femme Bélier en se montrant énigmatique. Elle admire sa perspicacité et apprécie sa sensibilité et son intensité émotionnelle. Elle trouve en lui un partenaire qui peut ressentir les choses profondément, ce qui correspond à son besoin d'émotions fortes.

La femme Bélier reproche à l'homme Scorpion son manque de transparence émotionnelle. Elle le trouve trop peu émotif, nonchalant, ou encore menteur sur les bords. Elle peut avoir des difficultés à cerner sa véritable nature émotionnelle en raison de son côté mystérieux et secret, ou encore double face. Elle peut se sentir déstabilisée par son esprit parfois sournois et son ego surdimensionné. Le tempérament nerveux de l'homme Scorpion peut émotionnellement blesser la femme Bélier.

STATISTIQUES ♥♥♥♥♡

Kourtney Kardashian et Travis Barker, Fergie et Josh Duhamel, Kate Hudson et Owen Wilson, Rooney Mara et Joaquin Phoenix, Jessica Chastain et Gian Luca Passi de Preposulo, Mandy Moore et Ryan Adams, Cathy et David Guetta.

Bélier / Sagittaire

♂ Bélier / ♀ Sagittaire

L'homme Bélier est attiré par la femme Sagittaire en raison de sa nature indépendante et audacieuse. Il apprécie son esprit intuitif et sa capacité à poser les bonnes questions au bon moment. La femme Sagittaire apporte un parfum de liberté à la relation, ce qui correspond parfaitement au besoin d'indépendance de l'homme Bélier. Ensemble, ils peuvent vivre des expériences excitantes et se soutenir mutuellement dans la poursuite de leurs passions et de leurs objectifs. Ils partagent la même envie d'exploration et de nouveauté.

L'homme Bélier peut reprocher à la femme Sagittaire d'être trop abrupte dans ses paroles, ce qui donne l'impression d'un manque d'attachement. Leur fierté démesurée respective peut entraîner des disputes et des blessures émotionnelles, car ils préfèrent exprimer leur mécontentement plutôt que de demander amour ou soutien. Leur tendance à l'infidélité peut également être un défi dans leur relation, car leur désir constant de nouvelles expériences peut les pousser à chercher la nouveauté ailleurs.

STATISTIQUES ♥♥♥♡♡

Ewan McGregor et Mary Elizabeth Winstead.

♀ Bélier / ♂ Sagittaire

❤ La femme Bélier est séduite par le charisme de l'homme Sagittaire. Elle apprécie son honnêteté et sa capacité à l'écouter pleinement. Son audace et son désir de stimulation apportent la dose d'excitation qu'il faut à la femme Bélier. Elle recherche un partenaire franc et confiant, et l'homme Sagittaire répond à ces critères. Il est intuitif et méfiant, ce qui attire la femme Bélier parfois naïve et qui a besoin d'un compagnon qui la protège. Ils peuvent partager des aventures excitantes et profiter du renouveau constant qu'ils cherchent tous deux. La compatibilité repose sur le respect mutuel de leur besoin de liberté.

💔 La femme Bélier peut reprocher à l'homme Sagittaire sa propension à rechercher de nouvelles expériences qui peut l'éloigner de la fidélité absolue. Cela peut susciter des inquiétudes chez la femme Bélier, qui valorise la loyauté et la fidélité dans une relation, bien qu'elle-même ne soit pas toujours exemplaire. L'homme Sagittaire peut aussi réagir par un silence complet lorsqu'il se sent trop sollicité ou accaparé, ce qui peut frustrer la femme Bélier. Elle peut interpréter ce silence comme du mépris de sa part. L'homme Sagittaire peut également résister à ce qu'il perçoit comme des ordres de sa partenaire, ce qui peut créer des tensions dans leur relation.

STATISTIQUES ❤❤❤♡♡

Tina Kunakey et Vincent Cassel, Leighton Meester et Adam Brody, Kate Hudson et Chris Robinson.

Je note ma compatibilité avec
l'homme Bélier

1. Quelle est votre réaction face à un partenaire qui vous défie intellectuellement et remet en question vos idées ?

A. J'ai tendance à me braquer et à défendre mes idées sans écouter les arguments de l'autre.

B. Je n'aime ni les défis ni les débats d'idées.

C. J'apprécie un partenaire qui me pousse à repenser mes idées et à évoluer en tant que personne.

2. Comment exprimez-vous à votre partenaire votre amour et votre affection ?

A. Pour exprimer mon amour, j'ai tendance à coller mon partenaire toute la journée.

B. J'ai du mal à les exprimer verbalement, donc je les prouve à travers mon bon comportement.

C. J'aime dire à quelqu'un que je l'aime quand c'est le cas, et j'ai tendance à vouloir présenter mon partenaire à tout le monde.

3. Comment réagissez-vous aux remords et aux regrets après avoir commis une erreur dans votre relation amoureuse ?

A. Je m'enfuis et évite de me confronter à mes erreurs.

B. Je ressens de la culpabilité et je m'efforce de réparer les dégâts causés, même si j'ai du mal à avouer mes torts.

C. Je reconnais mes erreurs, je les assume pleinement et je m'engage à faire mieux à l'avenir.

4. Comment percevez-vous l'indépendance de votre partenaire et la poursuite de ses passions personnelles ?

A. Je préfère que notre relation soit au centre de notre vie commune, avec peu de place pour les activités individuelles.

B. J'encourage mon partenaire à être plus indépendant afin que l'on ne s'étouffe pas mutuellement.

C. Je valorise l'indépendance et la poursuite des passions personnelles, tout en cherchant un équilibre pour entretenir notre relation.

5. Comment envisagez-vous la stabilité émotionnelle dans votre relation amoureuse ?

A. Je pense que les hauts et les bas émotionnels font partie de l'amour et de la passion.

B. J'apprécie une relation stable et émotionnellement équilibrée.

C. Je cherche un partenaire qui peut m'apporter une stabilité émotionnelle tout en vivant des émotions intenses.

6. Comment réagissez-vous lorsqu'une relation amoureuse devient monotone ou routinière ?

A. Je cherche de nouvelles sensations et aventures en dehors de la relation.

B. Je suis prête à travailler sur la relation pour raviver la passion et l'excitation.

C. Je considère que la passion et l'excitation sont éphémères, mais je valorise la stabilité et la connexion profonde avec mon partenaire.

7. Comment percevez-vous la communication ouverte et la résolution des conflits dans une relation amoureuse ?

A. Je préfère éviter les confrontations et garder les choses enfouies en moi.

B. J'essaie de régler les conflits rapidement et directement, même si cela signifie avoir des réactions excessives.

C. Je valorise une communication honnête et directe pour résoudre les conflits et renforcer la relation.

8. Êtes-vous optimiste ?

A. Pas du tout, je suis plutôt pessimiste.

B. Pas vraiment, je suis plutôt réaliste.

C. Bien sûr, à chaque problème sa solution.

9. Quelles sont les qualités essentielles que vous recherchez chez un partenaire ?

A. Calme, routinier et stable.

B. Loyal, sensible et accommodant.

C. Entreprenant, ambitieux et passionné.

10. Une vie de couple routinière vous plaît-elle ?

A. J'apprécie ma routine, elle me permet de me sentir stable.

B. Je suis routinière, mais j'aime casser mes habitudes de temps en temps.

C. J'ai besoin de changement, d'excitation, d'aventure et je fuis les relations trop ennuyeuses.

Écrivez le nom de vos hommes Bélier préférés :

....

....

....

....

....

Résultat du test :

A : Mauvaise compatibilité

B : Compatibilité normale

C : Bonne compatibilité

Je note ma compatibilité avec **la femme Bélier**

1. Comment décririez-vous votre niveau d'énergie et votre goût pour l'aventure et la nouveauté ?

A. Je suis plutôt calme et j'aime la routine.

B. Je suis très énergique et j'adore les défis et les nouvelles expériences.

C. Je suis plein d'énergie, mais je suis tout de même posé et réfléchi.

2. Comment réagissez-vous face à une femme qui exprime directement son intérêt pour vous ?

A. Cela me met mal à l'aise et je préfère une approche plus subtile.

B. Cela me surprend un peu, mais je trouve cela rafraîchissant.

C. J'apprécie sa franchise et je suis prêt à répondre avec la même ouverture.

3. Comment gérez-vous les situations où votre partenaire exprime sa colère ou sa frustration de manière intense ?

A. Je me sens dépassé et je ne sais pas comment réagir.

B. J'essaie de la calmer et de lui donner de l'espace pour se calmer.

C. Je reste calme et j'essaie de comprendre ses sentiments, en communiquant de manière respectueuse.

4. Comment percevez-vous la force de caractère et l'indépendance de votre partenaire ?

A. Je me sentirais déstabilisé.

B. Je trouverais cela admirable et stimulant.

C. Je valoriserais sa force et son indépendance tout en soutenant ses décisions et en encourageant une relation équilibrée.

5. Quel type de connexion recherchez-vous ?

A. Une connexion émotionnelle et spirituelle.

B. Une connexion spirituelle et physique.

C. Une connexion physique et émotionnelle.

6. Comment réagiriez-vous si votre partenaire prenait des décisions hâtives ou risquées impulsivement ?

A. Je serais très préoccupé et je lui conseillerais de réfléchir davantage avant d'agir.

B. Je serais ouvert à discuter de ses motivations et à évaluer avec elle les conséquences potentielles.

C. Je la soutiendrais en lui faisant confiance dans ses choix, tout en offrant des conseils réfléchis si nécessaire.

7. Comment réagiriez-vous si votre partenaire était sujet à des crises d'angoisse ?

A. Je ne supporte pas ça, j'ai l'impression qu'elle fait du cinéma.

B. Je suis gêné et ne sais pas comment calmer une personne angoissée.

C. Je lui parlerais afin qu'elle comprenne que tout va bien et que je suis là pour elle.

8. Quelle est votre perspective sur l'importance de l'indépendance et de la liberté dans une relation amoureuse ?

A. Je préfère une relation où nous sommes constamment ensemble et partageons tout.

B. Je pense qu'il est important de garder une distance afin de ne pas trop se lasser.

C. Je valorise l'indépendance et la liberté dans une relation, et je suis prêt à trouver un équilibre entre l'espace individuel et la connexion mutuelle.

9. Comment réagissez-vous face aux difficultés et problèmes dans une relation ?

A. Je suis plus enclin à me plaindre devant les difficultés qu'à chercher activement des solutions.

B. Je peux avoir besoin de faire la tête un moment, mais je finis toujours par revenir pour régler les choses.

C. Je n'ai pas tendance à me plaindre et je préfère trouver des solutions aux problèmes.

10. Quelle est votre réaction face à une partenaire qui vous défie intellectuellement et remet en question vos idées ?

A. J'ai tendance à me braquer et à me sentir mis en compétition.

B. Je suis ouvert au débat mais je n'aime pas que ma partenaire me challenge, j'ai plutôt besoin d'une partenaire compréhensive.

C. J'apprécie une partenaire qui me pousse à repenser mes idées et à évoluer en tant que personne.

Écrivez le nom de vos femmes Bélier préférées :

....

....

....

Résultat du test :

A : Mauvaise compatibilité
B : Compatibilité normale
C : Bonne compatibilité

Belreau

ENTRE LE 20 ET LE 23 AVRIL

Les personnes nées entre le 20 et le 23 avril (parfois même à partir du 18 avril… en réalité, c'est de la casuistique), c'est-à-dire entre le signe du Bélier et celui du Taureau, prennent souvent certains traits de caractère liés au Bélier et d'autres liés au Taureau.

Célébrités

Amber Heard
Jack Nicholson
Jeffrey Dean Morgan
James McAvoy
La reine Elizabeth II

Taureau

Le signe du Taureau, qui débute le 21 avril et finit le 21 mai, est le second signe astrologique de la saison du printemps. Il est associé à l'élément Terre (avec le Capricorne et la Vierge). Le signe du Taureau commence en avril, le mois du début et des nouveaux départs, et se poursuit en mai, période idéale pour planter des graines et construire un avenir solide.

Les grandes caractéristiques **du Taureau**

Il aime prendre son temps pour faire les choses.

Timide mais culotté en même temps.

Il aime profiter de la vie.

Franc et stable, il maintient de longues relations.

Imperturbable, son mental ne cède pas à la pression.

Mots-clés

Concentré
Mental
Combatif
Ne se laisse pas facilement déstabiliser
Intéressé
Matérialiste
Passion nourriture
Timide
Prend son temps
Positif
Direct
Rancunier
Persévérant
Altruiste
À l'écoute

Reconnaissant
Valeurs
Poli
Courtois
Romantique
Attentionné
Loyal
Drôle
Culotté
Romantique
Franc
Pratique
Maîtrisé
Imperturbable
Patient
Épicurien

Cartésien
Stable
Fort caractère
Têtu
En retard
Encourageant
Rassurant
Possessif
Empathique
Gourmand
Jaloux
Apprécie son sommeil
Concentré
A un cercle d'amis stable

L'homme
Taureau

L'homme Taureau se distingue par son esprit posé, sa résistance aux épreuves et son humour. Il sait être patient et ne cède pas facilement à la pression. Il peut être très timide et se démarque par sa force intérieure et sa capacité à ne pas se laisser déstabiliser. Il peut faire preuve d'une détermination impressionnante pour atteindre ses objectifs. Il est fiable, régulier dans son travail et pragmatique. L'homme Taureau est un épicurien très stable émotionnellement, qui aime prendre son temps et pouvant avoir un penchant pour les satisfactions matérielles. Il aspire à se faire plaisir et à profiter de ce que l'argent peut offrir. Il attache une grande importance à la sécurité financière et matérielle et sait être un travailleur discipliné et constant pour assurer une stabilité évolutive à sa vie. Il est têtu, résolu, déterminé et peut se montrer ferme et inflexible.

« La vie est trop courte. Commencez par le dessert ! »

BARBRA STREISAND

L'homme Taureau sait être persévérant, productif et déterminé dans ses efforts pour réussir. Son esprit terre à terre lui permet de trouver des opportunités et de saisir les chances qui se présentent à lui. Il possède un charme naturel et un sens de l'humour grâce auxquels il se fait apprécier des autres. Il sait créer des liens facilement et entretenir des relations harmonieuses qui durent et dont il prend soin. L'homme Taureau a tendance à être routinier, bien qu'il aime explorer de temps en temps de nouveaux horizons. Détendu, il sait apprécier les moments de calme et de tranquillité, et accorde une grande valeur au repos et au sommeil. Il a tendance à vivre à son rythme.

« Le secret, c'est de vivre au jour le jour, ici et maintenant, et de bien hiérarchiser les objectifs. Il y a la montagne à gravir et les étapes pour arriver au sommet. Ces étapes sont votre quotidien. »

YANNICK NOAH

Il est vrai que l'homme Taureau peut parfois se montrer rancunier. Lorsqu'il est blessé ou trahi, il peut prendre des décisions radicales. Dans la vie, l'homme Taureau s'efforce à trouver des solutions concrètes et à travailler dur pour surmonter les difficultés, plutôt que de se lamenter sur les obstacles ou de se perdre dans des attentes irréalistes. L'homme Taureau est indépendant, réaliste, positif et réfléchi, ne se voile pas la face, et sait faire preuve d'honnêteté intellectuelle et se remettre en question lorsqu'il a tort.

En amour

L'homme Taureau révèle souvent une timidité touchante qui peut le pousser à se réfugier derrière l'humour. Sa nature tactile le rend extrêmement réceptif aux sensations et lui permet d'exprimer ses sentiments profonds. Il recherche une partenaire douce et réceptive, prête à s'engager entièrement et qui soit aussi stable émotionnellement que lui. L'homme Taureau peut être possessif et jaloux, il recherche quelqu'un de fiable. Il lui faut souvent être rassuré par une partenaire qui comprenne ses besoins et évite toute forme de provocation. Bien que loyal, l'homme Taureau peut être confronté à des instants de fragilité et succomber à l'infidélité amoureuse. Derrière cette façade de constance, il cache un volcan émotionnel prêt à entrer en éruption. Il aspire à une relation de confiance et de profonde compréhension mutuelle.

> « De toute évidence, l'amour est l'amour, entre un homme et une femme, une femme et un homme, une femme et une femme et un homme et un homme. »
>
> STEVIE WONDER

Lorsqu'il est amoureux, l'homme Taureau se révèle d'une patience remarquable. Cependant, pour préserver l'équilibre de sa relation, il est essentiel de respecter son besoin d'indépendance et d'éviter les crises de jalousie. Il trouve un réel plaisir à sortir, s'amuser, et passer du temps avec ses amis, et il est important que sa partenaire respecte ces envies. Protecteur et engagé, il aspire à partager une profonde complicité avec elle, faisant d'elle sa meilleure amie.

L'homme Taureau peut être très attentionné et romantique. Lorsqu'il n'est pas engagé sérieusement dans la relation, il ne ressent pas d'attachement émotionnel profond, et peut se montrer plus direct, moins à l'écoute et même infidèle. Très réfléchi, il préfère prendre son temps plutôt que de se précipiter dans une relation et aspire à trouver une femme qui réponde à ses attentes. Il est attiré par la douceur et a besoin d'une femme sensuelle, qui se soucie de son apparence physique. Il est également attiré par une partenaire avec du caractère, entreprenante, déterminée et intelligente. Il admire les femmes qui ont des objectifs et qui sont prêtes à travailler dur pour les réaliser. Il cherche une personne sur qui il peut compter au quotidien, et avec qui il puisse construire une relation solide.

Ils sont Taureau

Dwayne « The Rock » Johnson • George Clooney • David Beckham • Robert Pattinson • Channing Tatum • Bono • John Cena • Jack Nicholson • Enrique Iglesias • Al Pacino • Mark Zuckerberg • Stevie Wonder • Dominique Strauss-Kahn • Jean-Marie Bigard • Renaud • Patrick Bruel • Michel Cymes • Nikos Aliagas • Andre Agassi • Carlos Alcaraz • Yannick Noah…

Test d'introspection pour
l'homme Taureau

1 Quels sont mes aspirations et mes désirs fondamentaux dans une relation amoureuse, et comment puis-je les exprimer de manière claire et sincère à ma partenaire ?

2 Quels sont mes critères importants chez une partenaire idéale, en termes de personnalité, de valeurs et de compatibilité, et comment ces critères influencent-ils mes choix amoureux ?

3 Suis-je prêt à m'engager pleinement dans une relation sérieuse et à consacrer du temps et de l'énergie pour nourrir et faire grandir cette relation ?

4 Quelles sont mes attentes en termes de stabilité, de sécurité et de confort dans une relation amoureuse, et comment puis-je communiquer ces attentes à ma partenaire tout en restant ouvert à ses propres besoins ?

5 Quelles sont mes valeurs fondamentales en matière de partenariat et de vie de couple, et comment puis-je m'assurer que mes actes et mes choix sont alignés sur ces valeurs ?

6 Comment puis-je communiquer de manière claire et directe mes besoins, mes attentes et mes préoccupations à ma partenaire, tout en favorisant une communication ouverte et respectueuse ?

....

....

7 Comment est-ce que je gère l'équilibre entre ma nécessité de stabilité et de routine et les besoins d'aventure et de spontanéité de ma partenaire dans une relation amoureuse ?

....

....

8 Quelles sont mes limites personnelles en termes de compromis et de concessions, et comment puis-je les communiquer clairement à ma partenaire tout en respectant ses propres limites ?

....

....

9 Suis-je prêt à partager mes émotions et mes vulnérabilités avec ma partenaire, et comment puis-je créer un environnement de confiance qui facilite cette ouverture émotionnelle ?

....

....

10 Comment est-ce que je gère les conflits et les désaccords dans mes relations amoureuses, et comment puis-je développer des compétences de résolution de problèmes qui favorisent la croissance et l'harmonie dans ma relation ?

....

....

La femme Taureau

La femme Taureau est une femme sensuelle qui possède un fort caractère mais aussi beaucoup d'empathie. Elle est très polie, reconnaissante, attentionnée, à l'écoute, généreuse, et dévouée envers ceux qu'elle aime. Fiable et toujours présente pour ses amis, elle dépense une énergie considérable pour ses proches, est prête à les aider à n'importe quel moment, et cherche à maintenir des liens solides avec eux. Son instinct maternel et protecteur est très développé. Très franche, elle dit ce qu'elle pense sans difficulté. Altruiste et patiente, elle a la capacité de supporter beaucoup de choses et de laisser s'accumuler celles qui ne lui plaisent pas sans s'en plaindre.

« Les hommes qui parlent le moins sont les plus vaillants. »

WILLIAM SHAKESPEARE

Pragmatique et capable de résoudre rapidement les problèmes complexes en les simplifiant, la femme Taureau voit les choses clairement. Elle sait prendre des décisions et ne revient que rarement sur ses choix. En groupe, elle peut naturellement prendre les choses en main et décider. Elle exprime ses idées avec clarté et se fait respecter aisément. Elle comprend intuitivement où sont ses intérêts et sait être très patiente pour obtenir ce qu'elle souhaite. Elle est attachée à son confort et aime se détendre. Elle se permet des plaisirs et des gourmandises sans attendre que d'autres les lui offrent. Elle apprécie les belles choses et est souvent très dépensière. Elle n'aime pas se priver et tient à soigner son apparence et prendre soin d'elle. Elle peut se montrer jalouse et rancunière, n'oubliant pas les trahisons. Rassurante, et compréhensive, elle se montre très empathique et cherche toujours à réconforter ceux qui en ont besoin. Courtoise, elle peut être très timide bien qu'elle sache également faire preuve de culot pour obtenir ce qu'elle souhaite.

Sur le plan professionnel, elle ne s'éparpille pas et privilégie les projets à long terme. Elle est disciplinée et efficace. Elle sait être très régulière dans son travail sans avoir de difficulté de concentration. Elle peut se montrer flemmarde, mais elle sait faire preuve d'une détermination extraordinaire pour atteindre ses objectifs.

« Il n'y a pas de bonheur. Il y a juste de la concentration. »

AL PACINO

La femme Taureau n'est pas méfiante, elle préfère croire ce qu'elle voit. Elle est très drôle et sait faire rire tous ses proches. La dualité de douceur et de violence est représentative de la femme Taureau, qui est naturellement affectueuse et tendre mais peut ressentir le besoin d'exprimer sa force.

En amour

La femme Taureau est romantique, sensuelle, et se distingue par sa bienveillance, sa tendresse, sa douceur, son réconfort, son encouragement, sa grande sensibilité et sa stabilité émotionnelle. Elle cherche un homme fort et solide mais qui sait se montrer doux. Il doit être sincère, loyal et fiable afin de lui inspirer confiance. Elle est attirée par les hommes qui sont physiquement séduisants, car l'apparence compte beaucoup pour elle.

« Le plus grand risque est de ne prendre aucun risque. »

MARK ZUCKERBERG

Quand elle aime, c'est à fond. Elle peut mettre rapidement fin à la relation s'il y a mensonge ou trahison. Elle fuit les hommes lunatiques et versatiles et privilégie les relations stables. Elle a besoin d'un partenaire qui sache rire de tout et qui ne soit pas source d'angoisse au quotidien. Indépendante, la femme Taureau laisse beaucoup de liberté à son partenaire afin qu'il ne se sente pas étouffé. Entière, calme, posée et stable, elle crée un environnement sécurisant pour son partenaire, qui peut facilement envisager un avenir avec elle. La femme Taureau est très tactile et elle a un grand besoin d'affection, mais elle sait en donner beaucoup en retour.

Les défauts de la femme Taureau peuvent résider dans ses accès de violence. Toutefois, par amour, la femme Taureau est très résiliente et peut supporter les choses qui ne lui plaisent pas, afin que tout se passe dans la sérénité et que personne ne soit blessé. Elle peut endurer beaucoup, mais lorsque ses limites sont atteintes, elle peut se renfermer complètement et refuser de faire le premier pas vers la réconciliation.

« J'ai une forte personnalité et je dis ce que je pense. »

PENÉLOPE CRUZ

Affectueuse et matérialiste, elle apprécie les petites attentions du quotidien, car elle-même en a souvent. Elle préfère rester discrète quant à sa relation amoureuse, privilégiant le bonheur discret pour vivre heureux.

Elles sont Taureau

Penélope Cruz • Megan Fox • Uma Thurman • Jessica Alba • Cher • Cate Blanchett • Gal Gadot • Janet Jackson • Tina Fey • Barbra Streisand • Gigi Hadid • Kelly Clarkson • Kirsten Dunst • Donatella Versace • Laurence Boccolini • Karine Ferri • Sophie Davant • Renée Zellweger • Virginie Efira • Arielle Dombasle • Laetitia Casta • Zaho • Sofia Coppola • Amber Heard • Michelle Pfeiffer • Lily Allen • Rosario Dawson • la reine Elizabeth II • Lizzo • Blac Chyna...

Test d'introspection pour **la femme Taureau**

1 Quels sont mes besoins essentiels dans une relation amoureuse, en termes de sécurité, de stabilité et de connexion émotionnelle, et comment puis-je les exprimer de manière claire et affirmée à mon partenaire ?

2 Quels sont mes critères de sélection pour trouver un partenaire idéal, en termes de valeurs, de compatibilité et d'engagement, et comment ces critères influencent-ils mes choix amoureux ?

3 Quels sont mes objectifs à long terme en ce qui concerne ma vie amoureuse et mes relations, et comment puis-je m'assurer que mes actes et mes décisions sont alignés sur ces objectifs ?

4 Suis-je prête à m'investir émotionnellement dans une relation sérieuse et à investir du temps et de l'énergie pour construire une relation solide et durable ?

5 Quelles sont les qualités et les caractéristiques que je recherche chez un partenaire, et comment puis-je m'assurer que ces critères correspondent à mes propres valeurs et aspirations ?

6 Comment puis-je communiquer de manière effective mes besoins, mes attentes et mes préoccupations à mon partenaire, en favorisant une communication ouverte et respectueuse ?

7 Quelle est ma relation avec le changement et l'adaptabilité dans une relation amoureuse, et comment puis-je trouver un équilibre entre ma nécessité de stabilité et la nécessité d'évoluer avec mon partenaire ?

8 Quelles sont mes limites personnelles en termes de compromis et de concessions, et comment puis-je les exprimer clairement tout en respectant celles de mon partenaire ?

9 Suis-je prête à être vulnérable et à partager mes émotions authentiques avec mon partenaire, et comment puis-je développer un environnement de confiance qui favorise cette ouverture émotionnelle ?

10 Comment est-ce que je gère les conflits et les désaccords dans mes relations amoureuses, et comment puis-je cultiver des compétences de résolution de problèmes qui favorisent la croissance et l'harmonie dans ma relation ?

Taureau / Capricorne

♂ Taureau / ♀ Capricorne

❤ L'homme Taureau apprécie chez la femme Capricorne sa nature ambitieuse et déterminée. Il est attiré par sa recherche constante de réussite et d'accomplissement personnel, car il partage cette vision. Il admire sa capacité à sortir de sa routine et à aller au-delà de ses limites. Il est également séduit par la stabilité et le sens des responsabilités que la femme Capricorne lui apporte dans la relation. Il apprécie aussi le fait qu'elle soit exigeante dans ses choix amoureux, car cela montre qu'elle accorde de l'importance à la qualité des relations qu'elle entretient.

💔 L'homme Taureau peut reprocher à la femme Capricorne son côté strict et son besoin de contrôle. Il peut avoir des difficultés à s'adapter à son cadre de vie. Lui qui apprécie la détente et les moments de plaisir peut se sentir limité par l'approche sérieuse et responsable de la femme Capricorne. L'homme Taureau peut être déconcerté par la rancune tenace de la femme Capricorne, et peut lui reprocher de ne pas accorder suffisamment d'importance à ses propres besoins.

STATISTIQUES ♥♥♥♡♡

Al Pacino et Diane Keaton, Jack Nicholson et Sandra Knight, Jet Li et Nina Li Chi, Rami Malek et Lucy Boynton.

♀ Taureau / ♂ Capricorne

❤ La femme Taureau apprécie chez l'homme Capricorne sa stabilité émotionnelle et sa force mentale, son côté loyal, sérieux et sincère, car elle recherche un partenaire qui peut lui inspirer confiance. Elle valorise également la fiabilité et la stabilité, et elle trouve cela chez l'homme Capricorne qui ne se complique pas la vie avec des détails insignifiants. Elle a besoin d'un partenaire audacieux et viril mais aussi volontaire, comme l'homme Capricorne.

💔 La femme Taureau reproche parfois à l'homme Capricorne son manque de flexibilité et de spontanéité : il peut être réservé, ce qui est frustrant pour la femme Taureau qui apprécie l'affection et le toucher. Elle peut aussi lui reprocher d'être trop routinier. Enfin, elle peut le trouver parfois têtu, refusant de penser en dehors des sentiers battus.

STATISTIQUES ♥♥♡♡♡

Jessica Alba et Cash Warren, Gigi Hadid et Zayn Malik.

Taureau / Verseau

♂ Taureau / ♀ Verseau

❤ L'homme Taureau est attiré par la femme Verseau en raison de sa personnalité détachée de tous les codes de la société. Il apprécie son besoin de fonctionner à deux et de partager chaque moment ensemble, qui fait d'elle sa meilleure amie et coéquipière. La femme Verseau apporte un sentiment de dynamisme à la relation. Il admire son ambition et sa spontanéité, ainsi que son désir de construire une relation solide et de réaliser des projets communs. La communication est une valeur importante pour la femme Verseau, ce qui convient parfaitement à l'homme Taureau qui est patient et attentif dans ses relations.

💔 L'homme Taureau peut reprocher à la femme Verseau son côté imprévisible et parfois dispersé. Celle-ci peut également avoir besoin de régler les problèmes tout de suite et devenir colérique lorsqu'elle se sent incomprise, ce qui peut être difficile à gérer pour l'homme Taureau qui préfère éviter les conflits. Elle peut parfois se montrer blessante dans ses propos, tandis que l'homme Taureau préfère une communication douce et attentionnée. La femme Verseau n'arrive pas toujours à se décider ou à gérer ses émotions, ce qui peut être perturbant pour l'homme Taureau, beaucoup plus stable émotionnellement et décidé.

STATISTIQUES ♥♡♡♡♡

George et Amal Clooney, Yannick Noah et Isabelle Camus,
Max Handelman et Elizabeth Banks.

♀ Taureau / ♂ Verseau

❤ La femme Taureau apprécie chez l'homme Verseau son indépendance intellectuelle, sa capacité à penser en dehors des sentiers battus et à ne mettre personne dans des cases. Optimiste et protecteur, il peut lui offrir une relation empreinte de complicité. Il stimule mentalement la femme Taureau et partage avec elle ses idées les plus folles, ce qui lui permet de garder l'esprit ouvert. Il lui apporte la dose d'originalité et d'excitation dont elle a besoin.

💔 La femme Taureau reproche parfois à l'homme Verseau son caractère imprévisible lié à des détails insignifiants pour les autres, mais importants pour lui. Ce comportement peut créer des frustrations et des incompréhensions dans la relation. L'homme Verseau peut être jaloux, paranoïaque, blessant, menteur et peu fidèle lorsqu'il ne se sent pas engagé, ce qui est susceptible d'entraîner un manque de confiance chez la femme Taureau. L'humeur en dents de scie de l'homme Verseau peut également être déroutante pour la femme Taureau, qui préfère la stabilité émotionnelle.

STATISTIQUES ♥♥♥♡♡

Cate Blanchett et Andrew Upton, Ed Sheeran et Cherry Seaborn,
Cher et Sonny Bono, Jessica Lange et Mikhail Baryshnikov.

Taureau / Poissons

♂ Taureau / ♀ Poissons

❤ L'homme Taureau est immédiatement attiré par la nature rêveuse et bienveillante de la femme Poissons. Il est captivé par sa capacité à créer un monde imaginaire plein de beauté et de poésie. La sensibilité profonde de la femme Poissons résonne avec lui, car il apprécie son aisance à percevoir et à comprendre ses émotions. Il est charmé par sa douceur, son attention et son dévouement. Elle est prête à lui offrir un amour profond et fusionnel, et cela correspond parfaitement au désir d'une relation solide et stable de l'homme Taureau. Elle peut lui apporter une touche de magie et d'émerveillement en l'encourageant à explorer sa propre dimension spirituelle et à se connecter avec des aspects plus subtils de la vie.

💔 L'homme Taureau peut parfois être frustré par l'inconstance émotionnelle de la femme Poissons, dont le penchant à la mélancolie et à nourrir des rancunes peut sembler déroutant pour lui qui valorise la stabilité et la constance. La femme Poissons peut avoir du mal à gérer les conflits et se replier sur elle-même lorsqu'elle se sent blessée, ce qui peut donner l'impression à l'homme Taureau qu'elle n'est pas totalement engagée dans la relation ou qu'elle se dérobe aux responsabilités de la vie quotidienne. Sa sensibilité excessive peut également être un défi pour lui, car il préfère une communication plus directe et pragmatique.

STATISTIQUES ♥♥♡♡♡

Mark Zuckerberg et Priscilla Chan, Benoît Magimel et Juliette Binoche.

♀ Taureau / ♂ Poissons

❤ La femme Taureau apprécie chez l'homme Poissons son esprit créatif et sensible, et son côté attachant. Il est capable de créer un environnement de confiance dans lequel la femme Taureau se sentira en sécurité pour exprimer ses propres émotions. Il utilise son sens de l'humour comme une arme de séduction, ce qui plaît à la femme Taureau qui a besoin de rire pour se sentir épanouie. De plus, l'homme Poissons a la capacité de lire dans les regards, ce qui est en accord avec la nature sensuelle et tactile de la femme Taureau.

💔 La femme Taureau reproche parfois à l'homme Poissons de s'éloigner émotionnellement. Il peut avoir des tendances séductrices et être attiré par l'inconnu, ce qui peut être une source de préoccupation pour la femme Taureau qui recherche la stabilité. Il peut aussi se montrer provocateur, lâche et avoir tendance à rendre jalouse sa partenaire. La communication peut en outre être un défi, car l'homme Poissons aura tendance à omettre certaines vérités ou à éviter les confrontations ; cette attitude est susceptible de causer des problèmes de confiance dans la relation.

STATISTIQUES ♥♥♡♡♡
Penélope Cruz et Javier Bardem, Blac Chyna et Rob Kardashian, Laetitia Casta et Stefano Accorsi.

Taureau / Bélier

♂ Taureau / ♀ Bélier

♥ L'homme Taureau est attiré par l'énergie débordante et le charme brut de la femme Bélier. Il apprécie sa spontanéité et sa franchise qui ajoutent une dose d'excitation et de dynamisme à leur relation, elle-même étant attirée par l'aventure et le renouveau constant. L'homme Taureau trouve en elle une source d'inspiration et de motivation pour construire une relation solide. De plus, la femme Bélier peut apporter un équilibre émotionnel à l'homme Taureau en lui montrant une affection passionnée et en étant présente pour lui. Leur connexion physique et cérébrale leur permet de se comprendre profondément et de s'épanouir ensemble.

💔 L'homme Taureau peut reprocher à la femme Bélier d'être trop têtue. Il peut avoir des difficultés à gérer ses réactions brutales et ses décisions hâtives. Lui qui a besoin de sécurité et de stabilité émotionnelle peut être déconcerté par l'instabilité de la femme Bélier sur ce plan-là. Son impulsivité et son charme séducteur peuvent également susciter des craintes chez l'homme Taureau. En outre, il peut reprocher à la femme Bélier de trop intérioriser. Sa nature passionnée et spontanée peut rendre leur relation instable et parfois explosive.

STATISTIQUES ♥♥♥♡♡
David et Victoria Beckham, Al Pacino et Lucila Solá, Jack Nicholson et Lara Flynn Boyle, Robert Pattinson et Kristen Stewart.

♀ Taureau / ♂ Bélier

♥ La femme Taureau apprécie chez l'homme Bélier sa force mentale et son audace. Elle est attirée par sa nature positive et entreprenante, ainsi que par sa capacité à être doux, dévoué et généreux envers elle, car elle recherche un partenaire sincère et loyal. Son énergie positive la séduit, tandis que sa détermination et sa passion l'inspirent. Elle apprécie qu'il puisse la défier intellectuellement et qu'il soit prêt à l'accompagner dans ses aventures. La présence de l'homme Bélier crée un environnement sécurisant pour la femme Taureau, lui permettant de se sentir aimée. Sa nature enthousiaste et passionnée fait de lui un amoureux inoubliable, prêt à exprimer pleinement ses sentiments.

💔 Le caractère emporté de l'homme Bélier peut parfois entraîner des disputes virulentes, ce qui peut être difficile à vivre pour la femme Taureau qui préfère la stabilité émotionnelle. Elle n'aime pas quand il se braque et apprécierait qu'il soit plus ouvert à une résolution rapide des conflits. L'homme Bélier peut succomber à l'infidélité en raison de son besoin constant de nouvelles sensations et d'aventures. Bien que cela puisse ne pas refléter un manque d'amour envers sa partenaire, la femme Taureau a du mal à l'accepter et attend de lui une fidélité totale.

STATISTIQUES ♥♥♥♥♡

Lily Allen et David Harbour, Renée Zellweger et Kenny Chesney, Renée Zellweger et Ant Anstead, Kirsten Dunst et Jesse Plemons, Michelle Pfeiffer et David E. Kelley, Uma Thurman et Gary Oldman.

Taureau / Taureau

♂ Taureau / ♀ Taureau

♥ L'homme Taureau apprécie chez la femme Taureau sa bienveillance, sa nature patiente et réfléchie et son esprit éveillé, et inversement. Ils sont chacun attirés par la nature réconfortante et l'encouragement constant de l'autre. Ils ont tous deux besoin d'un partenaire solide et mentalement fort, capable de soutien. La femme Taureau incarne la stabilité et la réalité, ce qui rassure l'homme Taureau quant à l'avenir de leur relation. Il sait qu'il peut lui faire confiance, car elle est authentique, fiable et déteste la trahison. Ensemble, ils peuvent envisager un avenir stable et construire une relation solide fondée sur la confiance mutuelle. De plus, les Taureau sont tactiles et affectueux, ce qui leur correspond parfaitement puisqu'ils aiment exprimer leurs sentiments par le toucher.

L'un des défis auxquels ils peuvent avoir à faire face réside dans leurs ressemblances. En raison de leur besoin de sécurité et de possession, ils peuvent tous deux éprouver des moments d'insécurité dans leur relation. Elle est aussi têtue que lui : quand ils ne sont pas d'accord, il peut leur être difficile de trouver un terrain d'entente. Ces sentiments peuvent parfois créer des tensions et des conflits, nécessitant une communication ouverte et une confiance mutuelle pour les surmonter. De plus, leur nature calme peut également les amener à garder leurs émotions pour eux, ce qui conduit parfois à des situations de frustration ou de non-dits. Enfin, la femme Taureau peut être sujette à des accès de violence, ce qui peut mettre à l'épreuve la patience et la compréhension de l'homme Taureau. Il arrive qu'elle trouve l'homme Taureau trop possessif, jaloux mais aussi négligent, ce qui peut créer des tensions. De son côté, l'homme Taureau peut succomber à l'infidélité amoureuse dans les moments de fragilité.

STATISTIQUES ♥♡♡♡♡

Megan Fox et Machine Gun Kelly, Carmen Electra et Dennis Rodman, Zaho et Florent Mothe.

Taureau / Gémeaux

♂ Taureau / ♀ Gémeaux

❤ L'homme Taureau apprécie chez la femme Gémeaux sa capacité à le stimuler intellectuellement. Il trouve en elle une partenaire avec qui il peut avoir une connexion cérébrale profonde. Sa nature communicative et son intérêt pour le développement personnel enchantent l'homme Taureau, qui souhaite lui aussi évoluer à travers sa relation. De plus, il admire l'ambition et la motivation de la femme Gémeaux, en qui il trouve une inspiration. Son côté entreprenant et audacieux fait écho chez l'homme Taureau, qui apprécie sa détermination. Ensemble, ils peuvent créer une relation solide, fondée sur la compréhension mutuelle et le partage d'intérêts intellectuels.

💔 L'homme Taureau peut reprocher à la femme Gémeaux de toujours vouloir prendre les choses en main. Il peut se sentir étouffé par son besoin constant d'être comprise et se sentir parfois obligé d'être d'accord avec elle, même s'il ne l'est pas. Il peut reprocher à la femme Gémeaux son manque de stabilité. Il est très pragmatique et il lui faut une partenaire moins versatile et plus constante dans ses projets.

STATISTIQUES ♥♥♡♡♡

Enrique Iglesias et Anna Kournikova,
Andre Agassi et Steffi Graf, Novak et Jelena Djokovic.

♀ Taureau / ♂ Gémeaux

❤ La femme Taureau apprécie chez l'homme Gémeaux son ouverture d'esprit et sa capacité à la stimuler mentalement. Elle aime pouvoir communiquer avec lui sans crainte, et respecte ses qualités d'orateur. En tant que séducteur-né, l'homme Gémeaux peut apporter un côté enjoué à la relation, ce qui ravit la femme Taureau qui apprécie l'humour et la légèreté. En fin de compte, leur compatibilité repose sur une communication fluide, une complicité intellectuelle et une connexion physique.

💔 La femme Taureau peut reprocher à l'homme Gémeaux son manque de stabilité, son rythme changeant, ses sautes d'humeur ou encore son manque de compassion, car elle préfère une certaine constance. L'homme Gémeaux peut être enclin à créer des problèmes sans raison apparente, ce qui agace la femme Taureau qui valorise la simplicité et évite les drames inutiles. Sa tendance à la séduction peut également susciter des inquiétudes chez la femme Taureau. Ce couple n'est pas stable sur le long terme.

STATISTIQUES ♥♥♥♥♡

Amber Heard et Johnny Depp, la reine Elizabeth II et le prince Philip,
Barbra Streisand et Jon Peters, Laetitia Casta et Louis Garrel,
Virginie Efira et Niels Schneider.

Taureau / Cancer

♂ Taureau / ♀ Cancer

❤ L'homme Taureau apprécie chez la femme Cancer sa sensibilité et sa réceptivité émotionnelle. Il recherche une partenaire qui comprenne ses besoins et qui puisse s'engager pleinement dans la relation. La femme Cancer, avec sa nature profondément dévouée et aimante, offre à l'homme Taureau la sécurité et la stabilité dont il a besoin. Elle est prête à s'investir émotionnellement et à créer un cocon familial chaleureux pour leur amour. Elle possède une grande capacité d'écoute, ce qui permet à l'homme Taureau de se sentir compris et soutenu. Ensemble, ils peuvent développer une profonde complicité et une affection solide, car ils partagent des valeurs communes telles que la loyauté et le dévouement.

💔 L'homme Taureau peut reprocher à la femme Cancer sa susceptibilité et son émotivité excessives. Il peut se sentir étouffé par sa tendance à intérioriser avant d'exploser. Parfois, l'homme Taureau se trouve confronté aux comportements lunatiques de la femme Cancer, qui peuvent entraver son besoin de stabilité. Il peut rencontrer des difficultés à gérer ses caprices. Il essaie de rester positif en cas de difficulté, alors qu'elle a tendance à se lamenter, ce qui peut décourager l'homme Taureau qui lui reproche souvent de ne pas assez se battre.

STATISTIQUES ♥♥♥♡♡

Jack Nicholson et Anjelica Huston, Jeffrey Dean Morgan et Hilarie Burton, Ahmet Zappa et Selma Blair.

♀ Taureau / ♂ Cancer

❤ La femme Taureau apprécie chez l'homme Cancer son énergie chaleureuse et sa capacité à la rassurer. Elle est touchée par sa tendresse et son besoin d'affection qui résonnent avec sa propre sensibilité. Sincère et loyal, l'homme Cancer offre à la femme Taureau un sentiment de sécurité et de stabilité émotionnelle. Sa présence réconfortante crée un environnement sécurisant pour elle. De plus, l'homme Cancer a la capacité de comprendre et de répondre aux besoins émotionnels de la femme Taureau, et il est prêt à investir du temps et des efforts dans leur relation.

💔 La femme Taureau peut parfois reprocher à l'homme Cancer d'être trop capricieux et de se positionner en victime, ou encore de recourir à du chantage affectif. Bien que motivés par son besoin d'amour et d'affection, ces comportements peuvent être perçus comme manipulateurs par la femme Taureau. De plus, l'homme Cancer peut se montrer susceptible, ce qui crée des tensions dans leur relation. La femme Taureau préfère une approche plus positive, pragmatique et solide de la vie, ce qui peut être en contradiction avec les réactions trop émotionnelles de l'homme Cancer.

STATISTIQUES ♥♥♥♡♡

Megan Fox et Brian Austin Green, Gal Gadot et Yaron Varsano, Barbra Streisand et James Brolin.

Taureau / Lion

♂ Taureau / ♀ Lion

♥ L'homme Taureau apprécie chez la femme Lion son charisme et sa capacité à briller en société. Il admire sa confiance en elle et son ambition, car il recherche une partenaire qui a des objectifs dans la vie et est prête à travailler dur pour les atteindre. La femme Lion peut lui apporter une source d'inspiration constante, en l'encourageant à évoluer et à réaliser de grandes choses. De plus, celle-ci n'est pas la plus jalouse en amour, tant qu'on ne la met en concurrence avec personne, ce qui correspond au besoin de confiance de l'homme Taureau.

💔 Malgré les atouts du couple, l'homme Taureau peut reprocher à la femme Lion son besoin constant d'admiration et de validation. Son désir d'être au centre de l'attention peut mettre mal à l'aise l'homme Taureau. La femme Lion peut être têtue et peu disposée à présenter des excuses, ce qui est susceptible d'entraîner des conflits. Il peut la trouver trop fière et réactive, lui reprochant également sa susceptibilité. Il peut avoir l'impression qu'elle ne sera jamais satisfaite alors qu'elle a juste des attentes claires et élevées et ne perd pas son temps lorsqu'elle ne trouve pas son compte.

STATISTIQUES ♥♥♥♡♡

Travis Scott et Kylie Jenner, Rose Byrne et Bobby Cannavale.

♀ Taureau / ♂ Lion

♥ La femme Taureau apprécie chez l'homme Lion sa fierté et son leadership. Elle trouve séduisant le fait qu'il sache ce qu'il veut et prenne les devants. L'homme Lion lui inspire confiance, car il est sincère et loyal, des qualités qu'elle recherche chez un partenaire. Sa présence rassurante crée un environnement sécurisant, lui permettant de se sentir épanouie dans la relation. Elle apprécie la stimulation émotionnelle que l'homme Lion peut lui apporter, car il évite les conventions superficielles. Dans cette combinaison, la femme Taureau trouve en l'homme Lion un compagnon audacieux et viril, qui sait la soutenir et lui apporter une stabilité affective.

💔 La femme Taureau peut reprocher à l'homme Lion sa tendance à se surestimer. Parfois, il peut sembler égocentrique et avoir du mal à reconnaître les besoins et les sentiments de sa partenaire. Sa fierté et son esprit parfois fataliste peuvent prendre le dessus, ce qui est susceptible de créer des conflits au sein du couple. La femme Taureau peut ne pas apprécier l'impulsivité de l'homme Lion, qui agit parfois de manière impétueuse sans réfléchir aux conséquences. Cela peut créer de l'instabilité et de l'insécurité pour la femme Taureau, qui valorise l'équilibre.

STATISTIQUES ♥♥♥♥♡
Gina Torres et Laurence Fishburne, Virginie Efira et Patrick Ridremont.

Taureau / Vierge

♂ Taureau / ♀ Vierge

L'homme Taureau apprécie la force, la sagesse et la folie de la femme Vierge. Il recherche une partenaire qui soit aussi concentrée que lui. Elle est ferme et décidée, bien qu'elle puisse paraître lunatique. La nature tactile de l'homme Taureau trouve un écho chez la femme Vierge, qui est prête à s'engager entièrement et à exprimer son affection de manière concrète. L'homme Taureau est touché par sa patience, son empathie et sa vivacité d'esprit. Il se sent compris et écouté dans ses émotions, ce qui renforce leur lien.

L'homme Taureau peut reprocher à la femme Vierge son côté critique et perfectionniste à cause duquel il se sent jugé ou jamais à la hauteur, ce qui peut causer des tensions. L'homme Taureau peut avoir des difficultés à faire face à la dualité d'esprit de la femme Vierge. Il peine souvent à répondre à toutes ses exigences car elle peut en demander beaucoup. Son sens de l'analyse et ses réactions parfois méprisantes peuvent déconcerter l'homme Taureau qui a besoin d'une partenaire plus accommodante.

STATISTIQUES ♥♥♥♥♡
Dwayne Johnson et Lauren Hashian, Salvador et Gala Dalí.

♀ Taureau / ♂ Vierge

La femme Taureau apprécie chez l'homme Vierge sa générosité et sa capacité à lui faciliter les choses. Elle admire également son goût du détail et de la beauté. L'homme Vierge apporte à la femme Taureau un sentiment de sécurité et de stabilité grâce à sa loyauté et à son engagement. Sa présence encourageante et motivante lui permet de se sentir soutenue et valorisée. De plus, sa nature protectrice lui assure qu'elle peut compter sur lui en toute situation et envisager un avenir amoureux solide et durable.

La femme Taureau peut reprocher à l'homme Vierge de ne pas assez se remettre en question. Elle peut se sentir frustrée lorsque ses déclarations d'amour ne sont pas aussi démonstratives qu'elle le souhaiterait. L'homme Vierge peut parfois manquer d'écoute et être absorbé par son travail, ce qui donne l'impression à la femme Taureau qu'il n'est pas totalement présent. Sa tendance à aller directement à l'essentiel peut inspirer le sentiment qu'il est égoïste ou peu intéressé par les détails du quotidien. En outre, son approche critique peut également blesser la femme Taureau qui a besoin de se sentir appréciée telle qu'elle est.

STATISTIQUES ♥♥♥♡♡
Barbra Streisand et Elliott Gould, Audrey Hepburn et Mel Ferrer.

Taureau / Balance

♂ Taureau / ♀ Balance

♥ L'homme Taureau apprécie chez la femme Balance sa capacité à créer une atmosphère de complicité et d'harmonie dans leur relation. Il est attiré par son côté indécis, qui lui offre la possibilité de prendre les devants. Il aime sa souplesse d'esprit et son côté intuitif qui lui permettent de comprendre ses sentiments et ses besoins. La femme Balance, avec sa nature positive et ouverte, offre une certaine légèreté à la vie de l'homme Taureau, ce qui le pousse à sortir de sa zone de confort, sans se sentir forcé. La femme Balance apporte un équilibre émotionnel à l'homme Taureau grâce à sa sensibilité et à sa capacité à prendre soin de leur relation.

💔 L'homme Taureau peut reprocher à la femme Balance son esprit versatile. Elle s'inquiète trop et se pose tellement de questions qu'elle peut changer d'avis très rapidement. Il peut également être frustré par le fait que la femme Balance intériorise par peur d'être blessante. De plus, l'homme Taureau peut éprouver des difficultés à gérer la jalousie de la femme Balance, déclenchée par un manque d'attention ou de confiance. La femme Balance peut être colérique lorsqu'elle est blessée dans son ego, ce qui créera des conflits avec l'homme Taureau qui préfère une ambiance plus paisible.

STATISTIQUES ♥♥♡♡♡
Serena Williams et Alexis Ohanian, Stephen et Kennya Baldwin, Billy Crawford et Coleen Garcia, James McAvoy et Anne-Marie Duff.

♀ Taureau / ♂ Balance

♥ La femme Taureau trouve souvent son âme sœur avec l'homme Balance. Elle apprécie particulièrement chez lui son charme naturel et sa sensibilité et est séduite par sa capacité à instaurer une bonne ambiance grâce à son aura positive. Souple, tendre, attentionné et généreux, il comble ses besoins d'affection et de sécurité émotionnelle. Dispersé et créatif, il a toujours plein d'idées qu'elle peut mettre en application. Ensemble ils forment un super duo. Sa grande sensibilité et son goût pour les belles choses correspondent aux attentes de celle-ci, qui se sent valorisée par l'homme Balance, ce qui renforce leur relation et leur permet de construire une connexion solide fondée sur la confiance mutuelle.

💔 La femme Taureau peut reprocher à l'homme Balance sa tendance à se laisser influencer par son entourage. Son désir de maintenir l'harmonie peut le rendre vulnérable aux influences extérieures, ce qui crée des tensions dans leur relation. Elle peut le trouver susceptible et insolent, et le blâmer lorsqu'il se braque. Elle peut également reprocher à l'homme Balance de douter de tout et d'être trop dispersé dans ses idées. La femme Taureau valorise la construction progressive, tandis que l'homme Balance peut être plus enclin à se laisser emporter par l'euphorie de l'instant présent.

STATISTIQUES ♥♥♥♥♥

Audrey Hepburn et Robert Wolders, Sofia Coppola et Spike Jonze, Chiara Ferragni et Fedez.

Taureau / Scorpion

♂ Taureau / ♀ Scorpion

❤ L'homme Taureau est attiré par la sensibilité de la femme Scorpion. Il apprécie sa sincérité et sa nature posée, ce qui lui permet de se sentir en confiance et soutenu. Elle apporte à l'homme Taureau une profondeur émotionnelle qui lui permet d'explorer ses propres sentiments de manière plus précise. Sa nature intense et passionnée lui donne l'occasion de vivre une connexion émotionnelle profonde et significative. L'engagement total et la loyauté sans faille de la femme Scorpion renforcent leur confiance mutuelle, créant une base solide sur laquelle ils peuvent construire leur amour.

💔 L'homme Taureau peut reprocher à la femme Scorpion son besoin démesuré d'attention et de contrôle. Sa jalousie intense peut le mettre mal à l'aise, car il aspire à une relation fondée sur la confiance mutuelle. La femme Scorpion, de son côté, peut se montrer possessive et réagir de manière excessive si elle sent une menace dans la relation, ce qui pousse l'homme Taureau à intérioriser ses pensées. Son comportement impulsif et sa tendance à la rancune peuvent créer des tensions.

STATISTIQUES ♥♥♥♥♡

Adrienne Bailon et Israel Houghton, Al Pacino et Beverly D'Angelo, Jean-Marie Bigard et Lola Marois.

♀ Taureau / ♂ Scorpion

❤ La femme Taureau apprécie la nature posée, le mental et la force intérieure de l'homme Scorpion. Elle est attirée par sa passion et son intensité dans les relations amoureuses, ce qui crée une connexion profonde entre eux. L'homme Scorpion, perspicace et réceptif, inspire confiance à la femme Taureau et lui offre un soutien émotionnel fort. Il est capable de comprendre ses besoins et de s'y adapter subtilement. La femme Taureau apprécie aussi la générosité de l'homme Scorpion et son désir de la soutenir et de l'aider dans ses projets.

💔 Le besoin naturel de domination de l'homme Scorpion peut être perçu comme excessif, ce qui peut créer des tensions au sein du couple. Son tempérament sournois et sa susceptibilité peuvent le pousser à exprimer des propos blessants lorsqu'il se sent vexé dans son ego. Son inclinaison à garder une part de mystère et de secret peut poser des difficultés à la femme Taureau pour cerner sa véritable nature émotionnelle, ce qui peut engendrer des doutes et de l'insécurité. Malgré sa fidélité, l'homme Scorpion peut se montrer possessif et jaloux, cherchant à établir un fort lien d'exclusivité, limitant ainsi la liberté de la femme Taureau.

STATISTIQUES ❤❤❤♡♡

Uma Thurman et Ethan Hawke, Tori Spelling et Dean McDermott, Jessica Lange et Sam Shepard, Sofia Coppola et Thomas Mars.

Taureau / Sagittaire

♂ Taureau / ♀ Sagittaire

❤ L'homme Taureau apprécie chez la femme Sagittaire sa confiance en elle et sa liberté d'esprit. Il est attiré par sa nature indépendante et son désir de vivre pleinement sa vie. Sa capacité à donner de l'espace à son partenaire correspond aux besoins de l'homme Taureau. La femme Sagittaire peut lui offrir une nouvelle perspective sur la vie, l'encourageant à sortir de sa zone de confort et à explorer de nouvelles expériences. Son côté aventureux et audacieux suscite l'admiration de l'homme Taureau, car il trouve en elle une partenaire avec qui il peut partager des aventures et des projets excitants.

💔 L'homme Taureau peut reprocher à la femme Sagittaire d'être trop crue dans ses propos, qui peuvent donner l'impression qu'elle n'est pas engagée émotionnellement dans la relation. Son désir d'explorer de nouveaux horizons peut perturber l'homme Taureau qui a besoin d'une routine pour se sentir épanoui. La femme Sagittaire peut manquer de patience et de sang-froid lors d'un différend, et déteste devoir se justifier. Les différences de rythme et de besoins peuvent parfois être source de tensions, l'homme Taureau cherchant une stabilité et une constance émotionnelle tandis que la femme Sagittaire aspire à une certaine variété et à une exploration constante.

STATISTIQUES ♥♡♡♡♡
Channing Tatum et Jenna Dewan, Dwayne Johnson et Dany Garcia.

♀ Taureau / ♂ Sagittaire

♥ La femme Taureau apprécie chez l'homme Sagittaire son côté entreprenant et sa volonté de fer. Elle est attirée par son humour et son énergie, ce qui crée une dynamique stimulante entre eux. Son goût pour l'exploration peut pimenter leur relation et empêcher la monotonie de s'installer. L'homme Sagittaire offre également à la femme Taureau une grande liberté, ce qui correspond à son besoin d'autonomie. Il peut inspirer à la femme Taureau un sentiment de confiance et de sécurité, car il valorise l'intégrité. Leur complicité repose sur une communication ouverte et honnête, où ils peuvent partager leurs attentes et leurs limites pour établir une relation épanouissante.

💔 La femme Taureau peut reprocher à l'homme Sagittaire sa tendance à être négatif lorsqu'il sent l'échec approcher. Elle peut se sentir étouffée lorsque ses besoins d'intimité et de proximité ne sont pas satisfaits, car l'homme Sagittaire peut négliger d'être affectueux. Il peut aussi être très vexant dans ses propos. La femme Taureau, qui accorde une grande importance à la stabilité et à la fidélité, peut également se sentir préoccupée par la propension à l'aventure de l'homme Sagittaire. Enfin, elle peut le trouver borné, ne prenant pas assez en considération ses conseils.

STATISTIQUES ♥♥♥♥♥
Adele et Rich Paul, Cher et Gregg Allman, Kelly Clarkson et Brandon Blackstock.

Je note ma compatibilité avec **l'homme Taureau**

1. Quelle est votre approche de la stabilité et de la sécurité dans une relation amoureuse ?

A. J'aime prendre des risques et je suis peu attachée à la stabilité.

B. Je préfère un équilibre entre stabilité et aventure.

C. La stabilité est primordiale pour moi, je cherche une relation durable et sécurisante.

2. Comment gérez-vous les conflits et les désaccords avec votre partenaire ?

A. Je suis assez têtue et j'ai du mal à céder.

B. Je suis ouverte à la discussion et cherche des compromis.

C. Je suis prête à faire des concessions pour maintenir l'harmonie dans la relation.

3. Quelle importance accordez-vous à la connexion physique et à l'intimité dans une relation ?

A. Je suis peu axée sur la connexion physique et préfère une connexion émotionnelle profonde.

B. J'apprécie un équilibre entre connexion physique et connexion cérébrale.

C. La connexion physique est très importante pour moi, j'aime exprimer mon amour concrètement.

4. Comment envisagez-vous la gestion des finances dans une relation de couple ?

A. J'ai besoin d'un partenaire qui dépense pour moi sans compter.

B. J'ai tendance à être économe et à m'occuper des aspects financiers.

C. Je suis ouverte à une répartition équitable des dépenses, mais j'aime qu'on m'offre des cadeaux.

5. Comment réagissez-vous aux changements et aux imprévus dans une relation amoureuse ?

A. J'ai besoin de relever les défis et d'embrasser toutes les opportunités de croissance, même si cela nécessite de changer toutes mes habitudes.

B. Je suis généralement flexible mais ouverte aux ajustements nécessaires.

C. J'ai du mal à m'adapter rapidement aux changements et préfère la stabilité.

6. Quelle est votre vision de la famille et de l'engagement à long terme ?

A. Je peux être réticente à m'engager pleinement dans une relation à long terme.

B. J'envisage l'engagement, mais je ne veux pas me sentir enfermée dans un couple.

C. Je suis prête à m'engager pleinement dans une relation sérieuse et à fonder une famille.

7. Quel rythme de vie recherchez-vous dans votre relation amoureuse ?

A. J'ai besoin d'une relation rythmée et remplie de surprises.
B. Je recherche une relation stable mais j'ai besoin de beaucoup de changements pour ne pas m'ennuyer.
C. J'ai besoin d'une relation stable et la routine me permet d'avancer sereinement.

8. Quelle est votre attitude face au travail et à l'équilibre entre vie professionnelle et vie personnelle ?

A. Je tends à être très concentrée sur ma carrière et cela peut parfois affecter ma vie amoureuse.
B. J'essaie de trouver un équilibre entre travail et vie personnelle, mais cela peut être un défi.
C. J'accorde une importance égale à ma vie professionnelle et à ma vie amoureuse, et je cherche à les harmoniser.

9. Comment vivez-vous l'indépendance et l'autonomie au sein d'une relation ?

A. J'ai besoin de tout vivre avec mon partenaire et ne supporte pas être éloignée de lui.
B. J'apprécie l'indépendance, et j'ai besoin d'un partenaire qui me laisse toute ma liberté.
C. Je suis prête à établir un équilibre entre l'indépendance et l'engagement, en donnant de l'espace à mon partenaire lorsque c'est nécessaire.

10. Quelles sont vos attentes en termes de planification et de stabilité à long terme dans une relation ?

A. Je suis peu axée sur la planification à long terme et préfère vivre l'instant présent.
B. J'apprécie une certaine planification pour l'avenir, mais je laisse aussi place à la spontanéité.
C. J'ai besoin d'une vision claire de l'avenir avec mon partenaire et j'aime que l'on planifie ensemble.

Écrivez le nom de vos hommes Taureau préférés :

....

....

....

....

....

Résultat du test :

A : Mauvaise compatibilité
B : Compatibilité normale
C : Bonne compatibilité

Je note ma compatibilité avec **la femme Taureau**

1. Comment décririez-vous votre besoin de stabilité et de sécurité dans une relation ?

A. J'ai moins besoin de stabilité et de sécurité que d'une certaine dose d'aventure et de changement.
B. J'apprécie la stabilité et la sécurité, mais j'ai constamment besoin de changement.
C. J'ai un fort besoin de stabilité et de sécurité dans une relation, et je suis prêt à tout mettre en œuvre pour les maintenir.

2. Quelle est votre attitude envers les valeurs matérielles et financières dans une relation amoureuse ?

A. Je suis moins préoccupé par les valeurs matérielles et financières que par d'autres aspects de la vie.
B. J'apprécie les valeurs matérielles et financières, mais je ne les considère pas comme primordiales.
C. J'accorde une grande importance aux valeurs matérielles et financières, et je cherche une partenaire qui partage cette valeur.

3. Comment gérez-vous les conflits et les désaccords dans une relation ?

A. J'ai tendance à éviter les conflits et à fuir les confrontations.
B. Je suis prêt à discuter, mais j'ai d'abord tendance à bouder quelques heures.
C. J'aborde les conflits avec patience et calme, cherchant à trouver une solution qui satisfait les deux parties.

4. Quelle connexion êtes-vous le plus disposé à créer ?

A. Une connexion physique et cérébrale.
B. Une connexion cérébrale et spirituelle.
C. Une connexion physique et émotionnelle.

5. Comment réagissez-vous à la jalousie de votre partenaire ?

A. Je ne supporte pas la jalousie, qui me fait généralement fuir.
B. Je considère la jalousie comme une preuve d'attachement.
C. Je suis compréhensif et rassure ma partenaire sans chercher à la contrôler.

6. Comment réagissez-vous à l'indépendance et à l'autonomie de votre partenaire dans une relation ?

A. Je suis très indépendant et mon besoin de liberté reste inchangé quand je suis en couple.

B. Je suis capable de donner de l'autonomie à ma partenaire, mais j'ai aussi besoin de temps ensemble.
C. J'ai du mal à tolérer l'indépendance et je préfère une relation plus fusionnelle.

7. Comment abordez-vous la loyauté et l'engagement dans une relation amoureuse ?

A. Je suis plutôt libre qu'intéressé par l'engagement à long terme.
B. Je suis prêt à m'engager, mais j'ai besoin de temps pour le faire pleinement.
C. Je suis très enclin à m'engager pleinement et à être loyal dès le début de la relation.

8. Comment réagissez-vous à la planification et à l'organisation dans une relation amoureuse ?

A. Je suis peu enclin à la planification et à l'organisation, préférant une certaine spontanéité.
B. J'apprécie la planification et l'organisation, mais je suis également ouvert aux moments d'imprévu.
C. J'aime établir des plans et des routines avec ma partenaire pour créer une base solide dans la relation.

9. Comment percevez-vous l'importance de la patience et de la persévérance dans une relation amoureuse ?

A. Je suis peu patient et j'ai du mal à persévérer lorsque les choses deviennent difficiles.
B. Je suis prêt à faire preuve de patience et de persévérance, mais j'ai aussi mes limites.
C. Je considère la patience et la persévérance comme essentielles pour construire une relation solide et durable.

10. Comment percevez-vous les règles à respecter dans une relation (exemple : prévenir sa partenaire à chaque sortie ou ne pas parler à une femme sans le lui dire) ?

A. Les seules règles que je suive sont celles qui me conviennent et respectent mes principes.
B. J'accorde de l'importance à me conformer aux règles établies, mais j'accepte que ma partenaire ait une vision plus flexible.
C. Je préfère suivre les règles établies plutôt que de les remettre en question.

Écrivez le nom de vos femmes Taureau préférées :

....

....

....

....

Résultat du test :
A : Mauvaise compatibilité
B : Compatibilité normale
C : Bonne compatibilité

Taurmeaux

ENTRE LE 20 ET LE 23 MAI

Les personnes nées entre le 20 et le 23 mai (parfois même à partir du 18 mai… en réalité, c'est de la casuistique), c'est-à-dire entre le signe du Taureau et celui des Gémeaux, prennent souvent certains traits de caractère liés au Taureau et d'autres liés aux Gémeaux.

Célébrités

Novak Djokovic
Ginnifer Goodwin
Charles Aznavour
Naomi Campbell
Anthony Bourbon

Gémeaux

Le signe des Gémeaux, qui débute le 22 mai et finit le 21 juin, est le signe astrologique qui clôture la saison du printemps. Il est associé à l'élément Air (avec le Verseau et la Balance). Le signe des Gémeaux débute en mai et se poursuit en juin, marquant une période d'énergie explosive où l'on ressent souvent une envie d'explorer de nouvelles possibilités.

Les grandes caractéristiques du Gémeaux

Il adore apprendre de nouvelles choses de façon ludique.

C'est un grand joueur qui s'adapte très vite.

Il est le maître de la communication.

Il a toujours une *good vibe* positive.

Narcissique ? Non, c'est juste qu'il connaît ses capacités.

Mots-clés

Flexible
Éloquent
Pertinent
Maître en communication
Leader
Positif
Déterminé
Vif d'esprit
Spirituel
Curieux
Adore apprendre
Insistant
Drôle
Fait rire tout le monde
Souriant
Expressif
Joyeux

Optimiste
Voit le bon dans toute chose
Narcissique
Commandant
Fier
Indépendant
Besoin d'avancer
Tourné vers l'avenir
Se pose des questions profondes ou existentielles
Plein d'idées
Intuitif
Détective
Réactif
Lunatique
Partage du savoir
S'adapte très vite

Aime montrer qu'il parle d'autres langues
Besoin de reconnaissance
Se sent souvent incompris
Sentimental
Séducteur
Capable
Audacieux
Conquérant
Peut être colérique
Peut passer du rire aux larmes en peu de temps
Ne reste jamais énervé trop longtemps

L'homme **Gémeaux**

L'homme Gémeaux est un grand joueur. Particulièrement vif d'esprit, il est spontané et curieux. Il se distingue par son indépendance, son optimisme débordant, sa grande curiosité, son humour irrésistible et son énergie positive. Il possède la capacité de s'adapter à toutes sortes de situations et de personnes. Il n'aime pas la routine et il lui faut être stimulé. L'homme Gémeaux est un explorateur qui adore découvrir, voyager et faire des rencontres. Son insatiable besoin d'excitation, de défis et de nouvelles expériences le pousse à constamment chercher des horizons inédits pour se nourrir et ne pas s'ennuyer. Il est important qu'il fasse ses propres choix sans qu'on lui impose de contraintes. Il n'a pas de difficulté à extérioriser et a besoin de partager ses pensées les plus profondes et ses expériences afin de créer du lien.

> « L'ambition est un sentiment extrêmement noble. Ce qui la pervertit, c'est l'obsession. »
>
> NICOLE KIDMAN

Rusé et doté d'une réflexion profonde, il est capable d'engager des discussions captivantes sur des sujets variés. Il apprécie les débats et possède un talent pour se faire aimer comme détester. C'est un défenseur aguerri qui ne se laisse jamais faire et sait convaincre efficacement les autres. Égocentrique, il est souvent très fier de qui il est et aime le faire savoir. Il peut être très susceptible, et très blessant, mais il n'est pas rancunier, préférant aller de l'avant. Les personnes qui ne se donnent pas les moyens pour réussir ne sont pas à son goût, il est très exigeant.

> « J'ai compris très jeune qu'une vie où on ne tente pas de réaliser tout son potentiel, parce qu'on passe son temps à hésiter, à avoir peur ou à refuser les expériences, est une vie gâchée. »
>
> ANGELINA JOLIE

L'homme Gémeaux se distingue par sa volonté de conscientiser les esprits et de prendre la tête d'une cause qui lui tient à cœur. Il aime se positionner en leader et mobiliser les autres autour de ses idées. Il a besoin de s'organiser pour mener à bien ses projets, cependant il vit au jour le jour. Il a une énergie puissante et peut donner l'impression d'être insensible à des causes qu'il estime dénuées de sens. Il valorise les individus qui partagent sa vivacité intellectuelle et son esprit de compétiteur, et apprécie les personnes qui ont une attitude proactive et déterminée.

L'homme Gémeaux est très curieux et cherche toujours à accroître ses connaissances ou à élargir son cercle social. Doté d'une grande ambition, il peut parfois se sentir supérieur aux autres et paraître narcissique. Polyvalent, il peut très vite s'adapter et développer de nouvelles compétences. Il peut donner l'impression d'être arrogant et aime se mettre en avant. L'homme Gémeaux a des idées audacieuses, il sait parfaitement ce qu'il veut et peut souvent se sentir incompris. Il a un sens inné de la beauté et accorde une grande importance à son apparence afin d'exprimer sa personnalité.

« On pardonne aux gens qu'on aime, car l'amour est plus fort que la haine. »

JOHNNY DEPP

En amour

L'homme Gémeaux recherche une partenaire aussi ouverte d'esprit que lui. Contrairement à ce que l'on pense, il peut être très romantique et est généralement attiré par les femmes séduisantes sans artifices, intelligentes, avec qui il peut communiquer sans crainte et qui reconnaissent ses qualités. Pour s'engager, il lui faut de la complicité. La communication, l'aventure et la flexibilité sont des éléments clés d'une relation épanouissante avec lui. Il recherche une relation de confiance où il peut compter sur sa partenaire. Il a besoin de pouvoir jouir de sa liberté sans s'inquiéter. Il apprécie une femme mature, qui prenne soin de lui et lui facilite la vie.

L'homme Gémeaux recherche une partenaire qui sache privilégier le dialogue sans être trop émotive ou créer des soucis qui n'ont pas lieu d'être. Il sait mettre de côté sa fierté, mais il ne souhaite pas que cela devienne une habitude. Lorsqu'il a tort, l'homme Gémeaux reconnaît volontiers ses erreurs, car il souhaite que sa partenaire fasse de même le cas échéant. Il est très ouvert à la discussion et ne fuit pas les conflits qu'il préfère régler plutôt que de les accumuler. Il sait apprécier la beauté authentique et valorise les femmes qui sont elles-mêmes sans se cacher derrière un masque. Il est souvent attiré par des femmes douces en apparence, mais qui possèdent un fort caractère et qui savent être déterminées. Il a besoin d'une partenaire optimiste et qui se concentre sur le positif plutôt que de se laisser abattre par les obstacles et se complaire dans la fatalité.

« La jalousie ? C'est comme le sel sur un steak. Il ne faut pas exagérer mais elle est indispensable. »

MARILYN MONROE

Il préfère les femmes spontanées, capables de réfléchir par elles-mêmes, qui ont une curiosité intellectuelle et cherchent à élargir leurs horizons. Séducteur, l'homme Gémeaux est naturellement charismatique, sait utiliser ses atouts et peut être considéré comme un véritable Casanova. Il est enclin à l'exploration sans pour autant être le plus infidèle du zodiaque.

Il recherche avant tout une connexion cérébrale forte, une confiance aveugle et une vraie complicité avant de s'engager et de se projeter avec sa partenaire. Il n'apprécie pas la jalousie, d'autant qu'il n'est pas rare que l'homme Gémeaux ait beaucoup d'amies filles. Sa partenaire doit lui faire confiance. Ouvert d'esprit, il peut être intéressé par certaines personnes indépendamment du sexe.

> « Ma devise est : exister, c'est insister ! »
>
> JOHNNY HALLYDAY

Ils sont Gémeaux Johnny Depp • Kanye West • Morgan Freeman • Bob Dylan • Clint Eastwood • Chris Pratt • Paul McCartney • Russell Brand • Liam Neeson • Mark Wahlberg • Michael J. Fox • Shia LaBeouf • Liam Cunningham • Ice Cube • Bear Grylls • Donald Trump • Evan Spiegel • DJ Snake • Stéphane Plaza • Gilles Bouleau • Anthony Bourbon • Jean Dujardin • Jamel Debbouze • Romain Duris • Colin Farrell • Fabrice Éboué • Wentworth Miller • Denis Brogniart • Lenny Kravitz • François Bayrou • Magloire • Tom Holland • Jean-Marie Le Pen • Johnny Hallyday • Idriss Aberkane...

Test d'introspection pour **l'homme Gémeaux**

1 Quels sont mes aspirations et mes désirs fondamentaux dans une relation amoureuse, et comment puis-je les exprimer de manière claire et authentique à ma partenaire ?

....

....

2 Quels sont mes critères importants de recherche d'une partenaire idéale, en termes de compatibilité intellectuelle, de spontanéité et de capacité de communication, et comment ces critères influencent-ils mes choix amoureux ?

....

....

3 Suis-je prêt à m'engager pleinement dans une relation sérieuse et à consacrer du temps et de l'énergie pour construire une relation solide et épanouissante ?

....

....

4 Quelles sont mes attentes en termes de partage d'idées, d'intellect et de communication dans une relation amoureuse, et comment puis-je communiquer ces attentes à ma partenaire tout en restant ouvert à ses propres besoins ?

....

....

5 Quelles sont mes valeurs fondamentales en matière de partenariat et de vie de couple, et comment puis-je m'assurer que mes actes et mes choix sont alignés sur ces valeurs ?

....

....

6 Comment puis-je communiquer efficacement mes besoins, mes attentes et mes préoccupations à ma partenaire, tout en favorisant une communication claire et respectueuse ?

7 Quelle est ma relation avec l'indépendance et l'espace personnel dans une relation amoureuse, et comment puis-je trouver un équilibre entre mon besoin d'autonomie et celui de connexion avec ma partenaire ?

8 Quelles sont mes limites personnelles en termes de compromis et de concessions, et comment puis-je les communiquer clairement à ma partenaire tout en respectant ses propres limites ?

9 Suis-je prêt à être émotionnellement disponible et à partager mes sentiments avec ma partenaire, et comment puis-je créer un environnement de confiance qui favorise cette ouverture émotionnelle ?

10 Comment est-ce que je gère les conflits et les désaccords dans mes relations amoureuses, et comment puis-je développer des compétences de résolution de problèmes qui favorisent la croissance et l'harmonie dans ma relation ?

La femme Gémeaux

La femme Gémeaux est une grande joueuse, très positive. Curieuse, rusée intuitive, spirituelle, émotive et profonde, elle se pose énormément de questions existentielles, en quête perpétuelle de sens et de vérité. Très vive d'esprit, elle sait parfaitement s'adapter et aime prendre les décisions. La femme Gémeaux est un véritable rayon de soleil, toujours pleine d'humour et de légèreté. Elle peut obtenir ce qu'elle veut uniquement par le pouvoir de sa parole. Communicative, elle sait se faire de nombreux amis et occupe différentes positions au sein du groupe : tantôt clown, tantôt leader, et même confidente. Bien qu'elle puisse parfois douter d'elle-même, elle sait au fond qu'elle est capable de grandes réalisations, à condition d'arrêter de procrastiner.

> « Le cœur a ses raisons que la raison ne connaît point. »
>
> BLAISE PASCAL

Lunatique et émotive, elle peut vite passer d'une émotion intense à une autre, et en même temps paraître détachée du monde réel. Bien qu'elle soit vigilante envers certaines personnes, elle n'est pas naturellement méfiante ni rancunière. Elle cerne facilement les vices des gens et peut se faire rapidement un avis – qui sera souvent juste. Elle a besoin que ses compétences soient reconnues et qu'on lui donne raison quand c'est le cas. Très exigeante et têtue, elle veut que tout se passe comme elle l'a décidé.

Impatiente et impulsive, sa parole est sa meilleure arme. Elle adore débattre et donner son avis, à travers toutes ses expressions fortes. Parfois perçue comme narcissique, elle est simplement consciente de ses capacités. Son caractère divise souvent : elle est soit aimée soit détestée et se sent souvent incomprise. Elle peut être vite déçue par les autres. Son esprit analytique lui permet de réfléchir intensément, ce qui peut l'amener à changer d'avis assez facilement. Elle est très curieuse et avide d'apprendre. Elle est proactive, aime évoluer et rencontrer de nouvelles personnes. Sa capacité à se fondre dans différents environnements est remarquable. Elle aime recevoir et partager des moments conviviaux avec ses proches. Sa nature sociable et son sens de l'humour font d'elle une hôtesse accueillante et divertissante. Elle aime créer une atmosphère chaleureuse et animée propice aux bons moments.

La femme Gémeaux est capable de mentir habilement et sait se sortir des situations les plus complexes. Son esprit de compétition la pousse à toujours chercher à être la meilleure. Elle aime partager ses connaissances et son savoir, et sait s'adapter. Elle ne craint pas de défendre les personnes vulnérables et refuse de laisser quiconque écraser autrui.

En amour

La femme Gémeaux est souvent attirée par des hommes audacieux et entreprenants. Elle est consciente de sa valeur et sait ce qu'elle veut, ce qui se traduit par un niveau d'exigence élevé. Dans sa relation de couple, elle peut être romantique, émotive et capricieuse. Elle peut montrer le besoin d'être constamment courtisée et désirée par son compagnon pour se sentir en sécurité. Elle peut se révéler très attentionnée et offrir de nombreux cadeaux pour exprimer son intérêt. Elle est capable de s'intégrer facilement au groupe d'amis de son partenaire et de développer rapidement des liens avec eux. La femme Gémeaux n'aime pas conserver des sentiments négatifs trop longtemps. Elle a besoin de faire part de ses reproches à son partenaire afin qu'il puisse évoluer, préférant résoudre les problèmes dès qu'ils se présentent plutôt que de les laisser s'accumuler. Elle exprime ouvertement ses pensées et ses sentiments évitant ainsi de les intérioriser. Elle valorise la clarté et la compréhension mutuelle dans ses relations.

> « Un bon fou rire vaut mieux que dix cachets de valériane. »
>
> ANNE FRANK

La femme Gémeaux valorise la communication ouverte et favorise les explications directes. Plus possessive que jalouse, elle peut en effet avoir un fort ego et réagir de manière agressive à la trahison, car son sens de la justice et son besoin d'authenticité dans les relations peuvent en être profondément blessés. Cependant, malgré sa colère, elle est capable de pardonner rapidement. Finalement, son esprit optimiste et positif reste sa plus grande force. En effet, après une rupture, la femme Gémeaux sait se relever rapidement, se remettre en selle et ouvrir son cœur de nouveau, sans garder de croyances limitantes pour ses futures relations.

La femme Gémeaux est une personne dynamique. Elle recherche avant tout un partenaire qui la stimule intellectuellement, qui partage ses intérêts et qui l'encourage à évoluer. L'équilibre entre carrière et vie de famille est important pour elle et elle sait les gérer avec succès. La femme Gémeaux n'est pas superficielle. Bien qu'elle puisse aspirer à la richesse afin de créer davantage de moments précieux avec ses proches, elle ne considère pas les biens matériels comme une priorité. Elle accorde plus d'importance aux relations authentiques et à la connexion profonde.

Elles sont Gémeaux Angelina Jolie • Marilyn Monroe • Natalie Portman • Nicole Kidman • Courteney Cox • Helen Hunt • Mary-Kate et Ashley Olsen • Paula Abdul • Anne Frank • Brooke Shields • Adriana Lima • Steffi Graf • Lily-Rose Depp • Amina Muaddi • Helena Bonham Carter • Heidi Klum • Zoe Saldaña • Kylie Minogue • Ginnifer Goodwin • Naomi Campbell • Mel B • Amel Bent...

Test d'introspection pour
la femme Gémeaux

1 Quels sont mes besoins essentiels dans une relation amoureuse, en termes de communication, de stimulation intellectuelle et de liberté, et comment puis-je les exprimer de manière claire et ouverte à mon partenaire ?

2 Quels sont mes critères de sélection pour trouver un partenaire idéal, en termes de compatibilité intellectuelle, d'ouverture d'esprit et d'échange d'idées, et comment ces critères influencent-ils mes choix amoureux ?

3 Quels sont mes objectifs à long terme en ce qui concerne ma vie amoureuse et mes relations, et comment puis-je m'assurer que mes actes et mes décisions sont alignés sur ces objectifs ?

4 Suis-je prête à m'engager émotionnellement dans une relation sérieuse et à investir du temps et de l'énergie pour développer une connexion profonde avec mon partenaire ?

5 Quelles sont les qualités et les caractéristiques que je recherche chez un partenaire, et comment puis-je m'assurer que ces critères correspondent à mes propres valeurs et aspirations ?

6 Comment puis-je communiquer efficacement mes besoins, mes attentes et mes préoccupations à mon partenaire, en favorisant une communication ouverte et respectueuse ?

7 Quel est mon rapport à l'indépendance et à l'espace personnel dans une relation amoureuse, et comment puis-je trouver un équilibre entre ma nécessité d'autonomie et le besoin de connexion avec mon partenaire ?

8 Quelles sont mes limites personnelles en termes de compromis et de concessions, et comment puis-je les exprimer clairement tout en respectant les limites de mon partenaire ?

9 Suis-je prête à être vulnérable et à partager mes émotions authentiques avec mon partenaire, et comment puis-je développer un environnement de confiance qui favorise cette ouverture émotionnelle ?

10 Comment est-ce que je gère les conflits et les désaccords dans mes relations amoureuses, et comment puis-je cultiver des compétences de résolution de problèmes qui favorisent la croissance et l'harmonie dans ma relation ?

Gémeaux / Capricorne

♂ Gémeaux / ♀ Capricorne

L'homme Gémeaux apprécie chez la femme Capricorne son ambition et sa détermination à atteindre ses objectifs tout en se faisant respecter. Il est attiré par son esprit logique et admire sa capacité à rester concentrée sur ses responsabilités. La communication est un aspect clé de leur relation, car ils peuvent avoir des conversations enrichissantes et approfondies. La femme Capricorne offre à l'homme Gémeaux un soutien solide et une stabilité émotionnelle qui lui permettent de se sentir en confiance et admiré. Elle est capable de l'accompagner dans ses aventures et de le suivre dans ses idées les plus folles.

L'homme Gémeaux peut reprocher à la femme Capricorne son manque de flexibilité et avoir des difficultés à s'adapter à ses exigences et à son besoin de contrôle. De plus, il peut être agacé par la difficulté de la femme Capricorne à exprimer ses émotions et à montrer sa vulnérabilité. Sa préférence pour garder le contrôle peut créer des tensions lorsqu'il souhaite une connexion émotionnelle plus profonde. Parfois, il peut se sentir frustré par le sérieux constant de la femme Capricorne, qui peut avoir du mal à s'amuser.

STATISTIQUES ♥♥♥♡♡

Johnny Depp et Vanessa Paradis, Paul McCartney et Heather Mills.

♀ Gémeaux / ♂ Capricorne

La femme Gémeaux apprécie chez l'homme Capricorne sa stabilité et son sérieux. Elle trouve en lui un partenaire fiable et loyal, capable de s'engager pleinement. L'homme Capricorne correspond à son besoin d'une personne simple à comprendre et avec qui elle peut construire un avenir durable. Il partage également ses valeurs et principes de vie, ce qui crée un socle solide pour leur relation. En outre, la femme Gémeaux voit en lui un partenaire capable d'aller au bout de ses projets et de lui apporter un cadre de vie structuré.

La femme Gémeaux reproche à l'homme Capricorne son manque de flexibilité et son côté routinier, qui peut parfois entrer en conflit avec sa propre spontanéité. L'homme Capricorne peut avoir du mal à exprimer ouvertement ses sentiments, ce qui peut frustrer la femme Gémeaux qui valorise la communication ouverte. Elle peut aussi trouver qu'il est trop exigeant, tant envers lui-même qu'envers elle, ce qui peut créer une tension supplémentaire dans leur relation. Elle peut aussi le trouver insensible, trop fermé d'esprit ou encore trop méfiant, et se sent souvent incomprise.

STATISTIQUES ♥♥♥♥♥

Kylie Minogue et Olivier Martinez, Sadie Frost et Jude Law.

Gémeaux / Verseau

♂ Gémeaux / ♀ Verseau

❤ L'homme Gémeaux est attiré par la femme Verseau en raison de sa liberté d'esprit, de sa volonté de toujours évoluer et de son optimisme qui correspondent parfaitement à sa recherche d'une partenaire stimulante mentalement. Il apprécie sa capacité à remettre en question les normes et à penser par elle-même. La communication fluide et l'échange intellectuel sont des aspects importants de leur relation. La femme Verseau peut offrir à l'homme Gémeaux une complicité solide. Leur connexion cérébrale les amène à partager de nombreuses aventures et à s'épanouir mutuellement.

💔 L'homme Gémeaux peut reprocher à la femme Verseau sa communication agressive. Sa propension à la colère et à la jalousie peut créer des tensions. L'homme Gémeaux peut trouver la femme Verseau un peu trop émotive, ce qui peut le faire fuir. Enfin, il peut douter de la sincérité de la femme Verseau, qui peut très bien mentir et multiplier les partenaires quand elle ne se sent pas engagée dans la relation. L'homme Gémeaux a besoin d'une femme plus simple à comprendre que la femme Verseau, qui lui paraît souvent trop insaisissable.

STATISTIQUES ❤❤❤♡♡

Danny Elfman et Bridget Fonda, Rory Keenan et Gemma Arterton.

♀ Gémeaux / ♂ Verseau

❤ La femme Gémeaux apprécie chez l'homme Verseau son originalité et sa nature protectrice. Elle est attirée par sa vivacité et son ouverture d'esprit. Comme elle, il est réactif, changeant et curieux. Elle cherche une connexion cérébrale avec son partenaire, et l'homme Verseau peut la lui apporter en partageant ses idées les plus folles. Il peut être son meilleur ami et la soutenir dans son évolution personnelle. Ils peuvent se compléter intellectuellement et partager une complicité basée sur des intérêts communs et une grande ouverture d'esprit.

💔 La femme Gémeaux peut reprocher à l'homme Verseau d'être imprévisible et de ne pas assez tenir ses promesses, ce qui peut la laisser incertaine de sa place dans la relation. L'homme Verseau peut être jaloux, paranoïaque et colérique, ce qui est susceptible de créer des tensions. La femme Gémeaux n'accepte pas la possibilité d'une infidélité. Les humeurs changeantes de l'homme Verseau peuvent également poser problème, car la femme Gémeaux préfère une certaine stabilité émotionnelle.

STATISTIQUES ❤❤❤♡♡

Malaak Compton et Chris Rock.

Gémeaux / Poissons

♂ Gémeaux / ♀ Poissons

L'homme Gémeaux apprécie la nature rêveuse de la femme Poissons, qui apporte une touche de romantisme et de poésie à leur relation. Il est attiré par sa capacité à exprimer son amour de manière passionnée et à créer une connexion émotionnelle profonde. La femme Poissons peut stimuler l'homme Gémeaux en lui offrant des perspectives différentes et en l'encourageant à explorer ses propres ressentis. Sa nature intuitive lui permet de comprendre les sentiments de son partenaire. Elle peut également lui offrir un soutien émotionnel précieux lorsqu'il en a besoin.

L'homme Gémeaux peut reprocher à la femme Poissons son fort besoin d'attention. Elle a tendance à le provoquer pour le faire réagir ; il peut de ce fait se sentir étouffé ou limité par ses exigences et son désir de tout savoir. La femme Poissons peut être très jalouse, ce qui est susceptible de créer des tensions, surtout compte tenu de la nature sociable de l'homme Gémeaux. Il peut également être frustré par la propension de la femme Poissons à ressasser le passé et à nourrir des rancunes, ce qui peut entraver leur capacité à avancer ensemble. Il peut aussi reprocher à la femme Poissons d'être trop lunatique, pessimiste, capricieuse et sensible alors qu'il préfère une partenaire qui puisse se relever en toute situation.

STATISTIQUES ♥♥♥♡♡

Benjamin Walker et Kaya Scodelario.

♀ Gémeaux / ♂ Poissons

La compatibilité amoureuse entre une femme Gémeaux et un homme Poissons offre une combinaison intrigante et riche en possibilités. La femme Gémeaux est attirée par l'homme Poissons en raison de son caractère attachant et énigmatique. Elle apprécie sa sensibilité profonde et son monde intérieur riche en rêves. L'homme Poissons a la capacité d'offrir un soutien émotionnel et d'encourager son évolution personnelle. Il peut créer un cocon de confiance où la femme Gémeaux se sentira en sécurité pour partager ses pensées et émotions les plus profondes. Son amour passionné et imaginatif complète le dynamisme et l'optimisme de la femme Gémeaux, créant ainsi une connexion émotionnelle profonde et durable.

La femme Gémeaux peut reprocher à l'homme Poissons sa tendance au repli sur lui-même, à l'introspection excessive et à se perdre dans ses pensées, qui peut donner l'impression qu'il s'éloigne ou ne s'investit pas pleinement dans la relation. Elle peut trouver l'homme Poissons parfois trop exigeant envers lui-même et envers les autres, ce qui est susceptible de créer des tensions et des frustrations. Sa propension à nourrir des rancunes et à se comporter de manière passive-agressive lors des disputes peut également poser problème à la femme Gémeaux, qui valorise la communication ouverte et la résolution des problèmes.

STATISTIQUES ♥♥♥♡♡
Heidi Klum et Seal, Zoe Saldaña et Marco Perego, Kate Upton et Justin Verlander.

Gémeaux / Bélier

♂ Gémeaux / ♀ Bélier

❤ L'homme Gémeaux apprécie chez la femme Bélier sa force de caractère et son tempérament dynamique. Il est attiré par sa spontanéité et sa vivacité. La femme Bélier cherche toujours à aider l'homme Gémeaux afin de le faire évoluer, car elle croit en lui et peut être très admirative de ses qualités. Elle le soutient dans ses projets, sa quête d'aventure et de renouveau constant, s'adaptant à son rythme changeant et embrassant sa nature curieuse. Elle lui permet de se sentir admiré et désiré, ce qui renforce sa confiance en lui. La femme Bélier respecte le besoin d'indépendance et de liberté de l'homme Gémeaux, lui permettant de s'épanouir pleinement dans leur relation.

💔 L'homme Gémeaux peut reprocher à la femme Bélier son tempérament réactif. Il peut être déconcerté par ses réactions parfois brutales et par son indépendance. L'homme Gémeaux peut se sentir trop souvent défié par la femme Bélier, qui a une force de caractère naturelle. Il peut être agacé par sa tendance à se laisser emporter par ses émotions passionnées, ce qui conduit parfois à des décisions hâtives ou à des conflits. Enfin, la femme Bélier peut être aussi entêtée que l'homme Gémeaux qui veut généralement avoir le dernier mot, ce qui complique souvent leur communication.

STATISTIQUES ♥♥♡♡♡
Matthew Bellamy et Kate Hudson, Alfred Molina et Jill Gascoine,
Evan Spiegel et Miranda Kerr, Bob Dylan et Carolyn Dennis.

♀ Gémeaux / ♂ Bélier

❤ La femme Gémeaux et l'homme Bélier peuvent former un couple dynamique et stimulant. Elle est attirée par l'audace et le côté entrepreneur de l'homme Bélier. Elle apprécie sa passion débordante et son enthousiasme naturel. L'homme Bélier offre à la femme Gémeaux une relation où elle peut évoluer. Sa force et sa détermination la fascinent, et elle est séduite par son charisme et sa capacité à la surprendre. Ils partagent un goût commun pour l'aventure et l'exploration, ce qui crée une dynamique excitante dans leur relation. L'homme Bélier est capable de défier intellectuellement la femme Gémeaux sans la provoquer, répondant ainsi à son besoin de connexion cérébrale. Ensemble, ils peuvent construire une relation fondée sur l'échange d'idées, la stimulation intellectuelle et l'évolution mutuelle.

💔 La femme Gémeaux peut reprocher à l'homme Bélier son impulsivité et sa mégalomanie. Son caractère explosif peut provoquer des disputes intenses. La femme Gémeaux a besoin de stabilité émotionnelle, et l'homme Bélier peut parfois lui donner l'impression d'être instable et imprévisible. Son penchant pour l'infidélité peut susciter de l'inquiétude chez la femme Gémeaux, qui accorde une grande importance à l'authenticité et à la fidélité. Elle peut également être contrariée par le fait que l'homme Bélier ne réfléchisse pas toujours aux conséquences de ses actes. Enfin, l'homme Bélier peut être aussi borné que la femme Gémeaux, ce qui peut causer de nombreuses tensions dans le couple.

STATISTIQUES ♥♥♡♡♡

Marilyn Monroe et James Dougherty, Paulette Goddard et Charles Chaplin.

Gémeaux / Taureau

♂ Gémeaux / ♀ Taureau

♥ L'homme Gémeaux apprécie la femme Taureau pour son attitude ferme et décidée, sa tendresse et sa grande sensibilité, qui lui inspirent confiance. La femme Taureau peut offrir à l'homme Gémeaux une relation stable et sécurisante, où il peut être lui-même. Sa présence bénéfique et son approche réaliste de la vie permettent à l'homme Gémeaux de se projeter avec elle. La femme Taureau, généralement loyale et encourageante, peut être un réel soutien pour l'homme Gémeaux et l'aider à se concentrer sur une idée à la fois au lieu de se disperser.

💔 Très sociable et entouré d'amis, l'homme Gémeaux peut reprocher à la femme Taureau d'être trop possessive. Elle peut avoir des accès de violence occasionnels quand ses limites sont dépassées, et cela peut être une source de tension et de conflit dans la relation. L'homme Gémeaux peut trouver que la femme Taureau accorde plus d'importance à la sécurité matérielle et à la prudence qu'à la stimulation mentale et à la prise de risque. Ce couple n'est pas toujours très durable.

STATISTIQUES ♥♥♥♥♡

Amber Heard et Johnny Depp, Colin Farrell et Alicja Bachleda,
Liam Neeson et Natasha Richardson, le prince Philip et la reine Elizabeth II,
Kendrick Lamar et Whitney Alford.

♀ Gémeaux / ♂ Taureau

La femme Gémeaux est attirée par l'homme Taureau en raison de sa stabilité émotionnelle, de sa nature tactile et de son humour. Elle apprécie sa patience et son écoute remarquables, ainsi que sa capacité à comprendre profondément ses émotions. L'homme Taureau offre à la femme Gémeaux un sentiment de sécurité et de protection, et l'aide à concrétiser ses idées sans s'éparpiller. Sa loyauté et sa dévotion la rassurent, lui permettant de se sentir en confiance dans la relation. L'homme Taureau est généreux dans son amour et prend soin de sa partenaire, ce qui plaît particulièrement à la femme Gémeaux.

La femme Gémeaux peut reprocher à l'homme Taureau son manque de flexibilité et sa résistance au changement, qui peuvent être perçus comme une forme de stagnation ou d'absence d'esprit d'aventure dans la relation. Adaptable et ouverte d'esprit, elle peut avoir des difficultés à accepter la nature routinière et lente de l'homme Taureau. Ce dernier peut parfois avoir du mal à exprimer ses émotions et à se connecter émotionnellement à la femme Gémeaux, ce qui peut créer un déséquilibre dans la relation et un sentiment de frustration pour elle. Il peut se montrer ferme dans ses opinions, ce qui est susceptible d'entraîner des désaccords et des conflits avec la femme Gémeaux, qui apprécie les débats intellectuels et la diversité des points de vue.

STATISTIQUES ♥♥♡♡♡

Amelia Warner et Jamie Dornan, Anna Kournikova et Enrique Iglesias, Mel B et Stephen Belafonte.

Gémeaux / Gémeaux

♀ Gémeaux / ♂ Gémeaux

Les forces de la compatibilité amoureuse entre la femme Gémeaux et l'homme Gémeaux résident dans leur connexion cérébrale profonde. La femme Gémeaux apprécie chez l'homme Gémeaux sa capacité à la stimuler intellectuellement et à partager ses intérêts. Ils sont attirés par une communication ouverte, valorisant la clarté et l'évolution personnelle. Ils sont capables de résoudre rapidement les problèmes de couple grâce à leur capacité à exprimer ouvertement leurs pensées et leurs sentiments. Ce sont tous deux des orateurs naturels et ils évitent d'intérioriser leurs émotions, favorisant ainsi une relation basée sur l'authenticité. De plus, l'équilibre entre carrière et vie de famille est important pour eux, et ils savent gérer avec succès leurs responsabilités professionnelles et familiales.

La femme Gémeaux peut parfois reprocher à l'homme Gémeaux son besoin d'indépendance et sa nature séductrice et volage. Elle peut ressentir le besoin d'une plus grande transparence et d'être rassurée par son engagement constant. De plus, elle peut trouver que l'homme Gémeaux est trop narcissique ce qui peut titiller le besoin de la femme Gémeaux de le remettre à sa place en lui reprochant de manquer d'humilité et de trop vouloir avoir raison. L'homme Gémeaux quant à lui peut reprocher à la femme Gémeaux son éventuelle tendance à créer des problèmes sans raison apparente et à être trop émotive. Malgré leur capacité à communiquer ouvertement, ils peuvent également rencontrer des désaccords lorsqu'ils expriment leurs reproches respectifs.

STATISTIQUES ♥♥♡♡♡
Natalie Portman et Benjamin Millepied, Erica Schmidt et Peter Dinklage.

Gémeaux / Cancer

♂ Gémeaux / ♀ Cancer

♥ L'homme Gémeaux est attiré par la femme Cancer en raison de sa nature sentimentale détachée des causes matérielles et de ses qualités maternelles. Il apprécie sa loyauté et son engagement dans la relation, ce qui lui donne confiance pour s'engager à son tour. La femme Cancer peut offrir à l'homme Gémeaux la stabilité et la sécurité dont il a besoin, ainsi qu'un amour profond et durable. Elle l'écoute attentivement et le défend en toute situation, créant ainsi un lien solide et une complicité qui nourrissent leur relation. La femme Cancer apporte une touche d'émotion et de sensibilité à la vie de l'homme Gémeaux.

💔 L'homme Gémeaux peut reprocher à la femme Cancer d'être trop émotive et de trop accumuler de tensions avant d'exploser, ce qui peut entraîner des conflits et être source de frustration pour lui. Il peut également avoir des difficultés à comprendre ses caprices et son besoin d'attention, car il a tendance à préférer la communication directe. Enfin, l'homme Gémeaux peut reprocher à la femme Cancer de trop prendre à cœur des choses qu'il considère comme insignifiantes, d'abandonner trop vite ou encore d'être pleurnicharde.

STATISTIQUES ♥♥♥♡♡
Jamel Debbouze et Mélissa Theuriau, Mark Wahlberg et Rhea Durham, Clint et Dina Eastwood, Michael J. Fox et Tracy Pollan.

♀ Gémeaux / ♂ Cancer

♥ La femme Gémeaux apprécie chez l'homme Cancer sa profondeur émotionnelle et sa capacité à exprimer et à recevoir l'amour. Elle est attirée par sa douceur et son énergie. L'homme Cancer peut offrir à la femme Gémeaux une relation pleine d'amour, de tendresse et de générosité, ce qui correspond parfaitement au besoin de la femme Gémeaux d'être constamment courtisée et désirée. L'homme Cancer est prêt à investir son temps et son énergie dans la relation, ce qui correspond à l'engagement que recherche la femme Gémeaux. Ensemble, ils peuvent développer une connexion émotionnelle profonde et trouver un équilibre entre les besoins intellectuels de la femme Gémeaux et les besoins émotionnels de l'homme Cancer.

💔 La femme Gémeaux peut reprocher à l'homme Cancer ses tendances capricieuses et défensives, qu'elle peut avoir des difficultés à gérer. L'homme Cancer est enclin à recourir à du chantage affectif pour attirer l'attention, ce qui peut créer des tensions dans la relation. La femme Gémeaux valorise la communication ouverte et peut avoir du mal à comprendre les motivations cachées derrière ces comportements. L'homme Cancer a tendance à intérioriser quand il est blessé, ce qui peut compliquer les choses pour la femme Gémeaux qui préfère extérioriser ses pensées et sentiments.

STATISTIQUES ♥♥♥♡♡
Nicole Kidman et Tom Cruise, Wallis Simpson et Édouard VIII.

Gémeaux / Lion

♂ Gémeaux / ♀ Lion

♥ L'homme Gémeaux est attiré par la femme Lion en raison de sa puissance et de son charisme. Il apprécie sa capacité à être une partenaire entreprenante et influente, ce qui correspond à son besoin d'avoir à ses côtés quelqu'un capable de le stimuler mentalement. Elle adore débattre, ce qui répond exactement aux besoins de l'homme Gémeaux qui aime explorer de nouvelles réflexions. Ils partagent également un sens de l'humour décalé, ce qui crée complicité et légèreté dans leur relation. Enfin, la femme Lion offre à l'homme Gémeaux admiration et respect, ce qui renforce sa confiance en lui.

💔 L'homme Gémeaux peut reprocher à la femme Lion sa tendance à être têtue et à ne pas présenter facilement des excuses. Sa nature fière et dominatrice peut parfois générer des conflits avec l'homme Gémeaux, qui préfère éviter les disputes et favoriser la communication ouverte. La femme Lion est capable d'être très exigeante en matière d'admiration et de validation, ce qui peut mettre l'homme Gémeaux sous pression. Enfin, l'homme Gémeaux lui reproche principalement de ne pas reconnaître ses torts et d'avoir tendance à trouver des excuses plutôt que des solutions, ce qui peut s'opposer à son esprit positif et optimiste.

STATISTIQUES ♥♥♡♡♡
John Fitzgerald Kennedy et Jackie Onassis.

♀ Gémeaux / ♂ Lion

❤ La femme Gémeaux est attirée par la prestance et l'esprit entreprenant de l'homme Lion. Elle apprécie qu'il soit un meneur et lui apporte une stabilité et un cadre structuré. L'homme Lion est capable de la stimuler intellectuellement, ce qui correspond aux besoins de la femme Gémeaux qui recherche une connexion cérébrale avec son partenaire. Il sait lui témoigner une profonde considération et une admiration sans bornes, ce qui lui permet de se sentir valorisée. L'homme Lion a un côté protecteur qui répond au besoin de sécurité de la femme Gémeaux. Ensemble, ils forment un couple dynamique qui se complète et qui encourage l'évolution et le développement personnel de chacun.

💔 La femme Gémeaux peut reprocher à l'homme Lion d'être trop fier et de rechercher constamment l'admiration et la reconnaissance, préférant des valeurs plus authentiques. L'homme Lion peut avoir du mal à exprimer clairement ses sentiments les plus profonds par peur de paraître vulnérable, ce qui peut créer des conflits avec la femme Gémeaux qui valorise la communication ouverte. Le fort ego de l'homme Lion peut provoquer des tensions lorsqu'elle se sent trahie ou lorsqu'elle a besoin de lui faire part de reproches, car elle sait d'avance qu'il n'admettra pas ses torts. Enfin, elle peut trouver qu'il se surestime un peu sur les bords, et qu'il parle plus qu'il n'agit.

STATISTIQUES ❤❤❤❤❤

Angelina Jolie et Billy Bob Thornton, Lisa Niemi et Patrick Swayze, Torrey DeVitto et Paul Wesley.

Gémeaux / Vierge

♂ Gémeaux / ♀ Vierge

❤ L'homme Gémeaux est très souvent attiré par la femme Vierge… Enfin une personne aussi folle que lui ! Il apprécie qu'elle puisse suivre son rythme changeant et admire son intelligence et sa capacité à être rationnelle et à remettre en question ce qu'elle a appris, ce qui suscite des discussions enrichissantes entre eux. Elle partage le même sens de l'analyse et du détail que lui. Elle peut également prendre soin de lui et faciliter sa vie grâce à sa volonté de faire plaisir à son partenaire et de lui rendre service. Ensemble, ils forment un couple qui évolue à travers la communication, l'aventure et la flexibilité, créant ainsi une relation épanouissante.

💔 L'homme Gémeaux peut reprocher à la femme Vierge son attitude possessive et son besoin constant de preuves tangibles de son engagement. Il peut en outre avoir des difficultés à gérer sa tendance lunatique et provocatrice. Des conflits peuvent également survenir en raison du côté rancunier de la femme Vierge et de sa difficulté à oublier les erreurs passées. Elle est du genre à pardonner, mais à rabâcher les choses afin de rappeler constamment à son partenaire de faire attention à son comportement. L'homme Gémeaux peut également reprocher à la femme Vierge de ne pas toujours réussir à mettre sa fierté de côté pour se remettre en question et s'excuser.

STATISTIQUES ♥♥♥♥♥

François-Henri Pinault et Salma Hayek, Jodie Turner-Smith et Joshua Jackson, Tom Holland et Zendaya, Romain Duris et Olivia Bonamy.

♀ Gémeaux / ♂ Vierge

La femme Gémeaux apprécie chez l'homme Vierge son esprit cultivé et son besoin permanent de s'instruire, ce qui crée entre eux une connexion cérébrale profonde. Elle est attirée par son intelligence naturelle et son habileté à susciter son intérêt intellectuel. L'homme Vierge peut lui apporter une stabilité et un sens pratique dans la relation, ce qui complète parfaitement l'esprit dynamique de la femme Gémeaux. Sa sélectivité prononcée est perçue comme un signe de respect et d'admiration, ce qui renforce la confiance de la femme Gémeaux envers lui. Elle se sent encouragée par l'homme Vierge, qui la pousse à se développer et à évoluer.

La femme Gémeaux peut reprocher à l'homme Vierge de ne pas être suffisamment expressif dans ses sentiments et d'user d'humour à chaque fois qu'il faut aborder les choses sérieuses. Son manque de romantisme et d'attention constante peut donner l'impression qu'il n'est pas pleinement investi dans la relation. Son impatience peut le rendre moins réceptif aux récits anecdotiques de la femme Gémeaux, ce qui est susceptible de créer des incompréhensions dans leur communication. Elle peut considérer qu'il est de mauvaise foi et ne se remet pas assez en question, et lui reprocher son manque de courage face aux épreuves. La femme Gémeaux a besoin de changement et peut se lasser vite du train de vie routinier et ordinaire de l'homme Vierge.

STATISTIQUES ♥♥♡♡♡

Heidi Klum et Tom Kaulitz, Helena Bonham Carter et Tim Burton, Courteney Cox et David Arquette.

Gémeaux / Balance

♂ Gémeaux / ♀ Balance

L'homme Gémeaux est souvent attiré par la femme Balance. Il apprécie son ouverture d'esprit et sa capacité à le suivre dans ses délires. Il peut l'influencer et ça, il adore. Il a besoin d'une partenaire aussi vive d'esprit que l'est la femme Balance, capable d'accorder autant d'importance que lui à être la meilleure dans son domaine. La femme Balance offre à l'homme

Gémeaux la complicité dont il a besoin en cherchant toujours à créer une ambiance harmonieuse entre eux. Elle est capable de s'adapter à son indépendance. La communication joue un rôle essentiel dans cette relation, et la femme Balance est une partenaire qui sait exprimer ses sentiments de manière claire et concise. Sa nature douce et son caractère fort en font une combinaison attrayante pour l'homme Gémeaux.

💔 L'homme Gémeaux peut être dérangé par l'esprit tourmenté et indécis de la femme Balance, car il préfère la clarté et la résolution rapide des problèmes. En raison de sa nature sensible et de sa susceptibilité, elle est parfois trop émotive, ce qui peut agacer l'homme Gémeaux. Il peut être frustré par son besoin constant d'attention, car il apprécie son indépendance. Il arrive que la femme Balance se montre trop dépendante affectivement, ce qui est susceptible d'entraîner des déséquilibres dans la relation. Enfin, elle peut avoir tendance à garder ses pensées pour elle, ce qui perturbe l'homme Gémeaux qui préfère une communication directe.

STATISTIQUES ♥♥♥♥♥

Kanye West et Kim Kardashian, Cillian Murphy et Yvonne McGuinness, Paul et Linda McCartney, Blake Shelton et Gwen Stefani, Clint Eastwood et Maggie Johnson, Ice Cube et Kimberly Woodruff, Jean Dujardin et Alexandra Lamy.

♀ Gémeaux / ♂ Balance

❤ La femme Gémeaux est séduite par l'énergie positive de l'homme Balance. Elle apprécie son sens de l'esthétique et son attention pour les détails, ce qui crée une connexion sensorielle spéciale entre eux. L'homme Balance est un séducteur irrésistible, qui sait faire renaître la flamme de l'amour avec ses mots habiles lors des disputes, aidant ainsi à maintenir une communication ouverte et à résoudre les problèmes de couple. En outre, la femme Gémeaux valorise la communication intellectuelle, et l'homme Balance peut stimuler son esprit et partager toutes ses idées. Ensemble, ils peuvent développer une complicité fondée sur une connexion cérébrale, une compréhension mutuelle et un environnement paisible.

💔 La femme Gémeaux peut reprocher à l'homme Balance de se laisser emporter par des influences extérieures à leur couple, ce qui compromet parfois ses propres aspirations. Elle peut le critiquer parce qu'il n'ose pas dire ce qu'il pense, prendre cela pour de la lâcheté et avoir besoin d'un partenaire plus courageux. L'homme Balance peut avoir des tendances à l'infidélité en début de relation, en raison de son cœur et de son amour étendus. Cela peut créer des doutes et des moments de tension pouvant être difficiles à vivre pour la femme Gémeaux qui accorde une grande importance à l'authenticité et à la confiance mutuelle.

STATISTIQUES ♥♥♥♡♡

Missy Peregrym et Zachary Levi, Marilyn Monrœ et Arthur Miller, Adriana Lima et Marko Jarić.

Gémeaux / Scorpion

♂ Gémeaux / ♀ Scorpion

L'homme Gémeaux est attiré par l'énergie mystérieuse de la femme Scorpion et par sa nature intense. Il apprécie également l'attention qu'elle porte à ne pas être blessante et son écoute attentive. Protectrice, loyale et perspicace, la femme Scorpion peut offrir à l'homme Gémeaux une connexion cérébrale forte et une complicité profonde. Sa capacité à investir énormément d'énergie dans la relation et à accorder une attention particulière à son partenaire correspond aux désirs de l'homme Gémeaux. Sa maturité émotionnelle et son besoin de stabilité peuvent offrir à l'homme Gémeaux une base solide pour construire une relation épanouissante.

L'homme Gémeaux peut reprocher à la femme Scorpion son niveau d'exigence élevé en termes d'attention et de loyauté. Sa jalousie intense et sa tendance à être possessive peuvent créer des tensions. L'homme Gémeaux a besoin d'indépendance et de liberté, ce qui peut entrer en conflit avec les attentes de la femme Scorpion en matière d'exclusivité et de protection. Sa réaction excessive face à la trahison peut également mettre l'homme Gémeaux mal à l'aise. Elle peut être très froide et fermée quand elle est blessée, ce qui peut pousser l'homme Gémeaux à intérioriser pour ne pas la vexer.

STATISTIQUES ♥♥♥♡♡

Rainier de Monaco et Grace Kelly, Lenny Kravitz et Lisa Bonet, Johnny Depp et Winona Ryder, Shia LaBeouf et Mia Goth.

♀ Gémeaux / ♂ Scorpion

La femme Gémeaux apprécie chez l'homme Scorpion son calme et son intensité dans les relations amoureuses. Elle est attirée par sa capacité à exprimer ses émotions et à créer une connexion émotionnelle puissante. L'homme Scorpion peut offrir à la femme Gémeaux une expérience amoureuse intense et une relation pleine de passion. Il est ferme dans ses choix et généreux envers sa partenaire, ce qui est apprécié par la femme Gémeaux qui valorise les relations authentiques et profondes. Elle apprécie surtout son côté protecteur qui lui permet de se sentir en confiance et en sécurité.

La femme Gémeaux peut reprocher à l'homme Scorpion sa susceptibilité, sa tendance à intérioriser et à garder pour lui ses pensées, ce qui peut déconcerter la femme Gémeaux qui a besoin de plus de transparence afin de se sentir en confiance. En outre, l'homme Scorpion peut avoir des réactions mesquines lorsqu'il se sent blessé, ce qui peut perturber la communication ouverte que la femme Gémeaux valorise. Son caractère parfois sournois peut également être source de tension, car la femme Gémeaux préfère la confrontation et ne supporte pas la dissimulation.

STATISTIQUES ♥♥♥♡♡
Nicole Kidman et Keith Urban, Bar Refaeli et Leonardo DiCaprio, Camila Morrone et Leonardo DiCaprio.

Gémeaux / Sagittaire

♂ Gémeaux / ♀ Sagittaire

♥ L'homme Gémeaux apprécie chez la femme Sagittaire son authenticité, son ouverture d'esprit et sa capacité à prendre les choses à bras-le-corps pour atteindre ses objectifs. Son goût pour les défis et les voyages stimule mentalement l'homme Gémeaux, séduit par sa liberté de pensée et d'action repoussant toute contrainte. Indépendante, la femme Sagittaire laisse toute la liberté nécessaire à l'homme Gémeaux afin qu'il s'épanouisse. Leur complicité naît de leur ouverture d'esprit commune et de leur capacité à remettre en question les idées reçues. Ils partagent une communication fluide et aiment explorer de nouvelles aventures ensemble. La flexibilité de la femme Sagittaire s'harmonise avec le rythme changeant de l'homme Gémeaux, ce qui crée une relation épanouissante.

💔 L'homme Gémeaux peut reprocher à la femme Sagittaire d'être animée par des principes parfois trop fermes, ainsi que son besoin constant de liberté et sa tendance à remettre en question l'autorité. Il peut également lui reprocher sa susceptibilité et sa fierté démesurée. Il peut parfois trouver que la femme Sagittaire est maladroite dans son expression, ce qui peut causer des frictions de communication. Enfin, la femme Sagittaire peut être très têtue et pas assez influençable pour l'homme Gémeaux, qui préfère pouvoir convaincre facilement sa partenaire afin qu'elle le suive dans tous ses délires.

STATISTIQUES ♥♡♡♡♡
Jordan Bratman et Christina Aguilera, Chris Pratt et Katherine Schwarzenegger.

♀ Gémeaux / ♂ Sagittaire

♥ La femme Gémeaux est souvent séduite par l'homme Sagittaire. Elle apprécie son côté joueur et sa liberté de penser et d'agir, éliminant tous les obstacles et les contraintes sur son chemin. Elle est fascinée par sa capacité à viser haut, par son attitude proactive et par son sens de l'humour. L'homme Sagittaire la stimule intellectuellement par sa volonté de fer et sa détermination. Il est intuitif et déteste se faire avoir, ce qui correspond aux attentes de la femme Gémeaux d'un partenaire qui sache faire preuve de discernement. De plus, l'homme Sagittaire est un réel stratège, ce qui plaît à la femme Gémeaux qui a besoin d'un partenaire débrouillard et malin.

💔 La femme Gémeaux reproche parfois à l'homme Sagittaire sa propension à explorer de nouvelles expériences, ce qui peut créer des doutes quant à sa fidélité absolue. Son besoin d'aventure peut susciter des inquiétudes chez elle en termes de stabilité et de confiance dans la relation : elle peut devoir faire face à quelques infidélités de sa part car l'homme Sagittaire peut facilement succomber à la tentation. De plus, l'homme Sagittaire peut réagir avec fermeté lorsque la femme Gémeaux tente de lui donner des ordres, ce qui est susceptible de créer des tensions et des résistances au sein du couple. La femme Gémeaux peut également reprocher à l'homme Sagittaire son silence lorsqu'il a besoin de retrouver son espace personnel, ce qui peut la faire douter de sa disponibilité émotionnelle.

STATISTIQUES ♥♥♥♥♥

Angelina Jolie et Brad Pitt, Ginnifer Goodwin et Joshua Dallas, Marilyn Monroe et Joe DiMaggio, Kylie Minogue et Joshua Seymour Sasse.

Je note ma compatibilité avec **l'homme Gémeaux**

1. Quelle est votre approche de la communication et de la conversation dans une relation amoureuse ?

A. Je suis plutôt réservée et préfère la tranquillité.
B. J'apprécie écouter mon partenaire mais je n'ai pas trop de conversation.
C. J'adore les discussions animées et je cherche un partenaire qui aime échanger des idées.

2. Comment gérez-vous la liberté et l'indépendance au sein d'une relation ?

A. J'ai besoin d'être collée à mon partenaire.
B. J'apprécie l'indépendance, mais j'ai besoin d'un partenaire qui me tienne au courant de tout ce qu'il fait.
C. Je suis très indépendante et j'accorde autant de liberté à mon partenaire que je souhaite qu'il m'en accorde.

3. Quelle est votre attitude envers les changements et les nouvelles expériences ?

A. J'ai parfois du mal à m'adapter aux changements et je préfère la stabilité.
B. J'aime l'excitation des nouvelles expériences, mais je préfère une certaine stabilité.
C. Je suis ouverte et enthousiaste face aux changements et aux nouvelles aventures.

4. Comment exprimez-vous votre affection et votre amour envers votre partenaire ?

A. Je suis assez réservée dans l'expression de mes sentiments.
B. J'ai besoin de montrer régulièrement et activement mon amour et mon affection.
C. J'exprime mon amour de différentes manières (humour, discussion) en fonction de ce qui convient à la situation.

5. Quelle est votre approche de la fidélité et de l'engagement dans une relation ?

A. J'ai tendance à être libre et peu attachée à la fidélité traditionnelle.
B. J'apprécie la fidélité et l'engagement, mais je veux aussi de la liberté et de l'excitation.
C. Je suis engagée et fidèle dans une relation, et j'attends la même chose de mon partenaire.

6. Comment réagissez-vous aux conflits et aux désaccords dans une relation amoureuse ?

A. J'ai tendance à éviter les conflits et à rechercher l'harmonie à tout prix.

B. Quand j'ai raison, je ne supporte pas qu'on essaie de me faire changer d'avis ou qu'on attende de ma part des excuses.

C. Je suis prête à affronter les problèmes et à ce que l'on travaille ensemble pour trouver des solutions.

7. Quelle est votre attitude face aux ambitions et aux objectifs de votre partenaire ?

A. Je ne me sens pas concernée par les objectifs de mon partenaire, chacun ses ambitions.

B. Je n'ai pas trop d'ambitions mais je soutiens celles de mon partenaire.

C. Je suis prête à soutenir activement les ambitions de mon partenaire et j'en attends autant en retour.

8. Comment vivez-vous la routine et l'ennui dans une relation de long terme ?

A. J'ai besoin d'une routine pour avancer.

B. Je m'ennuie vite et j'ai besoin de casser ma routine.

C. Je cherche constamment de nouvelles expériences stimulantes pour ne pas m'ennuyer.

9. Quelle importance accordez-vous à l'intellect et à la stimulation mentale dans une relation ?

A. Je suis plus intéressée par les aspects émotionnels que par les connexions intellectuelles.

B. J'apprécie une stimulation intellectuelle mais je recherche principalement une connexion physique.

C. Il est essentiel pour moi d'avoir une connexion cérébrale solide avec mon partenaire.

10. Comment envisagez-vous la gestion des responsabilités et des tâches domestiques dans une relation ?

A. J'ai tendance à être peu préoccupée par les responsabilités domestiques et je préfère me concentrer sur d'autres aspects de la relation.

B. Je suis prête à partager équitablement les responsabilités domestiques avec mon partenaire.

C. J'apprécie de m'occuper des responsabilités domestiques et je suis prête à m'investir pleinement dans les tâches nécessaires.

Écrivez le nom de vos hommes Gémeaux préférés :

....

....

....

....

....

Résultat du test :

A : Mauvaise compatibilité

B : Compatibilité normale

C : Bonne compatibilité

Je note ma compatibilité avec **la femme Gémeaux**

1. Comment décririez-vous votre besoin de communication et de conversation dans une relation ?

A. J'ai peu besoin de communication et de conversation fréquentes, et je préfère des moments de silence et de réflexion personnelle.

B. J'apprécie la communication et la conversation, mais j'ai aussi besoin de moments de tranquillité.

C. J'adore la communication et la conversation animée, et je recherche une partenaire qui peut les nourrir.

2. Quelle est votre attitude envers l'indépendance et la liberté dans une relation amoureuse ?

A. J'ai du mal à tolérer l'indépendance et la liberté de ma partenaire, et je préfère une relation plus fusionnelle.

B. Je suis capable de donner de l'indépendance à ma partenaire, mais j'ai aussi besoin de temps ensemble.

C. Je valorise l'indépendance et la liberté de ma partenaire, tout en appréciant les moments de complicité.

3. Comment gérez-vous les changements d'humeur de votre partenaire ?

A. Je ne supporte pas les personnes lunatiques.

B. Je peux tolérer les changements d'humeur, mais pas trop fréquemment.

C. Je n'ai pas de problème avec les changements d'humeur, il vaut mieux ça qu'une relation trop fade.

4. Quelle est votre attitude envers l'exploration intellectuelle et l'apprentissage dans une relation amoureuse ?

A. Je suis peu enclin à l'exploration intellectuelle et à l'apprentissage constant.

B. J'apprécie l'exploration intellectuelle, mais j'ai aussi besoin d'équilibre avec d'autres aspects de la relation.

C. J'accorde une grande importance à l'exploration intellectuelle et à l'apprentissage, et je cherche une partenaire qui partage cette valeur.

5. Comment gérez-vous le fait que votre partenaire veuille décider des choses ?

A. J'ai du mal à laisser ma partenaire prendre les décisions.

B. Je respecte le désir d'entreprendre de ma partenaire, mais je peux également vouloir prendre les décisions sans qu'elle intervienne.
C. Je recherche une partenaire capable de prendre les décisions pour nous deux.

6. Comment abordez-vous la routine et l'aventure dans une relation amoureuse ?

A. Je suis peu enclin à l'aventure et j'ai besoin d'une vie calme et prévisible.
B. Je ne supporte pas de prévoir les choses et j'ai besoin de tout improviser.
C. J'aime trouver un équilibre entre la routine et l'aventure, et je suis prêt à explorer de nouvelles expériences avec ma partenaire.

7. Comment réagissez-vous à la curiosité et à l'apprentissage dans une relation amoureuse ?

A. Je ne suis pas très curieux et je préfère rester dans ma zone de confort.
B. J'aime apprendre les choses dont j'ai besoin concrètement.
C. Je suis très curieux et ouvert à l'exploration, et je cherche une partenaire qui partage cette ouverture d'esprit.

8. Quel est votre point de vue sur le besoin d'être constamment ensemble avec votre partenaire ?

A. J'ai besoin d'une partenaire indépendante qui comprenne mon besoin de liberté.
B. Je préfère passer un maximum de temps avec ma partenaire, et j'ai du mal à être sans elle.
C. J'essaie de passer le maximum de temps avec ma partenaire, mais j'ai également besoin de mes moments à moi.

9. Quelle connexion êtes-vous le plus disposé à créer ?

A. Une connexion physique et émotionnelle.
B. Une connexion physique et spirituelle.
C. Une connexion cérébrale et spirituelle.

10. Êtes-vous du genre à vous braquer lors d'un conflit ?

A. Oui, je peux me renfermer lorsqu'on m'accuse à tort.
B. Tout dépend du ton adopté.
C. Je suis ouvert à la communication et ne me braque pas.

Écrivez le nom de vos femmes Gémeaux préférées :

....

....

....

....

....

Résultat du test :

A : Mauvaise compatibilité
B : Compatibilité normale
C : Bonne compatibilité

Gemcer

ENTRE LE 20 ET LE 23 JUIN

Les personnes nées entre le 20 et le 23 juin (parfois même à partir du 18 juin… en réalité, c'est de la casuistique), c'est-à-dire entre le signe des Gémeaux et celui du Cancer, prennent souvent certains traits de caractère liés aux Gémeaux et d'autres liés au Cancer.

Célébrités

Lana Del Rey
Sananas
Emmanuelle Seigner
Meryl Streep
Anwar Hadid
Blaise Pascal

Les signes de l'été

CANCER
LION
VIERGE

sont souvent chaleureux, généreux et ont une capacité à prendre soin des autres et à rendre service.

Cancer

Le Cancer, qui débute le 22 juin et finit le 22 juillet, est le signe astrologique qui ouvre la saison de l'été, celle de la joie de vivre. Il est associé à l'élément Eau (avec le Poissons et le Scorpion). Le signe du Cancer débute en juin et se poursuit en juillet, quand les vacances commencent et que le soleil rayonne.

Les grandes caractéristiques **du Cancer**

Il est souvent la victime des histoires.

Selon lui, un véritable ami ne se perd jamais.

Son sixième sens est développé et peut cerner les menteurs.

Il a beaucoup d'imagination et une grande capacité de persuasion.

Altruiste, son bonheur passe par celui des autres.

Mots-clés

- Sentimental
- Altruiste
- Empathique
- Sensible
- Familial
- Chaleureux
- Aimant
- Pleurnichard
- Capricieux
- Victime
- Malade imaginaire
- Sentimental
- Rancunier
- Intériorise
- Met à l'aise
- Compréhensif
- Populaire
- Proche du peuple
- Souriant
- Solitaire
- Besoin d'attention
- Bon conseil
- Patient
- Partage
- Indécis
- Fait des chichis
- Dévoué
- Émotif
- Spirituel
- Imaginatif
- Relativise beaucoup
- Sixième sens développé
- Compétiteur
- Défensif
- Menteur
- Envieux
- Manipulateur
- Susceptible
- Esprit de famille

L'homme **Cancer**

L'homme Cancer se distingue par son charme séducteur et sa profondeur émotionnelle. Sentimental et sympathique, il ressent intensément chaque expérience, que ce soient les siennes ou celles des autres. Son intelligence émotionnelle facilite ses relations. Ses valeurs, ses grandes convictions et son empathie lui permettent de se mettre facilement à la place d'autrui. Il sait cerner rapidement les besoins des autres et se plaît à les mettre à l'aise et à manifester un véritable intérêt à leur égard afin qu'ils se sentent aimés. Il se montre authentique et entier envers ses proches. Il est un véritable soutien, toujours présent et fidèle. Susceptible et très sensible, il n'oublie pas une trahison et peut ne jamais pardonner, bien qu'il ne soit pas de nature rancunière. Sa vengeance résidera dans sa propre réussite. Il peut intérioriser ses sentiments les plus douloureux pour en faire sa force. Solitaire, il peut endurer beaucoup lorsqu'il est déçu et se sentir incompris.

« Il ne faut pas perdre son temps à avancer des arguments de bonne foi face à des gens de mauvaise foi. »

HASSAN II

Il peut se révéler très manipulateur et menteur. Son habileté à saisir rapidement les émotions et les ressentis des autres lui permet de convaincre aisément ceux qu'il souhaite influencer, et notamment de se faire passer pour la victime de l'histoire. Il sait instinctivement distinguer le mensonge de la vérité et reconnaître les personnes sincères. Alors même qu'il sait facilement se faire des amis, il n'est pas enclin à s'en faire des tonnes, préférant la qualité à la quantité. Pour l'homme Cancer, un véritable ami ne peut pas se perdre. Il se soucie peu de l'opinion des autres, privilégiant toujours son monde intérieur. Il se montre présent et bienveillant envers ceux qu'il aime, faisant preuve d'une grande douceur et d'encouragements. Pour qu'il considère quelqu'un comme son ami, il a besoin de sentir qu'il est aimé, car lui-même n'éprouve aucune difficulté à exprimer son amour. Il sait faire preuve de générosité et de fidélité en amitié.

« Je crois que la plus grande maladie dont souffre le monde aujourd'hui est le manque d'amour. »

LADY D

Il a une forte capacité à accomplir de grandes choses, grâce à son imagination puissante et à sa créativité débordante. L'homme Cancer est également très protecteur et fier, il sait cependant se montrer simple et modeste. Il accorde du temps à chacun et sera toujours présent pour les autres. Sur le plan professionnel, il peut être paresseux, sauf lorsqu'il est passionné, devenant alors la personne la plus déterminée qui soit.

En amour

L'homme Cancer est un être d'une grande profondeur. Sa douceur et son énergie le démarquent particulièrement. Il ressent autant le besoin de donner de l'amour que d'en recevoir. Il est primordial pour lui de sentir que ses sentiments sont entièrement partagés. Il se montre extrêmement généreux en amour, y investissant son temps, son énergie et parfois même son argent. Cependant, cette générosité est conditionnée à son véritable attachement. Il est vrai qu'il peut manipuler ou recourir au chantage affectif, mais ses intentions sont toujours motivées par le besoin d'amour, d'attention ou d'affection plutôt que par des intentions malveillantes. Dans le but de susciter l'amour et l'intérêt de sa partenaire, il peut même aller jusqu'à inventer ou exagérer des problèmes. Il cherche à renforcer le lien émotionnel avec sa partenaire et à s'assurer de son amour et de son attention.

> « Il y a des choses plus importantes dans la vie que gagner ou perdre un match. »
>
> LIONEL MESSI

L'homme Cancer peut parfois se montrer pleurnichard, susceptible et capricieux, mais ces traits de caractère découlent de la profondeur de ses sentiments. Il ressent tout intensément et se sent souvent incompris. Il recherche une partenaire qui soit entière et sensible. Il est capable de comprendre des émotions telles que la jalousie, mais en retour, il aspire à recevoir de la douceur, de la compassion et de la générosité. Il recherche une femme sérieuse et sincère qui possède de véritables valeurs, qui l'aime pour ce qu'il est véritablement, et qui apprécie autant donner que recevoir. Bien qu'il soit plus souvent sur la défensive, la trahison en amour peut le rendre agressif, tant ses émotions sont fortes.

L'homme Cancer trouve un véritable épanouissement dans une vie simple et accorde une importance capitale à son cocon familial. Il ne prend pas à la légère ses relations et le projet de fonder une famille, bien au contraire, et il possède toutes les qualités nécessaires pour être un père exemplaire. Sa bienveillance et sa sensibilité font de lui un soutien inconditionnel pour ses enfants. Il sait instaurer une atmosphère chaleureuse et sécurisante, et son amour inébranlable nourrit les liens familiaux. Les hommes Cancer sont souvent enclins à entretenir une relation avec une seule personne tout au long de leur vie. Ils recherchent la stabilité émotionnelle et la sécurité.

Ils sont Cancer

Jon Jones • Mike Tison • Elon Musk • Lionel Messi • Zinedine Zidane • Conor McGregor • Tahar Rahim • Hassan II • Guillaume Genton • Tom Hanks • Tom Cruise • Vin Diesel • Robin Williams • Sandra Oh • Chris Cornell • Larry David • Sylvester Stallone • Milo Ventimiglia • Jaden Smith • Harrison Ford • Forest Whitaker • Benedict Cumberbatch • Georges Pompidou...

Test d'introspection pour **l'homme Cancer**

1 Quels sont mes besoins émotionnels les plus profonds dans une relation amoureuse, et comment puis-je les identifier et les exprimer à ma partenaire de manière claire et bienveillante ?

2 Quel est mon rapport avec la sécurité émotionnelle et l'engagement, et comment puis-je m'assurer que mes choix amoureux correspondent à mes désirs d'une relation stable et durable ?

3 Quels sont les traits de personnalité et les valeurs essentielles que je recherche chez une partenaire, et comment puis-je m'assurer que ces critères sont alignés avec mes propres aspirations et besoins ?

4 Comment puis-je créer un espace de confiance et de soutien mutuel dans ma relation, où je me sente en sécurité pour partager mes émotions et mes vulnérabilités avec ma partenaire ?

5 Quel est mon rapport avec l'indépendance et la dépendance dans une relation, et comment puis-je trouver un équilibre entre mon besoin d'autonomie et le désir de fusion émotionnelle avec ma partenaire ?

6 Comment puis-je communiquer efficacement mes attentes, mes préoccupations et mes limites à ma partenaire, tout en maintenant une communication ouverte et respectueuse ?

7 Quelle est ma capacité à faire face aux conflits et aux tensions dans une relation, et comment puis-je développer des compétences de résolution de problèmes qui favorisent la croissance et l'harmonie dans ma relation ?

8 Suis-je prêt à faire face aux éventuelles blessures émotionnelles du passé et à les guérir dans le cadre de ma relation amoureuse, et comment puis-je travailler sur mon évolution personnelle tout en soutenant celle de ma partenaire ?

9 Quelles sont mes attentes en termes d'intimité physique et émotionnelle dans une relation, et comment puis-je créer un environnement propice à cette connexion profonde avec ma partenaire ?

10 Comment puis-je cultiver un sentiment de sécurité et de stabilité dans ma relation, et quelles actions concrètes puis-je entreprendre pour construire un amour solide et durable ?

La femme Cancer

La femme Cancer est une grande sentimentale, souriante, sympathique, spontanée, douce, chaleureuse, émotive, entière, transparente, reconnaissante et dotée d'un grand pouvoir de séduction. D'une grande sensibilité et d'une profonde empathie envers les autres, son bonheur passe par celui des autres. Elle est capable de percevoir intuitivement les émotions et les besoins des gens qui l'entourent. Elle les ressent intensément et peut les absorber comme une éponge, sans toujours bien réussir à gérer ses propres émotions. Elle possède une aura rassurante et apaisante qui crée un environnement chaleureux pour ceux qui l'entourent.

> « Parfois, les mots sont plus durs que les coups. »
>
> ZINEDINE ZIDANE

Elle aime prendre soin de ceux qu'elle aime. Sa gentillesse, sa douceur, sa bienveillance et son soutien inconditionnel font d'elle une personne dévouée. Elle est capable de créer des liens profonds avec ses proches. La femme Cancer sait être très généreuse afin d'exprimer ses sentiments et a le sens du partage, parfois jusqu'à sacrifier ses propres besoins pour s'assurer du bonheur et du bien-être de ceux qu'elle aime. La trahison peut avoir un impact particulièrement fort sur elle en raison de son fort investissement émotionnel. Susceptible, elle prend les choses très à cœur.

La femme Cancer est exigeante envers elle-même. Elle a tendance à accumuler trop d'émotions intenses, et peut parfois réagir de manière explosive. Elle est transparente et partage ses forces comme ses faiblesses et n'a pas honte de dire quand elle va mal. Pour elle, quand c'est fini, il n'y a pas de retour en arrière possible. Elle n'est pas encline à se venger, mais plutôt à accepter les faits, faisant confiance au principe du karma. Elle peut pardonner avec le temps, lorsqu'elle n'a aucun doute sur la sincérité des excuses présentées, mais met du temps à retrouver confiance lorsqu'elle a été brisée. Elle intériorise beaucoup ses sentiments mais elle sait faire de cette douleur une force pour se reconstruire de l'intérieur.

> « Si vous ne pouvez pas battre la machine, le mieux est d'en devenir une. »
>
> ELON MUSK

Plus elle vieillit, plus elle s'éloigne des relations inutiles et peut même se plaire dans la solitude. Elle se plaint très souvent de ses blessures reprochant aux autres de ne pas lui donner autant qu'elle donne, et se place souvent comme victime incomprise.

Elle peut être très indécise tant elle veut plaire à tout le monde. Elle sait rester positive et relativise beaucoup. Elle est très proche de sa famille, et peut leur faire beaucoup de reproches. À l'écoute, réconfortante et disponible pour ceux qu'elle aime, elle est souvent la psy ou la maman de son cercle d'amis très privé. Au niveau professionnel, elle n'est pas assoiffée de succès et apprécie les choses simples, tournée vers la recherche du bonheur avant tout. Elle peut être fainéante et bordélique, bien qu'elle ait des tendances maniaques.

En amour

La femme Cancer recherche un lien profond et durable ainsi qu'une connexion émotionnelle puissante. Elle a grand besoin d'attention et souhaite trouver un partenaire capable de l'aimer et de lui exprimer ses sentiments. Elle est fidèle, romantique et aspire à créer un cocon familial où elle se sentira en sécurité. Elle est prête à s'investir émotionnellement et à accorder tout son amour à son partenaire, mais elle attend le même niveau d'engagement et de loyauté en retour.

> « Le succès n'est rien si tu n'as pas les bonnes personnes autour de toi pour le partager. »
>
> SELENA GOMEZ

Les hommes séduisants sur le plan physique, dotés d'une attitude positive, humble et d'une énergie dynamique, captent le cœur de la femme Cancer. Elle nourrit une aversion profonde envers les individus prétentieux ou présomptueux, et n'a pas de difficulté à aimer un homme plus jeune qu'elle. Il lui faut un partenaire qui soit doux et avec qui elle peut exprimer ses besoins sans se sentir jugée. Elle peut parfois s'oublier, jusqu'à ce que les autres en abusent. Elle peut énormément supporter et faire des efforts pour que son partenaire soit épanoui. Elle ne recherche pas nécessairement un homme qui soit constamment collé à elle, elle veut surtout quelqu'un qui s'exprime ouvertement, et qui lui témoigne de l'intérêt, sans jamais considérer les choses comme acquises. Il importe qu'elle soit écoutée et défendue. Elle peut être susceptible et impulsive, et réagir vivement lorsqu'elle a accumulé trop de tensions. Cependant, elle n'a pas l'habitude de forcer quelqu'un à rester à ses côtés, car elle sait qu'elle a la capacité de se relever et de faire face à toute situation.

> « Je préfère être le premier et rien dans les poches, que riche et d'avoir la deuxième place. »
>
> MIKE TYSON

Elle cerne vite les menteurs et elle peut pressentir lorsqu'un homme la trompe. Elle devient alors méfiante avec la gent masculine, mais ne s'empêche pas pour autant de faire de nouvelles rencontres. Lorsqu'elle retrouve l'amour, elle est capable d'oublier les souffrances qu'elle a endurées par le passé et de repartir sur de nouvelles bases, en accordant de nouveau toute sa confiance. Toujours ouverte à l'amour et très tolérante, elle n'est pas jalouse, et sait accorder à son partenaire la liberté dont il a besoin. Elle n'est ni violente ni agressive dans ses réactions et préfère communiquer calmement afin d'éviter toute source de conflit inutile.

Elles sont Cancer

Selena Gomez • Ariana Grande • Margot Robbie • Pamela Anderson • Valérie Pécresse • Lady D • Poupette Kenza • Meryl Streep • Liv Tyler • Sofia Vergara • Lindsay Lohan • Sandra Oh • Jessica Simpson • Énora Malagré • Diane Leyre • Khloé Kardashian • Lana Del Rey • Solange Knowles • Priyanka Chopra • Jung Ho-yeon • Missy Eliott • Olivia Munn • Camila Mendes • Kristen Bell • Julianne Hough • Sofía Vergara • Lisa Rinna • Kathy Bates • Tamera et Tia Mowry • Mélissa Theuriau...

Test d'introspection pour **la femme Cancer**

1 Quels sont mes besoins émotionnels les plus profonds dans une relation amoureuse, et comment puis-je les identifier et les exprimer à mon partenaire de manière claire et bienveillante ?

....

....

2 Quel est mon rapport à la sécurité émotionnelle et à l'engagement, et comment puis-je m'assurer que mes choix amoureux correspondent à mes désirs d'une relation stable et durable ?

....

....

3 Quels sont les traits de personnalité et les valeurs essentielles que je recherche chez un partenaire, et comment puis-je m'assurer que ces critères sont alignés avec mes propres aspirations et besoins ?

....

....

4 Comment puis-je créer un espace de confiance et de soutien mutuel dans ma relation, où je me sente en sécurité pour partager mes émotions et mes vulnérabilités avec mon partenaire ?

....

....

5 Quel est mon rapport à l'indépendance et à la dépendance dans une relation, et comment puis-je trouver un équilibre entre mon besoin d'autonomie et le désir de fusion émotionnelle avec mon partenaire ?

....

....

6 Comment puis-je communiquer efficacement mes attentes, mes préoccupations et mes limites à mon partenaire, tout en maintenant une communication ouverte et respectueuse ?

7 Quelle est ma capacité à faire face aux conflits et aux tensions dans une relation, et comment puis-je développer des compétences de résolution de problèmes qui favorisent l'évolution et l'harmonie dans ma relation ?

8 Suis-je prête à faire face aux éventuelles blessures émotionnelles du passé et à les guérir dans le cadre de ma relation amoureuse, et comment puis-je travailler sur ma croissance personnelle tout en soutenant celle de mon partenaire ?

9 Quelles sont mes attentes en termes d'intimité physique et émotionnelle dans une relation, et comment puis-je créer un environnement propice à cette connexion profonde avec mon partenaire ?

10 Comment puis-je cultiver un sentiment de sécurité et de stabilité dans ma relation, et quelles actions concrètes puis-je entreprendre pour construire un amour solide et durable ?

Cancer / Capricorne

♂ Cancer / ♀ Capricorne

L'homme Cancer apprécie chez la femme Capricorne sa détermination et son ambition. Il admire sa capacité à se fixer des objectifs et à travailler dur pour les atteindre. La femme Capricorne, avec sa nature logique et son esprit pragmatique, peut apporter une stabilité et une structure rassurantes dans la vie de l'homme Cancer. Elle peut l'aider à concrétiser ses projets, ce qui correspond à son besoin de sécurité émotionnelle et de stabilité. De plus, la femme Capricorne peut stimuler l'homme Cancer pour qu'il se dépasse en lui offrant de nouvelles perspectives et en l'encourageant à réaliser ses aspirations. Ensemble, ils peuvent former une équipe solide, se soutenant mutuellement dans leurs objectifs personnels et construisant une vie épanouissante fondée sur la confiance, l'engagement et la croissance.

L'homme Cancer peut reprocher à la femme Capricorne son côté exigeant et sélectif. Sa nature ambitieuse peut parfois la rendre trop concentrée sur ses propres objectifs, ce qui donne l'impression à l'homme Cancer qu'elle est égoïste. De plus, il peut arriver que la femme Capricorne ait du mal à exprimer ses émotions de manière ouverte et sincère de peur de paraître vulnérable, ce qui peut poser des difficultés à l'homme Cancer pour comprendre ses sentiments et ses besoins. En outre, elle peut imposer son cadre de vie et ses attentes élevées, ce qui est susceptible d'être perçu comme un manque de flexibilité par l'homme Cancer, qui apprécie la simplicité et la chaleur d'un foyer familial harmonieux.

STATISTIQUES ♥♥♥♥♡

Chris O'Donnell et Caroline Fentress.

♀ Cancer / ♂ Capricorne

La femme Cancer apprécie chez l'homme Capricorne sa stabilité et sa fiabilité. Elle trouve en lui un partenaire sur lequel elle peut compter, ce qui répond à son besoin de sécurité et de stabilité dans une relation. L'homme Capricorne, quant à lui, peut apporter à la femme Cancer un sens pratique et une vision à long terme. Il est prêt à investir du temps, de l'énergie et de la patience pour construire une relation solide. Sa nature sérieuse et réfléchie peut également aider à équilibrer les émotions parfois intenses de la femme Cancer. L'homme Capricorne peut offrir à la femme Cancer un environnement sûr et un soutien constant.

La femme Cancer peut reprocher à l'homme Capricorne son manque de sensibilité, de spontanéité et de flexibilité. Son rythme de vie trop ordinaire peut parfois entrer en conflit avec le besoin de la femme Cancer de vivre des moments d'imprévu et d'émotion intense. De plus, l'homme Capricorne peut avoir du mal à exprimer ses sentiments ouvertement, ce qui peut créer une certaine frustration pour la femme Cancer qui aspire à une connexion émotionnelle profonde. Sa tendance à être rigide et réticent au changement peut également générer des tensions, surtout quand la femme Cancer se sent incomprise. Malgré sa fidélité, l'homme Capricorne peut parfois accorder plus d'importance à ses projets ou ses amis, ce qui peut donner l'impression à la femme Cancer d'être reléguée au second plan.

STATISTIQUES ♥♥♥♡♡

Margot Robbie et Tom Ackerley, Ariana Grande et Mac Miller, Sofía Vergara et Joe Manganiello, Pamela Anderson et Kid Rock, Diane Kruger et Norman Reedus, Kristen Bell et Dax Shepard, Sandra Oh et Alexander Payne.

Cancer / Verseau

♂ Cancer / ♀ Verseau

♥ L'homme Cancer apprécie chez la femme Verseau sa nature joyeuse et empathique. Il admire sa capacité à être elle-même et à vivre selon ses propres choix. La femme Verseau peut lui apporter un sentiment de nouveauté et d'aventure dans sa vie. Son esprit créatif et innovant peut stimuler l'imagination de l'homme Cancer et l'encourager à cesser de se plaindre. Elle apporte également une certaine légèreté et une vision différente de la vie, ce qui peut aider l'homme Cancer à prendre du recul et à ne pas se laisser submerger par ses émotions. La femme Verseau peut lui offrir une amitié solide et une connexion cérébrale profonde, car ils sont capables de se comprendre mutuellement sur un plan intellectuel.

💔 L'homme Cancer peut reprocher à la femme Verseau ses sautes d'humeur et ses réactions imprévisibles. Son caractère parfois sévère envers les hommes trop capricieux peut perturber l'homme Cancer qui préfère une partenaire plus compréhensive. Il peut également reprocher à la femme Verseau ses réactions sans transition oscillant entre des comportements parfois très affectueux et d'autres fois très blessants. L'homme Cancer peut trouver la femme Verseau assez dure et peu résiliente.

STATISTIQUES ♥♥♥♡♡

Nnamdi Asomugha et Kerry Washington, Tracy Letts et Carrie Coon.

♀ Cancer / ♂ Verseau

♥ L'homme Verseau fait souffler un vent de fraîcheur dans la vie de la femme Cancer grâce à son originalité et à sa vision unique du monde. Il peut lui offrir de nouvelles perspectives et l'encourager à sortir de sa zone de confort. Il lui apporte un soutien intellectuel ainsi qu'une dose d'humour. Sa nature non conventionnelle et sa capacité à voir au-delà des apparences plaisent à la femme Cancer qui préfère les hommes humbles et positifs. Elle apprécie l'énergie dynamique de l'homme Verseau, qui peut apporter de l'excitation et de la vitalité dans leur relation. Sa positivité et son optimisme peuvent inspirer la femme Cancer à voir le monde avec plus de joie et d'enthousiasme. Elle admire la capacité de l'homme Verseau à rester fidèle à lui-même et à ne pas se soucier du regard des autres. Cette indépendance et cette authenticité le rendent attrayant à ses yeux.

💔 La femme Cancer peut reprocher à l'homme Verseau son imprévisibilité et son détachement temporaire qui peut être perçu comme un manque d'empathie et de stabilité. Elle peut également désapprouver l'inconstance émotionnelle de l'homme Verseau, ses réactions violentes et ses humeurs changeantes. L'homme Verseau, en raison de sa nature parfois détachée, peut avoir du mal à exprimer ses besoins et à comprendre les attentes de sa partenaire, ce qui est susceptible d'entraîner des malentendus et des frustrations dans la communication avec la femme Cancer. Son désir de nouvelles expériences et de rencontres peut susciter des inquiétudes quant à sa fidélité et sa capacité à maintenir une relation monogame et engagée avec la femme Cancer.

STATISTIQUES ♥♥♥♡♡
Nancy et Ronald Reagan.

Cancer / Poissons

♂ Cancer / ♀ Poissons

♥ L'homme Cancer trouve souvent son âme sœur en la femme Poissons. Il est attiré par sa sensibilité, sa douceur et sa folie. Il apprécie sa capacité à exprimer son amour de manière intense et passionnée, ainsi que sa propension à rêver d'un amour idéal. La femme Poissons, quant à elle, apporte à l'homme Cancer une affection inconditionnelle et une profonde compréhension de ses émotions. Elle est capable, tout comme lui, de reconnaître ses sentiments sans qu'il ait besoin de les exprimer verbalement. Sa capacité à protéger son partenaire et à tout quitter par amour lui procure un sentiment de sécurité et de réconfort qui correspond parfaitement aux besoins de l'homme Cancer. Dans cette relation, ce dernier peut trouver un soutien inconditionnel et une partenaire qui partage ses valeurs familiales.

💔 L'homme Cancer peut reprocher à la femme Poissons d'être parfois capricieuse et autoritaire au sein de leur couple. Il peut se sentir dépassé par son besoin de contrôle et son côté lunatique, susceptibles de créer des frictions et des conflits. De plus, la femme Poissons peut nourrir des rancunes persistantes et être très jalouse, ce qui rend difficile toute progression dans la relation pour l'homme Cancer. Sa tendance à la mélancolie et aux pensées nostalgiques peut affecter leur capacité à surmonter les difficultés et à avancer ensemble. L'homme Cancer peut également être préoccupé par la méfiance de la femme Poissons envers les hommes et son désir de vérifier ses intuitions, pouvant générer un sentiment de manque de confiance mutuelle.

STATISTIQUES ♥♥♥♥♥

Lionel Messi et Antonella Roccuzzo, Elon Musk et Grimes, Benedict Cumberbatch et Sophie Hunter, Will Kopelman et Drew Barrymore, Charlie McDowell et Lily Collins, Zinedine Zidane et Véronique Fernández, Tahar Rahim et Leïla Bekhti, Jaden Smith et Paola Locatelli.

♀ Cancer / ♂ Poissons

♥ La femme Cancer apprécie chez l'homme Poissons sa sensibilité et sa propension à explorer son monde intérieur, ce qui crée une connexion émotionnelle intense entre eux. Elle est attirée par sa capacité à exprimer ses émotions à travers l'humour, qui agit comme une armure pour masquer sa vulnérabilité. L'homme Poissons peut apporter à la femme Cancer un amour profond et passionné, empreint d'imagination. Il a une grande intuition et une profonde compréhension des besoins émotionnels de la femme Cancer et est capable de deviner ses désirs et de répondre à ses attentes sans qu'elle ait besoin de les exprimer explicitement, créant ainsi une relation où elle se sent véritablement comprise et chérie.

💔 La femme Cancer peut reprocher à l'homme Poissons sa tendance à intérioriser ses émotions, ce qui peut donner l'impression qu'il s'éloigne. L'homme Poissons peut être tenté par l'infidélité, attiré par l'inconnu et l'excitation de conquêtes nouvelles, ce qui peut susciter des inquiétudes chez la femme Cancer. De plus, sa propension à ne pas tenir ses promesses, à mentir ou à omettre des informations pour éviter les confrontations peut entraîner des problèmes de communication au sein du couple. Les disputes peuvent être difficiles à gérer, car l'homme Poissons est capable d'adopter un comportement provocateur et de se montrer froid et blessant lorsqu'il se sent étouffé ou humilié.

STATISTIQUES ♥♥♥♡♡

Selena Gomez et Justin Bieber, Khloé Kardashian et Tristan Thompson, Courtney Love et Kurt Cobain.

Cancer / Bélier

♂ Cancer / ♀ Bélier

♥ L'homme Cancer apprécie chez la femme Bélier son énergie spontanée et son innocence qui lui permet d'avoir toujours le bon soupçon. Il est attiré par sa franchise, sa détermination et son enthousiasme, qui ajoutent une dose d'excitation et de dynamisme à leur relation. La femme Bélier est une personne charismatique, sociable, ce qui fascine l'homme Cancer. Il admire son approche serviable lorsqu'elle aime quelqu'un, car cela nourrit son besoin de recevoir de l'amour et de l'intérêt. De plus, il est séduit par son besoin d'aventure et de renouveau qui apporte une stimulation constante dans leur relation.

💔 L'homme Cancer reproche à la femme Bélier son impulsivité et son impatience naturelle. Il peut se sentir déstabilisé par ses réactions hâtives et son besoin de prendre le *lead*, car cela peut susciter en lui un sentiment d'impuissance ou de compétition. Il a besoin de stabilité émotionnelle et de sécurité dans ses relations, et la nature passionnée et fluctuante de la femme Bélier peut constituer un défi pour lui. Elle peut être très ferme et ne pas revenir sur des décisions qu'elle a prises même si elle ne s'est pas donné auparavant le temps de la réflexion. Il peut lui reprocher son manque de stabilité.

STATISTIQUES ♥♥♥♥♡
Eric Winter et Roselyn Sánchez, Tommy Mottola et Mariah Carey, Scott Foley et Jennifer Garner.

♀ Cancer / ♂ Bélier

♥ La femme Cancer est séduite par l'enthousiasme naturel de l'homme Bélier, qui lui permet de vivre des moments passionnés et intenses. Elle apprécie la capacité de l'homme Bélier à la faire sortir de sa zone de confort et à l'encourager à prendre des risques pour réaliser ses aspirations. Elle trouve également attrayant son désir de partager des expériences excitantes avec sa partenaire, créant ainsi une connexion profonde, physique et cérébrale, ce qui répond à son envie de lien émotionnel puissant.

💔 La femme Cancer peut reprocher à l'homme Bélier son impulsivité, son désir d'indépendance et son besoin constant de nouveauté qui peuvent conduire à des disputes virulentes et à des réactions brusques. Sa tendance à exprimer ses émotions immédiates peut parfois être difficile à gérer pour la femme Cancer, qui préfère prendre le temps de digérer ses sentiments avant de les exprimer. Tout cela peut conduire l'homme Bélier à être enclin à succomber à l'infidélité. Bien qu'il puisse éprouver des remords et des regrets par la suite, cela peut mettre à l'épreuve la confiance de la femme Cancer envers lui. Elle peut reprocher à l'homme Bélier son impatience et sa tendance à prendre des décisions impulsives.

STATISTIQUES ♥♥♥♡♡
Indila et Skalpovich.

Cancer / Taureau

♂ Cancer / ♀ Taureau

♥ Les forces du couple homme Cancer / femme Taureau résident dans leur capacité à combler mutuellement leurs besoins émotionnels. L'homme Cancer apprécie chez la femme Taureau sa bienveillance, sa tendresse et son réconfort. Elle sait lui offrir une présence réconfortante et lui inspire confiance. La femme Taureau peut apporter à l'homme Cancer une stabilité émotionnelle et une sécurité dans leur relation, ce qui correspond parfaitement aux besoins de ce signe en matière d'amour. Son sens des réalités et sa confiance en elle sont des qualités qui rassurent l'homme Cancer et lui permettent de se sentir aimé et soutenu. Ensemble, ils peuvent créer un cocon familial chaleureux et épanouissant, où l'amour et l'attention sont au centre de leur relation.

L'homme Cancer peut reprocher à la femme Taureau ses possibles accès de colère lorsque ses limites sont atteintes. Il peut être déconcerté par cette réaction, car il la connaît douce et sensible. De plus, la femme Taureau peut être rancunière et mettre rapidement un terme définitif à une relation en cas de mensonge ou de trahison. Cela peut créer des tensions, car l'homme Cancer, en tant que grand sentimental, peut être capricieux et chercher à attirer l'attention ou à susciter une réponse émotionnelle chez sa partenaire. Elle est assez simple d'esprit et ne se plaint pas donc en attend généralement autant en retour, bien qu'elle soit encourageante et compréhensive des besoins de son partenaire.

STATISTIQUES ♥♥♥♡♡

Brian Austin Green et Megan Fox, Yaron Varsano et Gal Gadot.

♀ Cancer / ♂ Taureau

La femme Cancer et l'homme Taureau forment un couple généralement stable, solide et durable. La femme Cancer est attirée par la nature patiente, réaliste, concrète et fiable de l'homme Taureau. Elle se sent en sécurité à ses côtés et apprécie l'ambiance posée et rassurante que lui apporte le cadre de vie de ce dernier. La femme Cancer apprécie chez l'homme Taureau son besoin de toucher pour exprimer ses sentiments. Cela crée une connexion physique profonde entre eux, renforçant leur lien émotionnel. Enfin, la femme Cancer est attirée par l'aspect protecteur de l'homme Taureau, qui lui offre un sentiment de sécurité et d'amour.

La femme Cancer reproche parfois à l'homme Taureau sa possessivité et sa jalousie en amour. Bien qu'il soit loyal, il peut avoir des moments de fragilité et succomber à l'infidélité, ce qui peut créer des tensions dans leur relation. De plus, l'homme Taureau a parfois du mal à exprimer ses émotions de manière ouverte et peut se montrer trop réservé. Cela peut frustrer la femme Cancer, qui recherche une communication profonde et ouverte. En outre, l'homme Taureau peut avoir besoin de moments d'indépendance et de socialisation avec ses amis, ce qui est susceptible de créer des déséquilibres dans la relation.

STATISTIQUES ♥♥♥♡♡

Anjelica Huston et Jack Nicholson, Liv Tyler et Royston Langdon,
Selma Blair et Ahmet Zappa.

Cancer / Gémeaux

♂ Cancer / ♀ Gémeaux

♥ L'homme Cancer apprécie chez la femme Gémeaux sa vivacité d'esprit et sa nature sentimentale et émotive. Elle est capable de le stimuler intellectuellement, ce qui lui permet de grandir et de progresser. La femme Gémeaux apporte un équilibre à l'homme Cancer en lui offrant une connexion cérébrale profonde. Sa nature communicative et dynamique lui permet de s'exprimer ouvertement, ce qui favorise la compréhension mutuelle au sein du couple. Leur relation peut être enrichissante sur le plan intellectuel et émotionnel, car ils ont la capacité de s'épanouir ensemble grâce à leur échange d'idées.

💔 L'homme Cancer peut reprocher à la femme Gémeaux son désir de tout contrôler. De plus, celle-ci peut avoir du mal à comprendre la profondeur des émotions de l'homme Cancer et paraître insensible à ses besoins d'attention qu'elle juge être des caprices. Son désir constant de progression et de changement peut créer un sentiment d'instabilité pour l'homme Cancer, qui recherche la stabilité émotionnelle et la sécurité dans la relation. Son tempérament réactif et directif peut frustrer l'homme Cancer à qui il faut une partenaire qui le laisse prendre davantage le *lead*.

STATISTIQUES ♥♥♥♡♡

Édouard VIII et Wallis Simpson, Nicole Kidman et Tom Cruise, Mike Tyson et Lakiha Spicer.

♀ Cancer / ♂ Gémeaux

♥ La femme Cancer apprécie chez l'homme Gémeaux son intelligence vive et sa capacité à engager des conversations stimulantes. Elle est attirée par son ouverture d'esprit et sa volonté d'évoluer mentalement. L'homme Gémeaux peut offrir à la femme Cancer une complicité intellectuelle qui répond à son besoin de connexion profonde. Sa capacité à communiquer ouvertement et à exprimer ses pensées et ses sentiments est également appréciée par la femme Cancer, qui se sent ainsi écoutée et défendue. De plus, l'homme Gémeaux peut offrir une certaine liberté à la femme Cancer, ce qui correspond à son besoin d'indépendance, tout en maintenant une relation de confiance où elle se sent sécurisée.

💔 Malgré une connexion intellectuelle, la femme Cancer ressent un fort manque de lien émotionnel avec l'homme Gémeaux, qui peut lui sembler insensible ou peu empathique. Elle peut également lui reprocher son rythme changeant. Son besoin de sécurité et de stabilité peut être perturbé par l'inconstance de l'homme Gémeaux. De plus, la femme Cancer peut être déconcertée par le côté narcissique de l'homme Gémeaux qui se sent souvent supérieur aux autres. Bien qu'elle ne soit pas la plus jalouse, elle peut éprouver des difficultés à gérer le côté séducteur de l'homme Gémeaux, surtout s'il entretient de nombreuses amitiés avec d'autres femmes.

STATISTIQUES ♥♥♥♡♡
Mélissa Theuriau et Jamel Debbouze, Lindsay Lohan et Bader Shammas, Rhea Durham et Mark Wahlberg, Dina et Clint Eastwood.

Cancer / Cancer

♂ Cancer / ♀ Cancer

♥ L'homme Cancer apprécie la profondeur émotionnelle et la capacité à créer un lien puissant de sa partenaire. Il est attiré par sa fidélité, son dévouement et son désir de construire un cocon familial sécurisant. La femme Cancer apprécie chez l'homme Cancer sa profondeur émotionnelle et sa douceur. Elle est attirée par sa capacité à exprimer ouvertement ses pensées et ses sentiments, ce qui crée une connexion émotionnelle puissante entre eux. La femme Cancer peut lui apporter un amour inconditionnel et la stabilité émotionnelle dont il a besoin. Elle est prête à investir émotionnellement et à donner tout son amour, tout en attendant le même niveau d'engagement et de loyauté en retour. Ils partagent le sens de la famille, la quête de stabilité et les mêmes qualités d'empathie et de grands sentimentaux. Ensemble, ils peuvent construire un cocon familial chaleureux et épanouissant, où l'amour et la loyauté sont des valeurs centrales.

💔 L'homme Cancer peut reprocher à la femme Cancer sa susceptibilité et son émotivité, qui peuvent parfois mener à des réactions excessives. De plus, il peut parfois percevoir chez la femme Cancer une tendance à donner sans compter, au point de s'oublier elle-même, ce qui peut conduire à des abus de la part des autres. L'homme Cancer peut parfois se montrer pleurnichard, susceptible et capricieux, alors que la femme Cancer a besoin d'un partenaire plus solide émotionnellement parlant.

STATISTIQUES ♥♥♡♡♡
Sylvester Stallone et Sasha Czack, Sylvester Stallone et Brigitte Nielsen.

Cancer / Lion

♂ Cancer / ♀ Lion

♥ L'homme Cancer apprécie la femme Lion pour son allure confiante et son indépendance. Il est attiré par sa capacité à se mettre en avant et à influencer les autres, car cela lui donne un sentiment de sécurité et de protection. La femme Lion est généreuse et attentionnée, ce qui répond aux besoins de l'homme Cancer en matière d'amour. Elle peut élever son estime de soi et stimuler ses ambitions, ce qui renforce le lien émotionnel entre eux. L'homme

Cancer apprécie également sa capacité à prendre des décisions stratégiques et à le stimuler intellectuellement. Ensemble, ils peuvent construire des projets solides et s'épanouir dans un environnement familial chaleureux et sécurisant, ce qui correspond aux valeurs essentielles de l'homme Cancer.

L'homme Cancer peut être perturbé par le désir de prouver de la femme Lion. Il a essentiellement besoin de se sentir sincèrement aimé et d'obtenir de la douceur et de la compassion de sa partenaire, plutôt que d'être perçu comme un objet de prestige. De plus, l'homme Cancer peut trouver la femme Lion trop superficielle car accordant plus d'importance à son image et cherchant l'attention ; de son côté, elle lui reproche la même chose, sans chercher réellement à se remettre en question et à travailler sur son comportement pour plaire à son partenaire. En gros, il peut lui arriver de lui reprocher de chercher davantage à plaire aux autres qu'à lui.

STATISTIQUES ♥♥♡♡♡

Sylvester Stallone et Jennifer Flavin, Vin Diesel et Paloma Jiménez, Conor McGregor et Dee Devlin.

♀ Cancer / ♂ Lion

La femme Cancer apprécie chez l'homme Lion son humour et son air séducteur. Elle est attirée par sa fierté et son désir d'être admiré, et apprécie l'ambition et la détermination de l'homme Lion qui peut de ce fait la motiver à poursuivre ses propres objectifs et aspirations. L'homme Lion, avec son charisme naturel, peut être un excellent partenaire social pour la femme Cancer, l'aidant à élargir son cercle d'amis et à s'épanouir en société. La femme Cancer admire son assurance qui peut lui donner une plus grande confiance en elle et l'encourager à exprimer ses talents et ses compétences. Elle peut trouver du réconfort chez l'homme Lion car il est souvent fidèle, franc et direct dans ses communications, évitant ainsi les malentendus et les jeux d'esprit.

La femme Cancer peut reprocher à l'homme Lion son besoin d'être mis en valeur en permanence, ainsi que d'être trop proche de ses sous, ce qui a tendance à la rebuter. Son orgueil peut parfois entrer en conflit avec le besoin de la femme Cancer d'être entendue et défendue. L'homme Lion peut avoir du mal à exprimer ouvertement ses pensées et ses sentiments par crainte de paraître vulnérable, ce qui peut créer des incompréhensions et des tensions dans la relation. La femme Cancer peut également trouver l'homme Lion trop fier pour s'excuser ou reconnaître ses erreurs ouvertement, ce qui peut être source de conflits. De plus, l'homme Lion peut se montrer défaitiste après avoir pourtant vanté ses capacités, ce est déconcertant pour la femme Cancer.

STATISTIQUES ♥♥♥♥♡

Ariana Grande et Dalton Gomez, Elsa Pataky et Chris Hemsworth, Emmanuelle Seigner et Roman Polanski, Gisele Bündchen et Tom Brady, Solange Knowles et Alan Ferguson.

Cancer / Vierge

♂ Cancer / ♀ Vierge

L'homme Cancer apprécie particulièrement chez la femme Vierge sa fiabilité et son désir d'être en couple avec un partenaire stable et entreprenant. Elle est capable de reconnaître rapidement les détails qui plaisent à l'homme Cancer, que ce soit à travers son apparence, son langage corporel ou son style vestimentaire. Sa volonté rationnelle de se tourner vers des hommes capables et compétents flatte l'homme Cancer. La femme Vierge, tout comme l'homme Cancer, cherche à éviter les relations toxiques et accorde une grande importance à la compatibilité avec son partenaire. Elle peut offrir à l'homme Cancer une relation paisible, où il se sent en sécurité et soutenu émotionnellement.

L'homme Cancer peut trouver la femme Vierge trop froide, et il peut lui être difficile de gérer ses réactions parfois excessives et son désir de contrôler les situations. La femme Vierge, critique et exigeante, peut donner l'impression d'être autoritaire, ce qui peut entrer en conflit avec le besoin de douceur et de compassion de l'homme Cancer. De plus, la femme Vierge est capable d'être très ferme et d'attendre, plus que de simples paroles auxquelles elle peut être insensible, des preuves concrètes de soutien de la part de son partenaire. Cela peut mettre une pression supplémentaire sur l'homme Cancer, qui recherche avant tout une relation harmonieuse et sans tensions. Parfois, la femme Vierge peut avoir du mal à exprimer ouvertement ses faiblesses par peur de paraître vulnérable, ce qui peut rendre difficile la compréhension mutuelle.

STATISTIQUES ♥♡♡♡♡

Elon Musk et Justine Wilson, Carey Hart et P!nk.

♀ Cancer / ♂ Vierge

La femme Cancer apprécie chez l'homme Vierge sa sélectivité prononcée, qui indique qu'il accorde une grande importance à ses choix amoureux et cherche une véritable connexion. Elle apprécie sa générosité et sa capacité à lui offrir une vie confortable. Elle trouve en lui un partenaire qui peut répondre à son besoin de sécurité et de stabilité, car l'homme Vierge est prêt à construire une relation solide et cherche toujours à traiter sa femme comme une princesse. Il peut également se montrer protecteur envers elle, défendant ses intérêts en toute situation.

La femme Cancer peut trouver que l'homme Vierge manque parfois d'expressivité et de romantisme, préférant utiliser l'humour ou des taquineries plutôt que de faire de grandes déclarations d'amour. De plus, l'homme Vierge peut se montrer impatient lorsque la femme Cancer s'exprime, ce qui peut donner l'impression qu'il n'est pas pleinement attentif aux détails des récits de sa partenaire. La femme Cancer peut également critiquer l'homme Vierge pour sa mauvaise foi et sa propension à faire exactement ce qu'il reproche qu'on lui fait.

STATISTIQUES ♥♥♥♡♡

Priyanka Chopra et Nick Jonas, Sabrina Dhowre et Idris Elba, Liv Tyler et Dave Gardner.

Cancer / Balance

♂ Cancer / ♀ Balance

L'homme Cancer est naturellement attiré par la femme Balance en raison de sa nature chaleureuse et charmante. Il apprécie la façon dont elle peut s'enflammer rapidement, ce qui alimente sa propre passion amoureuse. La femme Balance possède une aura de douceur et de gentillesse qui correspond parfaitement à ce que l'homme Cancer recherche chez une partenaire. Elle est capable de le mettre à l'aise et de dissiper ses doutes, créant ainsi une connexion profonde basée sur la confiance mutuelle. Sa capacité à créer une atmosphère harmonieuse et à communiquer est un véritable atout pour l'homme Cancer, qui recherche la stabilité émotionnelle et la sécurité. De plus, la femme Balance est une partenaire dévouée et prête à faire des sacrifices pour le bien-être de leur relation, ce qui correspond parfaitement à la générosité et à l'engagement de l'homme Cancer envers ses proches.

L'homme Cancer peut parfois reprocher à la femme Balance sa jalousie. Il peut se sentir étouffer lorsqu'elle recherche en permanence des preuves de son amour et de son dévouement. Cette demande excessive d'attention peut sembler épuisante pour l'homme Cancer, qui a besoin de moments de solitude pour se ressourcer émotionnellement. De plus, l'homme Cancer peut être déconcerté par l'indécision de la femme Balance. Cette incertitude est susceptible de créer des tensions et des incompréhensions entre les deux partenaires. Enfin, l'homme Cancer peut être frustré par la susceptibilité de la femme Balance et son tempérament nerveux. Il préfère une approche plus stable lorsqu'il s'agit de gérer les conflits, tandis que la femme Balance peut se braquer et intérioriser jusqu'à ce qu'elle craque.

STATISTIQUES ♥♥♥♡♡

Elon Musk et Talulah Riley, Willem Dafoe et Giada Colagrande.

♀ Cancer / ♂ Balance

L'homme Balance possède un charme naturel et une attitude aimante qui captivent, dès le début de leur relation, le cœur de la femme Cancer qui est séduite par sa sensibilité et l'attention qu'il porte à son apparence.

Elle apprécie qu'il valorise l'individualité et l'expression authentique de sa personnalité. De plus, l'homme Balance est attiré par les femmes indépendantes et épanouies qui poursuivent leurs aspirations dans la vie, ce qui correspond au désir de la femme Cancer d'avoir un partenaire qui l'encourage dans ses propres projets. Très généreux, il aime la gâter et la traiter comme une princesse, ce qu'elle apprécie fortement.

La femme Cancer reproche parfois à l'homme Balance d'être influencé par son entourage et de prendre en compte les opinions des autres au détriment de sa propre volonté. Sa nature conciliante peut créer des situations où il a du mal à prendre des décisions fermes, ce qui peut frustrer la femme Cancer. De plus, au début de la relation, l'homme Balance peut avoir tendance à flirter ou à éprouver des sentiments pour plusieurs personnes à la fois, suscitant des inquiétudes chez la femme Cancer quant à sa fidélité. Enfin, la femme Cancer peut le trouver trop lâche ou menteur sur les bords.

STATISTIQUES ♥♥♥♡♡

Pamela Anderson et Tommy Lee, Elsa et Michou.

Cancer / Scorpion

♂ Cancer / ♀ Scorpion

L'homme Cancer apprécie la sensibilité et la profondeur émotionnelle de la femme Scorpion. Il est attiré par sa capacité à ressentir profondément ses émotions et à les partager avec lui. La femme Scorpion peut lui apporter une compréhension intuitive de ses sentiments les plus profonds, ce qui lui permet de se sentir véritablement compris et accepté. Sa loyauté sans faille lui offre une sécurité émotionnelle, et il apprécie son investissement total dans la relation. La femme Scorpion, en étant attentive et protectrice envers lui, lui procure un sentiment de confort et de stabilité qu'il recherche ardemment. Ensemble, ils peuvent construire un cocon familial solide, où l'amour et la connexion émotionnelle prospèrent.

L'homme Cancer peut reprocher à la femme Scorpion sa jalousie intense et sa tendance à réagir de manière excessive et impulsive lorsqu'elle se sent abusée dans la relation. Elle peut prendre les choses tellement à cœur qu'elle ne laisse généralement pas passer un sentiment d'injustice sans se défendre. Il peut en outre lui reprocher de parfois mal interpréter les choses, ce qui peut le déstabiliser et le mettre mal à l'aise. De plus, la femme Scorpion peut avoir du mal à pardonner les trahisons passées, ce qui est susceptible d'entraîner des conflits prolongés et une difficulté à retrouver une confiance totale. L'homme Cancer peut également être déconcerté par le besoin de contrôle de la femme Scorpion, car il préfère une approche plus douce et plus flexible. Ces différences peuvent entraîner des frictions occasionnelles dans leur dynamique.

STATISTIQUES ♥♥♥♡♡

Harrison Ford et Calista Flockhart, Tom Hanks et Rita Wilson, Georges et Claude Pompidou.

♀ Cancer / ♂ Scorpion

La femme Cancer crée naturellement une connexion puissante avec l'homme Scorpion et est séduite par l'intensité de ses sentiments. Elle est également attirée par sa générosité et son désir de la protéger et de prendre soin d'elle. L'homme Scorpion sait comment être présent pour elle et lui apporter un soutien solide. La femme Cancer apprécie la loyauté de l'homme Scorpion et sa capacité à s'engager pleinement dans la relation. Sa recherche d'une connexion profonde et sa sensibilité émotionnelle résonnent avec les aspirations de la femme Cancer, créant ainsi une compatibilité émotionnelle entre eux et un cocon familial durable.

Le besoin naturel de domination et de contrôle de l'homme Scorpion peut parfois entrer en conflit avec le désir de la femme Cancer d'avoir une relation équilibrée. Les moments où l'homme Scorpion exprime ses émotions de manière impulsive peuvent créer des tensions et des blessures émotionnelles chez la femme Cancer. La jalousie et la possessivité de l'homme Scorpion peuvent également être source de conflits, car la femme Cancer apprécie la compréhension et la confiance dans sa relation.

STATISTIQUES ♥♥♥♥♥

Lady D et le prince Charles, Camilla Parker-Bowles et le prince Charles, Gisele Bündchen et Leonardo DiCaprio, Jessica Simpson et Nick Lachey, Poupette Kenza et Allan.

Cancer / Sagittaire

♂ Cancer / ♀ Sagittaire

L'homme Cancer est attiré par l'allure confiante et séduisante de la femme Sagittaire. Il apprécie également sa capacité à l'écouter attentivement sans être trop envahissante, ce qui lui permet de se sentir aimé et compris. La femme Sagittaire, de son côté, offre à l'homme Cancer une grande liberté, respectant son besoin de temps et d'espace pour lui-même. Elle peut aussi stimuler son esprit et son côté aventureux, l'encourageant à sortir de sa zone de confort et à faire de nouvelles expériences. La générosité de la femme Sagittaire correspond aux attentes de l'homme Cancer en matière d'amour, car il apprécie les attentions et les preuves d'affection.

💔 L'homme Cancer peut reprocher à la femme Sagittaire son manque de soumission et sa résistance aux ordres. Il peut se sentir déstabilisé lorsqu'elle agit de sa propre initiative sans tenir compte de ses besoins ou de ses attentes. De plus, l'homme Cancer peut être perturbé par la communication sans filtre de la femme Sagittaire qui est parfois trop cash, sans même s'en apercevoir. Il lui faut une partenaire qui puisse s'adapter à sa grande sensibilité et qui évite de le vexer avec des paroles blessantes. De son côté, la femme Sagittaire peut avoir du mal à comprendre les besoins émotionnels intenses de l'homme Cancer, ce qui peut entraîner des incompréhensions et des conflits.

STATISTIQUES ♥♥♥♥♡
Tom Hanks et Samantha Lewes, Tom Cruise et Katie Holmes.

♀ Cancer / ♂ Sagittaire

♥ La femme Cancer est attirée par le charisme et l'énergie dynamique de l'homme Sagittaire. Elle apprécie son attitude positive et sa capacité à la faire rire, ce qui crée une complicité entre eux. L'homme Sagittaire peut apporter à la femme Cancer un sentiment de liberté et d'indépendance qu'elle apprécie. Il la soutient dans ses projets et l'encourage à poursuivre ses aspirations. L'homme Sagittaire apporte à la femme Cancer le sens de l'aventure et de la spontanéité, ce qui met du piment dans sa vie et lui donne l'occasion de sortir de sa zone de confort.

💔 La femme Cancer peut reprocher à l'homme Sagittaire d'être parfois trop cru ou insensible, et peu compréhensif de ses désirs. Son désir de stabilité et de sécurité peut entrer en conflit avec l'attitude plus aventureuse de l'homme Sagittaire. De plus, la femme Cancer peut avoir des difficultés à faire face à la propension de l'homme Sagittaire à explorer de nouvelles expériences, ce qui peut éveiller sa méfiance et rendre délicat le sujet de la fidélité. L'homme Sagittaire, de son côté, peut être agacé par le besoin de la femme Cancer de se sentir constamment aimée et rassurée. Enfin, il peut être très dur et autoritaire envers la femme Cancer, à qui il faut beaucoup de douceur pour se sentir épanouie.

STATISTIQUES ♥♥♡♡♡
Meryl Streep et Don Gummer.

Je note ma compatibilité avec **l'homme Cancer**

1. Comment exprimez-vous votre affection et votre amour envers votre partenaire ?

A. J'ai du mal à exprimer mes sentiments et j'utilise l'humour pour les masquer.
B. Je suis plus encline à exprimer mon amour à travers des actes qu'avec des gestes attentionnés.
C. J'exprime mon amour à travers une communication ouverte et une connexion émotionnelle forte.

2. Quelles sont vos attentes au niveau de la sensibilité de votre partenaire ?

A. Je ne recherche pas un partenaire spécialement sensible.
B. J'ai besoin d'un partenaire sensible mais pas susceptible.
C. Je recherche un partenaire sensible et empathique, et je peux supporter sa susceptibilité comme il devra supporter la mienne.

3. Quelle importance accordez-vous à la famille et à l'engagement à long terme dans une relation ?

A. La famille n'est pas une priorité pour moi, et je n'aspire pas à en fonder une.
B. Je ne suis pas attachée à ma famille mais je peux envisager de fonder une famille avec mon partenaire.
C. La famille est importante pour moi, et je ressens le besoin de construire un cocon familial stable avec mon partenaire.

4. Comment réagiriez-vous si votre partenaire vous mentait pour attirer votre attention ?

A. Je n'accepte pas le mensonge, encore moins si c'est pour me culpabiliser.
B. Je peux comprendre le besoin d'attention, mais je prends ça pour des caprices et ne compte pas les supporter longtemps.
C. Je trouve ça mignon et rassurant, et ne lui en tiendrais pas rigueur.

5. Quel type de connexion recherchez-vous principalement avec votre partenaire ?

A. Une connexion physique.
B. Une connexion cérébrale.
C. Une connexion émotionnelle.

6. Comment envisagez-vous la communication et la résolution des conflits avec votre partenaire ?

A. J'ai tendance à être agressive lors des disputes.

B. J'ai tendance à éviter les conflits et à rechercher l'harmonie à tout prix.
C. Je suis ouverte à la discussion et à la recherche de solutions lorsque des conflits surviennent.

7. Quelle importance accordez-vous à la fidélité dans une relation amoureuse ?

A. Je ne crois pas à la monogamie, mon cœur est trop grand pour aimer une personne à la fois.
B. Je m'adapte à la vision de mon partenaire, mais je suis ouverte à la possibilité d'avoir d'autres relations.
C. C'est une valeur fondamentale, je suis fidèle et j'en attends autant en retour.

8. Quelles qualités essentielles recherchez-vous chez un partenaire ?

A. Entreprenant, impulsif et direct.
B. Calme, routinier et stable.
C. Créatif, sentimental et travailleur passionné.

9. Quelle est votre approche de l'intimité émotionnelle et de la connexion profonde dans une relation ?

A. J'ai du mal à m'ouvrir émotionnellement et à établir une connexion profonde avec mon partenaire.
B. J'apprécie l'intimité émotionnelle et je suis prête à travailler dessus dans ma relation.
C. J'ai besoin d'une connexion émotionnelle profonde et je suis prête à investir du temps et à faire des efforts pour la cultiver.

10. Comment réagissez-vous aux moments de stress et de pression dans une relation amoureuse ?

A. Je ne supporte pas le stress et je peux avoir des réactions excessives face à la pression.
B. J'ai tendance à me retirer et à m'isoler lors de moments de stress.
C. Je cherche le soutien de mon partenaire et j'essaie de faire face à la pression avec lui.

Écrivez le nom de vos hommes Cancer préférés :

....

....

....

....

....

Résultat du test :

A : Mauvaise compatibilité
B : Compatibilité normale
C : Bonne compatibilité

Je note ma compatibilité avec **la femme Cancer**

1. Comment décririez-vous votre besoin de connexion émotionnelle dans une relation ?

A. J'ai peu besoin de connexion émotionnelle et je suis plus à l'aise avec une certaine indépendance émotionnelle.

B. J'apprécie la connexion émotionnelle, mais j'ai aussi besoin d'un équilibre entre l'indépendance et l'intimité.

C. Je recherche une forte connexion émotionnelle dans une relation et je suis prêt à investir pour la créer.

2. Comment gérez-vous les émotions et les conflits dans une relation amoureuse ?

A. J'ai du mal à exprimer mes émotions et je préfère éviter les conflits autant que possible.

B. Je suis capable de gérer mes émotions et de faire face aux conflits, mais j'ai besoin de temps pour les résoudre.

C. Je suis à l'aise avec l'expression émotionnelle et je suis prêt à travailler activement sur la résolution des conflits.

3. Comment réagissez-vous aux besoins d'intimité et de proximité dans une relation amoureuse ?

A. J'ai besoin de plus d'espace personnel et je suis peu à l'aise avec une intimité intense.

B. J'apprécie l'intimité et la proximité, mais j'ai aussi besoin de moments de solitude et de temps pour moi.

C. Je valorise une intimité profonde et je suis prêt à partager un lien émotionnel étroit avec ma partenaire.

4. Quelle est votre attitude envers la stabilité et la sécurité matérielle dans une relation amoureuse ?

A. J'accorde peu d'importance à la stabilité matérielle et je suis plus enclin à prendre des risques.

B. Je considère la stabilité matérielle comme importante, mais je suis aussi ouvert aux opportunités.

C. Je cherche une stabilité matérielle solide dans une relation et je suis prêt à y contribuer.

5. Comment réagissez-vous aux changements d'humeur (exemple : votre partenaire pleure soudainement) et à la sensibilité émotionnelle dans une relation amoureuse ?

A. J'ai du mal à gérer les changements d'humeur et je préfère une certaine stabilité émotionnelle.

B. Je suis capable de faire preuve de compréhension face aux changements d'humeur, mais j'ai aussi besoin de stabilité.

C. Je suis attentif aux changements d'humeur et à la sensibilité émotionnelle de ma partenaire, et je suis prêt à la soutenir.

6. Comment abordez-vous l'idée de construire un foyer et une famille dans une relation amoureuse ?

A. Je suis peu enclin à construire un foyer et à fonder une famille.
B. J'envisage de construire un foyer et de fonder une famille, mais j'ai besoin de temps pour y arriver.
C. Je suis très intéressé par la construction d'un foyer et la fondation d'une famille, et je cherche une partenaire qui partage cette vision.

7. Quelle est votre attitude envers l'empathie et l'écoute active dans une relation amoureuse ?

A. J'ai peu de facilités à exprimer de l'empathie et à pratiquer une écoute active.
B. J'essaie d'être empathique et à l'écoute, mais j'ai aussi mes limites.
C. Je suis naturellement empathique et j'attache une grande importance à l'écoute active dans une relation.

8. Comment gérez-vous les responsabilités et les engagements dans une relation amoureuse ?

A. J'ai du mal à gérer les responsabilités et les engagements à long terme.
B. Je suis capable de prendre mes responsabilités, mais j'ai aussi besoin de flexibilité.
C. Je suis prêt à assumer des responsabilités et à m'engager pleinement dans une relation amoureuse.

9. Quelles qualités recherchez-vous principalement chez votre partenaire idéale ?

A. Détermination, courage et optimisme.
B. Patience, calme et sensualité.
C. Sensibilité, empathie et vivacité d'esprit.

10. Comment abordez-vous la notion de soutien émotionnel et de protection dans une relation amoureuse ?

A. J'ai peu besoin de soutien émotionnel et de protection, et je préfère une relation plus équilibrée.
B. J'apprécie le soutien émotionnel et la protection de ma partenaire, mais j'ai aussi besoin d'indépendance.
C. Je recherche un soutien émotionnel et une protection solides dans une relation, et je suis prêt à offrir les mêmes choses.

Écrivez le nom de vos femmes Cancer préférées :

....

....

....

Résultat du test :

A : Mauvaise compatibilité
B : Compatibilité normale
C : Bonne compatibilité

Canion

ENTRE LE 19 ET LE 23 JUILLET

Les personnes nées entre le 19 et le 23 juillet (parfois même le 18… en réalité, c'est de la casuistique), c'est-à-dire entre le signe du Cancer et celui du Lion, prennent souvent certains traits de caractère liés au Cancer et d'autres liés au Lion.

Célébrités

Selena Gomez
Saïd Taghmaoui
Daniel Radcliffe
Énora Malagré
Mireille Mathieu

Lion

Le Lion, qui débute le 23 juillet et finit le 22 août, est le second signe astrologique de la saison d'été. Il est associé à l'élément Feu (avec le Bélier et le Sagittaire). Le Lion débute en juillet et se poursuit en août, période propice à la joie, aux rencontres sociales et aux activités récréatives.

Les grandes caractéristiques **du Lion**

Il ne vit que pour les caméras.

Ce n'est pas un mouton (suiveur), c'est un Lion !

Il n'a pas besoin de trop de temps pour se prononcer.

C'est la star de son monde !

Stagner, c'est régresser !

Mots-clés

Communicatif
« Moi je »
Leader
Directif
Sportif
Charismatique
Entrepreneur
Astucieux
Frimeur
Bon vendeur
Actif
Grand bosseur flemmard
Déterminé
Compétiteur

Fier
Faux calme
Show off
Séducteur
Il aime frimer et impressionner
Sensible
Humour décalé
Il a du mental
Il adore débattre
Challenger
Astucieux
Abrupte
Imaginatif
Il a peur de l'échec

Il visualise très bien l'avenir
Prudent
Éternel insatisfait
Sarcastique
Sage
Dur
Intransigeant
Râleur
Fainéant
Impatient
Curieux
Loyal
Pessimiste
Ce n'est pas un mouton

L'homme Lion

L'homme Lion vit pour les caméras ! Il aime frimer et impressionner les gens, même s'il peut manquer de confiance en lui. Il est prêt à beaucoup pour plaire et, pour se sentir aimé, et il a parfois du mal à dire non. Très fiable et généreux, plus en temps qu'en argent, il recherche activement l'admiration et la reconnaissance. Il déteste stagner : pour lui, si on n'évolue pas, on régresse. Il est aussi exigeant envers lui-même qu'envers les autres, car il estime qu'un véritable ami est celui qui pousse autrui à se surpasser plutôt que celui qui le caresse dans le sens du poil. Il est d'ailleurs très fidèle et loyal et tire toujours les gens vers le haut.

« Je ne pense pas que vous puissiez créer quelque chose d'intéressant à partir d'une zone de confort. Vous devez travailler à partir d'une zone de peur et d'échec. »

CHARLIZE THERON

Il a en permanence une multitude d'idées entrepreneuriales, et peut aussi bien travailler à son compte que pour une entreprise. Il incarne à la fois l'esprit entrepreneur et la fainéantise : s'il se lance dans de nombreux projets et les mène à bien, c'est dans le but de ne plus jamais avoir à travailler et de préserver son énergie pour lui. Il sait optimiser son temps et aime se consacrer à des activités sportives pour se défouler.

Très curieux et cultivé, il peut expliquer les concepts qu'il a appris la veille comme s'il était doté d'un diplôme en la matière. L'homme Lion est un compétiteur qui a la tchatche et peut trouver autant de solutions que d'excuses. Il tend à râler en public, bien qu'au fond il sache se remettre en question. Il aime communiquer ses idées et partager ses connaissances, impressionner ou choquer. Il apprécie les conversations animées ou les débats intellectuels. Il utilise son talent d'orateur pour capter l'attention et se sentir valorisé.

« L'astuce, c'est de ne pas faire attention quand ça fait mal. »

BARACK OBAMA

L'homme Lion est au fond très sensible, mais son ego peut le pousser à se montrer fort en toutes circonstances. Il affiche souvent une apparence tranquille et positive, mais en réalité, il peut accumuler beaucoup de pression, de frustrations ou de tensions puis craquer. Il est très entier et fier, et ne sait pas forcément bien mentir. Il est courageux et n'hésite pas à aller à contre-courant pour rester fidèle à lui-même, car il est très attaché à ses principes et valeurs. C'est un homme très prudent, qui sait très bien mesurer les risques. Il ne craint pas de prendre une direction à contre-courant : qui l'aime le suive !

En amour

L'homme Lion est un séducteur à la recherche d'une compagne qui éprouve une immense fierté d'être à ses côtés. Pour lui, une relation épanouissante implique que les partenaires se témoignent une profonde considération et une admiration sans faille. Il n'apprécie pas les démonstrations d'affection trop conventionnelles ou trop clichés. Il préfère une relation dynamique et stimulante, où l'intensité des émotions prend le pas sur les douceurs superficielles. Il est souvent attiré par les femmes séduisantes, indépendantes et entreprenantes. Bien qu'il apprécie jouer de ses talents de séducteur, il a une telle fierté qu'il sait résister à la tentation. La confiance étant primordiale, les crises de jalousie infondées ou l'agressivité ne font que l'éloigner.

> «Ce n'est pas mon style. Mon style, c'est de regarder la route devant moi. Jamais dans le rétroviseur.»
>
> ARNOLD SCHWARZENEGGER

Bien qu'il ne soit pas opposé à débuter la relation par de l'amitié, l'homme Lion apprécie néanmoins préserver la séduction. Il est très sensible et peut être profondément blessé lorsque sa partenaire ne se montre pas fière de lui. La concurrence dans le domaine de l'amour le fait fuir, trop fier pour s'amuser à jouer à «suis-moi je te fuis, fuis-moi je te suis». Il peut avoir du mal à présenter des excuses, mais au fond de lui, il reconnaît ses erreurs. L'homme Lion est souvent dominateur dans son couple. Il a besoin de sentir que sa partenaire peut compter sur lui pour s'épanouir en toute sécurité, bien qu'il puisse se plaindre de toujours tout faire. Il revêt cette carapace car il craint d'avoir l'air vulnérable en exprimant clairement ses sentiments les plus profonds.

Pour éviter de réagir impulsivement, il préfère se tourner vers quelqu'un qui évite de le provoquer excessivement et qui comprenne l'importance de maintenir une atmosphère harmonieuse et respectueuse. Il recherche une partenaire qui puisse le soutenir, l'encourager, lui apporter une stabilité et un cadre de vie structuré. Finalement, l'homme Lion recherche quelqu'un qui lui ressemble, non qu'il soit narcissique mais... ah si, tout de même! La vie au quotidien avec l'homme Lion peut être aussi paisible qu'explosive. Il recherche une connexion aussi physique que mentale ou émotionnelle afin de ne jamais s'ennuyer.

Ils sont Lion

Barack Obama • Mohammed VI • Robert De Niro • Daniel Radcliffe • Mick Jagger • Arnold Schwarzenegger • James Cameron • Ben Affleck • Steve Carell • Alfred Hitchcock • Joe Jonas • Antonio Banderas • Sean Penn • Tomer Sisley • Jean-Luc Mélenchon • François Hollande • Jean-Marc Morandini • Laurent Lafitte • Gilles Verdez • Calogero • Guillaume Pley • Napoléon Bonaparte...

Test d'introspection pour
l'homme Lion

1 Quels sont mes désirs et mes aspirations les plus profonds dans une relation amoureuse, et comment puis-je les exprimer de manière authentique et sincère à ma partenaire ?

2 Quels sont les critères importants que je recherche chez une partenaire idéale, en termes de personnalité, d'ambition et de vision de la vie, et comment ces critères influencent-ils mes choix amoureux ?

3 Suis-je prêt à m'engager pleinement dans une relation sérieuse et à consacrer du temps et de l'énergie pour nourrir et faire grandir cette relation ?

4 Quelles sont mes attentes en termes de reconnaissance, de soutien et d'admiration dans une relation amoureuse, et comment puis-je communiquer ces attentes à ma partenaire tout en restant ouvert à ses propres besoins ?

5 Quelles sont mes valeurs fondamentales en matière de partenariat et de vie de couple, et comment puis-je m'assurer que mes actes et mes choix sont alignés sur ces valeurs ?

6 Comment puis-je communiquer de manière claire et directe mes besoins, mes attentes et mes préoccupations à ma partenaire, tout en favorisant une communication ouverte et respectueuse ?

7 Comment est-ce que je gère l'équilibre entre mon indépendance et ma volonté de prendre soin et de soutenir ma partenaire dans une relation amoureuse ?

8 Quelles sont mes limites personnelles en termes de compromis et de concessions, et comment puis-je les communiquer clairement à ma partenaire tout en respectant ses propres limites ?

9 Suis-je prêt à partager mes émotions et mes vulnérabilités avec ma partenaire, et comment puis-je créer un environnement de confiance qui facilite cette ouverture émotionnelle ?

10 Comment est-ce que je gère les conflits et les désaccords dans mes relations amoureuses, et comment puis-je développer des compétences de résolution de problèmes qui favorisent la croissance et l'harmonie dans ma relation ?

La femme **Lion**

La femme Lion vit pour les caméras ! Elle a tendance à monopoliser l'attention et peut avoir une haute estime d'elle-même, bien qu'elle n'ait pas toujours confiance en elle. Entière et fière, la femme Lion peut réagir à chaud et recadrer tous ceux qui essaient de l'atteindre. Néanmoins, elle sait être très réfléchie lorsque ses émotions ne sont pas en jeu. Elle est indépendante et peut être très exigeante. Lors d'un conflit, il peut lui être difficile de s'excuser la première. Elle ne craint pas de prendre une direction à contre-courant : qui l'aime la suive ! Elle sait mener sa barque pour arriver à ses fins.

> « Peu importe qui vous êtes, ce que vous avez fait ou d'où vous venez, vous pouvez toujours changer et vous améliorer. »
>
> MADONNA

Très curieuse de tout, la femme Lion se pose aussi énormément de questions existentielles. Elle montre toujours une image fière, elle aime être au cœur de l'attention et plaire, et cherche parfois à impressionner, quitte à en faire trop. Elle est très fidèle et loyale en amitié, et ne parvient pas toujours à opposer de refus à ceux qu'elle aime. Son instinct d'autopréservation la pousse naturellement à se relever toujours plus forte après une trahison. Elle est très motivante, encourageant toujours ses proches à progresser. Elle donne l'impression d'être forte même quand elle souffre, car au fond elle reste très sensible. En présence des autres, elle préfère garder la tête haute et montrer qu'elle a donné le meilleur d'elle-même.

Son besoin d'évoluer se manifeste dans tous les domaines. Elle aime partager son savoir et ses conseils, et se sentir utile. Elle excelle dans l'élaboration et la concrétisation de projets. Elle possède une véritable âme d'entrepreneur même si elle est très fainéante. Elle est loquace, et sait défendre ses idées. Elle est impatiente et ne veut manquer aucune occasion. Elle cultive les relations enrichissantes et apprécie les rencontres avec des personnes qui la font progresser socialement et partagent les mêmes aspirations de réussite. Ses vrais amis sont comme sa deuxième famille, mais elle a tendance à vouloir prendre le *lead* dans ses relations. Elle n'est pas rancunière, mais elle ne perd pas son temps après une déception. La femme Lion a beaucoup d'énergie, qu'elle dépense souvent dans le sport. C'est une conquérante prête à tout pour atteindre ses objectifs, et qui sait puiser dans ses forces pour y parvenir.

> « C'est en ayant confiance en soi que l'on devient sexy. »
>
> JENNIFER LOPEZ

En amour

La femme Lion est attirée par des hommes séduisants qui exercent une influence marquante sur les autres. Elle est très exigeante et apprécie les hommes entreprenants qui ne reculent pas devant les épreuves, assumant leurs choix et leurs idées. Elle a besoin d'un partenaire qui la mette en avant, afin qu'elle se sente admirée, et qui soit attentionné et affectueux. Elle recherche quelqu'un de romantique et à l'écoute, qui saura la combler de cadeaux et prendre soin d'elle. Elle a besoin de rire et de partager avec son partenaire un humour aussi décalé que le sien. Elle ne veut pas d'un homme qui lui tienne tête, car elle peut être extrêmement têtue. Au début de sa relation, la femme Lion n'est pas non plus à la recherche d'un homme stable car elle aime voyager, sait s'adapter et être flexible. Elle privilégie la qualité des moments à la quantité.

> « Le talent est dans les choix qu'on fait. »
>
> ROBERT DE NIRO

La femme Lion recherche avant tout un homme qui lui plaise physiquement, qui soit charismatique, en perpétuelle évolution et qui aspire à réaliser de grandes choses. Elle apprécie les personnes qui ont de grandes ambitions et recherche quelqu'un qui l'élève, qui croit en elle et qui la stimule. Elle préfère les hommes sportifs et qui aiment dépenser leur énergie, et fuit les hommes trop mous et peu sûrs d'eux. Elle n'est pas jalouse mais déteste la concurrence. Elle n'est pas méfiante et laisse beaucoup de liberté à son partenaire, tant qu'elle a confiance. Elle est très loyale et fidèle et n'est pas encline à tromper, mais plutôt à se séparer si elle ne voit plus d'intérêt à la relation.

Lorsqu'elle est amoureuse, elle envisage rapidement de construire des projets à deux. Bien qu'elle n'ose pas toujours l'avouer ou le montrer, elle reste très câline et affectueuse, et a besoin d'être comblée d'amour. La femme Lion est un être très sensible qui prend les choses à cœur et qui peut donner beaucoup d'amour dans l'espoir de briller aux yeux de celui qu'elle aime. Elle peut intérioriser ses sentiments mais, lors d'un conflit, la femme Lion peut être impulsive, voire brutale. Bien qu'elle ne soit pas la plus rancunière, sa fierté est tout de même bien présente. Son partenaire peut avoir une influence significative sur elle ; c'est pourquoi elle préfère prendre son temps pour trouver un homme qui n'éteigne pas sa lumière, mais qui la fasse briller. Pour autant, elle n'a pas besoin d'énormément de temps avant de s'engager lorsqu'elle trouve son idéal. Elle communique facilement et souhaite trouver un homme qui l'écoute et qui soit capable de débattre de tout, et qui l'aime pour ce qu'elle est au fond.

> « Perds tes rêves et tu perdras ton esprit. »
>
> MICK JAGGER

Elles sont Lion

Jennifer Lawrence • Madonna • Charlize Theron • Kylie Jenner • Sandra Bullock • Demi Lovato • Halle Berry • Jennifer Lopez • Mila Kunis • Viola Davis • Geri Halliwell • Hilary Swank • Marine Le Pen • Karine Le Marchand • Meghan Markle • Úrsula Corberó • Elizabeth Gillies • Whitney Houston • Gina Rodriguez • Dua Lipa • Madelaine Petsch • Meagan Good • Cara Delevingne • Joey King • Evanna Lynch ...

Test d'introspection pour
la femme Lion

1 Quels sont mes besoins émotionnels et physiques essentiels dans une relation amoureuse, et comment puis-je exprimer ces besoins de manière claire et affirmée à mon partenaire ?

....

....

2 Quels sont mes critères de sélection pour trouver un partenaire idéal, en termes de personnalité, d'ambition et d'attitude envers la vie, et comment ces critères influencent-ils mes choix amoureux ?

....

....

3 Quels sont mes objectifs à long terme en ce qui concerne ma vie amoureuse et mes relations, et comment puis-je m'assurer que mes actes et mes décisions sont alignés sur ces objectifs ?

....

....

4 Suis-je prête à m'engager pleinement dans une relation sérieuse et à investir le temps et l'énergie nécessaires pour la faire évoluer vers quelque chose de durable et d'épanouissant ?

....

....

5 Quelles sont les qualités et les caractéristiques que je recherche chez un partenaire, et comment puis-je m'assurer que ces critères correspondent à mes propres valeurs et aspirations ?

....

....

6 Comment puis-je communiquer de manière efficace mes besoins, mes attentes et mes préoccupations à mon partenaire, en favorisant une communication ouverte et respectueuse ?

7 Quel est mon rapport à l'indépendance et au besoin d'être admirée dans une relation amoureuse, et comment puis-je équilibrer ces aspects avec les besoins et les attentes de mon partenaire ?

8 Quelles sont mes limites personnelles en termes de compromis et de concessions, et comment puis-je les exprimer clairement tout en respectant les limites de mon partenaire ?

9 Suis-je prête à être vulnérable et à partager mes émotions authentiques avec mon partenaire, et comment puis-je développer un environnement de confiance qui favorise cette ouverture émotionnelle ?

10 Comment est-ce que je gère les conflits et les désaccords dans mes relations amoureuses, et comment puis-je cultiver des compétences de résolution de problèmes qui favorisent la croissance et l'harmonie dans ma relation ?

Lion / Capricorne

♂ Lion / ♀ Capricorne

♥ L'homme Lion est attiré par la stabilité mentale et émotionnelle et la détermination sans faille de la femme Capricorne. Elle est une partenaire sur laquelle il peut compter, car elle apporte un sens du devoir et une structure à leur relation. Elle reconnaît et valorise les réalisations de l'homme Lion, ce qui lui permet de se sentir admiré et soutenu. De plus, la femme Capricorne partage avec lui ambition et volonté de réussir, ce qui crée une dynamique stimulante pour le couple.

💔 L'homme Lion peut reprocher à sa partenaire son apparente insensibilité et son manque d'expressivité émotionnelle. Il peut désirer davantage de démonstrations d'affection et de validation de ses sentiments de la part de la femme Capricorne. De plus, il peut se sentir limité ou trop surchargé par le cadre de vie strict et la nécessité de contrôle de sa partenaire qui peuvent entraver sa liberté et son besoin de se sentir valorisé. Leur communication peut être un défi, car il arrive que l'homme Lion ait du mal à s'excuser ouvertement et que la femme Capricorne ait du mal à se détacher de ses principes.

STATISTIQUES ♥♥♥♥♡

Barack et Michelle Obama, James Cameron et Suzy Amis.

♀ Lion / ♂ Capricorne

♥ La femme Lion est attirée par des hommes puissants et entreprenants, et l'homme Capricorne incarne ces qualités. Elle apprécie chez lui sa détermination, son sérieux et sa capacité à assumer ses choix. Dans cette relation, l'homme Capricorne peut apporter à la femme Lion une stabilité et une sécurité émotionnelles, ainsi qu'un soutien dans ses projets. Amoureux, il est prêt à investir du temps et de l'énergie pour construire un avenir durable avec elle. Il est très à cheval sur ses principes, ce qui plaît à la femme Lion et lui donne confiance.

💔 La femme Lion peut reprocher à l'homme Capricorne son manque de flexibilité et de spontanéité. Son rythme de vie simple et structuré peut entrer en conflit avec le désir de la femme Lion d'expérimenter et de profiter de la vie. De plus, l'homme Capricorne peut avoir du mal à exprimer ouvertement ses sentiments, ce qui est susceptible de frustrer la femme Lion à qui il faut attention et affection. Son manque d'enthousiasme peut également poser problème, car la femme Lion veut se sentir désirée et valorisée en permanence. Par ailleurs, l'homme Capricorne peut être très routinier et privilégier une vie ordinaire sans grande prise de risques, ce qui peut créer un déséquilibre avec le besoin d'excitation de la femme Lion.

STATISTIQUES ♥♥♥♡♡

Viola Davis et Julius Tennon, Iman et David Bowie, Kylie Jenner et Timothée Chalamet.

Lion / Verseau

♂ Lion / ♀ Verseau

L'homme Lion est charmé par l'originalité et la spontanéité de la femme Verseau, qui lui offre une stimulation intellectuelle. Il admire sa dynamique stimulante ; leur volonté commune de s'épanouir les rapproche et renforce leurs liens. L'homme Lion apprécie chez la femme Verseau sa capacité à incarner la féminité tout en ayant un esprit masculin dans sa façon de penser. Il admire cette dualité présente en elle. Il est attiré par son énergie positive et optimiste et ses réflexions les plus avant-gardistes.

L'homme Lion peut reprocher à la femme Verseau ses désirs contradictoires. Bien qu'elle aime fonctionner en binôme et passer du temps avec lui, elle peut aussi vite se sentir oppressée. L'homme Lion a besoin d'être séduit et admiré pour s'épanouir dans le couple, et la femme Verseau peut avoir tendance à banaliser cet aspect de la relation, favorisant l'amitié profonde et la connexion cérébrale. La difficulté de la femme Verseau à gérer ses émotions peut également déconcerter l'homme Lion à qui il faut de la stabilité émotionnelle pour se projeter.

STATISTIQUES ♥♥♥♡♡

Louis et Jeanne de Funès.

♀ Lion / ♂ Verseau

La femme Lion est attirée par des hommes puissants qui ont un esprit aventurier et entreprenant, ce qui correspond à l'homme Verseau, qui est réactif et possède une détermination indéniable. Elle apprécie l'audace de l'homme Verseau, son refus de reculer devant les épreuves et son assurance dans ses idées les plus folles. Elle trouve en lui un partenaire qui la met en avant, la soutient et croit en ses ambitions. L'homme Verseau, quant à lui, peut apporter à la femme Lion une complicité intellectuelle et humoristique. Il peut être son meilleur ami et son amoureux, tout en respectant son besoin d'indépendance et de liberté.

La femme Lion peut reprocher à l'homme Verseau son imprévisibilité et ses humeurs changeantes susceptibles de perturber leur relation. Elle peut également se montrer déçue par sa tendance à être colérique ou à disparaître momentanément pour des détails insignifiants à ses yeux. La femme Lion a besoin d'un partenaire qui la comble d'amour et de fierté, et l'homme Verseau peut parfois manquer de constance dans ses sentiments et ses actes. De plus, elle peut ne pas apprécier son côté jaloux et parfois paranoïaque, ainsi que son potentiel d'infidélité.

STATISTIQUES ♥♥♥♥♡

Mila Kunis et Ashton Kutcher, Kate Beckinsale et Michael Sheen.

Lion / Poissons

♂ Lion / ♀ Poissons

♥ L'homme Lion est attiré par le charme envoûtant, la nature rêveuse et romantique, l'aura mystérieuse et la capacité à le charmer avec facilité de la femme Poissons. Elle peut lui apporter douceur et sensibilité. Dévouée et protectrice, elle sait comment lui montrer qu'il est aimé et admiré, alimentant ainsi son désir de se sentir valorisé dans la relation. L'homme Lion est intrigué par l'intelligence émotionnelle de la femme Poissons. Elle est capable de décoder ses émotions, est sensible à ses besoins sans qu'il ait à les exprimer clairement, ce qui renforce leur connexion intime.

💔 L'homme Lion peut reprocher à la femme Poissons de manquer parfois de confiance en elle. Il peut être frustré par sa tendance à se sous-estimer et à douter de son propre potentiel. La femme Poissons peut parfois être trop idéaliste et se perdre dans ses rêveries, ce qui perturbe la réalité de la relation. De plus, l'homme Lion peut ne pas apprécier la méfiance, les soupçons et les sautes d'humeur de la femme Poissons. Son besoin de contrôler la situation et de vérifier ses intuitions peut irriter l'homme Lion, qui préfère une relation basée sur la confiance et le respect mutuel. Ses rancunes persistantes peuvent également créer des tensions, car l'homme Lion préfère un environnement harmonieux et respectueux.

STATISTIQUES ♥♥♥♥♡

Joe Jonas et Sophie Turner, Michael Ealy et Khatira Rafiqzada.

♀ Lion / ♂ Poissons

♥ La femme Lion est souvent attirée par l'homme Poissons qui sait très bien prendre soin d'elle et être attachant. Elle apprécie chez lui son indépendance, son sens de l'humour, qu'il utilise comme une arme de séduction, ainsi que sa capacité à créer un environnement de confiance. Il sait être à l'écoute, ce qui plaît à la femme Lion qui a besoin de beaucoup s'exprimer et de se sentir comprise. L'homme Poissons peut apporter à la femme Lion une affection et une attention sincères tout en la stimulant spirituellement. Il croit en elle et est prêt à la soutenir dans la réalisation de ses projets.

💔 La femme Lion peut reprocher à l'homme Poissons sa tendance à trop garder pour lui ce qu'il pense vraiment. L'homme Poissons peut également être tenté de tromper sa partenaire, attiré par l'inconnu et l'excitation. Sa propension à fuir ou à esquiver les explications peut conduire à des problèmes de communication, car la femme Lion a besoin d'un partenaire qui n'ait pas peur de la confrontation ; or l'homme Poissons est davantage du genre à la provoquer afin de la faire réagir sans toujours assumer les conséquences. Enfin, elle peut lui reprocher d'être trop proche de ses sous.

STATISTIQUES ♥♥♥♡♡

Angela Bassett et Courtney B Vance, Kimberly Stewart et Benicio del Toro.

Lion / Bélier

♂ Lion / ♀ Bélier

L'homme Lion est très souvent séduit par l'énergie entreprenante et le charme mystérieux de la femme Bélier. Il apprécie sa détermination, sa franchise et sa spontanéité, qui ajoutent une dose d'excitation et de dynamisme à leur relation. Ils partagent le même besoin de dépenser leur énergie. La présence de la femme Bélier pousse l'homme Lion à aller droit au but et à ne pas tourner autour du pot, notamment s'agissant de ses objectifs, et à relever des défis plus ambitieux.

L'homme Lion peut reprocher à la femme Bélier son caractère colérique et son agressivité lorsqu'elle se sent menacée. Il peut être blessé par ses réactions verbales offensantes et avoir du mal à gérer sa nature vindicative. Son besoin de leadership et de domination peut entrer en conflit avec la nature assertive de la femme Bélier, ce qui peut susciter une compétition ou un sentiment d'impuissance chez lui. L'homme Lion peut trouver que la femme Bélier manque parfois de patience et qu'elle peut prendre des décisions hâtives ou des risques imprévus.

STATISTIQUES ♥♥♥♡♡

Ben Affleck et Jennifer Garner, Robert De Niro et Grace Hightower, Jason Statham et Rosie Huntington-Whiteley, Sean Penn et Robin Wright, Roger Federer et Miroslava Vavrinec.

♀ Lion / ♂ Bélier

La femme Lion trouve une compatibilité amoureuse avec l'homme Bélier dans leur passion commune pour l'aventure et leur goût pour les défis. Elle est attirée par l'enthousiasme naturel de l'homme Bélier, son charisme et sa détermination à réaliser de grandes choses. Elle apprécie son amour sans limites et son désir d'exprimer ses sentiments de manière grandiose. Dans cette relation, la femme Lion trouve en l'homme Bélier un partenaire qui la met en avant, la stimule mentalement et la soutient dans la poursuite de ses rêves. Leur compatibilité repose sur leur énergie commune, leur désir d'accomplissement et leur capacité à se soutenir mutuellement dans leurs aspirations.

La femme Lion peut reprocher à l'homme Bélier sa propension à être jaloux et trop réactif, ainsi que son impulsivité lors des disputes. Elle peut être frustrée par la tendance de l'homme Bélier à la défier intellectuellement. Elle n'apprécie pas que son partenaire se braque après avoir été blessé et peut éprouver des difficultés à faire face à ses réactions émotionnelles intenses. De plus, la femme Lion peut craindre l'infidélité de l'homme Bélier en raison de son impulsivité et de son besoin constant de nouvelles sensations. Malgré les regrets et les remords qu'il éprouve après de tels actes, cette tendance peut créer une source d'inquiétude pour la femme Lion qui accorde une grande importance à la fidélité dans sa relation.

STATISTIQUES ♥♥♥♥♡
Sandra Bullock et Jesse James, Paul et Julie Rudd, Georgina Sutcliffe et Sean Bean.

Lion / Taureau

♂ Lion / ♀ Taureau

♥ L'homme Lion aime être mis en avant et distingué pour ses réalisations, et la femme Taureau est capable de lui offrir cette reconnaissance. Il recherche une partenaire indépendante qui a confiance en lui et ne fait pas de crises de jalousie. La femme Taureau est en mesure de lui accorder cette confiance et de lui offrir un environnement sécurisant et stable, bien qu'elle puisse être possessive. L'homme Lion apprécie son caractère loyal. Il sait qu'il peut compter sur elle et qu'elle ne le trahira pas. Il est attiré par la beauté physique de la femme Taureau, et elle sait comment entretenir cette attirance en restant élégante et en lui offrant des petites attentions du quotidien.

💔 L'homme Lion peut reprocher à la femme Taureau d'être parfois trop violente dans ses réactions. Il peut avoir du mal à gérer ses accès de colère et sa tendance à garder tout pour elle jusqu'à ce qu'elle atteigne ses limites. La femme Taureau peut manquer de spontanéité et être trop obstinée dans sa vision des choses, ce qui peut contraster avec le besoin de prendre les décisions de l'homme Lion. Il arrive qu'elle se referme complètement et refuse de faire le premier pas pour résoudre les problèmes. Son attitude stoïque et ferme peut rendre la communication difficile dans le couple.

STATISTIQUES ♥♥♥♥♡
Ben Affleck et Ana de Armas.

♀ Lion / ♂ Taureau

♥ La femme Lion et l'homme Taureau peuvent former un couple puissant et équilibré. La femme Lion est attirée par la force et la capacité de concentration et de concrétisation de l'homme Taureau, ainsi que par sa nature patiente et persévérante. Elle apprécie son côté protecteur et sa capacité à assumer ses choix sans reculer devant les épreuves. L'homme Taureau peut offrir à la femme Lion l'attention, l'affection et l'admiration dont elle a besoin. Il sait comment la mettre en avant et la choyer avec des cadeaux et des gestes romantiques. De plus, l'homme Taureau partage l'ambition et les grands rêves de la femme Lion, ce qui crée une connexion profonde entre eux. Ensemble, ils peuvent construire des projets solides et s'épanouir mutuellement.

La femme Lion peut reprocher à l'homme Taureau sa tendance à prendre son temps, alors que son rythme de vie à elle est plus intense. De plus, l'homme Taureau peut être très possessif et méfiant, tandis qu'elle préfère un partenaire qui la laisse libre et qui ne succombe pas à des crises de jalousie. La femme Lion recherche un homme qui partage un esprit plus aventurier que l'homme Taureau, qui a tendance à être fatigué avant même de partir à l'aventure. Cela peut créer un déséquilibre au niveau des besoins de chacun, lui étant généralement trop routinier et casanier pour la femme Lion qui est souvent attirée par un peu plus de folie.

STATISTIQUES ♥♥♥♡♡

Kylie Jenner et Travis Scott, Rose Byrne et Bobby Cannavale, George et Brenda Carlin.

Lion / Gémeaux

♂ Lion / ♀ Gémeaux

L'homme Lion est captivé par le charisme de la femme Gémeaux. Il apprécie sa capacité à s'exprimer et se faire comprendre dans ses idées les plus innovantes. Sa tendance à le mettre en valeur et à le présenter avec fierté à son entourage nourrit son désir de reconnaissance et d'admiration. Sa communication ouverte, son besoin de résoudre rapidement les problèmes, son intérêt pour l'intellect et sa recherche d'une connexion cérébrale stimulent l'homme Lion sur le plan mental. Son soutien actif et son optimisme lui permettent de s'épanouir pleinement. Sa capacité à s'intégrer facilement dans son groupe d'amis et à développer des liens avec eux renforce leur cercle social commun.

L'homme Lion reproche à la femme Gémeaux de vouloir parfois à tout prix avoir le dernier mot. Elle peut être très insistante et a besoin d'une explication tout de suite. Elle peut avoir l'impression que l'homme Lion est trop défaitiste et râleur, ce qui peut créer des tensions dans le couple.

STATISTIQUES ♥♥♥♥♥

Patrick Swayze et Lisa Niemi.

♀ Lion / ♂ Gémeaux

La femme Lion est souvent attirée par l'homme Gémeaux, séduite par son ouverture d'esprit et sa capacité à la stimuler mentalement. L'homme Gémeaux peut lui accorder une communication riche et épanouissante, où elle se sent écoutée et comprise. Sa nature communicante, volontaire, réactive, optimiste et curieuse correspond à ce que la femme Lion recherche chez un partenaire. Très sociable, il sait facilement convaincre qui il veut, ce qui plaît énormément à la femme Lion qui recherche un homme puissant.

Il peut être une source d'inspiration pour elle, l'encourageant à réaliser de grandes choses et à poursuivre ses ambitions. La complicité mentale et l'esprit tranquille et positif de l'homme Gémeaux correspondent aux attentes de la femme Lion.

La femme Lion peut reprocher à l'homme Gémeaux son manque de stabilité émotionnelle et son rythme changeant. Elle peut trouver frustrant de ne pas toujours savoir à quoi s'attendre avec lui, ce qui peut parfois causer des conflits. De plus, la femme Lion peut ne pas apprécier l'attitude parfois détachée de l'homme Gémeaux envers ses besoins émotionnels. Il peut être très têtu et vouloir à tout prix avoir raison, ce qui peut entrer en conflit avec la femme Lion qui elle aussi peut avoir ce même trait. Lors des débats, chacun souhaite convaincre l'autre qu'il a raison, et ça n'en finit pas. Enfin, la femme Lion peut souhaiter plus de stabilité et de prévisibilité dans la relation, alors que l'homme Gémeaux est plus enclin à chercher constamment de nouvelles aventures et à explorer de nouveaux horizons.

STATISTIQUES ♥♥♡♡♡

Jennifer Lawrence et Cooke Maroney.

Lion / Cancer

♂ Lion / ♀ Cancer

L'homme Lion est charmé par la nature comique plutôt que romantique de la femme Cancer, qui favorise une connexion émotionnelle unique et authentique. Elle apporte une ambiance confortable et chaleureuse à son environnement parfois stressant. Il apprécie sa nature douce et sa facilité à lui faire confiance sans crises de jalousie infondées. Elle l'aide à comprendre ses émotions et saisit ses besoins sans qu'il les lui ait formulés ou qu'il en ait même pris conscience. La femme Cancer est un véritable soutien dans la vie de l'homme Lion, toujours prête à l'encourager dans la réalisation de ses objectifs.

L'homme Lion peut reprocher à la femme Cancer de ne pas exprimer suffisamment sa fierté à son égard. Il peut se sentir frustré si elle ne communique pas ouvertement ses besoins et ses sentiments. Il recherche, afin de maintenir une connexion solide, une partenaire qui exprime clairement ses pensées et ses émotions au fil de la relation, sans se retrancher dans son cocon dès qu'elle se sent menacée. L'homme Lion peut percevoir la tendance de la femme Cancer à être systématiquement sur la défensive comme une forme de fragilité et d'instabilité.

STATISTIQUES ♥♥♥♥♡

Chris Hemsworth et Elsa Pataky, Roman Polanski et Emmanuelle Seigner, Tom Brady et Gisele Bündchen, Solange Knowles et Alan Ferguson.

♀ Lion / ♂ Cancer

La femme Lion apprécie chez l'homme Cancer sa profondeur émotionnelle et sa capacité naturelle à la comprendre sans qu'elle s'exprime. L'homme Cancer peut offrir à la femme Lion l'attention, l'affection et l'admiration qu'elle recherche. Il est capable de comprendre sa sensibilité et de la soutenir dans ses projets. Son attitude aimante et sa volonté de construire une vie familiale stable correspondent aux attentes de la femme Lion qui souhaite un partenaire prêt à s'engager sur le long terme. De plus, la communication ouverte de la femme Lion et la capacité d'écoute de l'homme Cancer favorisent un dialogue constructif et une compréhension mutuelle.

La femme Lion peut reprocher à l'homme Cancer sa tendance à se plaindre trop facilement. Elle peut être frustrée par la tendance de l'homme Cancer à prendre les choses trop à cœur et à accumuler et intérioriser beaucoup de sentiments négatifs en lui, ce qui peut nuire à la résolution des problèmes et à la communication ouverte. Enfin, la femme Lion peut reprocher à l'homme Cancer sa tendance à être trop émotif et à se laisser submerger par ses sentiments, ce qui peut entraîner des réactions excessives et des conflits émotionnels.

STATISTIQUES ♥♥♡♡♡

Amy Adams et Darren Le Gallo.

Lion / Lion

♂ Lion / ♀ Lion

Les Lion s'attirent souvent car ils se ressemblent beaucoup et se comprennent naturellement. Il apprécie son indépendance et sa confiance en lui, qui lui permettent de s'épanouir pleinement. Son acceptation de sa fierté et de ses défauts, lui permettant d'être lui-même sans compromis, le conforte pour s'engager sérieusement. La femme Lion ne craint pas d'exprimer son individualité et sa personnalité flamboyante, ce qui captive l'homme Lion. Ils partagent un sens de l'ambition et des grands projets, ce qui les rapproche. Ils peuvent se stimuler mutuellement et se soutenir dans leurs objectifs communs. La femme Lion apprécie également l'humour décalé de l'homme Lion, ce qui renforce leur complicité. Ils partagent une énergie ardente et sont prêts à briller ensemble. Leur complicité est évidente et ils se comprennent même dans leurs défauts puisqu'ils les partagent souvent.

L'homme Lion peut parfois se sentir dévalorisé dans sa relation avec la femme Lion, car celle-ci a tendance à vouloir prendre toute la place et à occuper le devant de la scène. Fier, l'homme Lion peut se sentir relégué au second plan. La femme Lion, elle, peut reprocher à l'homme Lion son côté dominateur et parfois trop fier. De plus, leur fierté respective peut entraîner des confrontations, car aucun d'eux ne veut céder facilement. Ils peuvent tous les deux avoir besoin de se sentir respectés et mis en valeur, ce qui peut entraîner des tensions. De plus, l'attirance de la femme Lion pour des hommes puissants et influents peut susciter des sentiments d'insécurité chez l'homme Lion.

STATISTIQUES ♥♥♥♥♥

Ben Affleck et Jennifer Lopez, Alex Rodriguez et Jennifer Lopez, Antonio Banderas et Melanie Griffith, Madonna et Sean Penn.

Lion / Vierge

♂ Lion / ♀ Vierge

♥ L'homme Lion peut trouver en la femme Vierge une alliée précieuse pour répondre à ses questionnements, grâce à sa nature résolue et intuitive. Elle sait se montrer sage lorsqu'il est nécessaire d'aborder des sujets sérieux, mais également apporter une touche de folie lorsque l'heure est à la détente. Cet équilibre parfait qu'elle incarne est d'une grande valeur pour l'homme Lion, car il partage avec elle un esprit réaliste qui le pousse à la considérer comme une partenaire adulte et responsable. Cela lui confère une confiance certaine pour envisager un avenir solide dans leur relation.

💔 La relation entre un homme Lion et une femme Vierge peut être mise à l'épreuve en raison de leur tendance commune à l'entêtement. L'homme Lion peut se retrouver face à une femme Vierge qui a du mal à remettre en question ses actes. Plutôt que de s'excuser sincèrement, elle préfère bouder, ce qui peut provoquer des tensions au sein du couple. De plus, la femme Vierge peut parfois involontairement infantiliser l'homme Lion, le traitant comme un enfant plutôt que comme un partenaire égal à elle. Ces obstacles peuvent entraîner des conflits et des malentendus fréquents dans leur relation.

STATISTIQUES ♥♥♡♡♡

Daniel Radcliffe et Erin Darke, Saif Ali Khan et Kareena Kapoor.

♀ Lion / ♂ Vierge

♥ La femme Lion est attirée par l'homme Vierge en raison de sa capacité à lui offrir un cadre de vie sûr et confortable. Elle apprécie son côté sérieux et protecteur. L'homme Vierge a la capacité de mettre en valeur la femme Lion et s'efforce de lui offrir la vie aisée et l'affection dont elle a besoin. Il sait comment la soutenir et faire en sorte qu'elle se sente admirée et flattée. Elle est attirée par sa nature prudente et réfléchie et son influence positive. Ensemble, ils peuvent se stimuler mutuellement sur le plan intellectuel. Enfin, la femme Lion apprécie les valeurs traditionnelles de l'homme Vierge, qui la mettent en confiance.

La femme Lion peut reprocher à l'homme Vierge son caractère aigri. Il peut être trop mou à son goût bien qu'en apparence agité. Elle recherche un homme plus entreprenant et moins casanier ou routinier. Elle a besoin de se sentir constamment comblée d'amour et d'être fière de sa relation, mais l'homme Vierge peut parfois être ennuyeux et manquer de flexibilité. De plus, la femme Lion peut être déçue par le manque d'écoute de l'homme Vierge. Parfois, celui-ci évite également les questions cruciales dans la relation, usant d'humour pour contourner les réels problèmes ou étant de mauvaise foi, refusant d'assumer ses responsabilités.

STATISTIQUES ♥♡♡♡♡

Meghan Markle et le prince Harry, Madonna et Guy Ritchie.

Lion / Balance

♂ Lion / ♀ Balance

L'homme Lion est irrésistiblement attiré par la subtilité de la femme Balance. Elle possède cette capacité unique à capter l'attention sans jamais s'imposer, ce qui fascine l'homme Lion et lui inspire une confiance naturelle. Lorsqu'il se laisse emporter par son impulsivité, la femme Balance joue un rôle crucial en instaurant un climat de paix et de calme. Elle possède cette aptitude à apaiser ses ardeurs et à l'empêcher de se perdre dans des réactions excessives. En outre, elle stimule son esprit en lui offrant des défis intellectuels qui le poussent à se surpasser. Grâce à cette relation enrichissante, l'homme Lion se sent continuellement inspiré et prêt à proposer de nouvelles idées pour des projets passionnants.

La femme Balance, avec ses doutes incessants, peut parfois étouffer l'homme Lion. Son besoin constant de clarification et de certitude peut l'oppresser. De plus, l'homme Lion peut se sentir envahi par la demande constante de présence de la femme Balance, ce qui est susceptible de créer un sentiment d'insuffisance. Le besoin d'attention de la femme Balance ajoute une couche supplémentaire de complexité à leur relation. Ses peurs parfois infondées peuvent rebuter l'homme Lion qui préfère les femmes plus courageuses.

STATISTIQUES ♥♥♥♡♡

James Cameron et Linda Hamilton.

♀ Lion / ♂ Balance

La femme Lion est séduite par l'homme Balance car il sait parfaitement mettre en valeur sa partenaire et lui offrir l'attention et l'affection dont elle a besoin. Il stimule mentalement la femme Lion en partageant ses propres idées qui fusent dans sa tête et en l'encourageant à réaliser ses projets. L'homme Balance comprend l'importance de l'apparence et de l'image, ce qui est en harmonie avec les goûts raffinés de la femme Lion. Il lui offre un cadre de vie confortable et est prêt à tout pour réussir dans la vie, ce qui correspond aux attentes de sa partenaire.

La femme Lion peut reprocher à l'homme Balance sa susceptibilité et sa tendance à se laisser influencer par l'opinion des autres. Elle désire un partenaire qui croie en elle inconditionnellement et qui ne remette pas en question sa valeur. De plus, l'homme Balance peut parfois se montrer tellement soucieux de faire le bon choix qu'il peut avoir du mal à se décider, ce qui peut agacer la femme Lion qui préfère un partenaire plus ferme dans ses positions. L'homme Balance est également enclin à la jalousie et à vérifier ses doutes, ce qui peut créer des tensions dans la relation. Enfin, l'homme Balance peut être très insolent, ce qui peut parfois blesser la femme Lion.

STATISTIQUES ♥♥♥♡♡

Charlize Theron et Stephan Jenkins, Alice Evans et Ioan Gruffudd.

Lion / Scorpion

♂ Lion / ♀ Scorpion

L'énergie séductrice émanant de la femme Scorpion intrigue et attire très souvent l'homme Lion. Au premier abord, elle peut sembler discrète et énigmatique, mais cela ne fait qu'accroître le désir de l'homme Lion de percer son mystère. Ce qui le séduit le plus, c'est la sincérité et la passion qu'il perçoit chez la femme Scorpion. Il peut lire ses émotions et ses intentions sur son visage, ce qui lui permet de lui faire confiance sans aucune hésitation. L'homme Lion apprécie également la certitude qu'il a de compter sur la femme Scorpion pour apporter l'énergie et le temps nécessaires au développement et à l'épanouissement de leur relation.

La méfiance et la sévérité de la femme Scorpion peuvent parfois rendre l'homme Lion mal à l'aise. Il se retrouve dans une position délicate où il hésite à tout lui révéler, car il sait que ses réactions peuvent être excessives. Par peur de la blesser, l'homme Lion éprouve des difficultés à exprimer ses véritables sentiments. Cette crainte de causer des dommages peut le pousser à se retenir et à ne pas divulguer ses pensées les plus profondes, ce qui entraîne parfois des réactions blessantes de sa part. Il est crucial pour eux de cultiver une communication ouverte et de travailler ensemble pour créer un environnement où ils se sentent en confiance pour exprimer leurs émotions sans craindre un jugement sévère.

STATISTIQUES ♥♥♥♡♡
Arnold Schwarzenegger et Maria Shriver, Jason Momoa et Lisa Bonet, Bill et Hillary Clinton.

♀ Lion / ♂ Scorpion

La femme Lion peut être attirée par la nature mystérieuse de l'homme Scorpion. Elle admire son esprit vif et stratège, ainsi que sa capacité à aller au bout de ses projets, sans reculer devant rien. L'homme Scorpion, par sa nature entreprenante, peut répondre aux besoins de la femme Lion. Il sait lui apporter une attention et une affection constantes, ce qui est essentiel pour elle. Elle apprécie son besoin de maintenir le respect et la séduction dans la relation. Enfin, la femme Lion est séduite par l'intensité des sentiments de l'homme Scorpion, qui sait être passionné en amour.

La femme Lion reproche parfois à l'homme Scorpion son besoin naturel de domination et de contrôle au sein de la relation. Son intensité émotionnelle peut le conduire à des réactions impulsives et à des propos blessants lorsqu'il se sent vexé dans son ego. La femme Lion, sensible de nature, peut prendre ses mots à cœur et en souffrir. De plus, la méfiance de l'homme Scorpion peut susciter des doutes chez la femme Lion quant à sa véritable nature émotionnelle. Elle a besoin de se sentir en confiance et de cerner pleinement son partenaire, ce qui peut être difficile en raison du mystère entourant l'homme Scorpion. Sa possessivité et sa jalousie accompagnées de sa tendance à rendre jalouse sa partenaire peuvent également constituer des obstacles, car la femme Lion apprécie sa liberté et déteste la concurrence.

STATISTIQUES ♥♥♡♡♡
Melinda et Bill Gates.

Lion / Sagittaire

♂ Lion / ♀ Sagittaire

L'homme Lion trouve souvent son amour le plus profond avec la femme Sagittaire. Il est naturellement attiré par elle, et ils matchent très facilement. La femme Sagittaire le comprend de manière intuitive et possède une énergie entreprenante qui égale, voire dépasse, la sienne, ce qui lui permet de relever tous les défis qu'il se lance. Elle agit comme un véritable catalyseur pour lui, le motivant à repousser ses limites et à atteindre de nouveaux sommets. L'homme Lion se sent à l'aise dans cet environnement rythmé qu'offre la femme Sagittaire, où les choses sont simples et naturelles. Il apprécie son honnêteté et sa capacité à prendre en main sa vie. Avec la femme Sagittaire à ses côtés, l'homme Lion est empli d'une confiance inébranlable et trouve le binôme parfait pour de belles aventures.

Parfois, l'homme Lion peut ressentir de la frustration face à la facilité avec laquelle la femme Sagittaire peut être indélicate dans ses propos, surtout en public, sans se rendre compte de l'impact que cela peut avoir sur lui. En effet, l'homme Lion a tendance à garder ses émotions pour lui notamment devant les gens, afin de préserver une image positive de lui-même. Cette impulsion de la femme Sagittaire met à l'épreuve sa capacité à contrôler sa sensibilité. Il se sent particulièrement vulnérable et hésite à montrer cette partie de lui-même à la femme Sagittaire, par crainte d'être méprisé ou jugé.

STATISTIQUES ♥♥♥♥♥

Edward Norton et Shauna Robertson, Christopher Nolan et Emma Thomas, Napoléon Bonaparte et Marie-Louise d'Autriche.

♀ Lion / ♂ Sagittaire

La femme Lion apprécie chez l'homme Sagittaire sa volonté de fer et son énergie trépidante. L'homme Sagittaire est entreprenant, combatif et animé par des projets, ce qui correspond aux critères de puissance et d'influence que recherche la femme Lion chez un partenaire. De plus, il est capable de stimuler mentalement la femme Lion en partageant avec elle des réflexions intéressantes, ce qui lui permet de se sentir élevée et soutenue dans ses ambitions. Enfin, son besoin de découvrir le monde correspond parfaitement aux attentes de la femme Lion qui aime casser sa routine et n'apprécie pas forcément les hommes trop casaniers.

La femme Lion peut reprocher à l'homme Sagittaire le côté froid et trop cru de ses paroles. Elle a besoin d'un partenaire plus chaleureux et moins sur ses gardes que ne l'est l'homme Sagittaire. De plus, sa tendance à fuir l'autorité et les ordres peut frustrer la femme Lion qui aime prendre les choses en main sans qu'il considère cela comme une volonté de le dominer ou de le brider. Elle peut également être frustrée par sa capacité à l'ignorer lorsqu'il est trop accaparé, qui peut la laisser dans l'incertitude et le doute. Enfin, l'homme Sagittaire peut être tenté par de nouvelles expériences et ressentir le besoin de découvrir différentes facettes de la vie amoureuse, ce qui peut susciter l'inquiétude de la femme Lion quant à sa fidélité.

STATISTIQUES ♥♥♥♡♡

Julie Depardieu et Philippe Katerine, Charlize Theron et Stuart Townsend.

Je note ma compatibilité avec **l'homme Lion**

1. Comment gérez-vous le besoin de validation de votre partenaire ?

A. Je n'apprécie pas que mon partenaire se préoccupe du regard des gens.

B. J'apprécie que mon partenaire fasse attention à son image, mais je ne recherche pas un partenaire qui ait besoin de validation externe.

C. Je recherche un partenaire qui se préoccupe de son image et que tout le monde respecte.

2. Quelle est votre attitude face au contrôle et à la domination dans une relation ?

A. J'ai tendance à aimer être le leader et à avoir le contrôle dans une relation.

B. Je préfère une relation équilibrée où le pouvoir est partagé.

C. Je suis prête à partager le contrôle et à suivre la direction de mon partenaire.

3. Comment vous positionnez-vous face à la jalousie et à la possessivité dans une relation amoureuse ?

A. Je peux être très jalouse et possessive, et j'ai besoin que mon partenaire m'assure constamment de son amour.

B. Je suis consciente des émotions que suscite ma jalousie et je travaille sur moi-même pour les gérer de manière saine.

C. Je suis confiante dans l'amour de mon partenaire et je suis prête à lui accorder une liberté et une confiance totales.

4. Quelle est votre approche de la générosité et du partage dans une relation ?

A. Je recherche un partenaire qui puisse tout me donner sans en attendre autant en retour.

B. Je suis prête à partager et à être généreuse, mais j'attends la réciprocité de la part de mon partenaire.

C. Je suis indépendante et je peux prendre sur moi et assurer les dépenses le temps que mon partenaire trouve un moyen de satisfaire nos besoins financiers.

5. Comment réagissez-vous face à un partenaire trop fier pour s'excuser ?

A. Je ne supporte pas les personnes trop égocentriques pour admettre leurs torts et je peux m'énerver facilement face à de la mauvaise foi.

B. Je ne m'excuserai pas non plus, donc il devra forcément le faire à un moment donné s'il souhaite avancer.

C. Je peux comprendre et n'attends pas des excuses, mais un changement de comportement.

Lion

6. Quelle est votre attitude envers l'indépendance et l'autonomie au sein d'une relation ?

A. J'aime être constamment collée à mon partenaire et que l'on partage tous nos moments ensemble.
B. J'aime être indépendante et j'accorde énormément de temps à ma propre vie en dehors de la relation.
C. J'apprécie l'indépendance, mais je trouve également du réconfort dans la proximité avec mon partenaire.

7. Quel type de relation amoureuse recherchez-vous ?

A. Je recherche une relation amoureuse basée sur une amitié profonde.
B. Je recherche une relation amoureuse basée sur une connexion physique puissante.
C. Je recherche une relation amoureuse basée sur la séduction et la connexion cérébrale.

8. Quelle est votre opinion sur l'optimisme et le réalisme dans une relation ?

A. Pour moi, il est important d'être avec quelqu'un qui voit le bon côté des choses, même s'il manque de réalisme.
B. J'accorde de l'importance à un certain réalisme dans une relation, même si cela implique moins d'optimisme.
C. J'ai horreur des personnes trop optimistes et qui ne semblent pas préparées à d'éventuels échecs.

9. Avez-vous besoin que votre partenaire soit entreprenant et d'accomplir ensemble de nombreux projets professionnels ?

A. Non, je préfère une relation plus détendue et axée sur d'autres aspects de la vie.
B. Je préfère une relation plus détendue et axée sur d'autres aspects de la vie ; cependant, je reste ouverte aux projets communs, mais ce n'est pas une exigence absolue.
C. Oui, c'est important pour moi d'avoir un partenaire ambitieux avec qui je peux partager des projets.

10. Quelles qualités essentielles recherchez-vous chez un partenaire ?

A. Sensible, optimiste et patient.
B. Loyal, sensible et accommodant.
C. Entreprenant, ambitieux et tchatcheur.

Écrivez le nom de vos hommes Lion préférés :

....

....

....

....

Résultat du test :
A : Mauvaise compatibilité
B : Compatibilité normale
C : Bonne compatibilité

Je note ma compatibilité avec **la femme Lion**

1. Comment décririez-vous votre capacité à accorder de l'attention et de la reconnaissance à votre partenaire ?

A. Je peux être tellement pris par mon travail que je n'accorde pas toujours assez d'attention à ma partenaire.
B. J'accorde beaucoup d'attention à ma partenaire mais je n'en cherche pas une qui ait besoin de se mettre en avant.
C. J'adore accorder de l'attention et de la reconnaissance, et je recherche une partenaire qui sache se mettre en valeur.

2. Quelle est votre attitude envers l'ambition et le succès dans une relation amoureuse ?

A. Je suis peu préoccupé par l'ambition et le succès et je privilégie d'autres aspects de la vie.
B. J'apprécie l'ambition et le succès, mais j'ai aussi besoin d'un équilibre avec d'autres valeurs.
C. Je suis très attiré par l'ambition et le succès, et j'aspire à les partager avec ma partenaire.

3. Comment gérez-vous les conflits et les désaccords dans une relation ?

A. J'ai tendance à éviter les conflits et à rechercher un compromis rapide.
B. Je suis prêt à discuter et à trouver un terrain d'entente lorsqu'il y a des désaccords.
C. J'aborde les conflits directement plutôt que de les laisser s'accumuler, cherchant à trouver une solution qui satisfasse les deux parties.

4. Quelle est votre attitude envers la générosité et le partage dans une relation amoureuse ?

A. Je suis peu enclin à être généreux et à partager mes ressources.
B. J'apprécie de partager mais je préfère aussi conserver une certaine indépendance.
C. Je suis très généreux et prêt à partager mes ressources avec ma partenaire.

5. Comment gérez-vous l'admiration et les compliments dans une relation amoureuse ?

A. Je suis assez timide et n'ose pas toujours faire des compliments.
B. J'ai besoin d'admirer ma partenaire pour la complimenter, mais j'ai aussi besoin d'un équilibre avec d'autres formes d'expression de l'amour.
C. J'adore admirer ma partenaire et lui exprimer des compliments régulièrement dans notre relation.

6. Comment réagissez-vous à l'indépendance et à l'autonomie de votre partenaire dans une relation ?

A. J'ai du mal à tolérer le besoin d'indépendance en couple et je préfère une relation fusionnelle.

B. Je suis très indépendant et j'ai besoin que ma partenaire le soit aussi.
C. Je valorise l'indépendance et l'autonomie de ma partenaire, tout en profitant de nos moments de complicité.

7. Comment réagissez-vous à la compétition dans une relation amoureuse ?

A. Je suis peu compétiteur et je préfère éviter les situations de compétition.
B. Je suis prêt à participer à une compétition amicale, mais je préfère la coopération.
C. J'adore la compétition saine et je suis prêt à rivaliser avec ma partenaire de manière ludique.

8. Comment abordez-vous la loyauté et l'engagement dans une relation amoureuse ?

A. Je suis plutôt indépendant et peu intéressé par l'engagement à long terme.
B. Je suis prêt à m'engager, mais j'ai besoin de temps pour construire la confiance.
C. Je suis très enclin à m'engager pleinement et à être loyal dès le début de la relation.

9. Comment réagissez-vous à la spontanéité et à l'aventure dans une relation amoureuse ?

A. Je suis peu enclin à la spontanéité et à l'aventure, préférant une relation plus prévisible.
B. J'apprécie un peu de spontanéité et d'aventure, mais j'ai aussi besoin de stabilité.
C. J'adore la spontanéité et l'aventure, et je suis prêt à vivre des expériences nouvelles avec ma partenaire.

10. Comment réagissez-vous si votre partenaire refuse de s'excuser la première ?

A. Je ne m'excuse pas non plus si je ne considère pas être en tort.
B. Je peux m'excuser si je vois que ça dure trop longtemps.
C. Par amour, je sais mettre ma fierté de côté et je peux m'excuser pour apaiser les tensions.

11. Comment réagissez-vous face aux exigences de votre partenaire ?

A. J'ai du mal à accepter les critiques et je préfère qu'on m'aime comme je suis.
B. Je suis prêt à m'adapter à condition qu'elle se remette en question.
C. Je suis prêt à tout pour plaire à celle que j'aime.

Écrivez le nom de vos femmes Lion préférées :

....

....

....

....

Résultat du test :
A : Mauvaise compatibilité
B : Compatibilité normale
C : Bonne compatibilité

Lierge

ENTRE LE 20 ET LE 23 AOÛT

Les personnes nées entre le 20 et le 23 août (parfois même à partir du 18... en réalité, c'est de la casuistique), c'est-à-dire entre le signe du Lion et celui de la Vierge, prennent souvent certains traits de caractères liés au Lion et d'autres liés à la Vierge.

Célébrités

Mohammed VI du Maroc

Dua Lipa

Usain Bolt

Robert Lewandowski

Jean-Luc Mélenchon

Vierge

Le signe de la Vierge, qui débute le 23 août et finit le 22 septembre, est le signe astrologique qui clôture la saison d'été. Il est associé à l'élément Terre (avec le Capricorne et le Taureau). Le signe de la Vierge débute en août et se poursuit en septembre, une période marquée par la rentrée scolaire, le retour au travail et une atmosphère de concentration et de productivité.

Les grandes caractéristiques **du Vierge**

Virgo is the new gemini !

Il aime trop le luxe.

Il recherche la paix mentale.

Il n'est pas le plus souriant du monde.

Il aime les animaux, parfois plus que les humains,

Mots-clés

Solide
Aigri
Râleur
Il veut se distinguer des autres
Il encaisse bien la douleur
Torturé
Rancunier
Complexé
Têtu
Mauvaise foi
Lunatique
Susceptible
Procrastinateur
Remet tout en question (sauf lui-même)
Serviable
Bienveillant
Matérialiste

Impulsif
Impatient
Stoïque
Recherche de paix mentale
Curieux
Commère
À l'écoute
Bosseur
Généreux
Sens du détail
Loyal
Entier
Provocateur
Stressé
Stressant
Hypocondriaque
Maniaque ou bordélique organisé selon sa facette

Réaliste
Impulsif
Susceptible
Capricieux
Déterminé
Se dit méfiant, mais est naïf quand il aime
Fierté
Écorché vif
Empathique
Déteste la promiscuité
Intolérant
Provocateur
Drama queen
Minutieux
Critique
Chic
Influençable

L'homme **Vierge**

L'homme Vierge n'est pas le plus souriant, et peut paraître froid au premier abord. C'est un homme cultivé, stressé, qui fait très attention à son image bien qu'il dise ne pas être préoccupé par le regard des gens. Il sait contrôler son apparence en public, mais avec ses proches, il est très spontané et éprouve le besoin d'exprimer les choses directement. Il est susceptible et se veut méfiant, mais au fond c'est un grand naïf, bienveillant, qui peut accorder très vite sa confiance. Il est très encourageant et serviable envers ses proches. Bien qu'il ait de fortes intuitions et une bonne capacité d'analyse, il se laisse trop influencer par ses a priori.

> « La réalité, c'est que parfois, tu perds. Tu n'es jamais trop bon, trop connu ou trop intelligent pour être à l'abri d'une défaite. »
>
> BEYONCÉ

L'homme Vierge jongle habilement entre deux aspects de sa nature complexe. D'un côté, il cultive une image posée soigneusement façonnée, réussissant à s'intégrer dans les hautes sphères de la société. Il est conscient des conventions sociales, et il les utilise avec une maîtrise remarquable. De l'autre côté, il possède une personnalité empreinte de folie. En son for intérieur brûle un feu ardent de liberté, de justice et de bataille. Tel un funambule entre deux mondes, l'homme Vierge arpente le fil ténu entre la conformité et la rébellion. Cette dualité est le reflet de sa quête de paix intérieure, là où les pensées tourbillonnent, les détails sont minutieusement analysés et les convictions profondes se forgent. Il n'hésite pas à prendre des positions fermes.

Derrière son apparence soignée se cache un esprit tourmenté. Il aime se cultiver, car pour lui, savoir c'est pouvoir. Il ne prend jamais des décisions irréfléchies. Il se veut juste et éprouve beaucoup d'empathie. Il déteste les hypocrites et ne se gêne pas pour dénigrer ce qui ne lui plaît pas. Très critique, il peut se montrer très méprisant et provocateur. Pour lui, le ridicule ne tue pas. En osant l'excentricité, il permet à son esprit réfléchi et complexé de se libérer de ses chaînes. Il peut être une vraie commère, très moqueur mais jamais méchant, car il n'aime pas blesser les gens. Il est mauvais perdant, et lorsqu'il gagne, il peut devenir très insolent et provocateur.

Il est très exigeant et peut avoir tendance à juger les gens. Il ne prend pas trop de risques bien qu'il puisse aimer les combats, qu'ils soient physiques ou intellectuels. Il n'aime pas les imbéciles et se moque souvent d'eux.

Il ne rompt pas facilement les liens et peut avoir plein d'amis de longue date qui peuvent compter sur lui, étant toujours prêt à leur rendre service. Il peut aussi créer rapidement des habitudes et avoir de nombreuses addictions. Il apprécie souvent les choses simples, même s'il est attaché au matériel et a toujours besoin d'être équipé, afin de se sentir en sécurité. Très bon négociateur, il sait compter son argent mais pas toujours l'économiser. Borné et rancunier, il peut avoir du mal à s'excuser, à se remettre en question et être de mauvaise foi. Proche des membres de sa famille, il considère leurs avis comme très importants.

En amour

L'homme Vierge, sait analyser les femmes qui lui plaisent et les charmer. Il se distingue par sa sélectivité prononcée et peut prendre du temps avant de s'engager sérieusement et de penser au mariage. Avant de s'investir pleinement, il peut flirter aisément. Il aime l'excitation, le challenge, et est souvent attiré par les femmes qui lui résistent. Quand c'est trop facile, il fuit ! Il peut être séduit par diverses personnalités lorsqu'il s'agit de simples flirts, mais il se détache tout aussi rapidement s'il ne ressent pas d'amour véritable. L'homme Vierge possède une vision claire du type de femme qui peut réellement faire naître en lui un amour sincère. Il apprécie les femmes classes, élégantes, à cheval sur les principes.

Pour lui, l'amour va au-delà de la superficialité ; bien que le physique soit très important, il recherche une harmonie entre les valeurs intérieures et l'apparence. Casanier et routinier, ses habitudes le rassurent. Il aime se sentir utile et a besoin d'être encouragé pour fournir des efforts. Son engagement amoureux est le fruit d'une connexion physique puissante et d'un respect mutuel, ainsi que d'une admiration pour la grâce et la force de sa partenaire. Une fois amoureux, il se montre loyal et prêt à construire une relation solide fondée sur le respect mutuel et la compréhension, mais également très possessif. Il est très encourageant et motivant pour sa partenaire, même s'il peut être critique. Il n'est pas du genre infidèle et a besoin d'être mis au pied du mur et de voir qu'il va tout perdre pour se réveiller, car il a tendance à prendre les choses pour acquises. L'homme Vierge établit souvent des relations de codépendance.

> « Les choses les plus puissantes au monde sont l'esprit humain, la prière, la confiance en soi et la persévérance. »
>
> MICHAEL JACKSON

C'est un beau parleur qui sait flatter les femmes pour les mettre en confiance et mieux les séduire. Il n'a pas de difficulté à extérioriser ses opinions et pensées lors des conflits, mais a tendance à garder ses sentiments pour lui, préférant user d'humour ou de taquineries au lieu de faire des grandes déclarations d'amour. Il ne se distingue pas non plus par son romantisme ou ses gestes affectueux, notamment lorsqu'il est absorbé par son travail. Il peut se révéler parfois machiste, bien qu'il puisse avoir tendance à s'effacer lorsqu'il est amoureux. Il se révèle alors très généreux, même s'il calcule ses dépenses. C'est une manière pour lui de démontrer sa puissance, son soutien, et sa capacité à prendre soin de sa partenaire. Lors de conflits, l'homme Vierge a du mal à admettre ses torts. Il n'est pas toujours très expressif, bavard, attentif ou à l'écoute et peut faire preuve d'impatience, ce qui le rend moins réceptif aux récits anecdotiques de sa partenaire et donne l'impression qu'il est peu intéressé ou égoïste. Afin d'éviter les conflits, l'homme Vierge peut faire des promesses qu'il ne tiendra pas, simplement pour apaiser les tensions. Il est traditionnel et ne recherche pas forcément une femme carriériste, mais plutôt une partenaire qui lui facilite la vie au quotidien et qui sache s'occuper d'une famille.

Ils sont Vierge

Michael Jackson • Stephen King • Karl Lagerfeld • Hugh Grant • Xavier Niel • le prince Harry • Keanu Reeves • Nick Jonas • Adam Sandler • Tom Hardy • Kobe Bryant • Michel Drucker • Laurent Fontaine • Stéphane Rotenberg • Juan Branco • Louis Boyard • Tariq Ramadan • Éric Zemmour • Paul Walker • Idris Elba • Michael Faraday • Paulo Coelho • Gotaga • Richard Gere • Tim Burton • Jimmy Fallon • Jason Derulo...

Test d'introspection pour
l'homme Vierge

1 Qu'est-ce qui est vraiment important pour moi dans une relation amoureuse ?

2 Quels sont les aspects de ma personnalité qui sont attirés par les femmes qui me résistent ?

3 Est-ce que je cherche une relation basée principalement sur le physique ou ai-je besoin de sentiments profonds pour m'engager sérieusement ?

4 Quels sont les critères essentiels pour qu'une femme puisse faire naître en moi un amour sincère ?

5 Est-ce que je préfère les femmes dominatrices ou ai-je besoin d'une partenaire plus équilibrée en termes de pouvoir ?

6 Est-ce que je me remets suffisamment en question ? Est-ce que mes excuses sont toujours sincères ?

7 Ai-je tendance à fuir les femmes qui se montrent trop dépendantes de moi ? Pourquoi ?

8 Suis-je conscient de mes tendances manipulatrices et est-ce que je cherche à les corriger le cas échéant ?

9 Comment est-ce que je communique mes sentiments amoureux ? Est-ce que je me montre suffisamment attentif et romantique ?

10 Suis-je prêt à m'engager dans une relation de mariage ? Quelles sont mes attentes et mes préoccupations à ce sujet ?

La femme **Vierge**

Tantôt introvertie, tantôt extravertie, tantôt calme, tantôt impulsive, la femme Vierge peut sembler lunatique. Décidée et têtue, elle sait ce qu'elle veut et a la tête sur les épaules. Elle peut sembler hautaine lorsqu'on ne la connaît pas, alors qu'elle est bienveillante. Elle présente deux facettes : une extrêmement sage où elle sait prendre des décisions raisonnables et rester ferme, et une autre beaucoup plus folle, rebelle ou encore provocatrice. Elle aime jouer avec le feu, alors qu'elle sait qu'elle peut vite se brûler. Ces deux aspects coexistent en elle et se manifestent selon son degré de proximité avec la personne, les situations, son humeur, ou les différentes phases de sa vie. Ouverte d'esprit, elle possède une forte énergie féminine et une forte énergie masculine qu'elle doit apprendre à ajuster.

La femme Vierge est un être intelligent, réaliste, matérialiste, empathique, *drama queen* sur les bords, et qui peut également réagir impulsivement. Tout se lit sur son visage. Elle sait rester très stoïque et se maîtriser mieux que quiconque. Elle peut être de mauvaise foi et tout remettre en question, sauf elle-même. Elle déteste être dupée, surtout quand elle réalise qu'elle avait eu de bonnes intuitions. Elle est très rancunière, mais pour autant elle a du mal à se détacher des personnes qui lui sont chères. La femme Vierge sait être très professionnelle et perfectionniste dans tous ses projets, mais elle procrastine beaucoup. Il existe parmi les Vierge des femmes plus organisées ou d'autres totalement bordéliques. Elle ne se tiennent pas toujours à leurs plans, s'adaptant aisément aux circonstances imprévues.

> « Chaque lutte dans votre vie vous a permis de devenir la personne que vous êtes aujourd'hui. Soyez reconnaissant pour les moments difficiles, ils ne peuvent que vous rendre plus fort. »
>
> KEENU REEVES

La femme Vierge est en perpétuelle recherche de paix mentale. Elle est stressée, susceptible mais ne montre pas ses faiblesses. Elle est entière et spontanée. Elle sait s'adapter mais n'en a pas forcément envie, et préfère souvent profiter du confort de son foyer. Elle n'aime pas se mélanger à tout le monde, et peut être très commère lorsqu'elle est avec ses amies, mais jamais méchamment. Elle a un cercle d'amis assez stable et durable et ne cherche pas à l'agrandir à tout prix. Elle est très critique, autant envers les autres qu'envers elle-même, et peut se montrer très exigeante. Elle se veut méfiante, même si en réalité elle accorde facilement sa confiance à ceux qu'elle aime. Très serviable, elle n'hésite pas à les aider lorsqu'ils en ont besoin.

En amour

La femme Vierge recherche un homme fiable et entreprenant qui lui permette de se sentir en sécurité et tranquille d'esprit. Pour autant, elle est très attachée au physique et reconnaît très rapidement un homme qui peut lui plaire. Elle peut être vénale et séduite par l'aisance financière d'un partenaire qui peut lui apporter un confort de vie. Elle se trouve fréquemment partagée entre l'envie d'être en couple avec des hommes audacieux et séduisants, et son besoin de se tourner vers des hommes stables et en mesure de lui apporter sécurité financière, matérielle ou émotionnelle. La Vierge ne se précipite pas pour se marier. Elle peut rester longtemps célibataire avant de s'engager, et préfère prendre son temps pour être sûre de sa compatibilité avec son partenaire. Passionnée et dévouée, elle ne se sépare pas facilement de peur de perdre ses repères.

« Mon plus grand luxe est de n'avoir à me justifier auprès de personne. »

KARL LAGERFELD

En quête constante de sérénité, elle demeure vigilante aux moindres détails, ce qui l'incite à éviter les relations malsaines. Elle craint l'abandon et a besoin de se sentir rassurée. Possessive, lunatique, entière, déterminée, elle peut même parfois devenir colérique lorsqu'elle est face à une personne de mauvaise foi. Elle recherche quelqu'un de solide, sur qui elle peut compter. En public, elle prend toujours la défense de son mari, même lorsqu'elle n'est pas d'accord avec lui, considérant qu'il est essentiel de toujours se soutenir devant les gens. Elle est très sensible à son apparence et surtout à l'image que son partenaire propage d'elle. Parmi les femmes Vierge, beaucoup n'auraient aucun problème à être femme au foyer pourvu que leur partenaire leur assure une vie confortable et les chouchoute. Elles apprécient le confort et aspirent au maintien d'une énergie paisible. Elle peut se montrer très fière, exigeante, ferme et autoritaire, mais au fond, elle a une âme de princesse à la recherche de son prince, sans être pour autant fragile.

Elle peut être boudeuse, capricieuse et impatiente, mais la femme Vierge accorde une telle priorité à son couple qu'elle en devient très résiliente, et peut même s'excuser afin d'apaiser les tensions, mais sans jamais admettre ses torts. Elle possède une dualité qui se reflète en amour. Elle peut être très rancunière et ne rien oublier ; pour autant, elle n'est pas du genre à quitter

« Je préfère être perçu comme un *winner* plutôt qu'un bon coéquipier. »

KOBE BRYANT

facilement le navire et elle peut avoir du mal à se séparer de celui qu'elle aime. Elle peut donc accepter beaucoup de choses mais n'hésitera pas à rabâcher les événements du passé. Elle a besoin avant tout d'un confort de vie et de quelqu'un qui soit assez solide pour accepter ses folies, lui offrant cadre de vie agréable et stabilité mentale afin d'être sûre de pouvoir se projeter sans crainte.

Elles sont Vierge

Beyoncé • Mère Teresa • Sophia Loren • Cameron Diaz • Salma Hayek • Zendaya • Blake Lively • Geneviève de Fontenay • Melissa McCarthy • Taraji P. Henson • Rachel Bilson • Sydney Sweeney • Bebe Rexha • Lea Michele • Jada Pinkett Smith • Adriana Karembeu • Amy Winehouse • Keke Palmer • Jennifer Hudson • Lili Reinhart • Padma Lakshmi • Ségolène Royal...

Test d'introspection pour
la femme Vierge

1 Quels sont mes critères importants dans une relation amoureuse, en termes de sécurité émotionnelle et financière ?

2 Comment est-ce que je gère les deux facettes de ma personnalité lorsque je suis en couple ?

3 Est-ce que je prends suffisamment le temps de m'assurer de ma compatibilité avec mon partenaire avant de m'engager sérieusement ?

4 Qu'est-ce que je recherche pour me sentir en sécurité émotionnelle et éviter les relations toxiques ?

5 Comment est-ce que je communique mes besoins et mes attentes à mon partenaire de manière efficace ?

6 Comment est-ce que je gère ma tendance à être lunatique et réactive en amour ?

7 Quels sont les signes de solidité et de fiabilité que je recherche chez un partenaire ?

8 Comment réagirais-je si mon partenaire ne prend pas ma défense en public, sachant qu'il considère que j'ai les capacités de le faire mieux que n'importe qui ?

9 Comment est-ce que je gère mes exigences et ma fierté dans une relation amoureuse, sachant qu'en même temps j'ai peur de me sentir abandonnée ?

10 Quels sont mes besoins en termes de confort de vie et de sécurité matérielle ?

Vierge / Capricorne

♂ Vierge / ♀ Capricorne

♥ L'homme Vierge est attiré par la force, l'élégance et l'intelligence naturelles de la femme Capricorne. Il apprécie son esprit réaliste et son comportement maîtrisé, ainsi que son équilibre entre valeurs intérieures et apparence extérieure. La femme Capricorne peut offrir à l'homme Vierge une stabilité émotionnelle et une sécurité affective grâce à leur engagement mutuel et leur loyauté. Leur approche pragmatique de l'amour et l'importance qu'ils accordent au mariage renforcent leur compatibilité.

💔 L'homme Vierge peut reprocher à la femme Capricorne son caractère exigeant et son besoin de garder le contrôle. Il peut être frustré par sa difficulté à exprimer ses émotions qui peut donner l'impression qu'elle est insensible ou distante. La femme Capricorne peut également avoir du mal à se détendre et à s'amuser, préférant se concentrer sur ses responsabilités. La communication peut être un défi dans le couple, car l'homme Vierge préfère exprimer ses opinions directement tandis que la femme Capricorne masquera plutôt ses émotions et évitera de se montrer vulnérable. Malgré ces faiblesses, le couple peut surmonter ces obstacles en abordant les problèmes avec compréhension et sens du compromis.

STATISTIQUES ♥♥♥♡♡

Tom Hardy et Charlotte Riley, Michel Drucker et Dany Saval.

♀ Vierge / ♂ Capricorne

♥ La femme Vierge apprécie chez l'homme Capricorne sa fiabilité, son sérieux et sa capacité à lui procurer un sentiment de sécurité. Elle est également attirée par son comportement stable et discipliné. Elle est souvent fière de lui, et peut facilement se projeter et envisager un avenir durable. La femme Vierge apporte à l'homme Capricorne sa sensibilité aux détails, sa détermination et son soutien inconditionnel. Leur engagement commun envers la stabilité et la construction d'un avenir durable peut renforcer leur relation et favoriser une harmonie solide.

💔 La femme Vierge peut reprocher à l'homme Capricorne son manque de flexibilité, de spontanéité et de folie, et sa trop grande rigidité. Son rythme de vie simple et structuré peut sembler trop prévisible à la femme Vierge, qui apprécie davantage les surprises et l'adaptabilité. De plus, l'homme Capricorne peut avoir du mal à exprimer ouvertement ses sentiments, ce qui peut créer une distance émotionnelle et un manque de communication. La femme Vierge peut désirer davantage d'expressivité et de démonstration d'affection de la part de son partenaire.

STATISTIQUES ♥♥♥♥♡

Mel Gibson et Robyn Moore.

Vierge / Verseau

♂ Vierge / ♀ Verseau

❤ L'homme Vierge tombe très souvent amoureux de la femme Verseau avec qui il établit une relation de codépendance naturellement. Il est attiré par son besoin de fonctionner en binôme et de partager chaque moment avec lui, tout en respectant sa liberté. La femme Verseau peut apporter une dose d'excitation et de dynamisme à la vie de l'homme Vierge, ainsi que son dévouement et sa fidélité une fois qu'elle est amoureuse. Elle lui apprend à avoir l'esprit plus ouvert et à se détacher des préjugés et des règles établies.

💔 L'homme Vierge peut reprocher à la femme Verseau d'être parfois colérique et émotive. Il peut également avoir des difficultés à comprendre son esprit rebelle et son besoin de se sentir constamment écoutée. Il peut être confronté au caractère fort et direct de la femme Verseau, qui sait le pousser dans ses retranchements. Les deux sont très sanguins mais la solidité, la loyauté et le dévouement de la femme Verseau rassurent l'homme Vierge, qui peut même s'effacer par amour pour la laisser briller.

STATISTIQUES ♥♥♥♥♥

Rupert Grint et Georgia Groome, Hugh Grant et Anna Eberstein.

♀ Vierge / ♂ Verseau

❤ La femme Vierge est attirée par l'originalité et l'esprit libre de l'homme Verseau. Elle apprécie son approche amicale et son sens de l'humour taquin, qui lui permettent de se sentir à l'aise et de s'exprimer pleinement. La capacité de l'homme Verseau à stimuler mentalement la femme Vierge est également un atout. Elle admire sa capacité à poursuivre ses propres intérêts et à avoir une vie sociale remplie. L'homme Verseau peut encourager la femme Vierge à sortir de sa coquille et à prendre des risques. Son approche audacieuse de la vie peut l'inciter à être plus optimiste et à explorer de nouvelles expériences. L'homme Verseau peut offrir à la femme Vierge une dose de spontanéité et d'aventure dans sa vie. Sa nature imprévisible peut ajouter de l'excitation et du dynamisme à leur relation.

💔 La femme Vierge peut reprocher à l'homme Verseau son côté imprévisible et ses phases de disparition soudaines. Son besoin de stimulation peut parfois être exigeant, et la femme Vierge peut se sentir dépassée si elle ne parvient pas à répondre à ces attentes. De plus, l'homme Verseau peut être jaloux et paranoïaque, ce qui suscite des conflits avec la femme Vierge, qui accorde une grande importance à la confiance et à la stabilité émotionnelle. Leur communication peut être perturbée par les humeurs changeantes de l'homme Verseau, qui peut se réchauffer ou se refroidir rapidement.

STATISTIQUES ♥♥♥♡♡

Michelle Williams et Thomas Kail, Lea Michele et Zandy Reich.

Vierge / Poissons

♂ Vierge / ♀ Poissons

♥ L'homme Vierge est attiré par la femme Poissons en raison de sa capacité à charmer et à séduire. Il apprécie son charisme et sa nature mystérieuse, qui l'intriguent et le captivent. La femme Poissons peut répondre à son besoin de trouver une partenaire élégante, discrète et dotée d'une intelligence naturelle. Elle peut apporter une dose d'émotion et d'expression amoureuse qui permet à l'homme Vierge de sortir de sa réserve et de se connecter à un niveau plus profond. La femme Poissons peut également offrir une relation fusionnelle, dans laquelle l'homme Vierge se sent chéri, soutenu et protégé. Son charme et sa capacité à comprendre les sentiments de son partenaire créent une base solide pour une relation durable.

💔 L'homme Vierge peut reprocher à la femme Poissons son côté jaloux et son besoin de contrôler la situation. Il peut trouver cela étouffant et en conflit avec sa nature réservée et analytique. De plus, il peut être déconcerté par sa tendance à vivre dans le passé et à entretenir des rancunes, ce qui crée des tensions dans la relation. Cependant, en travaillant sur la communication, la compréhension mutuelle et le respect des besoins individuels, ces faiblesses peuvent être surmontées, permettant ainsi de construire une relation équilibrée et épanouissante.

STATISTIQUES ♥♥♡♡♡

Richard Gere et Cindy Crawford, Alex Lutz et Mathilde Vial.

♀ Vierge / ♂ Poissons

♥ La femme Vierge est attirée par la perspicacité de l'homme Poissons. Elle apprécie la façon dont il la séduit et entretient avec lui des liens émotionnels intenses. Sa capacité à créer un cocon de confiance et de sécurité est ce que la femme Vierge recherche chez un partenaire. L'homme Poissons peut également charmer la femme Vierge avec son sens de l'humour, utilisant le rire comme une armure pour masquer sa vulnérabilité. Son amour passionné et imaginatif résonne avec la femme Vierge qui apprécie la profondeur et la créativité dans une relation. L'homme Poissons peut apporter une touche de magie et de romantisme à la relation, offrant ainsi à la femme Vierge une évasion bienvenue de la réalité quotidienne.

💔 La femme Vierge peut reprocher à l'homme Poissons sa tendance à se braquer. Elle a besoin de confrontation alors qu'il cherche souvent à fuir ou à esquiver les situations qui ne lui plaisent pas. Son besoin de temps seul peut parfois être interprété comme un éloignement ou un désintérêt. La tendance de l'homme Poissons à provoquer des réactions (comme la jalousie) sans toujours en assumer les conséquences peut susciter une certaine insécurité chez la femme Vierge, qui attache une grande importance à l'honnêteté et à la confiance dans une relation.

STATISTIQUES ♥♥♥♡♡
Cameron Diaz et Benji Madden, Matthew Vaughn et Claudia Schiffer, Joel Madden et Nicole Richie.

Vierge / Bélier

♂ Vierge / ♀ Bélier

♥ La femme Bélier apporte à l'homme Vierge son énergie débordante et son charme mystérieux, stimulant son intérêt et l'incitant à sortir de sa réserve. Sa franchise lui permet de se sentir en confiance et de s'engager plus facilement. Son côté passionné et impulsif apporte une dose d'excitation et de dynamisme à la vie de l'homme Vierge, l'encourageant à sortir de sa zone de confort. Sa capacité à exprimer ses sentiments avec passion et sa loyauté sans faille touchent profondément l'homme Vierge.

💔 La nature impulsive et colérique de la femme Bélier peut parfois perturber l'homme Vierge, qui préfère la stabilité et la réflexion. Son besoin constant de stimulation et de nouveauté peut engendrer des moments d'instabilité émotionnelle, ce qui peut être difficile pour l'homme Vierge, plus réservé. Sa franchise peut également blesser l'homme Vierge, qui est plus susceptible aux critiques et rancunier. De plus, la femme Bélier peut avoir du mal à accorder toute son attention à l'homme Vierge en raison de son énergie débordante et de son désir d'exploration constant. Son indépendance et sa force de caractère peuvent parfois générer un sentiment d'impuissance chez l'homme Vierge, qui se sent alors en compétition avec elle.

STATISTIQUES ♥♥♥♥♥
Xavier Niel et Delphine Arnault, Keanu Reeves et Alexandra Grant, Keira Knightley et James Righton, Stephen et Tabitha King.

♀ Vierge / ♂ Bélier

♥ La femme Vierge apprécie chez l'homme Bélier son enthousiasme naturel et sa passion débordante. Elle est attirée par son énergie et son charisme, qui lui permettent de se sentir vivante et stimulée à ses côtés. L'homme Bélier incarne pour elle l'idée d'un partenaire dynamique, entreprenant et capable de l'entraîner dans des aventures passionnantes. Elle admire également sa force et sa détermination à poursuivre ses propres passions, ce qui correspond à son idéal d'un homme solide et audacieux. Sa capacité à exprimer pleinement son amour et son besoin d'affection la séduit, car elle se sent valorisée et aimée.

💔 La femme Vierge peut reprocher à l'homme Bélier son impulsivité et son manque de patience. Son besoin constant de nouvelles sensations et d'aventures peut parfois la déstabiliser, car elle préfère une approche plus réfléchie et prudente de la vie. Elle peut se sentir frustrée lorsque l'homme Bélier agit sans réfléchir aux conséquences à long terme, ce qui peut créer des tensions dans la relation. De plus, la femme Vierge peut être déconcertée par l'attitude parfois égocentrique de l'homme Bélier. Elle peut également avoir des difficultés à gérer sa jalousie et son tempérament explosif, ce qui provoque des disputes et des désaccords fréquents. Couple très peu stable.

STATISTIQUES ♥♡♡♡♡

Rachel Bilson et Hayden Christensen, Amy Winehouse et Blake Fielder-Civil.

Vierge / Taureau

♂ Vierge / ♀ Taureau

♥ L'homme Vierge apprécie chez la femme Taureau sa nature posée et responsable ainsi que sa franchise. Il est attiré par sa capacité à incarner l'équilibre entre apparence extérieure et valeurs intérieures. La femme Taureau offre à l'homme Vierge la confiance et la stabilité dont il a besoin, grâce à sa loyauté et à sa capacité à inspirer confiance. Sa bienveillance, sa tendresse et son soutien inconditionnel sont des atouts qui renforcent le lien entre eux et permettent à l'homme Vierge de s'engager pleinement dans la relation.

💔 L'homme Vierge reproche à la femme Taureau son accès de violence lorsqu'elle n'arrive pas à maîtriser ses émotions, ce qui peut provoquer des frictions. De plus, la femme Taureau peut être aussi têtue que lui et avoir du mal à s'excuser lorsqu'elle considère qu'elle n'est pas en tort. L'homme Vierge peut également être confronté au fort caractère de la femme Taureau qui sait prendre des décisions efficaces, ce qui lui donne l'impression de ne pas occuper le rôle puissant et protecteur dont il a besoin pour s'épanouir en couple.

STATISTIQUES ♥♥♥♡♡

Jimmy Fallon et Nancy Juvonen.

♀ Vierge / ♂ Taureau

♥ La femme Vierge apprécie chez l'homme Taureau sa fiabilité et sa capacité à gérer la pression. Elle se sent en sécurité à ses côtés, ce qui lui permet d'exprimer pleinement sa tranquillité d'esprit. Solide et fiable, l'homme Taureau offre à la femme Vierge une stabilité émotionnelle et financière, répondant à son besoin de bien-être, de confort de vie et de sécurité matérielle. Ensemble, ils forment un couple robuste où la femme Vierge se sent soutenue et choyée, tandis que l'homme Taureau bénéficie de l'attention et de l'affection qu'il recherche.

💔 La femme Vierge reproche parfois à l'homme Taureau son stoïcisme. Quand elle cherche à provoquer des réactions, elle peut parfois se sentir déconcertée face à la passivité de son partenaire. De son côté, elle peut devenir hystérique lorsqu'elle essaie de lui faire comprendre les choses et de le changer au lieu d'abandonner le conflit. Elle peut lui reprocher son manque de communication émotionnelle ou de spontanéité, le trouver trop prévisible ou routinier, et ressentir le besoin d'être plus stimulée cérébralement que physiquement, alors que l'homme Taureau est tellement tactile qu'il peut parfois négliger la connexion cérébrale.

STATISTIQUES ♥♥♥♥♡

Dwayne Johnson et Lauren Hashian.

Vierge / Gémeaux

♂ Vierge / ♀ Gémeaux

♥ L'homme Vierge apprécie chez la femme Gémeaux son intelligence, sa vivacité d'esprit et son audace. Il est attiré par sa capacité à le stimuler intellectuellement et à l'encourager à se développer. La nature communicative et ouverte de la femme Gémeaux permet une résolution rapide des problèmes. La femme Gémeaux peut offrir à l'homme Vierge une connexion cérébrale profonde et une complicité intellectuelle qui enrichissent leur relation. Elle peut également s'intégrer facilement à son groupe d'amis et développer des liens avec eux, ce qui favorise une harmonie sociale. La communication franche et la valorisation de la compréhension mutuelle sont des atouts importants dans leur dynamique de couple.

💔 L'homme Vierge peut reprocher à la femme Gémeaux son besoin constant de communication et d'attention, parfois épuisant pour lui qui est attaché à sa routine. Il peut également trouver déconcertants son caractère changeant et ses différentes phases émotionnelles. Le besoin de la femme Gémeaux que tout se passe comme elle l'a décidé peut freiner l'homme Vierge, qui n'est pas le plus flexible et sait se montrer têtu et ferme, créant ainsi des tensions au sein du couple.

STATISTIQUES ♥♥♡♡♡

Tom Kaulitz et Heidi Klum, Tim Burton et Helena Bonham Carter.

♀ Vierge / ♂ Gémeaux

♥ Quand deux fous se rencontrent... il y a forcément une connexion. La femme Vierge apprécie l'homme Gémeaux pour son esprit ouvert et sa capacité à la stimuler mentalement. Elle trouve attrayant le fait qu'il soit curieux, audacieux et qu'il cherche constamment à évoluer. Elle admire sa volonté d'explorer de nouvelles idées et de défendre des causes haut et fort. L'homme Gémeaux offre à la femme Vierge une complicité intellectuelle qui est essentielle pour elle. Il communique avec elle sans crainte et reconnaît et respecte ses qualités. En tant que partenaire, il lui permet de s'épanouir sur le plan intellectuel et de se sentir soutenue dans ses aspirations personnelles.

💔 La femme Vierge peut reprocher à l'homme Gémeaux son instabilité et son besoin d'indépendance. Elle peut avoir des difficultés à suivre son rythme changeant et à s'adapter à sa nature imprévisible. La femme Vierge préfère la stabilité et la sécurité émotionnelle, matérielle et financière, tandis que l'homme Gémeaux est plus enclin à rechercher de nouvelles expériences et à maintenir une certaine distance émotionnelle. De plus, l'homme Gémeaux peut avoir une vision plus optimiste de la vie, tandis que la femme Vierge peut être plus préoccupée par les aspects négatifs. Avec lui, elle ne peut pas toujours se permettre de ne pas s'excuser car il se révèle bien plus têtu qu'elle.

STATISTIQUES ♥♥♥♥♥

Salma Hayek et François-Henri Pinault, Zendaya et Tom Holland.

Vierge / Cancer

♂ Vierge / ♀ Cancer

❤ L'homme Vierge est séduit par la douceur et la sensibilité de la femme Cancer, qui est prête à investir émotionnellement et à créer un environnement familial chaleureux. Sa loyauté inébranlable et son dévouement envers leur relation incitent l'homme Vierge à s'engager davantage et à construire une base solide pour leur amour. La femme Cancer apporte également une profonde compréhension émotionnelle à l'homme Vierge, le soutenant dans ses moments de doute et l'aidant à surmonter son sentiment d'insécurité. Elle offre une stabilité émotionnelle et une écoute attentive, créant un espace où l'homme Vierge peut se sentir en sécurité pour exprimer ses pensées et ses sentiments. Ce couple est plutôt stable sur le long terme.

💔 L'homme Vierge peut reprocher à la femme Cancer son besoin constant d'attention et de soutien émotionnel, ce qui peut le submerger ou l'étouffer. La femme Cancer peut aussi être réticente à prendre des risques ou à sortir de sa zone de confort, ce qui est susceptible de frustrer l'homme Vierge qui est plus enclin à chercher de nouvelles expériences. De plus, la tendance de la femme Cancer à un peu trop prendre les choses à cœur peut entraver leur progression et leur croissance en tant que couple.

STATISTIQUES ♥♥♥♡♡

Nick Jonas et Priyanka Chopra, Idris Elba et Sabrina Dhowre, Dave Gardner et Liv Tyler.

♀ Vierge / ♂ Cancer

❤ La femme Vierge apprécie chez l'homme Cancer sa force émotionnelle. Elle est attirée par sa capacité à donner et recevoir de l'amour, ce qui lui permet de se sentir en sécurité et épanouie. L'homme Cancer répond au besoin de stabilité et de sécurité émotionnelle de la femme Vierge, lui offrant un environnement serein et apaisant. Il est également généreux en amour, investissant son temps et son énergie pour le bonheur de sa partenaire. La femme Vierge apprécie l'énergie et l'engagement de l'homme Cancer, qui lui offre un soutien inconditionnel et se montre fidèle envers leur relation.

💔 La femme Vierge peut reprocher à l'homme Cancer son comportement parfois pleurnichard, susceptible et capricieux. Ces traits de caractère peuvent la perturber. De plus, elle éprouve des difficultés à faire face aux manipulations émotionnelles de l'homme Cancer, qui peut user de chantage affectif pour obtenir l'attention et l'amour qu'il désire. Cela crée parfois des tensions et un sentiment de frustration dans la relation. La femme Vierge peut être assez directe et se montrer lasse que l'homme Cancer se vexe et prenne trop les choses à cœur. Elle a besoin d'un homme moins susceptible.

STATISTIQUES ♥♡♡♡♡

P!nk et Carey Hart.

Vierge / Lion

♂ Vierge / ♀ Lion

❤ L'homme Vierge est attiré par la femme Lion en raison de son charisme et de sa capacité à briller. Il apprécie son assurance et son côté entreprenant, qui l'inspirent et l'attirent. La femme Lion peut susciter en l'homme Vierge un sentiment de fierté et d'admiration envers elle, ainsi qu'une dose de passion et d'énergie dans leur relation. Sa générosité et sa capacité à exprimer son amour de manière éclatante correspondent aux besoins émotionnels de l'homme Vierge, tandis que son ambition et sa volonté de réaliser de grandes choses peuvent l'inspirer et le motiver.

💔 L'homme Vierge peut reprocher à la femme Lion son besoin constant d'être admirée et mise en avant. Il peut trouver cela superficiel et déplaisant, préférant une approche plus discrète et sobre des relations. De plus, il peut se sentir délaissé lorsque la femme Lion se concentre trop sur son image et son statut social, au détriment de leur connexion émotionnelle. L'homme Vierge peut avoir du mal à comprendre la sensibilité de la femme Lion, la percevant parfois comme trop fière et trop dure dans ses réactions. Ce couple n'est pas très stable sur le long terme.

STATISTIQUES ♥♡♡♡♡

Le prince Harry et Meghan Markle, Marc Anthony et Jennifer Lopez.

♀ Vierge / ♂ Lion

♥ La femme Vierge est attirée par l'homme Lion en raison de sa confiance en lui et de son aura de leadership, qui la rassurent sur sa capacité à faire face aux défis de la vie avec détermination. Elle valorise également l'ambition de l'homme Lion et voit en lui un partenaire qui partage sa quête de réussite et d'amélioration constante. Son énergie dynamique et son désir de briller lui donnent de l'inspiration et la poussent à poursuivre ses propres objectifs. L'assurance et le charisme de l'homme Lion attirent la femme Vierge, car elle se sent rassurée de savoir qu'il peut faire face aux défis de la vie avec détermination.

💔 La femme Vierge reproche parfois à l'homme Lion d'être trop centré sur lui-même et d'accorder trop d'importance à la reconnaissance et à l'admiration de son entourage. Elle peut trouver excessif son besoin constant d'être valorisé et être déçue si elle ne se sent pas suffisamment mise en valeur par lui. De plus, l'autorité et la fierté de l'homme Lion peuvent entrer en conflit avec l'attitude ferme et autoritaire de la femme Vierge. Elle peut être frustrée par son manque d'ouverture à s'excuser et à reconnaître ses erreurs ou par sa réticence à montrer ses faiblesses.

STATISTIQUES ♥♥♡♡♡

Erin Darke et Daniel Radcliffe, Ségolène Royal et François Hollande.

Vierge / Vierge

♂ Vierge / ♀ Vierge

♥ L'homme Vierge apprécie chez la femme Vierge son élégance naturelle. Il est attiré par sa sobriété et son raffinement. La femme Vierge trouve en l'homme Vierge un partenaire qui répond à son besoin de stabilité et de sécurité, et sur qui elle peut compter. Ils se disputent rarement et pas pour des futilités. La femme Vierge est intelligente et a une grande profondeur et une dualité de caractère, ce qui attire l'homme Vierge, tandis qu'il lui offre la fiabilité sur le plan financier et un soutien en toutes circonstances. La femme Vierge offre à l'homme Vierge un sentiment de sécurité et de tranquillité d'esprit, et inversement. La présence stable et fiable de l'autre leur permet de s'engager pleinement dans la relation et de se sentir en confiance. Ce couple est très stable sur la durée.

💔 Prévisibles, ils peuvent parfois ressentir un certain ennui dans la relation et vivre une dynamique davantage platonique que passionnée. Les deux partenaires peuvent être très critiques envers eux-mêmes et les autres, ce qui peut engendrer un environnement où le jugement est prédominant et l'indulgence limitée. L'homme Vierge peut trouver que la femme Vierge lui en demande trop. Il peut ressentir le besoin d'être toujours à la hauteur de ses attentes, ce qui peut être épuisant à long terme. Elle déplore qu'il ne se remette pas en question et reproche aux autres ce que lui-même fait. Bien qu'ils puissent tous les deux avoir besoin de spontanéité, ils ne parviennent pas nécessairement à l'exprimer simultanément.

STATISTIQUES ♥♥♥♡♡

Melissa McCarthy et Ben Falcone, Jason Derulo et Jena Frumes.

Vierge / Balance

♂ Vierge / ♀ Balance

♥ L'homme Vierge est attiré par la femme Balance pour sa beauté, sa vivacité d'esprit et sa diplomatie. Il apprécie sa capacité à créer une ambiance positive et apaisante. La femme Balance apporte à l'homme Vierge un esprit plus ouvert et lui permet de prendre conscience de ses besoins et de développer une sensibilité à son égard. C'est une grande romantique en recherche de l'amour véritable, ce qui touche l'homme Vierge qui se sent naturellement protecteur et occupe un rôle qui lui plaît dans ce couple.

💔 L'homme Vierge peut reprocher à la femme Balance son indécision et sa jalousie, qui peuvent créer des difficultés dans la relation et compliquer la prise de décisions. De plus, l'homme Vierge peut se sentir frustré par le besoin constant d'attention et de confiance de la femme Balance. Il peut également être déconcerté par sa tendance à s'attacher à des personnes qui abusent de sa gentillesse. Par ailleurs, l'homme Vierge peut reprocher à la femme Balance de ne pas toujours dire ce qu'elle pense spontanément.

STATISTIQUES ♥♥♡♡♡

Adam et Jackie Sandler, Jack Black et Tanya Haden,
Sean Connery et Diane Cilento, François Hollande et Ségolène Royal.

♀ Vierge / ♂ Balance

♥ La femme Vierge est trop souvent séduite par l'homme Balance. Elle apprécie son côté séducteur, populaire et romantique ainsi que son esprit optimiste, réactif et sensible. Elle est surtout attirée par son affection et ses marques d'attention, car l'homme Balance sait très bien s'y prendre pour la faire tomber sous son charme. L'homme Balance offre à la femme Vierge un cadre de vie agréable et esthétiquement plaisant, en accord avec ses besoins de confort. Il partage également son sens du discernement et son indépendance, valorisant sa partenaire qui poursuit ses propres aspirations dans la vie.

💔 En raison de la nature séductrice de l'homme Balance, la femme Vierge se retrouve partagée, confrontée à un dilemme entre l'attraction qu'elle ressent envers cet être magnétique et le risque qu'il représente pour sa confiance et sa stabilité émotionnelle, consciente qu'il pourrait succomber à la tentation et la tromper. Elle lui reproche également sa susceptibilité et sa tendance à se braquer et parfois à se laisser influencer par son entourage et à l'oublier. Son désir de maintenir l'harmonie et son écoute des opinions des autres peuvent parfois mettre en péril sa propre volonté et créer des tensions dans la relation.

STATISTIQUES ♥♥♥♡♡
Will Smith et Jada Pinkett Smith.

Vierge / Scorpion

♂ Vierge / ♀ Scorpion

♥ L'homme Vierge apprécie chez la femme Scorpion sa loyauté sans faille, son investissement émotionnel dans la relation et sa bienveillance. Il est attiré par sa profonde intensité et son honnêteté intellectuelle qui l'empêche même de masquer ses émotions. La femme Scorpion peut lui apporter une connexion émotionnelle profonde et exclusive, ainsi qu'une grande attention et un soutien inconditionnel. Elle est prête à investir beaucoup d'énergie dans la relation et à planifier un avenir commun. L'homme Vierge peut également être naturellement très complice avec la femme Scorpion.

L'homme Vierge peut reprocher à la femme Scorpion sa jalousie et son besoin de contrôle, ce qui peut créer des conflits et une certaine insécurité dans la relation. Il peut également être frustré par sa réaction intense en cas de trahison perçue. Une communication ouverte et la volonté de compromis sont nécessaires pour surmonter ces faiblesses et construire une relation solide. L'homme Vierge a besoin qu'on lui dise les choses sans sous-entendu afin de consentir à des efforts, ce qui peut manquer à la femme Scorpion qui peut avoir tendance à intérioriser.

STATISTIQUES ♥♥♡♡♡
Keanu Reeves et Parker Posey.

♀ Vierge / ♂ Scorpion

♥ La femme Vierge apprécie chez l'homme Scorpion sa force et sa capacité à rester calme en même temps. Elle est attirée par son aptitude à créer une connexion profonde, tant sur le plan cérébral que physique et émotionnel. L'homme Scorpion est capable de captiver la femme Vierge en lui montrant son utilité, que ce soit par sa générosité ou par sa loyauté et son esprit protecteur envers sa partenaire. De plus, l'homme Scorpion peut offrir à la femme Vierge une vie confortable et une sécurité matérielle, ce qui répond à ses besoins de stabilité et de bien-être.

La femme Vierge peut reprocher à l'homme Scorpion son besoin naturel de domination au sein de la relation. Sa tendance à exercer son pouvoir et son contrôle peut parfois entrer en conflit avec le désir de la femme Vierge de se sentir indépendante et en mesure de prendre ses propres décisions. De plus, l'homme Scorpion peut avoir tendance à intérioriser ses émotions et pensées, et parfois à réagir de manière impulsive et dire des choses blessantes lorsqu'il se sent vexé, ce qui peut bouleverser la femme Vierge qui accorde une grande importance à la transparence.

STATISTIQUES ♥♥♥♡♡

Troian Avery Bellisario et Patrick J. Adams, Rachel McAdams et Jamie Linden, Mark Ruffalo et Sunrise Coigney.

Vierge / Sagittaire

♂ Vierge / ♀ Sagittaire

La femme Sagittaire apporte à l'homme Vierge une énergie contagieuse et un goût pour l'aventure qui le poussent à sortir de sa routine. Sa curiosité intellectuelle et sa capacité à discuter de sujets variés enrichissent la vision du monde de l'homme Vierge. Son charme naturel et son assurance le captivent, lui permettant de se détendre et de profiter pleinement de la vie. La femme Sagittaire apporte un souffle de fraîcheur à la vie de l'homme Vierge, l'incitant à sortir de sa zone de confort, à prendre des risques et à vivre l'instant présent. En sa compagnie, il découvre de nouvelles perspectives et apprend à embrasser l'aventure avec enthousiasme.

L'homme Vierge peut reprocher à la femme Sagittaire d'être trop cash et parfois trop sévère. Elle peut avoir tendance à être très dure avec lui, voire autoritaire, ce qui peut pousser l'homme Vierge à s'effacer dans le couple et à intérioriser ses réels sentiments pour ne les extérioriser qu'en cas de conflit, souvent provoqué par la femme Sagittaire, qui ressent elle aussi que son partenaire n'ose pas tout révéler par peur de la voir surréagir. L'homme Vierge peut souvent se sentir gêné en public lorsque la femme Sagittaire fait preuve d'indélicatesse envers les autres.

STATISTIQUES ♥♥♥♡♡

Aaron Paul et Lauren Parsekian.

♀ Vierge / ♂ Sagittaire

La femme Vierge est très souvent séduite par l'énergie de l'homme Sagittaire. Elle, c'est Bonnie, et lui, c'est Clyde. Elle apprécie chez lui sa prestance et sa capacité de séduction. Son humour lui semble souvent irrésistible. Elle est également attirée par son énergie et sa volonté de fer, car elle admire les personnes déterminées animées par des projets.

L'homme Sagittaire offre un certain niveau de sécurité émotionnelle à la femme Vierge, lui permettant ainsi de s'exprimer pleinement et de se sentir en confiance. Il est capable de la divertir et de la stimuler mentalement, créant une forte complicité et une connexion intellectuelle qui les unissent.

La femme Vierge peut reprocher à l'homme Sagittaire son besoin de liberté et d'indépendance, car elle peut se sentir négligée ou peu priorisée lorsqu'il se concentre sur ses propres intérêts. Elle peut également être dérangée par son silence lorsqu'il est accaparé, ce qui peut la laisser perplexe et incertaine quant à ses intentions. D'autre part, la femme Vierge peut être confrontée à des comportements imprévisibles de la part de l'homme Sagittaire, notamment son attrait pour la nouveauté et ses envies d'explorer différentes facettes de la vie amoureuse.

STATISTIQUES ♥♥♥♥♥

Beyoncé et Jay-Z, Sophia Loren et Carlo Ponti, Adriana et Christian Karembeu.

Je note ma compatibilité avec **l'homme Vierge**

1. Comment réagissez-vous lorsque votre partenaire est critique envers vous ?

A. Je me décourage facilement et cela affecte ma motivation.
B. J'accepte, je suis moi-même très critique.
C. J'utilise les critiques comme une occasion de m'améliorer.

2. Quelle méthode préférez-vous pour être séduite par votre partenaire ?

A. De grandes déclarations d'amour sincères.
B. Les gestes romantiques et attentionnés.
C. L'humour et les taquineries amusantes.

3. Comment réagissez-vous lorsque votre partenaire est moins attentif ou qu'il vous presse lorsque vous racontez une histoire longue ?

A. Cela me met mal à l'aise et je préfère qu'il soit attentif tout le temps.
B. Je préfère qu'il soit attentif, mais je peux tolérer des moments de moindre attention.
C. Je comprends que parfois il puisse être distrait car je peux moi-même l'être.

4. Êtes-vous à l'aise avec un partenaire qui ne se remet pas toujours en question ?

A. Non, cela me frustre et je pense qu'il est important de toujours s'auto-évaluer.
B. Je peux tolérer cela jusqu'à un certain point, mais j'apprécierais qu'il soit plus ouvert au changement.
C. Oui, je suis prête à accepter son manque d'introspection, ayant moi-même des difficultés à avouer mes torts.

5. Êtes-vous prête à tolérer la rancune tenace et la bouderie de votre partenaire ?

A. Non, je trouve cela difficile à supporter et cela affecte notre relation.
B. Je peux tolérer ces comportements à condition qu'ils soient rares et que mon partenaire soit ouvert à la communication.
C. Oui, je comprends que tout le monde a ses défauts et je n'ai pas de difficultés à revenir vers lui.

6. Comment appréciez-vous que votre partenaire soit, en termes de routine ?

A. J'aime les surprises et le changement, donc je ne suis pas particulièrement attirée par la routine.

B. Je préfère un équilibre entre la routine et la spontanéité.
C. J'apprécie que mon partenaire soit routinier et que nous puissions établir une stabilité dans notre vie.

7. Avez-vous besoin que votre partenaire soit entreprenant et de partager avec lui de nombreux projets professionnels ?

A. Oui, c'est important pour moi d'avoir un partenaire ambitieux avec qui je peux partager des projets.
B. Non, je préfère une relation plus détendue et axée sur d'autres aspects de la vie. Je suis ouverte aux projets professionnels, mais ce n'est pas une exigence absolue.
C. Non, je préfère une relation plus détendue et axée sur d'autres aspects de la vie.

8. Quelle est votre attitude envers les valeurs matérielles et financières dans une relation amoureuse ?

A. Je suis peu préoccupée par les valeurs matérielles et financières et je privilégie d'autres aspects de la vie.
B. J'apprécie les valeurs matérielles et financières, mais je ne les considère pas comme primordiales.
C. J'accorde une grande importance aux valeurs matérielles et financières, et je cherche une partenaire qui les partage.

9. Quel niveau de communication verbale préférez-vous dans votre relation ?

A. J'aime avoir de longues conversations et je m'attends à ce que mon partenaire fasse de même.
B. Je préfère des conversations plus courtes et directes, sans trop de bavardage.
C. J'apprécie une communication équilibrée où chacun peut s'exprimer sans trop en faire.

10. Avez-vous besoin que votre partenaire vous procure changement et stimulation mentale dans votre relation ou vous en chargez-vous vous-même ?

A. J'ai besoin de mon partenaire pour me fournir un changement et une stimulation mentale réguliers.
B. Je suis indépendante et je cherche activement des moyens de me stimuler mentalement en dehors de la relation.
C. J'apprécie la stabilité et je ne ressens pas le besoin constant de changement ou de stimulation mentale.

Écrivez le nom de vos hommes Vierge préférés :

....

....

....

Résultat du test :
A : Mauvaise compatibilité
B : Compatibilité normale
C : Bonne compatibilité

Je note ma compatibilité avec
la femme Vierge

1. Êtes-vous entreprenant ?

A. Je ne suis pas entreprenant, mais j'apprécie ce trait chez ma partenaire.

B. Je ne suis pas nécessairement le plus entreprenant mais je peux prendre les devants, à condition d'en avoir parlé avec ma partenaire.

C. Je suis très entreprenant et audacieux. J'aime prendre les devants et rendre fière ma partenaire.

2. Quel type de femme préférez-vous en termes de caractère et de détermination ?

A. J'ai une préférence pour les femmes dociles.

B. J'ai une préférence pour les femmes plus douces et moins affirmées.

C. J'apprécie les femmes qui allient sagesse et force de caractère.

3. Quel est votre point de vue sur la parentalité et le fait d'avoir une ribambelle d'enfants ?

A. Avoir une ribambelle d'enfants est mon objectif ultime.

B. Je ne souhaite pas forcément avoir d'enfants.

C. Je suis ouvert à la parentalité, mais le nombre d'enfants n'est pas une priorité pour moi.

4. Comment réagissez-vous à la dualité émotionnelle et aux crises de colère de votre partenaire ?

A. Les crises de colère de ma partenaire sont difficiles à gérer et peuvent avoir un impact négatif sur notre relation.

B. Les crises de colère de ma partenaire me dérangent, mais j'essaie de gérer la situation calmement.

C. Je fais preuve de patience et d'acceptation, et je sais m'excuser lorsque c'est nécessaire.

5. Comment réagissez-vous lors d'un conflit ?

A. Je ne supporte pas les conflits, et je préfère les esquiver.

B. J'ai besoin de temps pour redescendre et ensuite régler le problème.

C. J'ai besoin de régler la situation au lieu d'accumuler les problèmes et je n'ai pas de mal à prendre les devants pour communiquer.

6. Comment démontrez-vous votre engagement et votre fiabilité dans une relation ?

A. Je suis enclin à faire des promesses, mais j'ai tendance à souvent changer d'avis.

B. Je m'engage verbalement, mais j'ai du mal à les prouver par des actes concrets.
C. Je fournis des preuves concrètes de mon engagement plutôt que de faire de simples promesses.

7. Comment conciliez-vous le désir de votre partenaire d'être avec un homme audacieux qui sache prendre des risques, tout en offrant stabilité et bien-être sécurisants ?

A. Je n'ai pas peur de prendre des risques, je réfléchis d'ailleurs souvent après avoir déjà agi.
B. Je suis très prudent et préfère offrir une stabilité et un bien-être sécurisants à ma partenaire.
C. Je sais prendre des risques calculés, tout en assurant un cadre de vie stable à ma partenaire.

8. Comment gérez-vous les désaccords et les problèmes relationnels, en public ou en privé ?

A. Que ce soit en public ou en privé, je dis ce que je pense et défends les causes auxquelles je tiens, indépendamment de la position de ma partenaire.
B. Je préfère garder nos désaccords privés et éviter de prendre parti lorsque plusieurs de mes proches sont concernés.
C. Je soutiens ma partenaire en public, même lorsque nous sommes en désaccord, et nous réglons ensuite les problèmes en privé.

9. Quelle est votre attitude envers les valeurs matérielles et financières dans une relation amoureuse ?

A. Je suis peu préoccupé par les valeurs matérielles et financières et je privilégie d'autres aspects de la vie.
B. J'apprécie les valeurs matérielles et financières, mais je ne les considère pas comme primordiales.
C. J'accorde une grande importance aux valeurs matérielles et financières, et je cherche une partenaire qui les partage.

10. Comment réagissez-vous aux exigences de votre partenaire ?

A. J'ai du mal à gérer les critiques et je préfère qu'on m'aime comme je suis.
B. Je suis prêt à m'adapter à condition qu'elle se remette en question.
C. Je suis prêt à tout pour plaire à celle que j'aime.

Écrivez le nom de vos femmes Vierge préférées :

....

....

....

Résultat du test :
A : Mauvaise compatibilité
B : Compatibilité normale
C : Bonne compatibilité

Vilance

ENTRE LE 20 ET LE 23 SEPTEMBRE

Les personnes nées entre le 20 et le 23 septembre (parfois même à partir du 18… en réalité, c'est de la casuistique), c'est-à-dire entre le signe de la Vierge et celui de la Balance, prennent souvent certains traits de caractère liés à la Vierge et d'autres liés à la Balance.

Célébrités

Cyril Hanouna
Julio Iglesias
Ronaldo
Ségolène Royal
Cœur de pirate

Les signes de l'automne

BALANCE
SCORPION
SAGITTAIRE

recherchent la liberté de pensée et d'action et pourraient être associés au besoin d'équilibre et de justice.

Balance

Le signe de la Balance, qui débute le 23 septembre et finit le 21 octobre, est le premier signe astrologique de la saison d'automne. Il est associé à l'élément Air (avec le Verseau et les Gémeaux). Le signe de la Balance débute en septembre et se poursuit en octobre, marquant une période de transition associée à des changements dans la nature et à une recherche d'équilibre.

Les grandes caractéristiques **du Balance**

Il trouve facilement les choses gênantes.

Susceptible, il accorde une grande importance à ses tenues vestimentaires.

Il sait se faire petit quand il faut, et se montrer quand il faut.

Il se montre toujours positif.

Il ne réussit pas toujours à l'école mais finit le plus riche de sa bande de potes.

Mots-clés

Vif d'esprit
Malin
Débrouillard
Altruiste
Il peut vivre dans le déni
Médiateur
Juste
Je-m'en-foutiste
Insolent
Passif-agressif
Intériorise
Bon vivant
Met l'ambiance

Indécis
Séducteur
Tchatcheur
Menteur
Escroc
Obsessions
Instable
Besoin d'attention
Compétiteur
Tricheur
Lâche
Accumule puis implose
Influençable

S'enflamme vite
Bon sens
Tête en l'air
Dispersé
Trop d'idées
Proactif
Drôle
Veut être le meilleur
Nerveux
Rusé
Insolent

L'homme **Balance**

L'homme Balance est très communicatif et sait se faire aimer des gens. Séducteur, éveillé et souriant, il est doté d'une intelligence vive et d'une tchatche inégalée. Diplomate, son esprit agile et malicieux est constamment en ébullition, analysant les informations avec une célérité déconcertante, mais propageant une image toujours positive. Il aime les belles choses mais accorde également une grande importance à son confort. Il peut être nul à l'école et devenir le plus riche de toute sa bande de copains parce que lui, c'est sur le terrain qu'il apprend le mieux. Son esprit vif lui permet d'appréhender les situations de manière éclairée, lui conférant un avantage certain afin de se sortir de situations délicates.

« L'amour n'est qu'un mot, mais vous lui apportez une définition. »

EMINEM

Sociable, il sait se faire aimer de qui il veut et peut convaincre naturellement les gens de le croire. Il sait d'ailleurs bien mentir. Il montre toujours ses forces et masque ses faiblesses, préférant garder pour lui ses pensées les plus intimes. L'homme Balance sait se remettre en question et reconnaître ses torts. Il sait user des bons mots pour se faire pardonner. Il sait apaiser les tensions et préfère réconcilier ses proches plutôt que de prendre parti. Il est très loyal envers ses vrais amis qu'il considère comme sa famille. Il est doté de beaucoup d'humour et sait faire le clown pour amuser la galerie. Lorsqu'il a trop accumulé, l'homme Balance réagit de manière directe et ferme, remettant la personne concernée à sa place. Très fier et insolent, son attitude devient résolue et déterminée. Son sens de la justice lui permet de se défendre avec conviction et de protéger ceux qui lui sont chers. L'homme Balance peut être très susceptible face aux remarques sur son image, mais concernant son attitude, il s'en soucie peu.

Professionnellement, il apprend très vite et peut toucher à tous les métiers. Une fois qu'il a goûté au pouvoir, l'homme Balance peut devenir plus sévère. Cette expérience peut éveiller en lui son côté insolent. C'est un fervent admirateur des défis : très compétiteur, il ressent le besoin profond de se surpasser et aspire à atteindre l'excellence dans tout ce qu'il entreprend. Il aime les belles choses et son confort est très important pour lui. Même s'il peut être très sensible et stressé, l'homme Balance peut également être un réel je-m'en-foutiste, prenant la vie avec légèreté tant que ça ne concerne ni lui ni les siens. Il aime cultiver l'amusement et répandre le bonheur où qu'il aille.

En amour

L'homme Balance est doté d'un charme naturel qui fait de lui un séducteur irrésistible. Il sait bien parler, charmer et captiver le cœur des femmes qui l'attirent. Il est conquis par les femmes élégantes et peut être très romantique, compréhensif et attentionné. Il fait très attention à son image et est séduit par les femmes qui aiment prendre soin d'elles, desquelles émane une fragrance agréable. Pour lui, l'odorat joue un rôle important dans l'attraction et crée une connexion sensorielle spéciale.

« L'important n'est pas d'être connue, mais d'être reconnue. »

MONICA BELLUCCI

L'homme Balance n'est pas jaloux, au contraire, il peut se sentir flatté que sa partenaire suscite le désir chez les autres et fier d'être celui qui partage sa vie. Il accorde une grande valeur à la femme et est attiré par celles qui s'assument pleinement, qui embrassent leur individualité et qui expriment leur personnalité de manière authentique. Il apprécie une femme qui s'investit dans ses projets. Il aime les femmes sensuelles et douces, qui ont du caractère, des passions, des intérêts et qui mènent une vie épanouissante en dehors de la relation. Il peut être influencé par l'avis de ses proches concernant son choix de partenaire.

Lors d'une dispute, il sait trouver les bons mots pour raviver la flamme de l'amour et réchauffer les cœurs. Il sait se faire pardonner et reconquérir son amoureuse. L'esthétique et l'élégance sont des critères importants pour l'homme Balance. Sa nature conciliante et son désir de maintenir l'harmonie peuvent le rendre vulnérable aux influences extérieures, parfois au détriment de sa propre volonté. Il doit donc apprendre à trouver un équilibre entre écouter les autres et suivre sa propre voie. L'homme Balance aime être entouré de femmes, il est doté d'un cœur si vaste qu'il est capable de s'enflammer très vite et d'éprouver des sentiments pour de nombreuses personnes à la fois. Mais il peut être très fidèle et cherche constamment à séduire celle qui fait chavirer son cœur, en étant sensible, serviable, juste et positif. Lorsqu'il tombe amoureux, il met tout en œuvre pour conquérir le cœur de l'être aimé. Afin de s'épanouir dans le temps, l'homme Balance a besoin d'une femme rassurante et encourageante.

« Le talent, ça se travaille, mais ça ne se perd pas. »

JEAN-CLAUDE VAN DAMME

Ils sont Balance

Will Smith • Matt Damon • Hugh Jackman • John Lennon • Bruno Mars • Donald Glover • Eminem • Zac Efron • Jesse Eisenberg • John Mayer • Michael Douglas • Usher • Sting • Ne-Yo • Ghandi • Paul Simon • Snoop Dogg • Kimi Räikkönen • Roger Moore • Tony Shalhoub • Simon Cowell • Cyril Hanouna • Yann Barthès • Pierre Bellemare • Raphaël Glucksmann • Élie Semoun • Jean-Claude Van Damme • Didier Deschamps • Zlatan Ibrahimović • Vladimir Poutine...

Test d'introspection pour **l'homme Balance**

1 Quels sont désirs fondamentaux et mes aspirations dans une relation amoureuse, et comment puis-je les exprimer de manière claire et équilibrée à ma partenaire ?

2 Quels sont les critères importants que je recherche chez une partenaire idéale, en termes d'harmonie, d'intelligence émotionnelle et de capacité à maintenir une relation équilibrée, et comment ces critères influencent-ils mes choix amoureux ?

3 Suis-je prêt à m'engager pleinement dans une relation sérieuse et à investir du temps et de l'énergie pour cultiver une connexion émotionnelle profonde avec ma partenaire ?

4 Quelles sont mes attentes en termes d'équilibre, de soutien et de compréhension mutuelle dans une relation amoureuse, et comment puis-je communiquer ces attentes à ma partenaire tout en restant ouvert à ses propres besoins ?

5 Quelles sont mes valeurs fondamentales en matière de partenariat et de vie de couple, et comment puis-je m'assurer que mes actes et mes choix sont alignés sur ces valeurs ?

6 Comment puis-je communiquer de manière claire et empathique mes besoins, mes attentes et mes préoccupations à ma partenaire, en favorisant une communication ouverte et respectueuse ?

....

....

7 Quelle est ma relation avec l'indépendance et l'autonomie dans une relation amoureuse, et comment puis-je trouver un équilibre entre mon besoin de liberté et celui de connexion avec ma partenaire ?

....

....

8 Quelles sont mes limites personnelles en termes de compromis et de concessions, et comment puis-je les communiquer clairement à ma partenaire tout en respectant ses propres limites ?

....

....

9 Suis-je prêt à être émotionnellement disponible et à soutenir ma partenaire dans ses moments de vulnérabilité, et comment puis-je créer un environnement de confiance qui favorise cette ouverture émotionnelle ?

....

....

10 Comment est-ce que je gère les conflits et les désaccords dans mes relations amoureuses, et comment puis-je développer des compétences de résolution de problèmes qui favorisent la croissance et l'harmonie dans ma relation ?

....

....

La femme **Balance**

La femme Balance est souriante, tranquille et rusée. Elle est sensible et vive d'esprit. Elle ne dit pas immédiatement tout ce qu'elle pense, s'adaptant aux situations et aux personnes. Elle préfère afficher son côté positif alors qu'en réalité, elle peut être très anxieuse, nerveuse et éprouver de nombreuses souffrances intérieures. Elle est en perpétuel doute non parce qu'elle ne sait pas ce qu'elle veut, mais tout simplement parce qu'au fond elle s'en fiche tellement qu'elle ne sait même pas quel serait le meilleur choix. Par ailleurs, elle crée souvent des situations gênantes, et se sent également facilement mal à l'aise pour rien.

> « Si tu es absent lors de mes combats, n'espère pas être présent lors de mes succès. »
>
> WILL SMITH

La femme Balance a besoin de garder le contrôle sur sa vie. Elle attache de l'importance à son image et est très exigeante envers elle-même, bien qu'elle se soucie très peu de ce que les gens pensent de son attitude. Elle a tendance à se comparer aux autres à outrance et porte une très grande attention à son apparence. Elle est également très soucieuse de ne pas blesser les autres, faisant preuve de beaucoup de diplomatie afin d'apaiser les tensions. Certains pourraient la qualifier d'hypocrite parce qu'elle ne dit pas toujours ce qu'elle pense, mais en réalité, elle évite simplement de créer des conflits inutiles. Bien qu'elle puisse intérioriser, elle sait se faire entendre lorsqu'il s'agit de dénoncer une situation injuste car elle déteste les inégalités.

> « Commencez par changer en vous ce que vous voulez changer autour de vous. »
>
> GHANDI

Au niveau professionnel, la femme Balance est une grande bosseuse qui aime rester active et se sentir utile. Elle est très vive d'esprit, et malgré le tourbillon d'idées qui agitent constamment sa tête, elle parvient à s'organiser et à se montrer professionnelle lorsqu'elle se consacre à ses projets. Elle ne cherche jamais à forcer les choses, ni à offenser qui que ce soit. Elle est très entière et pas rancunière. Lorsqu'elle pardonne, elle ne ressasse pas le passé, car elle est davantage tournée vers l'avenir. Elle est très positive et peu attachée aux règles. Elle sait parfaitement s'adapter, se faire apprécier de tous et soutenir ses proches. C'est une très bonne amie ; elle aime être entourée des personnes qu'elle apprécie le plus, mais au fond, c'est en elle-même que la femme Balance trouve sa meilleure amie.

En amour

La femme Balance a tendance à idéaliser ses partenaires. Sujette aux coups de foudre, elle peut s'enflammer rapidement et redescendre tout aussi vite. Bien qu'elle puisse être indécise, elle sait immédiatement si quelqu'un peut lui plaire ou non. Elle est attirée par les *bad boys*, mais pas par le méchant qui lui brise le cœur, plutôt celui qui est prêt à prendre des risques par amour. Le physique est tout de même très important pour la femme Balance. Lorsqu'elle est séduite, elle devient timide, et déteste que l'on s'en aperçoive. Elle a besoin de quelqu'un qui la mette à l'aise. La complicité est primordiale pour la séduire. Elle recherche une relation très naturelle, ne supportant pas les gens qui surjouent. Elle peut être aisément embarrassée et recherche un partenaire qui la détendra en la faisant rire plutôt qu'une personne trop coincée.

« Rêver seul ne reste qu'un rêve. Rêver ensemble devient la réalité. »

JOHN LENNON

La femme Balance a besoin d'un partenaire spontané, aventurier, qui apprécie son confort et avec qui elle ne s'ennuie pas. Elle est très intuitive et comprend naturellement les sentiments et désirs de son partenaire. Elle apprécie passer du temps avec lui mais a besoin de ses moments à elle. Elle est de nature calme, très sensible et douce, même si elle peut être excessive dans ses réactions lorsqu'elle est blessée dans son ego. Elle ne supporte que très peu la concurrence et peut être rebutée si vous tentez de la rendre jalouse car généralement, elle est ouverte d'esprit et très compréhensive tant qu'il y a de la communication et de la confiance.

Paradoxalement, elle peut aussi tomber dans une dépendance affective et rester avec un partenaire toxique car elle a tendance à beaucoup supporter avant de craquer. Elle peut prendre du temps pour se décider mais une fois que c'est fait, elle ne revient que rarement sur ses choix. Elle est rarement célibataire, car elle apprécie la complicité qu'elle peut créer en couple, et recevoir de l'attention sincère. Au fond, elle veut croire au prince charmant, elle aime se sentir désirée et a tendance à attendre que l'autre prenne l'initiative, elle n'aime pas avoir à faire le premier pas. Elle peut être très conciliante par amour, et intérioriser afin de maintenir l'harmonie du couple. La femme Balance est constamment en quête de séduction et de connexion naturelle, bien plus cérébrale que physique et sait facilement se relever après une rupture.

« Je suis l'homme de ma vie. »

BRIGITTE BARDOT

Elles sont Balance

Kim Kardashian • Monica Bellucci • Kate Winslet • Gwen Stefani • Naomi Watts • Gwyneth Paltrow • Marion Cotillard • Serena Williams • Ashanti • Catherine Zeta-Jones • Bella Hadid • Doja Cat • Cardi B • Freida Pinto • Ashlee Simpson • Julie Andrews • Sharon Osbourne • Kate Walsh • Joy Behar • Alexandra Lamy • Brigitte Bardot • Jenna Ortega • Anne Roumanoff • Alessandra Sublet • Dita von Teese...

Test d'introspection pour **la femme Balance**

1 Quels sont mes besoins essentiels dans une relation amoureuse, en termes d'harmonie, d'équilibre et de soutien émotionnel, et comment puis-je les exprimer de manière claire et empathique à mon partenaire ?

2 Quels sont mes critères de sélection pour trouver un partenaire idéal, en termes de valeurs, d'intelligence émotionnelle et de capacité à maintenir une relation équilibrée, et comment ces critères influencent-ils mes choix amoureux ?

3 Quels sont mes objectifs à long terme en ce qui concerne ma vie amoureuse et mes relations, et comment puis-je m'assurer que mes actes et mes décisions sont alignés sur ces objectifs ?

4 Suis-je prête à m'investir émotionnellement dans une relation sérieuse et à créer un espace de partenariat basé sur la compréhension mutuelle et la collaboration ?

5 Quelles sont les qualités et les caractéristiques que je recherche chez un partenaire, et comment puis-je m'assurer que ces critères correspondent à mes propres valeurs et aspirations ?

6 Comment puis-je communiquer de manière claire et non conflictuelle mes besoins, mes attentes et mes préoccupations à mon partenaire, en favorisant une communication ouverte et respectueuse ?

7 Quelle est ma relation avec l'indépendance et l'autonomie dans une relation amoureuse, et comment puis-je trouver un équilibre entre mon besoin de liberté et celui de connexion avec mon partenaire ?

8 Quelles sont mes limites personnelles en termes de compromis et de concessions, et comment puis-je les exprimer clairement tout en respectant les limites de mon partenaire ?

9 Suis-je prête à être vulnérable et à partager mes émotions authentiques avec mon partenaire, et comment puis-je développer un environnement de confiance qui favorise cette ouverture émotionnelle ?

10 Comment est-ce que je gère les conflits et les désaccords dans mes relations amoureuses, et comment puis-je cultiver des compétences de résolution de problèmes qui favorisent la croissance et l'harmonie dans ma relation ?

Balance / Capricorne

♂ Balance / ♀ Capricorne

L'homme Balance éprouve une profonde admiration pour la femme Capricorne en raison de la dignité qui transparaît dans chacune de ses décisions. Il est particulièrement attiré par les femmes indépendantes et entreprenantes, qualités qui sont incarnées par la femme Capricorne. Elle offre à l'homme Balance un cadre de vie structuré, l'aidant ainsi à prendre des décisions claires et logiques en mettant de côté ses émotions qui pourraient entraver le bon déroulement des projets. L'homme Balance se projette facilement avec elle et redouble d'efforts, sachant qu'il n'a pas d'autre choix que de prendre les choses au sérieux s'il ne veut pas la perdre. La présence de la femme Capricorne dans sa vie apporte une stabilité et une orientation précieuses.

L'homme Balance peut percevoir la femme Capricorne comme trop dure et tranchée dans ses réflexions, lui donnant ainsi l'impression qu'elle manque de souplesse et d'ouverture d'esprit. Il lui reproche parfois d'être trop attachée à ses principes, ce qui peut créer un sentiment d'enfermement dans un cadre de vie strict. Pour l'homme Balance, qui a besoin de détente et de légèreté pour s'épanouir, cela peut être source de frustration. Il est important pour tous deux de communiquer ouvertement et de trouver un équilibre entre la stabilité que la femme Capricorne apporte et le besoin de spontanéité et de liberté de l'homme Balance.

STATISTIQUES ♥♥♥♡♡

Sting et Trudie Styler, Stephen Lord et Elaine Cassidy.

♀ Balance / ♂ Capricorne

La femme Balance apprécie chez l'homme Capricorne sa présence et sa capacité à prendre les relations amoureuses au sérieux. Elle admire ses efforts pour la satisfaire. L'homme Capricorne apporte à la femme Balance la sécurité émotionnelle dont elle a besoin. Sa patience et son approche réfléchie et basée sur de bons principes rassurent la femme Balance, qui peut parfois être sujette à l'indécision et lui donnent confiance. Il est prêt à investir du temps et de l'énergie dans la relation, ce qui confère à la femme Balance un sentiment de valeur et d'importance. Ensemble, ils peuvent construire un avenir stable et durable en partageant des valeurs et des objectifs de vie similaires.

La femme Balance peut reprocher à l'homme Capricorne son manque de flexibilité et de spontanéité. Son rythme de vie trop simple et ordinaire peut ennuyer la femme Balance, qui cherche une relation naturelle, excitante et sans limites. Elle peut également avoir des difficultés à comprendre les attentes élevées de l'homme Capricorne. Sa difficulté à exprimer ouvertement ses sentiments peut être frustrante pour la femme Balance, qui valorise la communication émotionnelle. De plus, l'homme Capricorne peut avoir tendance à accorder beaucoup de temps à ses amis, ce qui peut parfois donner à la femme Balance l'impression d'être négligée ou reléguée au second plan.

STATISTIQUES ♥♥♥♥♥

Dita von Teese et Marilyn Manson, Gabrielle Union et Dwyane Wade, Kate Winslet et Ned RocknRoll, Pauletta et Denzel Washington, Alessandra Sublet et Clément Miserez.

Balance / Verseau

♂ Balance / ♀ Verseau

♥ L'homme Balance est captivé par l'attrait subtil de la femme Verseau, dont l'ouverture d'esprit est en parfaite harmonie avec la sienne. Néanmoins, ils partagent tous deux des valeurs fondamentales et immuables d'égalité et de justice, ce qui renforce leur connexion. Elle ne craint pas de se démarquer en proposant des idées avant-gardistes, refusant de suivre le troupeau. En effet, elle déborde d'idées tout autant que lui, et en sa compagnie il se sent véritablement compris. Elle lui offre la liberté d'explorer toutes les perspectives sans qu'il se sente contraint de prendre une décision. Elle lui procure un sentiment de liberté sans jamais le juger, répondant ainsi à ses besoins. Mentalement, elle le stimule et partage son esprit optimiste.

💔 Les moments de colère de la femme Verseau, impulsifs et exigeant des réponses immédiates, peuvent désarçonner l'homme Balance. Son besoin de stabilité et de paix peut être perturbé par cette impulsivité. En effet, il cherche une partenaire capable de prendre des décisions, et la femme Verseau, avec son côté imprévisible, complique davantage ce processus. Avec elle, il sera encore plus difficile pour lui de se décider car il craint de blesser sa partenaire, et ses réactions spontanées peuvent rendre difficile l'instauration d'un environnement calme.

STATISTIQUES ♥♥♥♥♥

John Lennon et Yoko Ono, Sacha Baron Cohen et Isla Fisher, Chris O'Dowd et Dawn O'Porter.

♀ Balance / ♂ Verseau

♥ La femme Balance est attirée par la vivacité d'esprit et l'aspect protecteur de l'homme Verseau. Elle apprécie sa nature débrouillarde, indépendante et entreprenante, qui correspond à ses critères de recherche. Le fait qu'il commence souvent ses relations par une amitié solide rassure la femme Balance. Elle recherche une connexion naturelle où la complicité est primordiale, et l'homme Verseau peut répondre à ces attentes en étant son meilleur ami. Il stimule mentalement sa partenaire en partageant ses idées folles et en encourageant les conversations profondes sans la juger.

La femme Balance peut reprocher à l'homme Verseau son côté imprévisible et ses humeurs en dent de scie. Son besoin de temps seul et ses phases de disparition peuvent créer des tensions dans la relation, car la femme Balance a énormément besoin d'attention. De plus, l'homme Verseau peut être colérique et avoir des réactions brusques qui blessent la femme Balance. Sa nature parfois détachée peut avoir pour conséquence que la femme Balance se sente négligée ou peu importante. De plus, l'homme Verseau peut être enclin à avoir une double vie amoureuse, ce qui peut créer des problèmes de confiance. Malgré ses sentiments tenaces lorsqu'il tombe amoureux, la femme Balance peut craindre qu'il ne se détache facilement.

STATISTIQUES ♥♥♥♡♡
Kelly Preston et John Travolta, Toni Braxton et Keri Lewis, Toni Braxton et Birdman, Brigitte Bardot et Roger Vadim.

Balance / Poissons

♂ Balance / ♀ Poissons

La femme Poissons captive l'homme Balance par sa clairvoyance et son humour, sachant instinctivement quand il est approprié de parler et quand il vaut mieux garder le silence. Elle ne le brusque pas et lui fait prendre conscience de ses propres ressentis. C'est une présence fiable sur laquelle il peut compter, et elle est capable de se comporter avec perspicacité dans toutes les situations. L'homme Balance est fier de présenter cette femme à son cercle d'amis, car elle comprend véritablement ce qui compte pour lui. Il apprécie à la fois sa sensibilité et son audace, car ils partagent ces traits en commun.

L'homme Balance peut se sentir freiné par l'esprit pessimiste de la femme Poissons, qui a tendance à avoir fréquemment des intuitions qui l'incitent à se méfier. Il peut parfois reprocher à la femme Poissons de se tourner trop souvent vers le passé et d'être en conséquence trop dure avec tout le monde, par comparaison instinctive avec ses expériences. Il peut également lui reprocher de prendre les choses trop à cœur et de trop se prendre la tête, et s'inquiéter du côté trop pipelette de la femme Poissons qui a tendance à raconter à ses amies certaines choses qu'il préfèrerait qu'elle garde privées.

STATISTIQUES ♥♥♥♡♡
A$AP Rocky et Rihanna.

♀ Balance / ♂ Poissons

❤ La femme Balance et l'homme Poissons peuvent former un couple harmonieux grâce à leur compréhension mutuelle et à leur capacité à créer une connexion spirituelle profonde. La femme Balance apprécie chez l'homme Poissons sa sensibilité, son énergie intuitive et sa capacité à explorer son monde intérieur. Elle est attirée par son côté sensible et délicat, ainsi que par sa profondeur émotionnelle. L'homme Poissons peut lui apporter un amour inconditionnel et passionné, empreint de romantisme et d'imagination. Il sait comment la mettre à l'aise et créer un environnement de confiance où elle peut exprimer librement ses émotions. Il comprend intuitivement les sentiments et les besoins de la femme Balance, ce qui renforce leur complicité.

💔 La femme Balance peut reprocher à l'homme Poissons sa tendance à intérioriser ses émotions lorsqu'il se sent gêné ou déçu. Parfois, il se perd dans ses pensées et semble distant, ce qui peut la rendre incertaine et méfiante. Il arrive qu'elle soit dérangée par sa tendance à nourrir des rancunes et à entretenir des attentes élevées. L'homme Poissons peut être exigeant envers lui-même et envers les autres, ce qui est susceptible de générer des tensions dans la relation. De plus, sa tendance à être provocateur et à vouloir la rendre jalouse peut susciter des sentiments d'insécurité chez la femme Balance. Sa sensibilité peut également conduire à des comportements passifs-agressifs lors des disputes, ce qui peut la blesser.

STATISTIQUES ❤❤❤♡♡

Gwyneth Paltrow et Chris Martin, Keleigh Sperry et Miles Teller.

Balance / Bélier

♂ Balance / ♀ Bélier

❤ L'homme Balance est naturellement attiré par l'esprit positif et entreprenant de la femme Bélier. Elle lui apporte une multitude de défis et de challenges, et il apprécie cette dynamique. Il est séduit par la vivacité et l'énergie rythmique de la vie de la femme Bélier, avec qui il ne ressent jamais de limitation. Elle sait parfaitement l'encourager et lui tenir tête si nécessaire, ce qui correspond tout à fait à son attirance pour les femmes de caractère. Avec la femme Bélier, l'homme Balance, pourtant capable de se lasser rapidement, ne s'ennuie pas. De plus, elle lui accorde la liberté dont il a tant besoin.

💔 L'homme Balance se sent parfois étouffé ou brusqué par la femme Bélier, qui a tendance à insister ou à le presser pour qu'il prenne position, alors que pour lui, faire un choix est toujours difficile car il a peur de se tromper. Choisir c'est renoncer pour l'homme Balance, qui a besoin de beaucoup de réflexion avant de se décider. Il peut également la trouver trop directe, voire imposante, et déplorer qu'elle ne soit pas assez patiente. L'homme Balance peut en outre reprocher à la femme Bélier sa naïveté et sa tendance à accorder rapidement sa confiance à certaines personnes.

STATISTIQUES ♥♥♥♡♡
Nick Cannon et Mariah Carey, Rupert Friend et Keira Knightley, Ashley Hamilton et Shannen Doherty.

♀ Balance / ♂ Bélier

♥ La femme Balance est attirée par l'enthousiasme et la passion naturelle de l'homme Bélier. Elle apprécie son amour sans limites et sa propension à s'investir pleinement dans la relation. L'homme Bélier apporte à la femme Balance une énergie débordante et une spontanéité qui la détend et la fait sortir de sa timidité. Ensemble, ils peuvent former un couple dynamique, où la complicité et l'enthousiasme sont des éléments clés de leur relation. L'homme Bélier peut être très généreux et aime gâter sa partenaire, ce qui correspond aux attentes de la femme Balance qui apprécie sa façon de montrer son amour.

💔 La femme Balance reproche parfois à l'homme Bélier son impulsivité et sa tendance à réagir de manière virulente lors des disputes. Son caractère colérique peut être difficile à gérer pour la femme Balance, qui préfère une relation plus calme et harmonieuse. De plus, l'homme Bélier peut être sujet à la tentation en raison de son besoin constant de nouvelles sensations et d'aventures. Sa tendance à agir sous le coup de l'émotion sans toujours réfléchir aux conséquences à long terme peut mettre à l'épreuve la confiance de la femme Balance, qui elle est très prévoyante. Elle peut se sentir abusée lorsque l'homme Bélier s'énerve contre elle, car il arrive qu'il soit très blessant et dise des choses qu'il regrette par la suite.

STATISTIQUES ♥♡♡♡♡
Marion Cotillard et Guillaume Canet, Avril Lavigne et Deryck Whibley.

Balance / Taureau

♂ Balance / ♀ Taureau

♥ L'homme Balance peut vivre son amour le plus durable et le plus profond avec la femme Taureau. Elle le complète parfaitement, avec son besoin d'exprimer ses sentiments à travers le toucher, sa sensualité et sa douceur. Elle le met naturellement à l'abri des imprévus. Il est attiré par sa stabilité, et malgré son caractère ferme et pragmatique, elle sait respecter les limites de son partenaire sans être intrusive. Elle l'encourage, le soutient et l'aide à prendre des décisions et à s'organiser, l'assurant toujours de sa présence et de son soutien inconditionnels. L'homme Balance se projette rapidement avec elle, plus qu'avec n'importe qui d'autre. Elle entretient avec l'homme Balance la forte connexion physique dont il a besoin afin de se sentir rassuré et aimé.

💔 L'homme Balance peut se sentir déstabilisé par la prise de positions ferme et parfois sans détour de la femme Taureau. Son désir de lui apporter de la structure dans sa vie peut entraver le besoin de l'homme Balance d'explorer toutes ses idées, ce qui peut le stresser à la pensée de ne pas avoir pris la bonne décision et d'avoir éliminé trop rapidement d'autres options. De plus, la femme Taureau peut se montrer têtue et peu encline à s'excuser facilement. Cela peut pousser l'homme Balance à redoubler de douceur pour renouer après une dispute.

STATISTIQUES ♥♥♥♥♥

Robert Wolders et Audrey Hepburn, Jesse Eisenberg et Anna Strout, Spike Jonze et Sofia Coppola.

♀ Balance / ♂ Taureau

♥ La femme Balance est attirée par la personnalité solide et rassurante de l'homme Taureau. Elle apprécie sa nature tactile et la façon dont il exprime ses sentiments à travers des gestes concrets. L'homme Taureau peut apporter à la femme Balance une stabilité émotionnelle et la sécurité dont elle a besoin. Sa patience et son écoute remarquables permettent à la femme Balance de se sentir comprise et soutenue. De plus, l'homme Taureau étant patient et engagé, il peut créer un lien de confiance avec la femme Balance, qui cherche une relation authentique et naturelle. Son désir de partager une complicité profonde et de prendre soin de sa partenaire correspond aux attentes de la femme Balance, qui souhaite être chérie et appréciée.

💔 La femme Balance peut reprocher à l'homme Taureau son penchant routinier et matérialiste. Il peut intérioriser ses sentiments et manquer de spontanéité, alors que la femme Balance a besoin de communication. De plus, il peut avoir tendance à accorder beaucoup de temps à ses amis, ce qui est susceptible de donner à la femme Balance l'impression de ne pas être sa priorité alors qu'elle a besoin d'énormément d'attention. De plus, la femme Balance peut être déconcertée par les moments de fragilité de l'homme Taureau, où il succombe à la tentation extra-conjugale. Ces épisodes peuvent briser la confiance de la femme Balance qui peut se sacrifier par amour. Elle peut également trouver l'homme Taureau trop terre à terre et préférer des partenaires plus ouverts d'esprit et aventureux.

STATISTIQUES ♥♥♡♡♡

Anne-Marie Duff et James McAvoy, Keely Shaye Smith et Pierce Brosnan.

Balance / Gémeaux

♂ Balance / ♀ Gémeaux

❤ L'homme Balance est charmé par les vibrations de la femme Gémeaux, qui est très positive et flexible. Il admire sa capacité à penser par elle-même et à prendre des décisions de manière indépendante, sans se laisser influencer par des idées contraires aux siennes. Il apprécie sa volonté de prendre les devants, de toujours chercher à évoluer ainsi que sa capacité à s'adapter à toutes les situations et à toutes les personnes. Elle le stimule mentalement, et leur connexion cérébrale est puissante. Avec elle, il peut engager des conversations interminables, discutant de tout et de rien, sans jamais ressentir d'ennui.

💔 L'homme Balance peut se sentir déconcerté par les sautes d'humeur de la femme Gémeaux. Elle peut être imprévisible et changeante, et même si elle aime que tout se passe comme elle l'a décidé, elle change souvent d'avis, ce qui peut perturber l'équilibre de l'homme Balance. Parfois, elle peut être trop émotive et réactive, tandis qu'à d'autres moments elle peut sembler insensible et détachée, ce qui pose des difficultés à l'homme Balance pour se projeter rapidement dans leur relation, ne ressentant pas instinctivement une stabilité suffisante lui permettant de s'engager pleinement.

STATISTIQUES ♥♥♥♡♡
Bruno Mars et Jessica Caban.

♀ Balance / ♂ Gémeaux

❤ La femme Balance est souvent attirée par l'homme Gémeaux pour son style, sa vision du monde, son audace et sa capacité à s'adapter et à communiquer de manière fluide et éloquente. Elle sent qu'il a toutes les capacités pour réussir dans la vie, et c'est ce qu'elle admire chez lui. Il l'inspire. Vif d'esprit, optimiste, séducteur et narcissique, il correspond à ses critères. Il l'aide à aller au bout de ses ambitions, à évoluer et à se surpasser. L'homme Gémeaux représente pour elle un partenaire qui la comprend et respecte ses qualités. Elle apprécie qu'il reconnaisse son besoin de plaire et qu'il puisse suivre son rythme changeant. La complicité qui naît entre eux est une force pour ce couple, car ils partagent une connexion mentale profonde et peuvent échanger sans crainte. L'homme Gémeaux apporte à la femme Balance une relation basée sur la communication, l'aventure et la flexibilité, des éléments essentiels pour son épanouissement amoureux.

💔 La femme Balance peut reprocher à l'homme Gémeaux sa capacité à créer des conflits alors qu'elle cherche toujours à les éviter. Elle peut également le trouver parfois insensible ou trop peu réceptif aux émotions intenses. La femme Balance, sensible et douce, peut avoir des difficultés à comprendre cette attitude et à s'y adapter. De plus, l'homme Gémeaux peut paraître changeant, peut être très têtu et trop égocentrique et vouloir prendre le contrôle de la relation, ce qui peut être perçu comme une attitude dominatrice. La femme Balance recherche une relation équilibrée où elle se sente écoutée et comprise, et cette tendance de l'homme Gémeaux à imposer ses arguments peut être source de tension.

STATISTIQUES ♥♥♥♥♥
Kim Kardashian et Kanye West, Hilary Duff et Matthew Koma, Bella Thorne et Benjamin Mascolo, Gwen Stefani et Blake Shelton, Alexandra Lamy et Jean Dujardin, Linda et Paul McCartney.

Balance / Cancer

♂ Balance / ♀ Cancer

♥ L'homme Balance est charmé par la femme Cancer, qui incarne l'indépendance malgré les idées préconçues. Sa douceur et son esprit accommodant, orienté vers le bonheur, le rassurent profondément. En sa présence il se sent apaisé, soutenu et admiré. Elle ne le pousse pas à prendre des décisions précipitées et lui accorde toute la liberté dont il a besoin pour faire un choix. Elle n'éprouve pas particulièrement de jalousie, ce qui permet à l'homme Balance de se sentir en totale confiance avec elle. Elle lui apporte une stabilité émotionnelle et un sentiment de confort familial solide.

💔 L'homme Balance peut être déconcerté par la réaction radicale de la femme Cancer lorsqu'elle se sent blessée. Elle peut se replier complètement sur elle-même et disparaître de sa vie, comme si elle était devenue soudainement une étrangère. Cette réaction inattendue peut surprendre l'homme Balance, car tout au long de leur relation, elle est si dévouée et disponible qu'il est souvent étonné de constater à quel point elle peut l'oublier facilement si elle se sent trop déçue par lui. Il peut également lui reprocher sa tendance à se plaindre des déceptions ou trahisons qu'elle a pu vivre.

STATISTIQUES ♥♥♥♡♡
Tommy Lee et Pamela Anderson, Michael et DeAnna Madsen, Michou et Elsa.

♀ Balance / ♂ Cancer

♥ La femme Balance apprécie chez l'homme Cancer sa profondeur émotionnelle et sa capacité à exprimer son amour de manière authentique. Elle est attirée par son énergie chaleureuse, sa sensibilité et sa capacité à comprendre ses besoins d'attention et émotionnels, ce qui crée une connexion profonde entre eux. Il sait nourrir son amour en lui témoignant constamment son affection et en lui offrant un soutien inconditionnel. L'homme Cancer apporte une stabilité émotionnelle à la relation, ce qui permet à la femme Balance de se sentir en sécurité et aimée.

La femme Balance peut reprocher à l'homme Cancer sa tendance à faire des caprices et du chantage affectif pour obtenir ce qu'il souhaite. Bien que motivés par un besoin d'amour et d'affection, ces comportements peuvent faire qu'elle se sente manipulée ou prise au piège. Parfois, l'homme Cancer se montre pleurnichard et susceptible, ce qui peut créer des tensions dans la relation. La femme Balance peut naturellement culpabiliser et recherche un partenaire qui ne lui fasse pas constamment des reproches.

STATISTIQUES ♥♥♥♡♡

Talulah Riley et Elon Musk, Vanessa Marcil et Brian Austin Green, Naomi Watts et Billy Crudup.

Balance / Lion

♂ Balance / ♀ Lion

L'homme Balance est attiré par l'énergie flamboyante de la femme Lion, qui n'a pas peur de se mettre en avant. Son charisme naturel et sa façon d'exprimer sa personnalité la rendent extrêmement séduisante. Une forte connexion physique se produit naturellement entre eux. La femme Lion, plus déterminée que lui, sait le pousser hors de sa zone de confort et l'aide à trouver une direction dans sa vie. Son esprit compétiteur lui offre des défis à relever, ce qui stimule l'homme Balance qui aime se surpasser et se sait polyvalent.

L'homme Balance peut reprocher à la femme Lion de s'immiscer fréquemment dans des affaires qui ne la concernent pas, alors qu'il a tendance à éviter les conflits et les problèmes. Il n'est pas en quête de scandales et préfère rester en dehors des histoires des autres. La fermeté, la fierté et parfois l'égocentrisme de la femme Lion peuvent être des traits de caractère qui rebutent l'homme Balance. De plus, elle a du mal à reconnaître ses propres torts et n'est pas prompte à présenter des excuses, alors que l'homme Balance n'a pas de difficulté à prendre sur lui et à se racheter en cas de faute.

STATISTIQUES ♥♥♥♡♡

Matt Damon et Luciana Barroso, Alice Evans et Ioan Gruffudd, Charlize Theron et Stephan Jenkins.

♀ Balance / ♂ Lion

La femme Balance est séduite par l'assurance et le charisme de l'homme Lion qui est un grand séducteur. Elle apprécie qu'il soit un leader naturel, confiant et fier de ses réalisations. C'est un peu le *bad boy* qu'elle recherche et redoute en même temps. L'homme Lion lui donne un sentiment de fierté. Elle aime être séduite et admirée, et l'homme Lion sait comment lui témoigner cette admiration qui la fait se sentir spéciale. Leur relation est marquée par une complicité naturelle et une connexion profonde. L'homme Lion reconnaît et respecte les efforts constants de la femme Balance pour maintenir une relation harmonieuse, ce qui renforce leur lien.

💔 Cependant, malgré leur forte attraction, la femme Balance peut reprocher à l'homme Lion certaines attitudes manipulatrices. Elle n'apprécie pas que son partenaire cherche à attirer l'attention de manière excessive ou qu'il mette en avant sa fierté de manière démesurée. Elle peut être naturellement jalouse et vite tomber dans la dépendance affective, et l'homme Lion peut être capable de jouer de ses faiblesses. Elle peut également être déconcertée par la tendance de l'homme Lion à éviter de montrer ses sentiments les plus profonds. Elle aimerait qu'il exprime plus ouvertement ses émotions et qu'il soit plus vulnérable, ce qui renforcerait leur connexion.

STATISTIQUES ♥♥♥♡♡

Kate Winslet et Sam Mendes, Barbara Palvin et Dylan Sprouse, Linda Hamilton et James Cameron.

Balance / Vierge

♂ Balance / ♀ Vierge

♥ L'homme Balance est attiré par l'enthousiasme et l'audace de la femme Vierge. Elle n'hésite pas à lui exprimer ouvertement son intérêt et elle est très confiante dans ses sentiments lorsqu'elle est amoureuse. L'homme Balance apprécie le sens de l'écoute et la disponibilité de la femme Vierge envers lui, sachant qu'elle ne se plie pas facilement à tous les individus, mais qu'elle fait toujours des efforts pour s'adapter à lui. Plus disciplinée, la femme Vierge apporte à l'homme Balance une stabilité physique et émotionnelle rassurante tout en étant capable de s'ajuster à son style de vie moins structuré.

💔 L'homme Balance peut reprocher à la femme Vierge d'avoir des réactions trop extrêmes, ce qui le pousse à garder ses opinions pour lui de peur de la blesser. Il peut également se sentir pressé par la femme Vierge, ce qui peut perturber l'homme Balance qui a besoin de douceur et de compréhension face à ses difficultés à prendre des décisions. De plus, la femme Vierge peut se montrer très têtue et réticente à montrer ses faiblesses par crainte d'être vulnérable, ce qui peut rebuter l'homme Balance qui aimerait qu'elle abaisse un peu sa garde.

STATISTIQUES ♥♥♥♡♡

Will Smith et Jada Pinkett Smith, Christophe Maé et Nadège Sarron.

♀ Balance / ♂ Vierge

♥ La femme Balance apprécie chez l'homme Vierge son approche sélective et réfléchie des choses. Elle est attirée par la clarté de ses choix : contrairement à elle, il sait se décider rapidement et n'hésite jamais très longtemps pour savoir ce qu'il veut. La femme Balance apprécie donc la fermeté de l'homme Vierge. L'engagement amoureux de ce dernier est basé sur une connexion physique et intellectuelle, ainsi que sur l'admiration pour la grâce et la force de sa partenaire, ce qui est essentiel pour la femme Balance. De plus, l'homme Vierge peut offrir à la femme Balance une stabilité financière et un soutien matériel, remplissant ainsi son rôle d'« homme » protecteur. Sa loyauté et son désir de construire une relation solide basée sur le respect mutuel correspondent aux attentes de la femme Balance en matière d'amour.

💔 La femme Balance peut reprocher à l'homme Vierge sa mauvaise foi et sa difficulté à admettre ses torts. Elle peut également manquer de renouveau dans la relation et la trouver trop monotone, ce qui est susceptible d'entraîner un manque d'enthousiasme chez la femme Balance. De plus, le caractère impatient de l'homme Vierge peut le rendre peu réceptif aux détails des récits de sa partenaire, ce qui peut la frustrer car elle a besoin de beaucoup d'attention afin de se sentir épanouie. Son manque d'expression émotionnelle peut créer un déséquilibre dans la relation, car la femme Balance cherche une connexion spirituelle profonde et des gestes d'amour sincères.

STATISTIQUES ♥♥♡♡♡

Hilary Duff et Mike Comrie, Jackie et Adam Sandler.

Balance / Balance

♂ Balance / ♀ Balance

♥ L'homme Balance est séduit par le charme authentique de la femme Balance, qui partage avec lui la capacité d'apporter de la positivité dans leur relation. Ils savent créer un environnement harmonieux et équilibré. Il admire sa grande adaptabilité et sa facilité à se faire aimer de tous. Avec elle, il se sent naturellement à l'aise et en confiance, ce qui les amène à développer une relation d'amitié forte, complice, au-delà de leur lien romantique. La femme Balance apprécie la nature affectueuse et attentionnée de l'homme Balance, sa spontanéité, sa sensibilité. Une connexion cérébrale puissante s'établit entre eux, nourrissant leur complicité et leur capacité à échanger des idées profondes et significatives.

La femme Balance peut reprocher à l'homme Balance sa tendance à se perdre dans ses idées et à être tout aussi indécis qu'elle, alors qu'elle a justement besoin d'un partenaire qui soit moins versatile, et inversement, bien qu'ils partagent cette tendance à peser le pour et le contre. Il recherche une partenaire qui soit d'une part affirmée et audacieuse, et qui n'ait pas peur de lui dire les choses de manière claire et franche. De plus, l'homme Balance peut parfois user de ses talents de séduction et de sa grande tchatche, ce qui peut être source de préoccupation pour la femme Balance, qui recherche la sécurité émotionnelle et la fidélité dans une relation.

STATISTIQUES ♥♥♡♡♡

Naomi Watts et Liev Schreiber, Michael Douglas et Catherine Zeta-Jones.

Balance / Scorpion

♂ Balance / ♀ Scorpion

L'homme Balance est profondément attiré par la sincérité et l'authenticité de la femme Scorpion. Dès les premiers instants de leur rencontre, il ressent un lien spécial avec elle, une connexion qui se base sur la confiance et la transparence. Il apprécie le fait qu'elle ne joue pas de rôle mais se montre telle qu'elle est réellement. Sa franchise et son honnêteté le rassurent et lui permettent de se sentir en sécurité dans leur relation. Il peut lire ses émotions sur son visage. Avec sa détermination, son esprit protecteur et sa capacité à penser à long terme, la femme Scorpion aide l'homme Balance à trouver un chemin clair dans la vie et à faire des projets avec elle.

L'homme Balance peut éprouver de l'appréhension à s'ouvrir à la femme Scorpion par crainte de la blesser. Il peut donc parfois se sentir bridé ou oppressé dans son couple. Conscient de sa tendance à réagir de manière impulsive et excessive, surtout lorsqu'elle se sent menacée, l'homme Balance préfère garder ses pensées et sentiments pour lui afin d'éviter tout malentendu ou conflit. La communication peut donc devenir un défi pour ce couple, car l'homme Balance doit apprendre à trouver un équilibre entre l'expression de ses sentiments et la préservation de la paix dans la relation, et trouver le courage de s'exprimer même si la vérité peut être blessante.

STATISTIQUES ♥♥♥♥♥

Djebril Didier Zonga et Nawell Madani, Matt Damon et Winona Ryder, Raphaël Glucksmann et Léa Salamé, Snoop Dogg et Shante Broadus, Marcello Mastroianni et Catherine Deneuve.

♀ Balance / ♂ Scorpion

❤ La femme Balance apprécie chez l'homme Scorpion son calme et sa retenue. Elle est attirée par son approche subtile et profonde, prenant le temps d'analyser et de comprendre sa partenaire. L'homme Scorpion peut offrir à la femme Balance une connexion cérébrale, physique et émotionnelle, ce qui correspond à ses attentes en matière d'amour. La *vibe* mystérieuse et la loyauté de l'homme Scorpion attirent la femme Balance. De plus, l'homme Scorpion peut lui offrir une relation intense et sincère, où il donne sans compter. La femme Balance apprécie également l'attention que l'homme Scorpion porte à sa partenaire, lui permettant de se sentir spéciale et aimée.

💔 Cependant, la femme Balance peut reprocher à l'homme Scorpion son penchant à exercer son pouvoir et son contrôle dans la relation. Sa tendance naturelle à tout calculer peut parfois la faire se sentir prise au piège et limitée. La femme Balance, qui recherche une connexion naturelle et spontanée, peut se sentir frustrée par ce comportement. De plus, le caractère parfois narcissique de l'homme Scorpion peut entraîner des propos blessants lorsqu'il se sent vexé dans son ego, qui peuvent affecter la femme Balance, douce et sensible. La méfiance de l'homme Scorpion en amour peut également créer des difficultés dans la relation, car il garde une part de mystère et de secret, ce qui peut rendre difficile la compréhension de sa véritable nature émotionnelle.

STATISTIQUES ♥♥♥♡♡

Avril Lavigne et Chad Kroeger, Gwen Stefani et Gavin Rossdale, Romy Schneider et Alain Delon, Brigitte Bardot et Fritz Gunter Sachs.

Balance / Sagittaire

♂ Balance / ♀ Sagittaire

❤ L'homme Balance est irrésistiblement attiré par la beauté magnétique de la femme Sagittaire. Son allure captivante et sa présence charismatique le transportent instantanément vers un monde de désir et d'émerveillement. Leur connexion physique est incroyablement intense. La transparence émotionnelle de la femme Sagittaire est à la fois séduisante et rafraîchissante pour l'homme Balance, qui apprécie sa capacité à être ouverte et honnête. Grâce à la soif d'apprendre et de découvrir de la femme Sagittaire, il explore des horizons inconnus et s'épanouit dans une quête constante de croissance personnelle.

💔 Il est fréquent que l'homme Balance et la femme Sagittaire rencontrent des difficultés dans leur relation, en raison de leurs tempéraments contrastés. L'homme Balance, susceptible et sensible, est particulièrement affecté par l'indélicatesse involontaire de la femme Sagittaire. Cette dernière, souvent sans conscience de l'impact de ses mots ou de ses actes, a tendance à s'exprimer de façon brutale et vexante, sans prendre de pincettes, ce qui le pousse à se braquer en retour. L'homme Balance a besoin de se sentir admiré dans une relation, et la femme Sagittaire, autoritaire, a parfois tendance à banaliser les « exploits » de l'homme Balance, ce qui peut l'amener à se sentir dévalorisé dans la relation.

STATISTIQUES ♥♥♡♡♡

Hugh Jackman et Deborra-Lee Furness, Lil Wayne et Lauren London.

♀ Balance / ♂ Sagittaire

La femme Balance apprécie l'homme Sagittaire pour son intégrité. Elle est séduite par son humour et son énergie, ainsi que par sa volonté de fer et son désir de mener à bien ses projets. L'homme Sagittaire, quant à lui, peut apporter à la femme Balance un sentiment d'aventure et de liberté, qui correspond à son besoin d'une relation excitante et qui ne soit pas monotone. La complicité entre eux peut être stimulante, avec des moments de partage de délires, de voyages et d'activités passionnantes. L'homme Sagittaire est décidé et ferme, ce qui correspond aux besoins de la femme Balance, qui a une forte tendance à changer d'avis et qui recherche donc un partenaire qui puisse l'orienter dans ses choix.

La femme Balance peut reprocher à l'homme Sagittaire sa propension à la nouveauté et à l'exploration de nouvelles expériences. Son besoin d'aventure peut parfois le rendre moins enclin à la fidélité absolue, ce qui peut créer des incertitudes et des inquiétudes pour la femme Balance. De plus, il peut réagir avec fermeté et être également très sec et blessant dans ses paroles, ce qui peut frustrer la femme Balance qui recherche une relation passionnelle et détendue. Son silence lorsqu'il se sent sollicité peut être difficile à gérer pour la femme Balance, qui préfère la communication ouverte et l'expression des sentiments. Enfin, la femme Balance peut avoir du mal à accepter le besoin d'indépendance de l'homme Sagittaire, ce qui peut créer des tensions dans la relation.

STATISTIQUES ♥♥♥♡♡

Cardi B et Offset, Monica Bellucci et Vincent Cassel,
Coralie Porrovecchio et Boubacar Kamara.

Je note ma compatibilité avec **l'homme Balance**

1. Quelle est votre approche de la paix et de l'harmonie dans une relation amoureuse ?

A. J'ai tendance à prendre les choses à cœur et j'ai besoin de confronter mon partenaire si j'ai un doute, même si je dois casser l'ambiance.

B. J'apprécie l'équilibre et l'harmonie, mais je ne suis pas stable et ne gère pas assez mes émotions pour garantir une relation paisible.

C. Je suis prête à travailler activement pour maintenir la paix et l'harmonie dans ma relation.

2. Comment gérez-vous les comportements passifs-agressifs ?

A. Je suis très « rentre-dedans » et ne supporte pas les attitudes indirectes pour exprimer une hostilité cachée.

B. Je sais gérer ces comportements et je ne réagis pas pour ne pas entretenir la lutte.

C. Ça ne me dérange pas, à vrai dire je n'apprécie pas les confrontations trop directes.

3. Quels sont les critères qui vous permettent d'avoir confiance en votre partenaire ?

A. J'ai tendance à faire confiance sur parole et à accorder beaucoup d'importance aux promesses.

B. Pour avoir confiance, j'ai besoin de sa présence.

C. Pour avoir confiance, j'ai besoin de constater que son comportement est droit et loyal.

4. Comment exprimez-vous votre affection et votre amour envers votre partenaire ?

A. Je suis très réservée dans l'expression de mes sentiments.

B. J'exprime mon amour à travers mon aide au quotidien.

C. J'ai besoin de créer une connexion physique et sensorielle agréable pour exprimer mon amour.

5. Quelle est votre opinion sur la conformité aux règles établies dans une relation ?

A. J'accorde de l'importance à la conformité aux règles établies et j'apprécie un partenaire qui les respecte.

B. Je préfère que mon partenaire ne soit pas trop rigide en matière de conformité aux règles établies.

C. Je suis respectueuse des règles établies, tant qu'elles m'arrangent.

6. Comment avez-vous besoin que votre partenaire réagisse lors des conflits ?

A. J'ai besoin d'un partenaire qui me confronte directement et qu'on communique au lieu qu'il garde les choses pour lui.
B. J'intériorise beaucoup et je recherche donc un partenaire qui m'aide à extérioriser quand je vais mal.
C. J'ai du mal avec les confrontations trop directes et j'apprécie que mon partenaire sache intérioriser par moments.

7. Au niveau des décisions, avez-vous besoin d'un partenaire flexible ou ferme dans ses choix ?

A. Je suis ferme et j'ai besoin d'un partenaire qui n'hésite pas et ne change pas d'avis.
B. Je suis moi-même versatile et je ne sais pas prendre de décisions.
C. Je suis ferme et décidée, et je recherche un partenaire plus flexible afin qu'il s'adapte à mes choix.

8. Quelle connexion êtes-vous le plus disposée à créer ?

A. Une connexion émotionnelle.
B. Une connexion physique.
C. Une connexion cérébrale.

9. Comment préférez-vous que votre partenaire se comporte en termes d'indépendance sociale ?

A. Solitaire, courageux et décidé.
B. Sensible, doux et accommodant.
C. Plein d'idées, débrouillard et communicatif.

10. Comment réagissez-vous à l'insolence de votre partenaire ?

A. Je ne supporte que très peu l'insolence et je ressens le besoin de remettre immédiatement la personne à sa place.
B. J'apprécie le côté insolent de mon partenaire, tant qu'il ne l'est pas avec moi.
C. Ça ne me dérange pas, je peux tout supporter tant qu'il est possible de communiquer sans violence.

Écrivez le nom de vos hommes Balance préférés :

....

....

....

....

Résultat du test :

A : Mauvaise compatibilité
B : Compatibilité normale
C : Bonne compatibilité

Je note ma compatibilité avec
la femme Balance

1. Comment décririez-vous votre besoin d'harmonie et d'équilibre dans une relation ?

A. Je suis peu préoccupé par l'harmonie et l'équilibre et je préfère l'indépendance.
B. J'apprécie l'harmonie mais j'ai aussi besoin de mon espace personnel.
C. J'adore créer une atmosphère harmonieuse et équilibrée dans une relation.

2. Comment gérez-vous les conflits et les désaccords dans une relation ?

A. Je suis très impulsif et je peux démarrer au quart de tour.
B. J'intériorise souvent par peur du conflit, et je préfère laisser passer.
C. J'aborde les conflits avec tact et diplomatie, à la recherche d'une solution équilibrée.

3. Comment percevez-vous l'importance de la communication dans une relation amoureuse ?

A. Je ne suis pas très axé sur la communication et je préfère des moments de silence.
B. J'apprécie d'échanger avec ma partenaire, mais je ne suis pas fan de débats.
C. Je valorise une communication claire, ouverte et constante dans une relation.

4. Quelle est votre attitude envers l'engagement et la stabilité dans une relation amoureuse ?

A. J'ai du mal à m'engager sur le long terme.
B. Je suis prêt à m'engager, mais j'ai besoin de temps pour construire la confiance.
C. Je suis très enclin à m'engager pleinement et à rechercher une relation stable.

5. Comment gérez-vous la romance et l'affection dans une relation amoureuse ?

A. Je suis peu enclin à exprimer ouvertement ma romance et mon affection.
B. J'apprécie la romance et l'affection, mais je préfère un équilibre avec d'autres aspects de la relation.
C. Je suis très expressif et je peux exprimer mes sentiments ouvertement.

6. Comment réagissez-vous à l'indécision et à l'ambivalence dans une relation ?

A. J'ai du mal à tolérer l'indécision et je préfère une partenaire plus confiante et décidée.

B. Je suis moi-même toujours hésitant et recherche une femme pour m'aider à me décider.

C. Je n'ai pas de problème avec l'indécision ; au contraire, je préfère une partenaire flexible.

7. Lorsque vous devez faire un reproche, comment vous y prenez-vous ?

A. Je privilégie la spontanéité, même si ça doit blesser ma partenaire.

B. Je préfère rester silencieux et lui faire comprendre les choses en boudant.

C. Je privilégie une communication claire et calme, en m'adaptant à la sensibilité de ma partenaire pour ne pas la blesser.

8. Quelle importance accordez-vous à la fidélité dans une relation amoureuse ?

A. Je ne crois pas à la monogamie, mon cœur est trop grand pour n'aimer qu'une personne à la fois.

B. Je m'adapte à la vision de ma partenaire, mais je suis ouvert à la possibilité d'avoir d'autres relations.

C. C'est une valeur fondamentale, je suis fidèle et j'en attends autant en retour.

9. Comment réagissez-vous à la susceptibilité de votre partenaire ?

A. Je dis les choses comme je les pense, sans chercher à m'adapter à la sensibilité des autres.

B. Je peux m'adapter à la susceptibilité de ma partenaire, mais j'aimerais qu'elle s'adapte aussi à mon humour.

C. Je fais très attention aux mots que j'emploie pour ne pas être blessant.

10. Quelle connexion êtes-vous le plus disposé à créer ?

A. Une connexion physique.

B. Une connexion émotionnelle.

C. Une connexion cérébrale.

Écrivez le nom de vos femmes Balance préférées :

....

....

....

....

....

Résultat du test :

A : Mauvaise compatibilité

B : Compatibilité normale

C : Bonne compatibilité

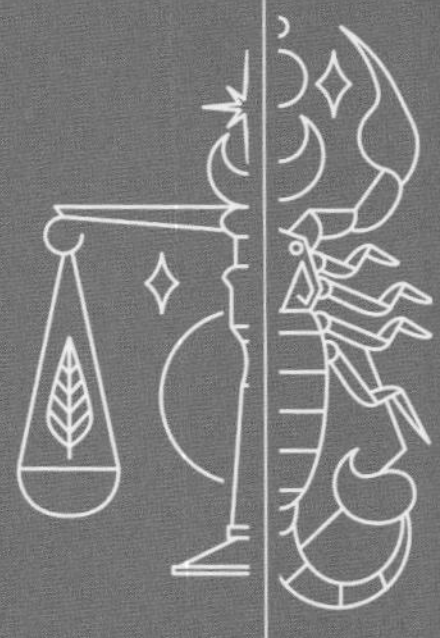

Balpion

ENTRE LE 20 ET LE 23 OCTOBRE

Les personnes nées entre le 20 et le 23 octobre (parfois même avant le 18... en réalité, c'est de la casuistique), c'est-à-dire entre le signe de la Balance et celui du Scorpion, prennent souvent certains traits de caractères liés à la Balance et d'autres liés au Scorpion.

Célébrités

Catherine Deneuve
Kim Kardashian
Emilia Clarke
Ryan Reynolds
Pelé

Scorpion

Le signe du Scorpion, qui débute le 22 octobre et finit le 21 novembre, est le second signe astrologique de la saison d'automne. Il est associé à l'élément Eau (avec les Poissons et le Cancer). Le signe du Scorpion débute en octobre, le mois d'Halloween, et se poursuit en novembre, période plus froide et introspective correspondant à l'intensité et à la profondeur souvent attribuées au Scorpion.

Les caractéristiques **du Scorpion**

Il fait très attention aux mots qu'il emploie pour ne blesser personne.

Même s'il veut faire l'hypocrite, il n'y arrive pas car tout se lit sur son visage.

Il écoute plus qu'il ne parle.

Réservé et secret, il n'a pas besoin de trop d'amis.

Des fourberies de Scapin aux fourberies du Scorpion, il n'y a qu'un pas

Mots-clés

Insoumis
Sensible
Réservé
À l'écoute
Féministe
Fidèle à lui-même
Fidèle
Sournois ou mesquin
Curieux
Intériorise
Ne supporte pas les « imbéciles »
Sarcastique

Calculateur
Généreux
Partage
Déteste l'injustice
Courtois
Encourageant
Possessif
Mystérieux
Silencieux
Défensif
Aigri
Entier
Maniéré

Intense
Passionné
Excessif
Solitaire
Jaloux
Dominateur
Imbu de sa personne
Intelligent
Narcissique
Frimeur
Hautain
Méfiant

L'homme Scorpion

L'homme Scorpion possède une nature profonde et intense, ainsi qu'une haute opinion de lui-même, et aime qu'on le distingue des autres. Que ce soit dans sa carrière ou dans ses relations personnelles, il se montre passionné et engagé. Singulier, individualiste et rusé, il sait saisir les opportunités et ne recule devant aucun obstacle. Il est prêt à se surpasser pour obtenir des résultats remarquables. L'homme Scorpion est très généreux et aime gâter ceux qu'il aime. Il peut être timide ou réservé ; toutefois, il n'aime pas le montrer ou que ce soit perçu comme une faiblesse. L'injustice est une notion qui le révolte profondément. Il prend soin de son apparence et peut être susceptible aux critiques.

Si l'homme Scorpion devait avoir des vices, il serait calculateur, manipulateur, arrogant et fourbe. Sa nature réfléchie et stratégique l'aide à garder le contrôle de son image. Il peut avoir du mal à mentir car tout se lit sur son visage, mais il sait être très secret. En effet, au-delà de ses éventuels vices, l'homme Scorpion est profondément averti et avisé. Sa sagesse découle de sa capacité à observer attentivement le monde qui l'entoure et à tirer des leçons de ses propres expériences. Cette prudence lui permet d'avoir une vision plus claire de la vie et de prendre des décisions sages. Pour autant, il peut être très nerveux, voire colérique, provocateur et très fier. Il accorde une importance significative au respect, tant dans la manière dont il traite les autres que dans celle dont il est traité en retour. Il peut être très rancunier avec ceux qui l'ont trahi et ne sait par faire semblant d'apprécier quelqu'un.

« Le succès est un mauvais professeur. Il pousse les gens intelligents à croire qu'ils sont infaillibles. »

BILL GATES

L'homme Scorpion est conscient de son pouvoir de manipulation. Il peut chercher à se venger avec détermination. Mais il peut également ignorer quelqu'un jusqu'à ce que cette personne se sente oubliée plutôt que de dépenser plus d'énergie pour une cause perdue. Il peut être sensible à l'idée d'être sous-estimé ou ignoré, et développer des comportements vantards pour affirmer sa propre valeur et se faire remarquer. Il peut afficher ouvertement sa réussite, ses accomplissements ou ses qualités exceptionnelles. Cependant, derrière cette façade arrogante, se trouve souvent un homme profondément humble et conscient de ses propres limites. Il n'est pas le plus sociable, car il peut être timide, et il garde les mêmes amis depuis longtemps.

En amour

L'homme Scorpion vit ses relations amoureuses avec passion et intensité. Quand il est séduit par une personne, il ne drague pas brutalement ou ne fait pas le rigolo pour la charmer, il s'adapte subtilement après l'avoir analysée pour lui montrer qu'elle a besoin de lui dans sa vie. Il recherche une partenaire avec laquelle il ressent une connexion profonde à la fois cérébrale, physique et émotionnelle. Il est très sélectif dans ses coups de cœur. Il recherche une partenaire sensible qui lui soit entièrement dévouée, qui assume sa féminité et l'exprime, qui lui soit loyale, et surtout qui l'inspire. Il est très attiré par les femmes séduisantes qui prennent soin d'elles et qui font preuve d'une grande intelligence émotionnelle.

> « Pensez à être moins curieux des personnes que de leurs idées. »
>
> MARIE CURIE

L'homme Scorpion est très généreux et n'a généralement pas de difficulté à accepter que sa femme dépende de lui financièrement. Entier et compatissant, il présente souvent un besoin naturel de domination au sein de la relation amoureuse, et fuit les femmes qui tentent de prendre le dessus sur lui. Il est attiré par l'idée d'exercer son pouvoir et son contrôle sur ce qui l'entoure, y compris sa partenaire. Il peut intérioriser ses émotions lorsqu'il juge plus utile de les garder pour lui. Il fait très attention aux mots qu'il emploie avec sa partenaire et reste très sensible au choix des termes utilisés en retour. Le tempérament nerveux de l'homme Scorpion peut parfois l'amener à exprimer des propos blessants ou réagir de manière impulsive.

Il est important de noter que l'homme Scorpion peut également être méfiant en amour. Il a tendance à garder une part de mystère et de secret, et il peut parfois être difficile de cerner sa véritable nature émotionnelle. Il peut mettre du temps à se livrer complètement, préférant tester la loyauté et la fidélité de sa partenaire avant de s'ouvrir pleinement. Il peut aussi être très possessif et jaloux, cherchant à établir un fort lien d'exclusivité. Il peut en outre accepter tellement de choses par amour qu'il finit par laisser beaucoup de liberté à sa partenaire si elle en exprime le besoin. Même si, quand il ressent que sa relation s'éternise, il peut être attiré par de nouvelles expériences et des interactions plus excitantes, l'homme Scorpion se révèle très engagé et fidèle lorsqu'il est amoureux et qu'il a trouvé celle qui lui correspond.

Ils sont Scorpion

Bill Gates • Joe Biden • Leonardo DiCaprio • Jesse Tyler Ferguson • Ryan Gosling • Drake • Pablo Picasso • Voltaire • Diego Maradona • Pelé • Achraf Hakimi • Martin Scorsese • Ryan Reynolds • Neil Young • Charles Manson • Jimmy Kimmel • Ethan Hawke • RuPaul • Ted Turner • Patrick Sébastien • Jean-Luc Reichmann • Nagui • Stéphane Bern • Travis Barker…

Test d'introspection pour
l'homme Scorpion

1 Quelles sont mes motivations profondes dans mes relations amoureuses, et comment puis-je les faire comprendre et les exprimer de manière authentique à ma partenaire ?

....

....

2 Quelles sont mes attentes en termes d'intensité émotionnelle et de connexion profonde dans une relation, et comment puis-je m'assurer que mes choix amoureux correspondent à ces attentes ?

....

....

3 Quelles sont mes limites et mes frontières personnelles en matière de confiance et d'engagement, et comment puis-je les communiquer clairement à ma partenaire tout en respectant les siennes ?

....

....

4 Suis-je prêt à faire face aux aspects sombres et complexes d'une relation, tels que les conflits, les secrets et les désirs profonds, et comment puis-je cultiver un espace de compréhension et de guérison dans ma relation ?

....

....

5 Quels sont les traits de personnalité et les valeurs essentielles que je recherche chez une partenaire, et comment puis-je m'assurer que ces critères correspondent à mes propres aspirations et besoins ?

....

....

6 Comment puis-je communiquer efficacement mes émotions, mes besoins et mes désirs à ma partenaire, tout en maintenant une communication saine et respectueuse ?

7 Quelle est mon rapport à l'autonomie et à la dépendance dans une relation amoureuse, et comment puis-je trouver un équilibre entre mon besoin d'indépendance et celui de connexion profonde avec ma partenaire ?

8 Quelles sont mes attentes en termes d'intimité émotionnelle et de partage de vulnérabilités avec ma partenaire, et comment puis-je créer un espace de confiance qui favorise cette ouverture ?

9 Suis-je prêt à explorer et à guérir les blessures émotionnelles du passé dans le cadre de ma relation amoureuse, et comment puis-je travailler sur ma croissance personnelle tout en soutenant celle de ma partenaire ?

10 Comment est-ce que je gère les conflits et les tensions dans mes relations amoureuses, et comment puis-je développer des compétences de communication et de résolution de problèmes qui favorisent l'évolution et l'épanouissement de ma relation ?

La femme Scorpion

La femme Scorpion est une personne posée, profonde, perspicace, qui peut être réservée et ne révèle jamais tout d'elle-même au premier rendez-vous. Très honnête intellectuellement, elle est intuitive, douce, attentive, et timide. Elle trouve davantage de satisfaction dans le fait d'écouter les autres plutôt que de trop parler. Elle ne cherche pas à tout prix à être le centre de l'attention. Solitaire, elle préfère rester seule que d'être mal accompagnée. Sur ses gardes, elle se sent facilement jugée et réagit souvent par la défensive. Elle déteste qu'on lui crie dessus ou qu'on tente de la contrôler, et peut réagir excessivement tant ses émotions sont intenses. Elle est très empathique, sensible, émotive, très généreuse et aime faire plaisir aux autres.

> «Je ne suis pas le genre de personne qui est sympathique et gentil. Je suis un individuel.»
>
> LEONARDO DICAPRIO

Naturellement méfiante et calculatrice, la confiance est un luxe qu'elle ne s'offre pas facilement. Elle est très exigeante envers les autres et sensible au choix des mots que ce soient les siens, ou ceux qui lui sont adressés. Sa mémoire est excellente et elle peut garder plein de secrets pour elle. Si elle se confie à quelqu'un, c'est qu'elle a beaucoup d'estime pour cette personne. Sensuelle, elle se montre très à l'aise avec son corps, et aime l'assumer. Elle est très loyale et franche, et déteste les menteurs. Elle peut sembler imbue de sa personne ou aigrie, mais elle est simplement entière et déteste l'hypocrisie. Elle fait preuve d'une grande capacité à endurer, mais lorsque la pression devient trop intense, elle peut imploser. Elle peut être rancunière, car lorsqu'elle aime, c'est souvent intensément, et de la même manière, lorsqu'elle déteste, c'est tout aussi fort. Elle peut attendre longtemps pour se venger mais préfère le faire par sa réussite. Elle excelle dans l'art d'ignorer les gens.

> «Il vaut mieux hasarder de sauver un coupable que de condamner un innocent.»
>
> VOLTAIRE

La femme Scorpion a besoin de garder le contrôle de sa vie et peut être très dure avec elle-même. Elle a de fortes convictions et des avis tranchés, et peut prendre des décisions sans difficulté. Elle se force toujours à se relever même quand elle éprouve beaucoup de chagrin. Elle n'aime pas se lamenter ni jouer les victimes, même lorsqu'elle a été trahie. Elle a souvent quelques amies sur qui elle peut compter plutôt que plein de copines:

elle n'a pas besoin d'être trop entourée et préfère être seule que mal accompagnée. Elle ne supporte pas les gens lents d'esprit. Elle est très douce, gentille, serviable et protectrice envers ceux qu'elle aime. Elle déteste l'injustice et porte souvent sa voix dans la défense des causes qui lui tiennent à cœur. Au niveau de ses projets, elle a besoin d'être passionnée pour s'impliquer et donner le meilleur d'elle-même et elle se découvre souvent de nouvelles capacités professionnelles, tant elle sait s'appliquer pour ce qu'elle aime.

« Je me sens bien, je n'ai besoin de personne. Je suis mieux seul que mal accompagné. »

DRAKE

En amour

Pour aimer, la femme Scorpion doit avant tout être séduite physiquement par son partenaire. Elle est attirée par les hommes posés et matures, qui s'expriment librement sur le plan émotionnel, et elle est peu encline à se tourner vers ceux qui sont volages et dépourvus d'empathie. Elle déteste l'inconstance et a besoin d'une grande stabilité et de fiabilité pour évoluer sereinement dans sa relation amoureuse. Être au centre des préoccupations de son partenaire est essentiel pour elle, et elle exige beaucoup d'attention. Elle fait preuve d'une loyauté sans faille et attend la même chose en retour, car elle investit énormément d'énergie dans son couple, lui accordant une priorité absolue.

La femme Scorpion aime avoir le contrôle dans sa relation et elle recherche un partenaire qui ne soit ni arrogant ni autoritaire, mais plutôt doux et intègre. Elle ne prend pas la trahison à la légère : soit elle met fin brusquement à la relation, soit elle pardonne, mais modifie son comportement en restant constamment sur ses gardes. La femme Scorpion a besoin d'un partenaire solide et confiant, entreprenant et capable de rire de tout, et surtout ambitieux. Elle est prête à donner énormément, même si elle ne reçoit pas autant en retour. Elle accorde une grande importance à la confiance et la remettre en question peut compromettre la connexion qu'elle partage avec son partenaire. Elle recherche une relation profonde et exclusive, dans laquelle elle puisse se sentir en sécurité et aimée sans aucune ambiguïté. Elle peut réagir de manière très intense si elle se sent menacée dans sa relation. Il est préférable d'éviter de rendre la femme Scorpion jalouse. Elle accorde beaucoup d'importance aux promesses, mais a surtout besoin de preuves tangibles afin de pouvoir constater la fiabilité de son partenaire.

« Si je meurs un jour, je serai heureux parce que j'ai essayé de faire de mon mieux. »

PELÉ

Une fois en couple, elle peut être très patiente envers celui qu'elle aime et prévoir de nombreux projets d'avenir intégrant son amoureux dans tous les aspects de sa vie. Lorsqu'elle rencontre quelqu'un qui lui plaît vraiment, elle peut se projeter rapidement dans le futur. Elle attend de son partenaire qu'il la défende en toutes circonstances. Elle est elle-même très protectrice et protégera toujours son amour, même contre sa propre famille. Elle est très sensible et peut supporter beaucoup de choses qu'elle garde pour elle tout au long de la relation : c'est pourquoi on observe souvent que les femmes Scorpion vivent mal les ruptures.

Elles sont Scorpion

Katy Perry • Julia Roberts • Anne Hathaway • Demi Moore • Jodie Foster • Winona Ryder • Marie Curie • Marie-Antoinette • Chloë Sevigny • Grace Kelly • Kris Jenner • Caitlyn Jenner • Kendall Jenner • Hillary Clinton • Emma Stone • Ciara • Whoopi Goldberg • Kelly Osbourne • Emilia Clarke • Ted Turner • Tilda Swinton • Brittany Murphy • Lena Mahfouf • Nawell Madani • Emmanuelle Bercot • Léa Salamé • Marlène Schiappa • Catherine Deneuve • Caroline Receveur…

Test d'introspection pour
la femme Scorpion

1 Quelles sont mes motivations profondes dans mes relations amoureuses, et comment puis-je les faire comprendre et les exprimer de manière authentique à mon partenaire ?

2 Quelles sont mes attentes en termes d'intensité émotionnelle et de connexion profonde dans une relation, et comment puis-je m'assurer que mes choix amoureux correspondent à ces attentes ?

3 Quelles sont mes limites et mes frontières personnelles en matière de confiance et d'engagement, et comment puis-je les communiquer clairement à mon partenaire tout en respectant les siennes ?

4 Suis-je prête à faire face aux aspects sombres et complexes d'une relation, tels que les conflits, les secrets et les désirs profonds, et comment puis-je cultiver un espace de compréhension et de guérison dans ma relation ?

5 Quels sont les traits de personnalité et les valeurs essentielles que je recherche chez un partenaire, et comment puis-je m'assurer que ces critères correspondent à mes propres aspirations et besoins ?

6 Comment puis-je communiquer efficacement mes émotions, mes besoins et mes désirs à mon partenaire, tout en maintenant une communication saine et respectueuse ?

7 Quelle est mon rapport à l'autonomie et à la dépendance dans une relation amoureuse, et comment puis-je trouver un équilibre entre mon besoin d'indépendance et celui de connexion profonde avec mon partenaire ?

8 Quelles sont mes attentes en termes d'intimité émotionnelle et de partage de vulnérabilités avec mon partenaire, et comment puis-je créer un espace de confiance qui favorise cette ouverture ?

9 Suis-je prête à explorer et à guérir les blessures émotionnelles du passé dans le cadre de ma relation amoureuse, et comment puis-je travailler sur ma croissance personnelle tout en soutenant celle de mon partenaire ?

10 Comment est-ce que je gère les conflits et les tensions dans mes relations amoureuses, et comment puis-je développer des compétences de communication et de résolution de problèmes qui favorisent l'évolution et l'épanouissement de ma relation ?

Scorpion / Capricorne

♂ Scorpion / ♀ Capricorne

❤ L'homme Scorpion est attiré par la femme Capricorne en raison de sa nature ambitieuse, de sa détermination et de son esprit logique. Il apprécie sa capacité à le motiver et à l'inspirer pour atteindre de nouveaux objectifs. L'homme Scorpion trouve en elle une partenaire loyale et dévouée qui peut ressentir les choses profondément, ce qui répond à son besoin de connexion émotionnelle. Ce qui permet à l'homme Scorpion de se projeter avec la femme Capricorne, c'est la capacité de cette dernière à se tenir à ses principes et valeurs et à aimer, mais à toujours se préférer. Il admire cette forme d'égoïsme dont elle sait faire preuve afin de garder le contrôle de sa vie.

💔 L'homme Scorpion peut reprocher à la femme Capricorne son côté dur et exigeant, ainsi que sa tendance à imposer son cadre de vie. Il peut se sentir étouffé par son besoin de contrôle et de perfectionnisme, ce qui peut créer des tensions et des frictions au sein du couple. De plus, l'homme Scorpion peut être déconcerté par la difficulté de la femme Capricorne à exprimer ses émotions et à paraître vulnérable, ce qui entrave parfois la communication émotionnelle entre eux. Par ailleurs, la nature méfiante de l'homme Scorpion peut être un sujet de conflit, car la femme Capricorne a également un fort désir d'indépendance et de confiance dans son couple.

STATISTIQUES ♥♥♥♥♡
Michael Polish et Kate Bosworth, Adam DeVine et Chloe Bridges.

♀ Scorpion / ♂ Capricorne

❤ La femme Scorpion apprécie chez l'homme Capricorne sa maturité et sa stabilité émotionnelle. Elle trouve en lui une fiabilité essentielle pour évoluer sereinement dans sa relation amoureuse, car elle déteste l'inconstance. De plus, elle valorise son sérieux, ses grands principes et son engagement envers leur couple. Il réfléchit toujours au pour et au contre avant de se prononcer, ce qui rassure la femme Scorpion qui recherche un partenaire réfléchi et prévoyant. L'homme Capricorne, de son côté, apporte à la femme Scorpion une présence solide et confiante. Son sens de l'ambition et sa détermination sont également des qualités appréciées par la femme Scorpion, car elle admire les personnes ayant un fort sens des objectifs et des principes de vie.

💔 La femme Scorpion peut reprocher à l'homme Capricorne son manque de flexibilité et de folie dans leur vie de couple. Son rythme de vie simple, son tempérament stable et son caractère trop logique peuvent créer des conflits, car la femme Scorpion est plus encline à l'intensité et à l'émotion. De plus, l'homme Capricorne peut avoir du mal à exprimer ouvertement ses sentiments, ce qui peut frustrer la femme Scorpion qui recherche une connexion émotionnelle profonde. Elle peut trouver qu'il fixe trop de limites à leur relation et ne pas se sentir comprise, ce qui peut également être un défi pour elle. L'homme Capricorne peut parfois être trop fermé d'esprit à son goût et manquer de sensibilité aux causes qui lui tiennent à cœur.

STATISTIQUES ♥♥♡♡♡

Katy Perry et Orlando Bloom, Jenny McCarthy et Jim Carrey, Ashley Graham et Justin Ervin.

Scorpion / Verseau

♂ Scorpion / ♀ Verseau

❤ La femme Verseau offre à l'homme Scorpion une connexion cérébrale profonde, car elle est une partenaire stimulante avec qui il peut évoluer et se remettre en question. Elle apporte également un soutien émotionnel important en étant à la fois fidèle et dévouée. La femme Verseau sait écouter et être présente pour l'homme Scorpion, ce qui lui permet de se confier et de partager ses émotions. De plus, sa nature indépendante et libre correspond au besoin de l'homme Scorpion d'exercer son pouvoir et son contrôle dans la relation.

💔 L'homme Scorpion peut reprocher à la femme Verseau son besoin d'autonomie et d'attention en même temps. Selon ses humeurs. elle peut tout autant vouloir être collée à son partenaire que distante, ce qui peut déconcerter l'homme Scorpion qui recherche une intensité constante dans les sentiments. De plus, la femme Verseau est parfois blessante dans ses propos lorsqu'elle se sent offensée, ce qui peut déclencher des réactions impulsives de la part de l'homme Scorpion. Celui-ci peut se sentir frustré par le tempérament lunatique de la femme Verseau, car il préfère la stabilité et la profondeur émotionnelle.

STATISTIQUES ♥♥♥♡♡

Matthew McConaughey et Camila Alves, Dylan McDermott et Shiva Rose, Ben Harper et Laura Dern.

♀ Scorpion / ♂ Verseau

❤ Les forces du couple femme Scorpion / homme Verseau résident dans leur complémentarité et leur connexion mentale profonde. La femme Scorpion est séduite par l'homme Verseau en raison de sa nature réactive, de sa vivacité et de son ouverture d'esprit ainsi que de son caractère entreprenant. Elle apprécie sa nature protectrice, son empathie, ainsi que sa capacité à s'exprimer librement. L'homme Verseau peut apporter à la femme Scorpion soutien mental et stimulation intellectuelle. Il est prêt à partager ses idées les plus folles avec elle, ce qui nourrit leur connexion profonde. Il peut également lui offrir une certaine légèreté et un sens de l'humour qui équilibrent la nature intense de la femme Scorpion.

💔 La femme Scorpion peut reprocher à l'homme Verseau son imprévisibilité, ses crises de colère et son détachement qui peuvent être difficiles à comprendre et à accepter pour elle, qui recherche une connexion profonde et exclusive. De plus, l'homme Verseau peut être perçu comme moins fiable et moins fidèle, ce qui peut susciter des inquiétudes chez la femme Scorpion. Sa capacité à mentir peut également être un point de friction, car la femme Scorpion attend une loyauté absolue de son partenaire. Il est important que l'homme Verseau fasse preuve de sensibilité et de compréhension envers les besoins émotionnels de la femme Scorpion, et qu'il soit prêt à lui accorder une attention constante pour maintenir l'équilibre dans leur relation.

STATISTIQUES ♥♥♥♥♥

Julia Roberts et Daniel Moder, Demi Moore et Ashton Kutcher, Aishwarya Rai Bachchan et Abhishek Bachchan, Catherine Deneuve et Roger Vadim, Ellen Pompeo et Chris Ivery, Rachel McAdams et Michael Sheen.

Scorpion / Poissons

♂ Scorpion / ♀ Poissons

♥ L'homme Scorpion est immédiatement attiré par le monde dans lequel vit la femme Poissons. Il recherche une partenaire éveillée et consciente de ses émotions, ce qui correspond parfaitement au profil de la femme Poissons, capable de ressentir les choses intensément. Il admire sa nature rêveuse et imaginative ainsi que sa capacité à s'adapter par amour. L'homme Scorpion apprécie également le dévouement total de la femme Poissons envers lui et sa perspicacité lui permettant de comprendre ses émotions sans même qu'il ait besoin de les exprimer. Elle peut lui offrir une loyauté inébranlable et une protection émotionnelle, ce qui est extrêmement important pour lui. Leur connexion profonde et leur capacité à partager des secrets renforcent leur lien et créent une dynamique d'intimité et de confiance mutuelle

💔 Malgré leur attrait mutuel, l'homme Scorpion peut parfois reprocher son besoin de contrôle et d'autorité à la femme Poissons, qui peut le défier dans sa propre quête de domination. Il peut se sentir frustré lorsqu'elle joue le rôle de pilote dans la relation, alors qu'il préfère exercer ce contrôle lui-même. De plus, la femme Poissons peut être sujette à des rancunes et à des pensées nostalgiques, ce qui peut créer des ancrages négatifs dans leur relation. L'homme Scorpion peut avoir du mal à comprendre cette tendance et à faire face aux dépressions amoureuses de la femme Poissons. Son côté lunatique et sa suspicion naturelle peuvent également provoquer des frictions, car il peut interpréter certains actes ou intuitions de la femme Poissons comme de la méfiance à son égard.

STATISTIQUES ♥♥♥♥♡

Ryan Gosling et Eva Mendes, Chris Noth et Tara Wilson, Drake et Rihanna, Jimmy Kimmel et Molly McNearney.

♀ Scorpion / ♂ Poissons

La femme Scorpion est attirée par l'homme Poissons en raison de sa sensibilité et de sa capacité à se créer son monde intérieur pour mieux visualiser son avenir et le créer. Ils sont très vite complices. L'homme Poissons est attachant et peut offrir à la femme Scorpion un refuge où elle peut se sentir en sécurité pour partager ses émotions profondes. Il est capable de créer un environnement de confiance, ce qui est essentiel pour la femme Scorpion qui recherche une relation exclusive et où elle se sent aimée sans ambiguïté. De plus, l'homme Poissons a une grande imagination et une grande passion, ce qui peut correspondre aux attentes intenses de la femme Scorpion en matière d'amour. Ensemble, ils peuvent partager une connexion émotionnelle profonde et une compréhension mutuelle.

La femme Scorpion peut reprocher à l'homme Poissons son caractère trop défensif, sa susceptibilité et sa tendance à tout remettre en question, ce qui peut donner l'impression qu'il s'éloigne. Son comportement provocateur et fuyant lors des disputes peut en outre être source de conflit. De plus, l'homme Poissons peut également être attiré par l'inconnu et l'excitation de nouvelles conquêtes, ce qui est susceptible de susciter des sentiments d'insécurité chez la femme Scorpion. Enfin, la femme Scorpion peut avoir des difficultés à faire confiance à l'homme Poissons, car il peut intérioriser ses sentiments et même mentir ou omettre de dire des choses pour éviter les confrontations parfois virulentes avec sa partenaire.

STATISTIQUES ♥♥♥♥♥

Hailey et Justin Bieber, Demi Moore et Bruce Willis, Kris Jenner et Robert Kardashian.

Scorpion / Bélier

♂ Scorpion / ♀ Bélier

L'homme Scorpion est immédiatement séduit par l'énergie dynamique et débordante de la femme Bélier. Il apprécie sa franchise et son approche directe, qui ajoutent une dose de spontanéité à leur relation. Elle stimule son besoin de relever des défis, d'aventure et de renouveau constant, ce qui correspond à son tempérament intense. De plus, la femme Bélier exprime son amour à travers des attentions quotidiennes, des démonstrations passionnées et des surprises éclatantes, comblant ainsi le besoin d'intensité émotionnelle de l'homme Scorpion. Celui-ci apprécie également la loyauté de la femme Bélier, qui lui offre une connexion puissante et profonde.

L'homme Scorpion peut se sentir déconcerté par le rythme de vie trépidant de la femme Bélier et lui reprocher de prendre des décisions trop brusques. Lui peut être très réfléchi tandis qu'elle peut être imprudente, ce qui a tendance à inquiéter l'homme Scorpion. De plus, sa nature indépendante, passionnée et autoritaire peut créer un certain complexe chez l'homme Scorpion qui a besoin d'exercer son pouvoir de contrôle dans la relation. L'homme Scorpion peut également reprocher à la femme Bélier son besoin constant de stimulation et de nouveauté, ce qui peut l'inquiéter quant à la stabilité de sa partenaire.

STATISTIQUES ♥♥♥♥♡

Travis Barker et Kourtney Kardashian, David et Cathy Guetta, Josh Duhamel et Fergie, Kate Hudson et Owen Wilson.

♀ Scorpion / ♂ Bélier

La femme Scorpion apprécie chez l'homme Bélier son énergie et son enthousiasme naturels. Elle est séduite par sa propension à s'enthousiasmer facilement et à exprimer pleinement ses sentiments. Elle trouve attirant le fait qu'il soit un amoureux passionné, prêt à se livrer corps et âme dans une relation. De plus, la femme Scorpion est attirée par les hommes forts et motivés, et elle trouve chez l'homme Bélier cette force et cette détermination qui la fascinent. Elle admire sa capacité à poursuivre ses objectifs et à ne pas se contenter de suivre le courant. L'homme Bélier, par sa nature entreprenante et son charisme, est capable de défier intellectuellement la femme Scorpion, ce qui crée une connexion profonde entre eux.

L'homme Bélier prend tout de même beaucoup d'énergie à la femme Scorpion qui peut se sentir épuisée par ses pulsions imprévisibles. Elle n'apprécie pas toujours ses réactions radicales et virulentes lors des disputes. Il peut également être trop intolérant pour elle, refusant de supporter les choses au-delà de ses limites, alors que la femme Scorpion recherche un amour inconditionnel. De plus, la femme Scorpion a besoin d'une grande fiabilité dans sa relation amoureuse, et l'homme Bélier peut succomber à l'infidélité en raison de son caractère parfois irréfléchi. Cette tendance à agir sous le coup de l'émotion peut créer des difficultés dans la relation, car la femme Scorpion accorde une grande importance à la confiance. Elle peut également être perturbée par le besoin constant de nouvelles sensations et d'aventures de l'homme Bélier, qui peut provoquer des doutes et des insécurités chez elle.

STATISTIQUES ♥♥♥♥♡

Anne Hathaway et Adam Shulman, Meg Ryan et Dennis Quaid, Sophie Marceau et Christophe Lambert.

Scorpion / Taureau

♂ Scorpion / ♀ Taureau

❤ L'homme Scorpion apprécie chez la femme Taureau son appétit à ressentir les choses et à les comprendre. Passionnée et réconfortante, elle répond à son besoin de se sentir soutenu émotionnellement. Il est attiré par sa sensibilité et sa capacité à exprimer ses sentiments clairement, ce qui crée un environnement sécurisant pour lui. La femme Taureau, quant à elle, apporte à l'homme Scorpion un cadre de vie structuré lui inspirant confiance. Sa présence stable et réaliste rassure l'homme Scorpion et lui permet de s'engager pleinement dans la relation. De plus, sa capacité à se détendre et à ne pas se prendre la tête sur des détails insignifiants correspond à son besoin de ne pas se sentir anxieux au quotidien.

💔 L'homme Scorpion peut reprocher à la femme Taureau de trop prendre sur elle jusqu'à craquer et devenir parfois même violente, ce qui peut être difficile à gérer pour lui. La femme Taureau est parfois perçue comme trop terre à terre et matérialiste par l'homme Scorpion, qui est davantage attiré par les aspects profonds et mystérieux de la vie. La femme Taureau, axée sur la stabilité et la réalité, peut avoir du mal à comprendre et à apprécier pleinement les profondeurs émotionnelles et intellectuelles de l'homme Scorpion. Cette différence d'approche peut entraîner des désaccords sur les priorités et les intérêts mutuels.

STATISTIQUES ♥♥♥♡♡

Ethan Hawke et Uma Thurman, Neil Gaiman et Amanda Palmer.

♀ Scorpion / ♂ Taureau

❤ La femme Scorpion est séduite par la façon dont l'homme Taureau lui montre son amour. Très affectueux et tactile, il a besoin de contact physique pour vivre pleinement son amour, ce qui la rassure. La stabilité émotionnelle et le caractère posé de l'homme Taureau correspondent aux attentes profondes de la femme Scorpion. Sa fiabilité et sa loyauté sont des atouts majeurs pour elle, car elle a besoin de se sentir en sécurité dans sa relation. De plus, l'homme Taureau est très décidé et réfléchi et ne prend pas de décision hâtive, ce qui correspond aux critères de la femme Scorpion.

💔 La femme Scorpion reproche à l'homme Taureau de rester stoïque face aux situations les plus émotionnellement intenses pour elle. Sa façon de penser peut être vue comme trop superficielle pour la femme Scorpion qui recherche un partenaire plus profond et ouvert d'esprit, et qui apprécie l'ouverture émotionnelle et l'expression pure des sentiments. De plus, si l'homme Taureau succombe à l'infidélité en raison de son besoin d'excitation et de contact physique, cela peut profondément blesser la femme Scorpion et remettre en question sa confiance envers lui. Enfin, elle peut trouver que l'homme Taureau manque de spontanéité ou que leur couple manque de dynamisme et pourrait évoluer plus rapidement.

STATISTIQUES ♥♥♥♥♡

Persia White et Joseph Morgan, Lola Marois et Jean-Marie Bigard.

Scorpion / Gémeaux

♂ Scorpion / ♀ Gémeaux

L'homme Scorpion est séduit par la femme Gémeaux en raison de la connexion cérébrale qu'elle crée naturellement avec lui. Il est attiré par son esprit vif et sa capacité à s'exprimer clairement, ce qui crée une stimulation intellectuelle mutuelle. La femme Gémeaux peut offrir à l'homme Scorpion une relation de croissance et de développement, car elle est audacieuse, et entreprenante et encourage son partenaire à progresser. Elle peut également s'intégrer facilement dans le cercle social de l'homme Scorpion et établir des liens solides avec ses amis. De plus, la femme Gémeaux valorise la communication ouverte, ce qui correspond aux besoins de sincérité et d'intensité de l'homme Scorpion. Leur capacité à échanger des idées et à exprimer leurs sentiments crée une connexion profonde et authentique entre eux.

L'homme Scorpion peut reprocher à la femme Gémeaux son besoin constant de tout faire comme elle l'a décidé. De plus, la femme Gémeaux a un fort ego et peut réagir agressivement lorsqu'elle se sent trahie. Cette réaction peut causer des tensions dans la relation, car l'homme Scorpion, méfiant en amour, peut percevoir cela comme une menace envers sa loyauté et à sa fidélité. Il peut également lui reprocher son comportement trop changeant et ses réactions marquées par un esprit lunatique.

STATISTIQUES ♥♥♥♡♡

Leonardo DiCaprio et Camila Morrone, Leonardo DiCaprio et Bar Refaeli, Keith Urban et Nicole Kidman, Joe et Jill Biden.

♀ Scorpion / ♂ Gémeaux

La femme Scorpion apprécie chez l'homme Gémeaux sa nature curieuse et sa capacité à stimuler son esprit. Elle trouve attrayant son besoin d'apprendre et de communiquer, ce qui correspond à son propre désir d'évoluer mentalement dans une relation. Elle est attirée par sa nature positive, ouverte d'esprit et son désir de remettre en question les idées établies. L'homme Gémeaux peut lui apporter une complicité mentale et émotionnelle, lui offrant une connexion cérébrale forte et une compréhension mutuelle. Sa recherche d'évolution et son besoin de réussir peuvent également être bénéfiques pour la femme Scorpion, car elle a besoin d'admirer son partenaire pour être séduite.

La femme Scorpion peut reprocher à l'homme Gémeaux son manque de stabilité et d'engagement émotionnel. Elle désire une loyauté sans faille et une attention constante de la part de son partenaire, mais l'homme Gémeaux peut parfois sembler volatil et insensible. Sa nature changeante et son besoin d'indépendance peuvent créer des doutes dans l'esprit de la femme Scorpion et lui faire craindre de ne pas être au centre des préoccupations de son partenaire. De plus, l'homme Gémeaux peut être perçu comme trop détaché émotionnellement, ce qui contraste avec l'intensité émotionnelle profonde de la femme Scorpion. Elle peut lui reprocher son manque d'empathie et d'efficacité, à savoir qu'il parle trop et agit peu.

STATISTIQUES ♥♥♥♡♡

Grace Kelly et le prince Rainier de Monaco,
Lisa Bonet et Lenny Kravitz, Winona Ryder et Johnny Depp.

Scorpion / Cancer

♂ Scorpion / ♀ Cancer

L'homme Scorpion admire le monde de la femme Cancer. Il apprécie qu'elle exprime ouvertement ses émotions et qu'elle soit prête à s'investir émotionnellement dans la relation. La femme Cancer offre à l'homme Scorpion une connexion émotionnelle puissante et un sentiment de sécurité. Elle est entièrement dévouée à lui et prête à créer un cocon familial chaleureux et aimant. Sa loyauté et son engagement correspondent aux attentes de l'homme Scorpion en matière de relation. La femme Cancer est capable de se sacrifier pour le bien de son couple, ce qui touche énormément l'homme Scorpion. Il est capable de s'engager pleinement et de façon durable avec la femme Cancer qui lui inspire confiance.

L'homme Scorpion peut reprocher à la femme Cancer d'être parfois trop émotive, capricieuse, susceptible ou encore d'accumuler trop de tensions internes. Sa réaction défensive peut provoquer des conflits et des disputes au sein du couple. La femme Cancer est parfois très exigeante, ferme et rancunière, ce qui peut perturber l'homme Scorpion qui pense qu'elle est toujours douce et résiliente et s'étonner de voir qu'une fois qu'elle a le déclic, elle peut disparaître, ne plus jamais revenir et le laisser dévasté par l'idée qu'en peu de temps ils peuvent passer d'amoureux passionnés à simples étrangers.

STATISTIQUES ♥♥♥♥♥

Le prince Charles et lady D, le prince Charles et Camilla Parker-Bowles,
Leonardo DiCaprio et Gisele Bündchen,
Adam Driver et Joanne Tucker, Allan et Poupette Kenza.

♀ Scorpion / ♂ Cancer

La femme Scorpion apprécie chez l'homme Cancer sa douceur et sa profondeur émotionnelle. Elle est attirée par son énergie calme et mature, ainsi que par sa capacité à s'exprimer librement sur le plan émotionnel. L'homme Cancer offre à la femme Scorpion la fiabilité dont elle a besoin pour évoluer sereinement dans sa relation. Il lui accorde une attention soutenue et la met au centre de ses préoccupations, ce qui est essentiel pour la femme Scorpion. De plus, l'homme Cancer partage la vision de la femme Scorpion en matière d'amour, car il cherche également une relation profonde et exclusive, et encourage sa compagne à assumer sa féminité comme elle l'entend. Sa sensibilité et sa capacité à comprendre les émotions de sa partenaire créent une connexion émotionnelle forte entre eux.

La femme Scorpion reproche parfois à l'homme Cancer de se braquer trop vite, de pouvoir être pleurnichard, susceptible et capricieux. De plus, elle peut trouver que l'homme Cancer use parfois de chantage affectif pour attirer son attention et tente de la culpabiliser lorsqu'il se sent incompris. Bien que ces comportements soient motivés par son besoin d'amour et d'affection, ils peuvent être perçus comme manipulateurs. La femme Scorpion n'apprécie pas non plus le tempérament défensif et plaintif de l'homme Cancer qui peut jouer les victimes et exagérer ses souffrances. Ces réactions peuvent être difficiles à gérer pour la femme Scorpion qui a besoin d'un partenaire moins sensible et plus stable émotionnellement.

STATISTIQUES ♥♥♥♡♡

Rita Wilson et Tom Hanks, Emma Stone et Dave McCary.

Scorpion / Lion

♂ Scorpion / ♀ Lion

L'homme Scorpion apprécie la femme Lion pour sa capacité à réfléchir par elle-même. Il est attiré par son caractère affirmé et son ambition débordante. La femme Lion est capable de briller dans n'importe quelle situation et a le pouvoir de capter l'attention de son entourage. Cette assurance et cette détermination attirent l'homme Scorpion qui est lui-même sélectif dans ses relations amoureuses. La femme Lion sait comment prendre soin d'elle et exprimer sa beauté de manière éclatante, ce qui suscite l'admiration de l'homme Scorpion. Elle peut lui apporter l'assurance et la confiance dont il a besoin, ainsi qu'une dose d'énergie positive qui alimente sa passion et son intensité. Ils peuvent partager une connexion profonde basée sur leur volonté commune de réaliser de grandes choses et de s'élever mutuellement dans leurs ambitions.

💔 L'homme Scorpion peut reprocher à la femme Lion son besoin constant d'attention et de validation, alors que lui peut préférer la discrétion. La femme Lion cherche à être admirée et flattée en permanence, ce qui met parfois l'homme Scorpion dans une position délicate. De plus, elle peut être têtue et trop vouloir diriger les choses, ce qui peut entrer en conflit avec le besoin de contrôle de l'homme Scorpion. Bien que la femme Lion soit affectueuse et câline, l'homme Scorpion peut lui reprocher son manque de sensibilité apparente alors qu'en réalité, elle peut cacher ses émotions par peur de paraître vulnérable, afin de se protéger. Il recherche une connexion intense et forte, mais peut trouver que la femme Lion est plus concentrée sur son évolution personnelle que sur une exploration émotionnelle approfondie.

STATISTIQUES ♥♥♡♡♡

Bill et Melinda Gates.

♀ Scorpion / ♂ Lion

♥ La femme Scorpion est attirée par l'homme Lion en raison de son charisme naturel et de sa capacité à réfléchir par lui-même. De plus, son caractère entreprenant et bosseur la séduit. La femme Scorpion apprécie chez l'homme Lion sa confiance en lui et sa capacité à prendre des initiatives, ce qui lui donne l'impression d'être sécurisée et soutenue dans leur relation. L'homme Lion, en tant que leader naturel, peut inciter la femme Scorpion à atteindre ses propres objectifs et à se réaliser pleinement, en lui offrant un soutien et une présence chaleureuse. Il a toujours quelque chose à dire, elle ne risque pas de s'ennuyer avec lui.

💔 La femme Scorpion peut parfois devenir dépendante affectivement de l'homme Lion, car il a tendance à la culpabiliser, même si, selon elle, c'est lui qui est à l'origine des problèmes dans leur relation. Les hommes Lion ont une personnalité dominatrice et aiment être au centre de l'attention. Ils peuvent avoir tendance à se comporter de manière manipulatrice, parfois sans en avoir pleinement conscience, afin de maintenir leur pouvoir dans la relation, ce qui a pour effet de mettre la femme Scorpion dans tous ses états. Enfin, elle peut être dérangée par sa tendance à rejeter la faute sur les autres, car elle accorde une grande importance à la justice dans sa relation.

STATISTIQUES ♥♥♥♡♡

Caroline Receveur et Hugo Philip, Jenny McCarthy et Donnie Wahlberg, Lisa Bonet et Jason Momoa, Hillary et Bill Clinton.

Scorpion / Vierge

♂ Scorpion / ♀ Vierge

L'homme Scorpion apprécie chez la femme Vierge sa capacité à exprimer les choses clairement et à rechercher un partenaire compétent, fiable et entreprenant. Il reconnaît la sensibilité cachée de la femme Vierge et admire sa dévotion envers lui. Sa loyauté et ses prises de position fermes et assumées sont des qualités qui attirent l'homme Scorpion, qui recherche une connexion profonde et durable avec sa partenaire. De plus, la femme Vierge peut être un moteur pour l'homme Scorpion car ses exigences le poussent à travailler dur pour la satisfaire et à devenir une personne plus responsable et mature. Une forte connexion physique se crée naturellement entre ces deux partenaires.

L'homme Scorpion peut reprocher à la femme Vierge ses réactions critiques ambivalentes, en raison de sa grande réactivité face à ce qui la dérange. La femme Vierge a une tendance naturelle à remarquer les détails et à être critique, ce qui peut la sensibiliser à certaines situations. Elle peut exprimer ses préoccupations ou ses mécontentements de manière assez directe et franche, ce qui peut être perçu par l'homme Scorpion comme une instabilité émotionnelle. Il peut également être frustré par sa tendance à être autoritaire, ce qui entre en conflit avec son propre besoin de contrôle. De plus, la femme Vierge a du mal à se remettre en question, ce qui peut frustrer l'homme Scorpion et le pousser à intérioriser davantage ses émotions.

STATISTIQUES ♥♥♥♡♡

Mark Ruffalo et Sunrise Coigney, David Schwimmer et Zoe Buckman, Ryan Reynolds et Blake Lively.

♀ Scorpion / ♂ Vierge

La femme Scorpion apprécie chez l'homme Vierge sa force mentale et son côté protecteur et concret. Fiable et solide, il est là pour elle. Elle aime le fait qu'il recherche une codépendance dans sa relation, dans laquelle chacun est nécessaire à l'autre, ce qui lui permet de se sentir rassurée quand elle exprime ses sentiments les plus intenses. L'homme Vierge est loyal et prêt à construire une relation solide basée sur le respect mutuel et la compréhension, ce qui correspond aux attentes de la femme Scorpion. De plus, il est capable de s'effacer pour laisser sa partenaire briller, ne cherchant pas à tout prix la lumière, ce qui touche profondément la femme Scorpion. L'homme Vierge peut offrir un cadre de vie confortable à sa partenaire, grâce à sa volonté de prendre soin d'elle sur le plan financier.

Malgré les points forts de leur compatibilité, la femme Scorpion reproche à l'homme Vierge sa tendance à manquer de spontanéité et d'excitation dans leur relation. L'homme Vierge pouvant être de mauvaise foi et peu réceptif aux détails et aux récits anecdotiques de sa partenaire, la femme Scorpion peut se sentir frustrée par sa difficulté à se remettre en question. De plus, l'homme Vierge n'est pas aussi intense et excessif dans l'expression de ses sentiments que la femme Scorpion, qui a besoin d'un partenaire aussi disposé qu'elle à communiquer ses sentiments. En outre, la femme Scorpion peut ressentir un manque d'excitation et de renouveau dans leur relation à long terme, ce qui peut remettre en question sa satisfaction émotionnelle.

STATISTIQUES ♥♥♡♡♡
Troian Avery Bellisario et Patrick J. Adams, Rachel McAdams et Jamie Linden.

Scorpion / Balance

♂ Scorpion / ♀ Balance

♥ L'homme Scorpion trouve de nombreuses qualités à la femme Balance. Il est séduit par sa nature douce et son charisme naturel, qui la rendent unique à ses yeux. Il apprécie également sa capacité à s'adapter et à être à l'aise dans différents environnements, ce qui facilite leur connexion cérébrale et émotionnelle. La femme Balance apporte une certaine légèreté et une touche de positivité à la vie de l'homme Scorpion, ce qui l'aide à se détendre et à apprécier des expériences nouvelles et excitantes. Sa sensibilité intuitive lui permet de comprendre les besoins émotionnels de l'homme Scorpion, ce qui favorise une communication profonde entre eux. De plus, sa dévotion et son désir de toujours se faire belle pour lui plaire le touchent profondément.

💔 L'homme Scorpion peut reprocher à la femme Balance d'être trop souvent en train de douter de tout et d'elle-même, ce qui peut créer des tensions dans la relation. Son besoin d'attention et d'approbation peut parfois être perçu comme excessif et peut ébranler la confiance de l'homme Scorpion. De plus, sa tendance à se comparer aux autres et sa jalousie peuvent agacer l'homme Scorpion qui recherche une stabilité émotionnelle afin de se sentir épanoui. L'homme Scorpion peut se sentir mal à l'aise et avoir l'impression de ne pas réussir à combler ses manques, alors qu'en réalité la femme Balance a juste besoin que les choses se fassent naturellement.

STATISTIQUES ♥♥♥♡♡
Alain Delon et Romy Schneider, Chad Kroeger et Avril Lavigne.

♀ Scorpion / ♂ Balance

♥ La femme Scorpion est très souvent attirée par l'homme Balance en raison de son charme naturel et de sa sensibilité. Elle apprécie qu'il prenne soin de lui, qu'il la séduise en douceur et cherche à attirer son attention, ainsi que son sens de l'esthétique. La femme Scorpion est également séduite par l'homme Balance lorsqu'il se montre affectueux et attentionné, n'hésitant pas à gâter sa partenaire et à lui offrir des cadeaux pour exprimer ses sentiments. Elle valorise l'honnêteté et l'authenticité, et apprécie la nature posée et détendue de l'homme Balance qui peut lui apporter une certaine stabilité émotionnelle ainsi qu'une connexion cérébrale et une forte complicité. Ils peuvent être meilleurs amis comme meilleurs partenaires amoureux. Ils rigolent tout le temps ensemble.

💔 La femme Scorpion peut reprocher à l'homme Balance de trop intérioriser et de ne pas toujours dire ce qu'il pense, et de se sentir oppressé illégitimement. Elle peut trouver frustrant que l'homme Balance prenne en compte les opinions et les conseils des autres au détriment de ses propres convictions. De plus, elle peut lui reprocher son comportement passif-agressif, et d'user d'attitudes passives afin de montrer indirectement une hostilité non assumée. La jalousie de la femme Scorpion peut également être exacerbée par le besoin de vérification constant de l'homme Balance. Malgré ses efforts pour conquérir le cœur de la femme Scorpion, l'homme Balance doit fournir des preuves actives de sa fiabilité pour combler les attentes de sa partenaire.

STATISTIQUES ♥♥♥♥♥

Nawell Madani et Djebril Didier Zonga, Léa Salamé et Raphaël Glucksmann, Winona Ryder et Matt Damon.

Scorpion / Scorpion

♂ Scorpion / ♀ Scorpion

❤ La compatibilité amoureuse entre une femme Scorpion et un homme Scorpion est renforcée par leur aisance à se comprendre émotionnellement. Ils ont une grande capacité à se connecter profondément sur les plans intellectuel, physique et émotionnel, se ressemblant beaucoup. Ils apprécient chacun le tempérament calme et posé de l'autre et savent créer un climat de stabilité dans la relation. Ils accordent une grande importance à leur relation et font preuve d'un dévouement et d'une loyauté absolus envers l'autre. L'homme Scorpion trouve également de l'inspiration auprès de sa partenaire, qui le touche en raison de son côté protecteur. Ils partagent une passion intense et des émotions profondes, ce qui renforce leur lien. Leur relation est marquée par la confiance mutuelle et un engagement fort l'un envers l'autre.

💔 L'homme Scorpion peut reprocher à sa partenaire son besoin de contrôle et de domination. La femme Scorpion peut lui reprocher son côté calculateur et son esprit fourbe. La femme Scorpion peut être sujette à des réactions impétueuses et à des mots blessants lorsque sa confiance est trahie. Le problème est que les partenaires se ressemblent trop, ce qui peut créer des défis. Il est important pour ces deux partenaires de travailler sur la communication et la gestion des émotions afin d'éviter que les reproches et les rancunes ne perturbent leur connexion profonde.

STATISTIQUES ♥♥♥♥♡

Kris Jenner et Corey Gamble, Harry Hamlin et Nicollette Sheridan, Nick et Vanessa Lachey, Julia Roberts et Lyle Pearce Lovett.

Scorpion / Sagittaire

♂ Scorpion / ♀ Sagittaire

♥ Les forces du couple homme Scorpion / femme Sagittaire résident dans leur attirance mutuelle et la connexion physique profonde qu'ils peuvent partager. L'homme Scorpion apprécie chez la femme Sagittaire son charme séducteur et son assurance, qui éveillent son intérêt. Il est attiré par sa confiance en elle et sa capacité à se mettre en valeur. L'homme Scorpion apprécie la liberté d'esprit de la femme Sagittaire, qui la pousse à éliminer tous les obstacles sur son chemin, ainsi que sa capacité à prendre des décisions fermes et à s'y tenir, ce qui lui permet de maintenir un certain équilibre entre son besoin de domination et le respect de son indépendance.

💔 L'homme Scorpion peut reprocher à la femme Sagittaire son besoin d'indépendance et sa réticence à se soumettre. Il peut se sentir frustré si elle refuse de se conformer à ses attentes ou s'il perçoit qu'elle agit sans tenir compte de lui. De plus, la femme Sagittaire manque parfois de sensibilité dans ses paroles et dans ses actes, ce qui peut blesser l'homme Scorpion qui est particulièrement réceptif aux mots et à leur impact émotionnel. Sa fierté peut également être mise à l'épreuve si la femme Sagittaire agit de manière condescendante ou négligente. De plus, la jalousie peut surgir des deux côtés, car l'homme Scorpion peut être possessif et la femme Sagittaire peut dissimuler sa jalousie derrière un comportement sec.

STATISTIQUES ♥♥♡♡♡

Neil Young et Daryl Hannah, Ted Turner et Jane Fonda, Ryan Reynolds et Scarlett Johansson.

♀ Scorpion / ♂ Sagittaire

♥ La femme Scorpion est attirée par les hommes posés et capables comme l'homme Sagittaire. Il possède une force naturelle et un sens de l'humour qui peuvent captiver la femme Scorpion. Son franc-parler et sa détermination sont également attrayants pour elle. L'homme Sagittaire valorise l'équilibre et la sérénité dans les relations, ce qui correspond aux attentes de la femme Scorpion en termes de fiabilité et de loyauté. Intègre, il partage sa vision de la dignité et du respect des valeurs. Dans cette dynamique, l'homme Sagittaire peut apporter à la femme Scorpion un soutien mental, une connexion physique très forte et une complicité basée sur la confiance mutuelle. Son côté généreux et attentif peut combler les attentes de la femme Scorpion en termes de priorités dans la relation.

La femme Scorpion peut reprocher à l'homme Sagittaire son besoin de liberté et d'indépendance, ce qui la conduit parfois à se sentir négligée dans la relation. L'homme Sagittaire réagit souvent avec fermeté lorsqu'il perçoit des ordres de sa partenaire, ce qui peut créer des frictions et une résistance mutuelle. De plus, la nature aventureuse de l'homme Sagittaire et sa propension à explorer de nouvelles expériences peuvent susciter des inquiétudes quant à sa fidélité absolue. La femme Scorpion peut être très jalouse et réagir intensément si elle se sent menacée dans sa relation, générant des conflits et des ruptures de confiance. Il est donc essentiel que l'homme Sagittaire et la femme Scorpion établissent une communication ouverte et honnête pour aborder ces aspects sensibles de la relation.

STATISTIQUES ♥♥♥♡♡

Ruth Kearney et Theo James, Kate Capshaw et Steven Spielberg, Ciara et Russell Carrington Wilson.

Je note ma compatibilité avec **l'homme Scorpion**

1. Comment décririez-vous votre nature émotionnelle ?

A. Je suis généralement détachée et rationnelle.

B. Je suis émotionnellement stable, mais j'ai mes moments intenses.

C. Je suis profondément passionnée et j'exprime mes émotions ouvertement.

2. Comment préférez-vous résoudre les conflits dans une relation ?

A. Je préfère éviter les conflits autant que possible.

B. Je suis ouverte à la discussion mais je ne fais pas le premier pas.

C. Je crois en une communication ouverte et honnête pour résoudre les conflits.

3. Comment gérez-vous les moments de stress ou de pression ?

A. Je préfère me retirer et prendre du recul pour me calmer.

B. Je trouve des méthodes de relaxation qui m'aident à me détendre.

C. J'affronte les situations stressantes et je les gère activement.

4. Comment décririez-vous votre besoin d'indépendance dans une relation ?

A. J'ai besoin de beaucoup d'espace et d'indépendance.

B. J'apprécie d'être collée à mon partenaire et de partager un maximum de moments ensemble.

C. J'aime être proche de mon partenaire, mais j'ai également besoin de ma propre liberté.

5. Quelle est votre attitude face aux défis et aux obstacles dans la vie ?

A. Je préfère éviter les situations difficiles autant que possible.

B. Je suis déterminée et prête à faire face aux défis lorsque c'est nécessaire.

C. Je suis résiliente et j'affronte les obstacles avec confiance.

6. Quel est le tempérament de votre partenaire idéal ?

A. J'ai besoin d'un partenaire doux et accommodant.

B. J'ai besoin d'un partenaire impulsif et nerveux.

C. J'ai besoin d'un partenaire réservé et entier.

7. Comment préférez-vous exprimer votre amour et votre affection ?

A. Je suis plutôt réservée en matière d'expression affective.
B. J'aime montrer mon amour à travers de petites attentions et de petits gestes.
C. J'exprime mon amour de manière intense et passionnée.

8. Quelle est votre vision de l'engagement à long terme dans une relation ?

A. Je suis plutôt indécise et hésitante en matière d'engagement.
B. Je suis ouverte à l'engagement, mais j'ai besoin de temps pour y réfléchir.
C. Je suis prête à m'engager pleinement dans une relation durable.

9. Comment réagissez-vous à la jalousie dans une relation ?

A. Je deviens possessive et jalouse en retour.
B. Je considère la jalousie comme une preuve d'attachement.
C. Je suis conciliante et rassure mon partenaire sans être trop dépendante.

10. Comment percevez-vous l'importance de la passion dans une relation amoureuse ?

A. La passion n'est pas une priorité pour moi.
B. La passion est importante, mais elle n'est pas essentielle.
C. La passion est cruciale et quand j'aime, c'est toujours passionnel.

Écrivez le nom de vos hommes Scorpion préférés :

....

....

....

....

....

Résultat du test :

A : Mauvaise compatibilité
B : Compatibilité normale
C : Bonne compatibilité

Je note ma compatibilité avec **la femme Scorpion**

1. Comment décririez-vous votre besoin d'intimité et d'espace personnel ?

A. J'ai besoin de beaucoup d'espace personnel et de temps pour moi-même.

B. J'apprécie mes moments à moi, mais j'ai aussi besoin de temps avec ma partenaire.

C. J'ai besoin d'une connexion profonde et je suis prêt à partager chaque aspect de ma vie.

2. Quelle est votre approche des émotions et de l'expression des sentiments ?

A. Je préfère garder mes émotions pour moi et les traiter en privé.

B. J'exprime mes émotions de manière équilibrée et ouverte.

C. Je suis très à l'aise pour partager mes émotions et les discuter ouvertement.

3. Comment gérez-vous les conflits et les désaccords dans une relation ?

A. Je préfère éviter les conflits et les désaccords autant que possible.

B. Je suis prêt à discuter, mais seulement si ma partenaire est calme.

C. J'aborde les conflits de front et je suis ouvert à une communication honnête et profonde.

4. Quelle est votre attitude envers le contrôle et l'indépendance dans une relation ?

A. Je fuis les femmes qui aiment tout contrôler et je me bats pour ma liberté et mon indépendance.

B. J'apprécie mon indépendance, mais je suis également prêt à partager des moments intenses avec ma partenaire.

C. J'ai tendance à vivre mes relations en codépendance et je partage équitablement le contrôle dans une relation.

5. Comment gérez-vous les secrets et la confidentialité dans une relation ?

A. Je préfère garder des choses pour moi et maintenir une certaine confidentialité.

B. Je suis prêt à partager certains secrets, mais j'apprécie aussi la confidentialité.

C. Je suis ouvert à partager tous mes secrets et à maintenir une relation basée sur la confiance totale.

6. Comment percevez-vous l'intensité émotionnelle et les réactions excessives de votre partenaire ?

A. J'ai du mal à gérer les émotions intenses et préfère une relation plus calme.

B. J'apprécie une certaine intensité émotionnelle mais j'ai aussi besoin de stabilité.

C. J'adore l'intensité émotionnelle et je suis prêt à plonger dans les profondeurs de l'amour.

7. Comment réagissez-vous à la jalousie et à la possessivité dans une relation ?

A. Je fuis les femmes trop jalouses ou possessives.

B. Je peux être jaloux par moments, donc je peux comprendre que ma partenaire le soit, mais seulement si c'est légitime.

C. Je ne juge pas ma partenaire si elle éprouve de la jalousie et je tente de la rassurer afin qu'elle ne s'inquiète plus.

8. Comment abordez-vous la confiance et la loyauté dans une relation amoureuse ?

A. J'ai du mal à faire confiance et à être loyal envers ma partenaire.

B. Je suis généralement fidèle et loyal, mais j'ai besoin de temps pour accorder ma confiance.

C. Je suis très loyal et prêt à donner ma confiance dès le départ.

9. Comment réagissez-vous à la passion et à l'aventure dans une relation amoureuse ?

A. Je préfère une relation stable et prévisible, sans trop d'excitation.

B. J'apprécie un peu de passion et d'aventure dans ma relation, sans rechercher de stimulation particulière.

C. J'adore la passion et l'aventure, et je suis prêt à explorer de nouvelles expériences avec ma partenaire.

10. Comment voyez-vous l'engagement et la durabilité d'une relation amoureuse ?

A. Je suis plutôt indécis et peu enclin à m'engager sur le long terme.

B. Je suis prêt à m'engager, mais j'ai besoin de temps pour prendre cette décision.

C. Je suis prêt à m'engager pleinement et à construire une relation durable dès le début.

Écrivez le nom de vos femmes Scorpion préférées :

....

....

....

....

Résultat du test :

A : Mauvaise compatibilité

B : Compatibilité normale

C : Bonne compatibilité

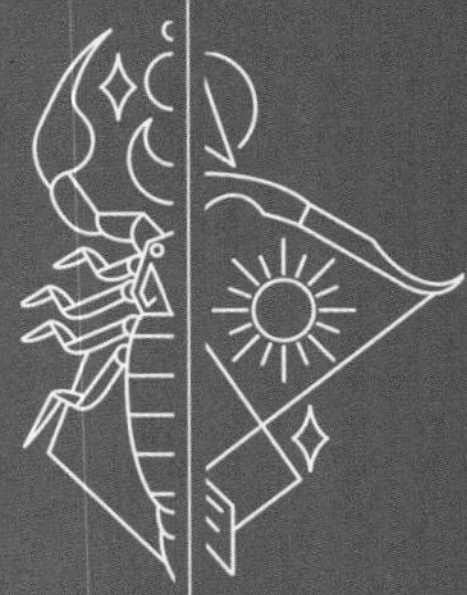

Scorpittaire

ENTRE LE 19 ET LE 23 NOVEMBRE

Les personnes nées entre le 19 et le 23 novembre (parfois même dès le 18… en réalité, c'est de la casuistique), c'est-à-dire entre le signe du Scorpion et celui du Sagittaire, prennent souvent certains traits de caractères liés au Scorpion et d'autres liés au Sagittaire.

Célébrités

Hailey Bieber
Scarlett Johansson
Mark Ruffalo
Jamie Lee Curtis
Nicollette Sheridan

Sagittaire

Le Sagittaire, qui débute le 22 novembre et finit le 21 décembre, est le signe astrologique qui clôture la saison de l'automne. Il est associé à l'élément Feu (avec le Bélier et le Lion). Le Sagittaire débute en novembre et se poursuit en décembre, et correspond au temps des dernières récoltes et à l'occasion de faire le point.

Les caractéristiques **du Sagittaire**

Il peut mettre des vents à tout le monde
dans le plus grand des calmes.

Nonchalant pour les causes qui ne l'intéressent pas.

Dit tout ce qu'il pense comme ça lui vient.

Prêt à prendre tous les risques pour sortir vainqueur d'un combat.

Il déteste dépendre des autres et ne compte que sur lui-même

Mots-clés

Pirate
Indépendant
Fort
Guerrier
Mental
Franc-parler
Gros bosseur
Acharné
Intuitif
Autoritaire
Compétiteur
Challenger
Libre
Direct
Intègre

Fiable
Voyageur
Stratège
Averti
Naïf
Fair-play
Pas du tout influençable
Stoïque
Quand c'est non, c'est non !
Ferme
Juste
Droit
Impatient
Il peut crier très fort

Il s'énerve souvent
Il peut facilement mettre mal à l'aise qui il veut
Ne combat que pour lui-même
Fidèle à ses valeurs
Aventurier
Aime les sensations fortes
Proche de la nature
Revanchard
Acharné
Sans filtre
N'aime pas l'autorité

L'homme Sagittaire

L'homme Sagittaire est un globe-trotteur qui aime profiter de la vie. Joueur, courageux, autoritaire et intègre, il se distingue par son allure calme et posée, il est charismatique, viril et blagueur. Très fier, il préfère agir plutôt que trop parler. Il s'exprime de manière franche, sans détour, parfois même de façon blessante. Prendre des pincettes n'est pas dans ses habitudes. Il est très attaché à sa liberté : opposé à l'autorité, il n'hésite pas à faire face aux confrontations sans la moindre retenue. Solide et assumé, il ne se pose jamais en victime, même lorsque l'injustice le frappe. Son courage, teinté de réalisme, se manifeste par une réflexion approfondie. Il ne prend pas tout ce qu'on lui dit pour argent comptant. Il n'est pas le plus méfiant, mais est doté d'une grande intuition naturelle qui le guide. Ses sentiments sont facilement perceptibles sur son visage lorsqu'il ne porte pas une personne dans son cœur, et il ne se retient généralement pas de partager ses pensées.

> « Lorsque j'engage un combat, il ne me vient pas à l'idée que je puisse le perdre. »
>
> JACQUES CHIRAC

L'homme Sagittaire accorde un grand respect aux personnes elles-mêmes respectueuses. Il privilégie toujours un travail honnête, mérité, soucieux des règles, et souhaite que les autres fassent de même. Il ne craint pas de dénoncer les malfrats sans principes ni valeurs. Il admire et respecte les personnes combatives, mais méprise profondément les lâches, les faibles et les escrocs opportunistes. Doté d'une grande intégrité, il est guidé par de solides principes d'honnêteté et entretient des liens forts avec ceux qu'il aime. Il se montre très protecteur envers ses proches, mais il n'accorde pas sa confiance facilement. Bien qu'il puisse être sociable, il préfère n'avoir que peu de véritables amis fidèles plutôt qu'une multitude de faux amis. Il peut nourrir une grande rancune envers les traîtres et être très revanchard.

> « Si tu te mets des limites dans tout ce que tu fais, ça va se répercuter sur ton travail et dans ta vie. Il n'y a pas de limites. »
>
> BRUCE LEE

Réaliste, voire optimiste, il envisage le pire afin de ne pas être déçu, et il donne toujours le meilleur de lui-même dans tout ce qu'il entreprend. L'homme Sagittaire est animé par une passion intrinsèque pour l'exploration et la découverte du monde qui l'entoure. Constamment avide de nouvelles expériences, il n'est pas casanier et trouve un réel bonheur dans le fait de voyager et d'élargir ses horizons : pour lui, bien plus qu'une simple escapade, c'est un moyen de s'enrichir, de s'évader de la routine et de se sentir vivant. Sa curiosité insatiable et son esprit de challengeur acharné le poussent à sortir de sa zone de confort. Il peut prendre son temps pour mener à bien ses projets et est toujours prêt à assumer tous les risques pour sortir vainqueur d'un combat.

En amour

L'homme Sagittaire possède un charme naturel et une grande capacité de séduction, qu'il peut parfois exprimer à travers l'humour. Il est attiré par les femmes authentiques, celles qui sont animées par de grandes valeurs et une volonté de fer et qui savent se valoriser. Il apprécie les femmes combatives, qui ne se laissent pas manipuler et évitent également les conflits inutiles. Pour lui, une femme intelligente et déterminée est à la fois stimulante et attirante. Il est séduit par la confiance en soi et recherche une partenaire qui ne craint pas de prendre des décisions et de poursuivre ses aspirations. Il n'est pas attiré par les femmes qui créent des scandales pour un rien, car il valorise l'équilibre et la sérénité dans les relations.

> « La meilleure manière de se lancer, c'est d'arrêter de parler et commencer à agir. »
>
> WALT DISNEY

L'homme Sagittaire accorde beaucoup d'importance à la dignité, aux principes et aux valeurs. Pour lui, cela implique également de faire preuve de maîtrise et de respecter la liberté de chacun, et il recherche donc une femme qui partage cette vision. Il a besoin d'une partenaire qui soit aussi sa meilleure amie, avec qui il puisse créer une forte complicité et partager tous ses délires. Cependant, il a également besoin qu'elle respecte son indépendance car il ne supporte pas de se sentir étouffé ou limité dans ses actions. Il est important qu'il puisse avoir des moments à lui, poursuivre ses propres intérêts et s'engager dans des activités qui lui procurent de la satisfaction personnelle. Cela ne signifie pas qu'il néglige sa relation, mais plutôt qu'il a besoin d'un équilibre entre la proximité et la liberté. Pour lui, une relation saine est fondée sur le respect mutuel des besoins de chacun.

> « Lorsque vous faites ce que vous aimez, vous ne voulez pas être de passage : vous n'avez pas sacrifié toute votre vie pour être figurant. »
>
> KYLIAN MBAPPÉ

L'homme Sagittaire n'apprécie généralement pas que sa partenaire lui donne des ordres et peut se montrer très résistant en retour. Cependant, il est très généreux et trouve du plaisir à faire plaisir à sa partenaire et à la gâter. Le problème avec l'homme Sagittaire, c'est sa nature aventureuse qui peut parfois le rendre peu enclin à la fidélité absolue. Il peut être attiré par la nouveauté et ressentir le besoin de découvrir différentes facettes de la vie amoureuse. Cela ne signifie pas nécessairement qu'il ne peut pas être fidèle, mais c'est un aspect à prendre en compte dans sa relation. Une communication ouverte et honnête avec lui sur les attentes et les limites peut aider à établir des bases solides pour une relation épanouissante.

> « On ne devrait jamais tourner le dos à un danger pour tenter de le fuir. »
>
> WINSTON CHURCHILL

Ils sont Sagittaire Walt Disney • Winston Churchill • Bruce Lee • Brad Pitt • Frank Sinatra • Jay-Z • Steven Spielberg • Jimi Hendrix • Jamie Foxx • Woody Allen • DJ Khaled • Ben Stiller • Jacques Chirac • Kylian Mbappé • Karim Benzema • Badr Hari • Joseph Staline • Jean-Pierre Foucault • Tahar Ben Jelloun • Thomas Sankara...

Test d'introspection pour **l'homme Sagittaire**

1 Quelles sont mes aspirations les plus profondes dans une relation amoureuse, et comment puis-je les exprimer de manière claire et honnête à ma partenaire ?

....

....

2 Quels sont les critères essentiels que je recherche chez une partenaire idéale, en termes de traits de personnalité, de valeurs et d'objectifs de vie, et comment ces critères influencent-ils mes choix amoureux ?

....

....

3 Suis-je prêt à m'engager émotionnellement et à investir du temps et de l'énergie dans une relation sérieuse, et comment puis-je m'assurer que je suis prêt à assumer cette responsabilité ?

....

....

4 Quelles sont mes attentes en termes de liberté et d'indépendance dans une relation amoureuse, et comment puis-je communiquer ces attentes à ma partenaire tout en respectant les siennes ?

....

....

5 Quelles sont mes valeurs fondamentales en matière de partenariat et de vie de couple, et comment puis-je m'assurer que mes choix et mes actes sont alignés sur ces valeurs ?

....

....

6 Comment puis-je communiquer efficacement mes besoins, mes attentes et mes préoccupations à ma partenaire, en favorisant une communication ouverte et respectueuse ?

....

....

7 Comment est-ce que je gère l'intimité émotionnelle et ma propre vulnérabilité dans une relation, tout en créant un espace sûr pour ma partenaire afin qu'elle puisse exprimer ses propres émotions ?

....

....

8 Suis-je prêt à faire des compromis et preuve de flexibilité pour le bien-être de ma relation, tout en maintenant mes propres limites et mes propres besoins ?

....

....

9 Comment est-ce que je gère les conflits et les désaccords dans mes relations amoureuses, et comment puis-je développer des compétences de résolution de problèmes qui favorisent la croissance et l'harmonie dans ma relation ?

....

....

10 Quels sont mes objectifs à long terme en ce qui concerne ma vie amoureuse et mes relations, et comment puis-je prendre des mesures concrètes pour les atteindre et les réaliser ?

....

....

La femme **Sagittaire**

La femme Sagittaire est une femme de caractère. Joueuse, elle est dotée d'un charme naturel qui séduit instantanément son entourage. Elle se distingue par son authenticité et son honnêteté. Pétillante, séductrice et incontrôlable, elle est authentique. Impatiente et impulsive, elle ne s'embarrasse pas de subtilités et va droit au but, sans perdre de temps en chemin. Elle ne se contente jamais de prendre les informations qu'on lui donne pour argent comptant. Naturellement naïve, sa forte intuition la pousse à rester sur ses gardes et elle devient souvent méfiante avec le temps et préfère généralement s'attendre au pire afin de ne pas être déçue. Elle peut être têtue et avoir tendance à se braquer lors d'un conflit. Elle déteste passer pour une victime, même quand elle l'est réellement. Elle sait ce qu'elle veut, et prend des décisions facilement, n'éprouvant aucune difficulté à dire non. Elle peut avoir l'air très froide et fermée, surtout lorsqu'elle n'apprécie pas quelqu'un.

La femme Sagittaire sait savourer pleinement la vie et ressent une connexion innée avec la nature. Son désir de découverte est insatiable, et elle déteste qu'on restreigne sa liberté. Elle a besoin de voyager et de découvrir le monde pour être épanouie. Elle aime également les jeux de société et les débats intéressants. Elle apprécie les belles choses et peut paraître superficielle alors qu'en fait, elle est autant attachée au fond qu'à la forme. Elle peut manquer de tact par maladresse et être très blessante sans s'en apercevoir, car elle ne mâche pas ses mots. Elle est spontanée et dit ce qu'elle pense sans filtre. Elle est naturellement très franche et moralisatrice, et ne craint pas d'exprimer ses pensées quitte à se faire des ennemis. Bien qu'elle ne soit pas rancunière, elle peut être très revancharde. La femme Sagittaire est naturellement intuitive. Elle sait comment influencer les autres grâce à ses fortes convictions. Mieux vaut avoir une Sagittaire comme amie que comme ennemie. Elle n'a pas peur de la confrontation et a horreur de la dissimulation.

> « Mentir, moi, jamais, la vérité est bien trop amusante. »
>
> STEVEN SPIELBERG

Professionnellement, elle est très investie et appliquée, et prend plaisir à se consacrer pleinement à son travail. C'est une grande bosseuse indépendante, qui préfère travailler pour son propre compte. Lorsqu'on ne la connaît pas, elle peut sembler froide et directe, mais elle a également la capacité à mettre les gens à l'aise. Elle est très loyale envers sa famille et ses amis, et n'hésite pas à offrir des cadeaux aux personnes qui lui sont chères pour exprimer ses sentiments.

En amour

La femme Sagittaire est attirée par les hommes séduisants, car l'apparence physique revêt une grande importance à ses yeux. Pour autant, une connexion cérébrale est nécessaire afin de la séduire. Elle a besoin d'un partenaire qui soit confiant et qui sache l'écouter attentivement, mais qui lui laisse naturellement beaucoup de liberté. Elle peut facilement se sentir étouffée si on lui donne des ordres. Elle est profondément attachée à sa liberté de pensée, d'action et de mouvement, et elle recherche un homme qui respecte pleinement ses désirs. Elle a également besoin de ressentir une confiance absolue envers son compagnon. Elle apprécie les hommes virils, intelligents, audacieux et entreprenants, qui ne craignent pas de se lancer. Elle sait parfaitement séduire et se mettre en valeur physiquement, bien qu'elle ne soit pas du genre à vanter ses mérites.

> « La connaissance parle, mais la sagesse écoute. »
>
> JIMI HENDRIX

La femme Sagittaire apprécie les gestes généreux de son partenaire, car elle a tendance à l'être également. Sa phobie : les hommes radins et les menteurs. Après une trahison, elle n'a aucune difficulté à mettre fin à la relation, préférant rester seule que mal accompagnée. Elle n'est pas réellement rancunière et peut pardonner une trahison si elle estime avoir une part de responsabilité. Avant d'entrer dans une relation sérieuse, elle n'est pas forcément la plus fidèle, appréciant plaire et profiter de l'attention de plusieurs personnes à la fois. Cependant, lorsqu'elle envisage un réel avenir avec un homme, elle est capable de gérer son couple et sa vie de famille avec une grande détermination.

La femme Sagittaire ne mendie pas l'amour. Elle peut être susceptible et quand elle est fâchée, elle a tendance à se fermer et à refuser tout dialogue. Elle a besoin d'un homme attentif aux mots qu'il utilise pour éviter de la blesser, même si elle peut elle-même manquer de tact dans ses paroles. Bien qu'elle ne soit pas possessive, la femme Sagittaire peut tout de même être sujette à la jalousie. Cependant, sa fierté la pousse souvent à la dissimuler et à adopter un comportement imperturbable. Si elle rencontre un homme qui ne lui convient pas et avec qui elle n'a pas de complicité, elle ne se forcera jamais à créer une connexion qui n'a pas existé uniquement pour ne pas rester célibataire. Elle peut être attachée à son confort, et peut facilement se plaire dans une relation qui lui apporte une sécurité matérielle et une certaine aisance de vie.

Elles sont Sagittaire

Taylor Swift • Miley Cyrus • Britney Spears • Jane Fonda • Tina Turner • Julianne Moore • Nicki Minaj • Vanessa Hudgens • Scarlett Johansson • Amanda Seyfried • Billie Eilish • Rita Ora • Katherine Heigl • Teri Hatcher • Milla Jovovich • Ashley Benson • Felicity Huffman • Zoë Kravitz • Katie Holmes • Janelle Monáe • Alyssa Milano • Christina Aguilera • Shy'm • Sandrine Quétier…

Test d'introspection pour **la femme Sagittaire**

1 Quels sont mes besoins émotionnels profonds dans une relation amoureuse et comment puis-je les exprimer de manière claire et authentique à mon partenaire ?

....

....

2 Quelles sont mes valeurs essentielles en matière de partenariat et de vie de couple, et comment ces valeurs influencent-elles mes choix de partenaires potentiels ?

....

....

3 Quels sont mes objectifs à long terme en ce qui concerne ma vie amoureuse et mes relations, et comment puis-je m'assurer que mes actes et mes décisions sont alignés avec ces objectifs ?

....

....

4 Suis-je prête à m'engager pleinement dans une relation sérieuse et à investir le temps et l'énergie nécessaires pour la faire évoluer ?

....

....

5 Quels sont les traits de personnalité et les qualités que je recherche chez un partenaire, et comment ces critères influencent-ils mes choix amoureux ?

....

....

6 Comment puis-je communiquer efficacement mes besoins, mes attentes et mes préoccupations à mon partenaire, en favorisant une communication ouverte et respectueuse ?

....

....

7 Comment est-ce que je gère ma propre indépendance et mon besoin de liberté dans une relation amoureuse, tout en trouvant un équilibre avec les besoins et les attentes de mon partenaire ?

....

....

8 Quelles sont mes limites personnelles en termes de compromis et de concessions, et comment puis-je les communiquer clairement à mon partenaire tout en respectant ses propres limites ?

....

....

9 Suis-je prête à prendre des risques émotionnels et à sortir de ma zone de confort pour vivre une relation épanouissante, et comment puis-je surmonter mes peurs et mes résistances éventuelles ?

....

....

10 Comment est-ce que je gère les conflits et les désaccords dans mes relations amoureuses, et comment puis-je développer des compétences de résolution de problèmes qui favorisent la croissance et l'harmonie dans ma relation ?

....

....

Sagittaire / Capricorne

♂ Sagittaire / ♀ Capricorne

❤ L'homme Sagittaire est attiré par la femme Capricorne en raison de son élégance, de son indépendance et de son ambition, des qualités qu'il apprécie chez une partenaire. Il est séduit par sa force intérieure et son attitude combative face aux défis de la vie. Il apprécie également la dignité de la femme Capricorne et son respect des limites, ce qui crée de l'harmonie dans leur relation. Ils peuvent être à la fois amoureux et amis, partageant des moments de complicité et de délire. Ils trouvent un équilibre entre la proximité et la liberté, en respectant mutuellement leur besoin d'indépendance et d'espace personnel.

💔 L'homme Sagittaire peut reprocher à la femme Capricorne son inflexibilité et son désir de contrôle. Elle a tendance à imposer son cadre de vie et peut avoir du mal à s'adapter aux besoins et aux envies de son partenaire, ce qui est susceptible d'entraîner des tensions et des frictions dans leur couple. De plus, la femme Capricorne peut masquer ses émotions et sembler insensible, ce qui peut frustrer l'homme Sagittaire qui préfère une communication ouverte et honnête. Il peut se sentir limité par la nature routinière de la femme Capricorne et vouloir des moments de détente et de divertissement.

STATISTIQUES ♥♥♥♡♡

Woody Allen et Diane Keaton.

♀ Sagittaire / ♂ Capricorne

❤ La femme Sagittaire apprécie les hommes virils, intelligents et entreprenants, qui savent prendre des initiatives sans être trop autoritaires, ce qui correspond à l'homme Capricorne qui partage les mêmes valeurs de stabilité et de construction d'un avenir durable qu'elle, bases solides pour leur relation. De plus, l'homme Capricorne peut apprécier l'indépendance de la femme Sagittaire et lui accorder la liberté dont elle a besoin. En respectant son espace et en lui offrant une confiance absolue, il gagne son affection. L'homme Capricorne peut également compléter la femme Sagittaire en étant attentif à ses paroles pour éviter de la blesser et en s'adaptant à sa sensibilité cachée. Finalement, sa loyauté et sa fidélité rassurent la femme Sagittaire qui peut s'épanouir dans une relation sérieuse avec lui.

💔 Cependant, la femme Sagittaire peut reprocher à l'homme Capricorne son manque de flexibilité et de folie. Son rythme de vie simple et routinier contraste avec la spontanéité et l'aventure que recherche la femme Sagittaire. Elle peut également être frustrée par son besoin de peser le pour et le contre avant de s'engager complètement, car elle préfère une connexion naturelle et spontanée. La femme Sagittaire peut trouver l'homme Capricorne réservé dans l'expression de ses sentiments, ce qui peut parfois créer un manque de communication émotionnelle entre eux. De plus, l'homme Capricorne peut être très économe, voire radin ce qui ne correspond pas avec les valeurs de la femme Sagittaire qui est très généreuse et peut dépenser son argent pour voyager, sans jamais culpabiliser.

STATISTIQUES ♥♥♥♡♡
Miley Cyrus et Liam Hemsworth, Julianne Moore et Bart Freundlich.

Sagittaire / Verseau

♂ Sagittaire / ♀ Verseau

♥ L'homme Sagittaire est attiré par l'énergie et la détermination de la femme Verseau, ainsi que par sa faculté à se mettre à la place des autres. Il admire sa capacité à être énergique et animée par des projets, ainsi que sa volonté de fer à poursuivre ses aspirations. La femme Verseau incarne pour lui la femme combative, celle qui ne se laisse pas manipuler et qui sait éviter les conflits inutiles. Il se sent stimulé par sa force et sa capacité à se défendre. Leur complicité repose sur le fait qu'ils peuvent être à la fois amoureux et meilleurs amis, partageant des moments de complicité et de rires.

💔 L'homme Sagittaire peut reprocher à la femme Verseau son côté colérique et jaloux lorsqu'elle est amoureuse, ce qui entraîne parfois des conflits. Il peut également se sentir étouffé si la femme Verseau devient trop collante ou envahissante. De plus, l'homme Sagittaire a une nature aventureuse et peut être attiré par la nouveauté, ce qui peut susciter des inquiétudes quant à sa fidélité absolue. La femme Verseau a besoin d'être écoutée, mais son désir constant de communication peut être épuisant pour l'homme Sagittaire qui préfère le silence pour se préserver, perturbant ainsi la femme Verseau.

STATISTIQUES ♥♥♥♡♡
Brad Pitt et Jennifer Aniston, Walt et Lillian Disney.

♀ Sagittaire / ♂ Verseau

♥ La femme Sagittaire est séduite par le côté original et protecteur de l'homme Verseau. Elle aime sa capacité à être un ami proche avant d'être un partenaire romantique, ce qui crée une base solide pour leur relation. La femme Sagittaire trouve attrayant le fait que l'homme Verseau ne cherche pas seulement la beauté extérieure, mais privilégie le fond et la connexion intellectuelle. Elle aime être stimulée mentalement et partager des idées folles avec son partenaire, ce qui crée une complicité profonde entre eux. L'homme Verseau peut apporter à la femme Sagittaire une relation dynamique et excitante, pleine d'aventures et d'explorations intellectuelles.

Il peut la soutenir dans sa quête de liberté et respecte son besoin d'indépendance. Leur relation est basée sur une amitié solide, où ils peuvent rire ensemble, s'élever mutuellement et s'encourager dans leurs aspirations.

La femme Sagittaire peut reprocher à l'homme Verseau son imprévisibilité et sa capacité à mentir sans éprouver de remords. Elle a besoin d'un partenaire intègre et qui sache respecter ses promesses. De plus, l'homme Verseau peut parfois être jaloux et paranoïaque, ce qui est susceptible de créer des tensions dans la relation. La femme Sagittaire valorise sa liberté et son indépendance, et elle peut se sentir étouffée si l'homme Verseau devient trop collant ou possessif. Elle préfère un partenaire qui respecte son espace et sa nécessité d'agir librement. La femme Sagittaire peut également être sensible aux brusques changements d'humeur de l'homme Verseau, qui peuvent la désarçonner et perturber l'harmonie dans leur relation.

STATISTIQUES ♥♥♡♡♡

Tina Turner et Erwin Bach, Katherine Heigl et Josh Kelley, Jane Fonda et Roger Vadim.

Sagittaire / Poissons

♂ Sagittaire / ♀ Poissons

L'homme Sagittaire est attiré par l'esprit rêveur et sensible de la femme Poissons. Sa nature affectueuse et attentionnée est une véritable source d'attirance pour lui. La femme Poissons, par son intuition développée, parvient à comprendre les émotions profondes de l'homme Sagittaire sans qu'il ait besoin de les exprimer verbalement. Elle est capable de lui apporter un soutien émotionnel inconditionnel, créant ainsi un lien profond et intime entre eux. Il trouve particulièrement plaisant le côté malléable de sa partenaire, car cela lui permet de se sentir dominateur dans la relation.

L'homme Sagittaire peut reprocher à la femme Poissons sa tendance à se replier sur elle-même et à se laisser submerger par ses émotions. Il peut avoir des difficultés à comprendre ses changements d'humeur fréquents et se sentir déconcerté par son besoin de se retirer dans son monde intérieur, car il préfère une communication ouverte et honnête pour résoudre les problèmes. La méfiance de la femme Poissons envers les hommes ainsi que sa jalousie peuvent également poser des problèmes dans leur relation, car l'homme Sagittaire valorise la confiance et la liberté mutuelles. Il peut être frustré par la propension de la femme Poissons à nourrir des rancunes et à ressasser le passé, ce qui crée des ancrages négatifs et limite leur capacité à avancer ensemble.

STATISTIQUES ♥♥♥♥♡

Frank Sinatra et Barbara Marx.

♀ Sagittaire / ♂ Poissons

La femme Sagittaire est trop souvent attirée par l'homme Poissons. Ce sont des opposés qui s'attirent. Séduisant et séducteur, l'homme Poissons sait comment lui plaire. Elle apprécie son charme énigmatique et sa sensibilité profonde. Elle trouve séduisant son sens de l'humour, qui agit en fait comme une armure pour masquer ses émotions vulnérables. L'homme Poissons peut apporter à la femme Sagittaire un environnement de confiance et de sécurité où elle peut exprimer sa liberté et son indépendance sans se sentir étouffée. Son amour passionné et empreint d'imagination peut combler les besoins émotionnels de la femme Sagittaire, qui apprécie les gestes affectueux et l'attention de son partenaire. Ils peuvent créer une complicité basée sur le respect mutuel de leur espace personnel

La femme Sagittaire peut reprocher à l'homme Poissons sa susceptibilité et sa tendance à intérioriser et à fuir ou à se braquer au lieu de confronter les choses, ce qui peut parfois lui donner l'impression qu'il se désintéresse d'elle. De plus, l'homme Poissons peut être exigeant envers lui-même et envers ceux qu'il aime, ce qui peut créer des tensions dans leur relation. La femme Sagittaire n'apprécie pas les comportements passifs-agressifs lors des disputes et préfère une communication franche et directe. La tendance de l'homme Poissons à rendre sa partenaire jalouse et à la provoquer peut aussi être un point de friction, car la femme Sagittaire préfère une relation basée sur la franchise et la transparence.

STATISTIQUES ♥♥♥♡♡

Adèle Exarchopoulos et Doums, Felicity Huffman et William H. Macy, Hailey et Justin Bieber, Britney Spears et Sam Asghari, Milla Jovovich et Luc Besson.

Sagittaire / Bélier

♂ Sagittaire / ♀ Bélier

L'homme Sagittaire est séduit par l'énergie débordante de la femme Bélier, par son charme mystérieux et innocent en même temps. Il apprécie sa capacité à exprimer directement son intérêt et son approche franche, ce qui ajoute une dose d'excitation à leur relation. La femme Bélier correspond à son idéal de partenaire énergique et combative, qui poursuit ses aspirations avec détermination sans focaliser sur le négatif. Ils partagent une quête commune d'aventure, de stimulation et de nouveauté qui crée une connexion passionnante entre eux. De plus, la femme Bélier peut dépenser autant d'énergie que d'argent pour exprimer ses sentiments, ce qui correspond aux attentes généreuses de l'homme Sagittaire envers ses relations amoureuses.

L'homme Sagittaire peut reprocher à la femme Bélier sa forte réactivité et sa propension à prendre des décisions hâtives, ce qui peut entraîner des risques imprévus. Son tempérament explosif peut causer des hauts et des bas intenses dans leur relation. La nature passionnée et imprévisible de la femme Bélier crée parfois des situations de conflit et rend la relation tumultueuse. Enfin, elle peut être colérique, agressive ou vindicative lorsqu'elle se sent menacée ou trahie, ce qui peut être déstabilisant pour l'homme Sagittaire qui valorise l'équilibre et la sérénité dans les relations.

STATISTIQUES ♥♥♥♡♡

Vincent Cassel et Tina Kunakey, Benjamin Bratt et Talisa Soto.

♀ Sagittaire / ♂ Bélier

La femme Sagittaire est attirée par les hommes séduisants, confiants, entreprenants et virils, et l'homme Bélier incarne ces qualités de manière naturelle. Sa détermination, son franc-parler et son audace captivent la femme Sagittaire, qui apprécie également sa faculté à s'enthousiasmer facilement. L'homme Bélier est capable de comprendre le besoin de liberté de sa partenaire et de lui accorder l'espace qu'il lui faut. Il sait comment l'écouter attentivement sans être trop collant, ce qui est essentiel pour la femme Sagittaire. De plus, il peut susciter son intérêt en étant intellectuellement stimulant et en relevant le défi de la challenger dans différents domaines ou projets. Ensemble, ils peuvent former un couple passionné, aventureux et ambitieux, partageant des moments excitants et créant une connexion profonde basée sur le respect et la compréhension mutuels.

La femme Sagittaire peut reprocher à l'homme Bélier sa naïveté et son comportement parfois virulent lors de disputes. Elle a besoin d'un homme fort et compétent, mais elle préfère également un partenaire qui sait choisir ses mots avec précaution pour éviter de la blesser. La nature spontanée de l'homme Bélier peut être un autre point de friction, car la femme Sagittaire déteste les provocations et les comportements blessants. De plus, l'homme Bélier peut être enclin à succomber à l'infidélité en raison de son impulsivité et de son besoin constant de nouvelles sensations. Enfin, la femme Sagittaire peut reprocher à l'homme Bélier sa tendance à se précipiter avant de prendre des décisions, alors qu'elle a besoin d'un partenaire qui soit capable d'analyser le pour et le contre de chaque situation avant de se prononcer.

STATISTIQUES ♥♥♥♡♡

Britney Spears et Kevin Federline, Christina Aguilera et Matthew Rutler.

Sagittaire/Taureau

♂ Sagittaire / ♀ Taureau

❤ Irrésistiblement attiré par la femme Taureau, qui incarne une force tranquille et une stabilité apaisante, l'homme Sagittaire, enclin à s'emporter, trouve en la femme Taureau une partenaire exceptionnelle. Elle possède cette capacité rare de le maîtriser et de le calmer lorsqu'il est submergé par ses émotions débordantes. Sa patience et sa douceur sont des qualités qui adoucissent l'homme Sagittaire. Consciente des moments où il peut manquer de tact, elle fait preuve d'une grande résilience et d'une compréhension profonde. Sa force intérieure et son attitude réfléchie lui permettent de réagir avec maturité et de ne pas laisser les mots blessants de son partenaire affecter leur amour.

💔 L'homme Sagittaire peut reprocher à la femme Taureau son côté possessif ainsi que son extrême résilience, qui la pousse à accepter rapidement la réalité des choses, alors que pour lui, exprimer son mécontentement est essentiel pour résoudre les problèmes. En tant qu'individu intuitif, l'homme sagittaire accorde une grande importance à ses instincts et à ses intuitions. Cependant, sa partenaire peut parfois remettre en question ou ne pas prendre au sérieux ses sentiments profonds qui guident ses choix et actions.

STATISTIQUES ♥♥♥♥♥

Gregg Allman et Cher, Brandon Blackstock et Kelly Clarkson.

♀ Sagittaire / ♂ Taureau

❤ La femme Sagittaire apprécie chez l'homme Taureau sa stabilité émotionnelle, car cela lui offre un sentiment de sécurité et de confort dans la relation. L'homme Taureau est connu pour sa patience, sa concentration et son endurance, ce qui peut être bénéfique dans leur relation, puisque la femme Sagittaire est parfois imprévisible ou en quête de nouvelles expériences. Elle apprécie l'attitude affectueuse de l'homme Taureau envers elle, car il a tendance à être prévenant et à prendre soin de ses besoins et de son bien-être. La femme Sagittaire aime sa loyauté, car il est prêt à faire des compromis et à travailler sur les problèmes de la relation pour la préserver et la renforcer.

💔 La femme Sagittaire peut reprocher à l'homme Taureau son côté possessif et jaloux, car cela entrave sa liberté et son besoin d'indépendance. Elle peut aussi être frustrée par sa tendance à prendre beaucoup de temps avant de se lancer. De plus, la femme Sagittaire peut ne pas apprécier la nature casanière de l'homme Taureau et l'attachement qu'il porte à sa routine, à l'encontre de son désir d'aventure et de nouveauté. Enfin, l'homme Taureau peut être très têtu, ce qui peut poser des difficultés pour la femme Sagittaire, tout aussi bornée que lui.

STATISTIQUES ♥♡♡♡♡

Dany Garcia et Dwayne Johnson.

Sagittaire / Gémeaux

♂ Sagittaire / ♀ Gémeaux

❤ L'homme Sagittaire est charmé par la femme Gémeaux qui possède un esprit vif et audacieux et des talents d'oratrice. Positive et ambitieuse, elle est capable de le faire progresser dans sa propre vie en l'encourageant à s'ouvrir à de nouvelles idées et à élargir ses horizons. Ils partagent une passion commune pour les discussions et l'exploration intellectuelles et les idées nouvelles. Elle le stimule grâce à ses perspectives innovantes et son approche intellectuelle des choses. En outre, la femme Gémeaux sait gérer avec succès sa carrière et ses responsabilités familiales, ce qui permet un équilibre sain dans leur relation. Ensemble, ils forment un duo dynamique qui se soutient mutuellement dans leurs ambitions et aspirations personnelles.

💔 L'homme Sagittaire peut reprocher à la femme Gémeaux son ego parfois dominant et son agressivité lorsqu'elle se sent trahie. Sa nature changeante peut la pousser à réagir de façon excessive. De plus, l'homme Sagittaire a besoin d'un certain niveau de liberté et d'indépendance dans sa vie, ce qui peut entrer en conflit avec le besoin de la femme Gémeaux d'être constamment courtisée et désirée. Elle a tendance à lui adresser beaucoup de reproches, ce qui peut parfois étouffer l'homme Sagittaire et le pousser à adopter un silence complet pour se préserver.

STATISTIQUES ❤❤❤❤❤

Brad Pitt et Angelina Jolie.

♀ Sagittaire / ♂ Gémeaux

❤ La femme Sagittaire apprécie chez l'homme Gémeaux sa capacité à stimuler son esprit et à engager des conversations enrichissantes. Elle est attirée par son désir d'apprendre et d'évoluer et sa curiosité intellectuelle, car elle recherche un partenaire avec qui elle peut échanger et se développer mentalement. Elle apprécie également son indépendance et sa liberté, car cela correspond à sa propre nature. Le côté communicatif, indépendant et ouvert d'esprit de l'homme Gémeaux lui permet de s'adapter facilement aux besoins de la femme Sagittaire, qui apprécie sa liberté sans se sentir étouffée. Ensemble, ils peuvent vivre des aventures passionnantes et embrasser le changement et l'évolution dans leur relation.

💔 La femme Sagittaire peut reprocher à l'homme Gémeaux son manque de stabilité émotionnelle et son caractère changeant. Elle peut trouver frustrant de ne pas toujours savoir sur quel pied danser avec lui et de devoir s'adapter à ses humeurs variables. De plus, elle n'apprécie pas lorsque son partenaire crée des problèmes sans raison apparente ou se comporte de manière excessive pour de petites choses. La nature séductrice de l'homme Gémeaux peut également susciter des inquiétudes chez la femme

Sagittaire, qui a besoin de se sentir en confiance et d'avoir une relation stable basée sur la transparence et la loyauté.

STATISTIQUES ♥♡♡♡♡
Christina Aguilera et Jordan Bratman.

Sagittaire / Cancer

♂ Sagittaire / ♀ Cancer

♥ L'homme Sagittaire est séduit par l'énergie féminine de la femme Cancer. Il apprécie sa force intérieure, son intuition développée et ses émotions profondes. Il est fortement attiré par la sensibilité de la femme Cancer. Il trouve en elle une partenaire d'une sagesse éclairée, capable de le comprendre sans même qu'il ait besoin d'exprimer explicitement ses besoins. Cette connexion intuitive entre eux est véritablement magique. La femme Cancer, dotée d'une imagination immense et d'une grande profondeur émotionnelle, captive l'homme Sagittaire.

💔 L'homme Sagittaire peut reprocher à la femme Cancer d'être susceptible et de réagir trop rapidement lorsqu'elle est sous tension. Sa difficulté à gérer ses émotions intenses peut parfois créer des conflits ou des incompréhensions. De plus, elle peut avoir tendance à se braquer trop facilement et à se réfugier dans son cocon pour se protéger, ce qui peut également perturber l'homme Sagittaire, qui est parfois trop spontané et maladroit, voire blessant, dans ses paroles. Il peut parfois avoir l'impression qu'elle exagère et se fait un peu trop passer pour la victime de l'histoire.

STATISTIQUES ♥♥♡♡♡
Don Gummer et Meryl Streep.

♀ Sagittaire / ♂ Cancer

♥ La femme Sagittaire apprécie chez l'homme Cancer son énergie chaleureuse et sa capacité à mettre tout le monde à l'aise. Elle trouve attrayant son besoin de donner et de recevoir de l'amour. Elle est séduite par sa sensibilité et son investissement émotionnel, sachant qu'il est prêt à consacrer du temps et de l'énergie pour construire une connexion profonde. De plus, l'homme Cancer offre un cocon familial apaisant et sécurisant, ce qui correspond aux besoins de stabilité de la femme Sagittaire lorsqu'elle envisage un avenir sérieux avec quelqu'un. Son engagement et sa fidélité sont également des qualités appréciées, car la femme Sagittaire souhaite partager une relation solide et durable avec un partenaire sur lequel elle peut compter.

💔 La femme Sagittaire peut reprocher à l'homme Cancer d'être parfois trop capricieux, émotif et pleurnichard. Son besoin constant d'attention et sa susceptibilité semblent étouffants pour la femme Sagittaire, qui valorise sa liberté et son indépendance. De plus, l'homme Cancer peut utiliser du chantage affectif ou des manipulations émotionnelles pour attirer l'attention de sa partenaire, ce qui peut être source de tension et de frustration pour elle. Elle préfère une communication ouverte et honnête plutôt que des comportements non assumés. La femme Sagittaire a une forte volonté et se bat toujours pour surmonter les obstacles. Elle reproche à l'homme Cancer d'avoir tendance à jouer les victimes, même si ses raisons peuvent être légitimes.

STATISTIQUES ♥♥♥♥♡

Amanda Seyfried et Thomas Sadoski, Katie Holmes et Tom Cruise, Scarlett Johansson et Romain Dauriac, Scarlett Johansson et Colin Jost.

Sagittaire / Lion

♂ Sagittaire / ♀ Lion

♥ L'homme Sagittaire est séduit par l'énergie solaire de la femme Lion. Il apprécie son esprit entreprenant et combatif ainsi que sa volonté de fer, car cela stimule sa propre motivation et l'encourage à poursuivre ses propres aspirations. Il recherche une femme décidée et capable de prendre des décisions, tout en respectant les limites et l'autonomie d'autrui. Cette compatibilité peut créer un équilibre dynamique où ils se soutiennent mutuellement dans leurs objectifs et projets respectifs. De plus, l'homme Sagittaire apprécie le fait que sa partenaire aime profiter de la vie, voyager et découvrir le monde, ce qui colle parfaitement avec ses propres besoins.

💔 L'homme Sagittaire peut reprocher à la femme Lion son fort ego et parfois son penchant pour les scandales et les conflits inutiles, car il valorise l'équilibre et la sérénité dans les relations. De plus, l'homme Sagittaire a besoin de liberté et d'indépendance, et il peut se sentir contrôlé si sa partenaire devient trop exigeante. Sa réaction peut être de se retirer dans le silence et de chercher à préserver son espace personnel. Il lui faut une femme plus maniable que la femme Lion, qui préfère prendre le *lead*. Il se sent donc souvent perdu entre son désir d'être un homme entreprenant et la tendance de la femme Lion à vouloir tout diriger.

STATISTIQUES ♥♥♥♡♡

Ben Stiller et Christine Taylor, Don Cheadle et Bridgid Coulter.

♀ Sagittaire / ♂ Lion

La femme Sagittaire est très souvent en couple avec l'homme Lion. C'est celui qui l'attire le plus et qui matche le plus naturellement avec elle. Elle apprécie son charisme, son air posé, sa capacité à trouver des solutions et à l'écouter sans être trop envahissant. La femme Sagittaire valorise énormément sa liberté et il lui faut un partenaire qui partage pleinement son besoin de voyager, ce qui correspond à l'homme Lion. Entreprenant, actif, bosseur et tchatcheur, il a toutes les qualités pour la séduire. Elle est également sensible aux gestes généreux (un soutien plus physique que financier) de son partenaire, car il l'aide à concrétiser tous ses projets. L'homme Lion peut apporter à la femme Sagittaire un sentiment de stabilité, ce qui correspond à son besoin de sécurité dans une relation.

La femme Sagittaire peut reprocher à l'homme Lion d'être parfois trop fier, susceptible et préoccupé par son image. La femme Sagittaire a besoin d'un partenaire qui soit capable de reconnaître ses erreurs, et de communiquer et s'excuser lorsqu'il a tort. L'homme Lion peut avoir du mal à montrer sa vulnérabilité et à exprimer clairement ses sentiments, ce qui est susceptible de créer des tensions dans la relation. Elle peut lui reprocher d'être trop vendeur et percevoir un décalage entre ses prétentions et les faits concrets. Elle peut également trouver qu'il est un peu trop flemmard, que son esprit est trop pessimiste ou encore naïf. Enfin, la femme Sagittaire peut reprocher à l'homme Lion de ne pas assez la soutenir ouvertement lorsqu'ils sont avec d'autres personnes.

STATISTIQUES ♥♥♥♥♥
Shauna Robertson et Edward Norton, Summer Phoenix et Casey Affleck.

Sagittaire / Vierge

♂ Sagittaire / ♀ Vierge

L'homme Sagittaire apprécie chez la femme Vierge sa stabilité émotionnelle et son côté perfectionniste dans tout ce qu'elle entreprend. Il est attiré par sa force de caractère et sa volonté de construire une relation solide et sécurisante. La femme Vierge, avec sa nature rationnelle et réaliste, peut offrir à l'homme Sagittaire un environnement calme et équilibré. Sa préférence pour une vie paisible correspond aux besoins de l'homme Sagittaire en termes d'équilibre et de sérénité. De plus, la femme Vierge peut lui apporter une forte connexion cérébrale en partageant des réflexions nouvelles et intéressantes. Il admire sa capacité à penser et à analyser tous les aspects d'une situation.

Cependant, l'homme Sagittaire peut reprocher à la femme Vierge son attitude parfois autoritaire. Il peut se sentir étouffé ou limité dans ses actions en raison de sa possessivité. L'homme Sagittaire valorise sa liberté et son indépendance, et il peut avoir du mal à accepter les demandes constantes de la femme Vierge ou son insistance à vouloir le changer. Elle peut lui sembler ambivalente, passant d'un comportement totalement compréhensif et calme à des réactions démesurées sans transition, notamment lorsqu'elle s'est sentie blessée dans son ego.

STATISTIQUES ♥♥♥♥♥
Jay-Z et Beyoncé, Carlo Ponti et Sophia Loren, Christian et Adriana Karembeu.

♀ Sagittaire / ♂ Vierge

♥ La femme Sagittaire peut être séduite par la façon dont l'homme Vierge tente de la conquérir. Beau parleur, il sait trouver les mots flatteurs afin d'attirer la femme Sagittaire et être attentif à ses besoins, tout en respectant sa liberté et son indépendance. Il donne à la femme Sagittaire un sentiment de sécurité matérielle, ce qu'elle apprécie, tout en conservant sa propre indépendance. Il peut combler son besoin de stabilité en lui offrant un cadre de vie confortable et en la soutenant dans la réalisation de ses ambitions. L'homme Vierge est également loyal et dévoué une fois qu'il est amoureux, ce qui crée une base solide pour une relation sérieuse.

💔 La femme Sagittaire reproche à l'homme Vierge son manque de volonté, d'audace et d'enthousiasme. Elle peut trouver son attitude trop effacée, prudente et prévisible, ce qui est susceptible d'étouffer sa spontanéité et son besoin d'aventure. La femme Sagittaire préfère les hommes qui osent prendre des risques et sortir de leur zone de confort, alors que l'homme Vierge peut se montrer réticent devant l'inconnu. Elle peut également être frustrée par sa difficulté à se remettre en question. De plus, l'homme Vierge peut manquer d'expressivité émotionnelle, ce qui donne l'impression qu'il n'est pas assez attentif aux besoins et aux sentiments de la femme Sagittaire. Elle ne s'estime pas toujours soutenue ni comprise avec l'homme Vierge et peut même se sentir bridée en sa compagnie.

STATISTIQUES ♥♥♡♡♡
Holly Marie Combs et David W. Donoho, Magali Berdah et Stéphane Teboul.

Sagittaire / Balance

♂ Sagittaire / ♀ Balance

♥ L'homme Sagittaire admire la femme Balance en raison de sa capacité à apaiser les tensions, à réconcilier les esprits, ce qu'il ne parvient pas à faire aussi naturellement qu'elle. Il apprécie son énergie positive ainsi que sa volonté de mener des projets ambitieux. La femme Balance cherche toujours des solutions au lieu de trouver des excuses, ce qui correspond parfaitement à la volonté de fer de l'homme Sagittaire. Elle est une réelle source de stimulation et d'attirance pour l'homme Sagittaire. Il est séduit par sa capacité à respecter les limites en évitant les conflits inutiles.

💔 L'homme Sagittaire peut reprocher à la femme Balance son côté indécis et son esprit versatile, et trouver agaçante sa tendance à douter de tout et d'elle-même. Il peut souffrir de son besoin d'attention car il lui faut une partenaire confiante. Parfois, il peut se sentir oppressé par la jalousie et la tendance à être trop dépendante affectivement de la femme Balance, car il valorise sa liberté et son indépendance et peut réagir avec fermeté pour les préserver. Enfin, l'homme Sagittaire peut reprocher à la femme Balance de ne pas être assez combative, alors qu'elle emprunte simplement d'autres chemins que lui pour atteindre ses objectifs.

STATISTIQUES ♥♥♥♡♡

Vincent Cassel et Monica Bellucci, Offset et Cardi B,
Samuel L. Jackson et LaTanya Richardson Jackson, Woody Allen et Soon-Yi Previn.

♀ Sagittaire / ♂ Balance

❤ La femme Sagittaire est souvent conquise par l'homme Balance, qu'elle trouve séduisant, séducteur et malin. Il sait comment se mettre en valeur et attirer l'attention, ce qui touche la femme Sagittaire qui accorde une grande importance à l'apparence physique. De plus, l'homme Balance est capable d'apaiser les tensions et sait toujours comment se faire pardonner, ce qui ne manque pas de captiver le cœur de la femme Sagittaire. Elle est également attirée par son côté affectueux et attentionné, car elle apprécie les gestes généreux de l'homme Balance qui sait exprimer ses sentiments par des cadeaux et en gâtant sa partenaire, ce qui correspond parfaitement à la manière dont la femme Sagittaire exprime elle-même son amour. Elle recherche un homme positif et ambitieux, et l'homme Balance est capable de répondre à ses attentes à cet égard.

💔 La femme Sagittaire peut reprocher à l'homme Balance de ne pas savoir ce qu'il veut alors qu'elle-même est ferme, sait parfaitement faire des choix et recherche un partenaire bien plus stable que lui. Trop versatile, il l'inquiète et ne lui permet pas de se projeter aisément. En effet, l'homme Balance accorde une grande valeur aux opinions et aux conseils de ses proches, ce qui peut parfois le pousser à hésiter encore plus qu'auparavant, en raison de son esprit trop prévoyant. Enfin, la femme Sagittaire peut lui reprocher d'être trop susceptible et de garder pour lui ses réelles pensées. Elle peut le trouver lâche, hypocrite, insolent ou encore corruptible.

STATISTIQUES ♥♥♥♡♡

Jane Kaczmarek et Bradley Whitford, Lil Wayne et Lauren London.

Sagittaire / Scorpion

♂ Sagittaire / ♀ Scorpion

❤ L'homme Sagittaire est attiré par la femme Scorpion pour ses qualités : énergique, combative et déterminée, mais à la fois réservée et réfléchie, ce qui apporte un sentiment de stimulation et d'excitation dans la relation. Il apprécie sa confiance en elle et admire sa capacité à se défendre et à poursuivre ses aspirations. De plus, la femme Scorpion répond au besoin de l'homme Sagittaire d'avoir une partenaire qui soit à la fois sa chérie et sa meilleure amie. Ils peuvent partager des moments de complicité et d'amusement, nourris par leur humour mutuel. Dans cette relation, l'homme Sagittaire valorise la dignité et cherche une partenaire loyale, investie, qui agisse avec intégrité et respecte les limites, ce qui correspond au profil de la femme Scorpion.

💔 L'homme Sagittaire peut reprocher à la femme Scorpion sa propension à la jalousie et à l'obsession, ainsi que son besoin constant d'attention. Il peut se sentir étouffé ou limité dans ses actions lorsque sa partenaire est trop exigeante. De plus, l'homme Sagittaire valorise sa liberté et son indépendance, et il peut réagir avec fermeté lorsque la femme Scorpion lui donne des ordres ou tente de le contrôler. Cette dynamique peut créer des conflits et des tensions dans la relation. Pour maintenir une relation épanouissante, il leur faut mettre en place une communication ouverte et honnête pour aborder leurs attentes et leurs limites respectives.

STATISTIQUES ♥♥♥♡♡

Steven Spielberg et Kate Capshaw, Jack Huston et Shannan Click.

♀ Sagittaire / ♂ Scorpion

❤ La femme Sagittaire est attirée par les hommes calmes et perspicaces, et l'homme Scorpion sait parfaitement capter son attention avec sa profondeur émotionnelle et sa nature mystérieuse. Il peut lui offrir une connexion profonde à la fois sur le plan cérébral, physique et émotionnel. La femme Sagittaire apprécie les hommes entreprenants et qui se veulent intelligents, et l'homme Scorpion correspond à ces caractéristiques. De plus, l'homme Scorpion est généreux envers sa partenaire, ce qui correspond aux attentes de la femme Sagittaire qui apprécie les cadeaux. Il peut lui offrir une sécurité matérielle et une aisance de vie, ce qui lui permet de se sentir à l'aise dans la relation.

💔 La femme Sagittaire déteste qu'on lui donne des ordres ou qu'on soit trop possessif ou jaloux. L'homme Scorpion, en raison de son besoin naturel de contrôle, peut parfois exercer une pression sur sa partenaire, ce qui peut entrer en conflit avec le besoin d'indépendance et de liberté de la femme Sagittaire. De plus, l'homme Scorpion peut être méfiant en amour, intérioriser ses émotions et garder une part de mystère, ce qui peut rendre difficile à la femme Sagittaire la compréhension de la véritable nature émotionnelle de son partenaire. La femme Sagittaire apprécie la transparence et la franchise, et peut être déconcertée par les fourberies du Scorpion. Sa susceptibilité et sa jalousie peuvent également poser problème, car la femme Sagittaire a besoin de se sentir libre et ne pas être tenue par des restrictions excessives.

STATISTIQUES ♥♥♡♡♡
Jane Fonda et Ted Turner, Kelly Brook et Danny Cipriani.

Sagittaire / Sagittaire

♂ Sagittaire / ♀ Sagittaire

♥ L'homme Sagittaire et la femme Sagittaire sont attirés car ils se ressemblent beaucoup. Il est attiré par la femme Sagittaire, énergique et combative, qui a comme lui une volonté de fer et apprécie sa partenaire pour sa capacité à être à la fois posée, sensible et dynamique La femme Sagittaire, elle, apprécie les hommes francs, sincères, séduisants, forts mentalement, qui ont une allure virile et qui sont intelligents, audacieux et entreprenants. Ils apprécient tous deux un partenaire capable de prendre des décisions et de poursuivre ses aspirations, qui privilégie les actions aux paroles. Ils partagent un amour pour l'indépendance et ont besoin d'un équilibre entre la proximité et la liberté.

💔 Les Sagittaire peuvent rencontrer des diffcultés à communiquer, pouvant se monter chacun très fermés et étant tous deux dôtés d'une franchise sans filtres, ils peuvent même être blessants l'un envers l'autre. L'homme Sagittaire peut reprocher à la femme Sagittaire d'être trop exigeante et de suivre ses propres envies, ce qui peut parfois créer des tensions dans leur relation. De son côté, la femme Sagittaire peut reprocher à l'homme Sagittaire son désir de nouveauté qui peut le rendre moins enclin à la fidélité absolue. Elle a besoin de se sentir en confiance dans sa relation, et la nature aventureuse de l'homme Sagittaire est perçue comme une menace à cette stabilité.

STATISTIQUES ♥♡♡♡♡
Katie Holmes et Jamie Foxx, Alyssa Milano et David Bugliari, DJ Khaled et Nicole Tuck.

Je note ma compatibilité avec **l'homme Sagittaire**

1. Comment décririez-vous votre besoin de liberté et d'indépendance ?

A. J'ai besoin d'être collée à mon partenaire et j'ai du mal à avoir une vie sociale en dehors de lui.
B. J'ai besoin d'une grande liberté et d'indépendance dans ma vie.
C. J'apprécie l'équilibre entre indépendance et engagement.

2. Comment abordez-vous les changements et les nouvelles expériences ?

A. Je préfère rester dans ma zone de confort et éviter les changements.
B. J'aime les nouvelles expériences, mais je préfère une certaine stabilité.
C. J'embrasse les changements et je suis toujours prête pour de nouvelles aventures.

3. Comment gérez-vous les discussions et les débats intellectuels ?

A. Je préfère éviter les débats intellectuels autant que possible.
B. J'aime les discussions et les échanges d'idées, mais pas de manière trop intense.
C. J'adore les débats intellectuels stimulants et j'aime exprimer mes opinions.

4. Comment gérez-vous le côté autoritaire de votre partenaire ?

A. Je suis plutôt réservée et j'ai du mal avec les personnes trop autoritaires.
B. J'ai une bonne maîtrise de mes émotions, mais je n'aime pas qu'on hausse le ton.
C. J'exprime librement mes émotions et je suis ouverte à des conversations profondes.

5. Quelle est votre approche des voyages et de l'aventure ?

A. Je préfère rester dans un environnement familier et éviter les voyages fréquents.
B. J'apprécie les voyages occasionnels, mais j'aime aussi ma routine.
C. J'adore voyager et je suis toujours partante pour de nouvelles aventures.

6. Comment gérez-vous les différences d'opinion et les désaccords au sein d'une relation ?

A. J'ai du mal à accepter les différences d'opinion et je préfère éviter les conflits.
B. J'apprécie la diversité des opinions, mais j'ai besoin d'un compromis équilibré.
C. Je suis ouverte aux désaccords et j'aime discuter pour trouver un terrain d'entente.

7. Quelle est votre attitude face à des propos trop directs ?

A. Je suis plutôt réservée et je peux me replier sur moi-même.

B. J'apprécie la franchise, mais je deviens blessante face à des propos blessants.

C. Je préfère que mon partenaire dise tout ce qu'il pense, même si ça doit me blesser.

8. Quel type de relation recherchez-vous principalement ?

A. Je valorise davantage la connexion émotionnelle que la connexion physique.

B. Je préfère une relation axée sur une connexion cérébrale profonde plutôt que sur une connexion physique.

C. Je recherche une relation basée sur une connexion physique et cérébrale forte.

9. Au niveau des décisions, avez-vous besoin d'un partenaire plutôt flexible ou plutôt ferme dans ses choix ?

A. J'ai moi-même un caractère ferme et décidé, et je recherche un partenaire plus flexible afin qu'il s'adapte à mes choix.

B. Je suis moi-même versatile, et j'ai besoin d'un partenaire plus ferme que moi.

C. J'ai moi-même un caractère ferme, et j'ai besoin d'un partenaire décidé et qui n'hésite pas pour faire un choix.

10. Avez-vous besoin de contrôler votre partenaire ?

A. Oui, j'ai un besoin de contrôle qui provient de mon besoin de domination.

B. J'ai tendance à vouloir contrôler tous les déplacements de mon partenaire, en raison des trahisons que j'ai connues par le passé.

C. Sans façon, j'ai besoin d'indépendance et j'accorde toute sa liberté à mon partenaire en qui j'ai confiance, sinon je ne me mets pas en couple.

Écrivez le nom de vos hommes Sagittaire préférés :

Résultat du test :

A : Mauvaise compatibilité
B : Compatibilité normale
C : Bonne compatibilité

Je note ma compatibilité avec **la femme Sagittaire**

1. Comment décririez-vous votre besoin de liberté et d'indépendance ?

A. Je n'ai pas de vie sociale en dehors de celle que j'ai à travers ma partenaire.

B. J'ai besoin d'une grande liberté et d'indépendance dans ma vie, et je n'aime pas me sentir trop sollicité.

C. J'accorde beaucoup de liberté à ma partenaire, mais j'ai également besoin de vivre une relation fusionnelle.

2. Comment abordez-vous les changements et les nouvelles expériences ?

A. Je préfère rester dans ma zone de confort et éviter les changements.

B. J'aime les nouvelles expériences, mais je préfère une certaine stabilité.

C. J'embrasse les changements et je suis toujours prêt pour de nouvelles aventures.

3. Au niveau des décisions, avez-vous besoin d'une partenaire plutôt flexible ou plutôt ferme dans ses choix ?

A. Je suis versatile et j'ai besoin d'une partenaire qui comprenne mes changements d'avis.

B. J'ai un caractère ferme, mais j'ai besoin d'une partenaire flexible.

C. Je suis très flexible et j'ai besoin d'une partenaire plus décidée que moi afin de me stabiliser.

4. Quel type de connexion recherchez-vous ?

A. Une connexion émotionnelle.

B. Une connexion spirituelle.

C. Une connexion physique et cérébrale.

5. Comment réagissez-vous aux imprévus et aux changements de plans ?

A. J'ai besoin de contrôler ma vie et j'ai du mal à m'adapter aux imprévus.

B. J'aime prévoir les choses à l'avance et je préfère éviter les imprévus autant que possible, mais je sais m'adapter en cas de nécessité.

C. J'adore l'imprévu et je suis capable de m'adapter rapidement aux changements de plans.

6. Comment préférez-vous gérer les conflits et les désaccords dans une relation ?

A. Il est vrai que je peux être impulsif, voire agressif lorsque je me sens incompris.

B. J'ai tendance à éviter les conflits et à les résoudre plus tard.

C. Je suis prêt à discuter des problèmes, à écouter attentivement et à trouver un terrain d'entente avec ma partenaire.

7. Quelle est votre attitude face à des propos trop directs ?

A. Je suis plutôt réservé et je peux me replier sur moi-même.
B. J'apprécie la franchise, mais je deviens blessant face à des propos blessants.
C. Je préfère que ma partenaire dise tout ce qu'elle pense, même si ça doit me blesser.

8. Quel type de partenaire recherchez-vous ?

A. Réservée, sensible et calme.
B. Routinière, casanière et accommodante.
C. Bosseuse, mobile et honnête.

9. Comment gérez-vous le côté autoritaire de votre partenaire ?

A. Je suis plutôt réservé et j'ai du mal avec les personnes trop autoritaires.
B. J'ai une bonne maîtrise de mes émotions, mais je n'aime pas qu'on hausse le ton.
C. J'exprime librement mes émotions et je suis ouvert à des conversations profondes.

10. Quelle est votre approche des voyages et de l'aventure ?

A. Je préfère rester dans un environnement familier et éviter les voyages fréquents.
B. J'apprécie les voyages occasionnels, mais j'aime aussi ma routine.
C. J'adore voyager et je suis toujours partant pour de nouvelles aventures.

Écrivez le nom de vos femmes Sagittaire préférées :

....

....

....

....

....

Résultat du test :
A : Mauvaise compatibilité
B : Compatibilité normale
C : Bonne compatibilité

Sagicorne

ENTRE LE 20 ET LE 23 DÉCEMBRE

Les personnes nées entre le 20 et le 23 décembre (parfois même à partir du 18... en réalité, c'est de la casuistique), c'est-à-dire entre le signe du Sagittaire et celui du Capricorne, prennent souvent certains traits de caractères liés au Sagittaire et d'autres liés au Capricorne.

Célébrités

Emmanuel Macron
Afida Turner
Vanessa Paradis
Carla Bruni
Samuel L. Jackson

Conclusion

Chapitre après chapitre, ce livre vous a présenté les forces et les faiblesses de chaque signe astrologique, en se concentrant sur les individus eux-mêmes plutôt que sur les astres. En étudiant directement les personnes, en écoutant leurs histoires et en analysant leurs relations, nous avons pu mettre en lumière les dynamiques uniques qui se déroulent dans chaque couple de signes astrologiques.

Ces pages vous ont offert une approche concrète et pragmatique de l'astrologie amoureuse, qui se fonde sur les expériences réelles vécues plutôt que sur des généralisations stéréotypées. Nous avons démontré que chaque couple de signes astrologiques est unique, et que la compréhension profonde des forces et des faiblesses de chaque partenaire est essentielle dans la création d'une relation épanouissante.

Alors que nous achevons ce voyage à travers les signes astrologiques en couple, il est important de se rappeler que l'amour est une aventure complexe et individuelle. Les signes astrologiques peuvent fournir des indications intéressantes, mais ne déterminent pas le destin d'une relation. L'amour triomphe toujours, et toute personne qui a déjà connu ce sentiment le sait.

Alors oui, il y a des traits que l'on retrouve plus chez certains que d'autres, notamment en ce qui concerne les problématiques amoureuses. Comme nous avons pu le voir, certains signes astrologiques rencontrent, dans les faits, plus souvent des situations d'infidélité. Ces dernières peuvent provenir de l'ensemble des traits de caractère d'une personne qui, réunies, peuvent créer plus de penchant pour l'infidélité ou l'inverse.

Par exemple, les Verseau s'ennuient vite et savent très bien mentir. Ces deux capacités ensemble peuvent permettre à un Verseau de tromper plus aisément son ou sa partenaire qu'un autre signe. Mais les principes et valeurs de chacun sont des variables très importantes.

Une véritable variable qui change tout : l'AMOUR ! Les Poissons peuvent quant à eux être sans scrupule avec les personnes qu'ils n'affectionnent pas. Pour autant, l'amour les rend totalement dévoués et aux petits soins, prêts à tout sacrifier pour l'être aimé.

En prenant en compte les sentiments et les valeurs qui nous sont propres, le constat est clair : l'astrologie ne peut pas déterminer complètement qui nous sommes, ou comment nous devons nous comporter, même s'il existe des statistiques. L'astrologie offre cependant des indications et des pistes de réflexion supplémentaires pour nous aider à mieux nous connaître et à mieux interagir avec les autres.

Le danger de l'astrologie est de tomber dans la généralisation. Vous avez rencontré un Gémeaux qui vous a déçu parce qu'il était trop séducteur et a fini par vous tromper ? Donc vous allez diaboliser tous les Gémeaux et serez fermé à la découverte d'autres personnes de ce signe ? Finalement, c'est un peu discriminant et c'est surtout dommage parce qu'en réalité, chaque signe astrologique présente à la fois des qualités et des défauts.

Vous pouvez rencontre un Gémeaux (pour rester sur cet exemple), qui vous aura trahi car il a décidé de se comporter comme un connard. Pour autant, un autre Gémeaux saura travailler sur son pouvoir de séduction afin de ne pas porter préjudice à son couple, parce que son amour est suffisamment fort et que ses expériences de vie lui ont permis d'évoluer...

L'âme ne possède pas de signe astrologique. Que vous soyez une bonne ou une mauvaise personne ne dépend pas de votre signe astrologique. Nous avons tous notre conscience et le libre arbitre de nous comporter comme bon nous semble. Nous n'avons pas d'excuse. Si nous voulons changer, nous pouvons tous les jours travailler sur nos défauts afin de devenir la meilleure version de nous-même.

L'astrologie doit garder son objectif qui n'est que positif : nous aider à connaître les gens, à comprendre leur nature et à appréhender les relations. Mais sûrement pas de se fermer à de nouvelles rencontres et à de belles personnes en raison de mauvaises expériences passées.

Chaque signe astrologique présente à la fois des qualités et des défauts qui lui sont propres. Pour autant, dans chacun d'entre eux, il y a de bonnes comme de mauvaises personnes. Libre à chacun de tendre vers le côté bénéfique ou maléfique de son caractère. Par exemple, les Vierge peuvent facilement développer des complexes. Axés sur les détails, ils peuvent être durs avec eux-mêmes et laisser leurs petits défauts prendre le dessus sur leur confiance en eux. Pour autant, une Vierge évoluée qui a appris à travailler sur son développement personnel peut retrouver de l'estime pour sa propre valeur et réaliser que ce qu'il envisage comme un complexe peut être une force.

Tout dépend donc de l'évolution de chacun ainsi que de la phase que nous traversons. Nous sommes nés avec un caractère naturel. À l'adolescence on se recherche, avant de se stabiliser sur un caractère qui nous correspond. À l'âge adulte, on évolue encore, puis arrive la phase « maman » ou « papa », qui nous permet d'apprendre à nous découvrir par le biais de nouveaux aspects, en abordant de nouvelles problématiques de vie. Rien n'est alors figé et l'astrologie n'est pas de la magie. L'analyse du comportement des individus en lien avec leur date de naissance doit prendre en considération toutes ces approches afin d'être la plus complète et réelle possible. La véritable magie réside dans la capacité de chaque individu à se comprendre, à s'accepter avec toutes ses nuances et à travailler avec les autres pour construire des liens solides et épanouissants.

Alors que vous terminez ce livre, je vous encourage à continuer à explorer par vous-même, à travers votre entourage, et à vous questionner. Je vous encourage également à ne pas laisser cette seule dimension dicter le destin de vos relations. La communication, la compréhension mutuelle et le travail personnel sont essentiels pour cultiver des liens solides et épanouissants.

Que ce livre vous serve de point de départ pour approfondir votre exploration et votre compréhension des relations amoureuses, tout en restant ouvert à de nouvelles découvertes et expériences enrichissantes, indépendamment d'une simple date de naissance. Que votre parcours amoureux soit empreint de passion, de compréhension et de croissance personnelle. Bonne continuation dans votre exploration de l'astrologie et dans la construction de relations épanouissantes et durables.

À propos de l'auteure

Je m'appelle Nancy et suis née au cœur de Paris. J'ai commencé mes études avec un baccalauréat scientifique au lycée, puis je me suis tournée vers le droit. J'ai poursuivi avec deux Masters, l'un en droit pénal et l'autre en droit des affaires. Vous pourriez vous demander quel rapport tout cela a avec l'astrologie, car en effet, je ne l'ai pas rencontrée dans des bouquins ou sur les bancs de l'école. Mon truc à moi, c'était apprendre sur le tas. Sur Internet, je lisais des descriptions des signes astrologiques qui ne collaient pas vraiment avec la réalité. Je ne me reconnaissais même pas dans mon signe astro. J'ai alors décidé de faire mes propres analyses en observant directement les individus, et de ne pas me laisser influencer bêtement par ce que je pouvais lire au sujet de l'astrologie. Je suis scientifique et rationnelle, je crois ce que je vois, point barre. Et depuis l'âge de 13 ans, pas une personne ne traverse mon chemin sans que je ne lui demande sa date de naissance.

J'adore écouter les gens, les analyser, m'adapter à eux. Je pense qu'on peut s'entendre avec tout le monde si on les connaît vraiment. Les idées astrologiques hyper simplistes, du genre «tu es ce signe donc tu es comme ça», je n'adhérais pas du tout. Et puis, il y a la personnalité, différente du caractère, qui rend les gens uniques. Quand on a vraiment été amoureux, on sait que l'amour finit toujours par l'emporter, les signes astrologiques ne peuvent pas nous dicter comment aimer.

Il fallait que je me fasse ma propre opinion. J'ai besoin de milliers de cas pour oser créer une théorie. Peu de gens voient les choses de cette manière, alors j'ai dû plonger toute seule dans l'astrologie pour vérifier mes observations. Ce que je voulais, c'était décrire objectivement chaque comportement et caractère en vérifiant si les personnes du même signe partageaient des points en commun. Et pour que mes analyses soient le plus juste, il fallait que je sois le plus neutre possible.

Depuis quelques années, je me suis lancée sur les réseaux sociaux afin de partager mes connaissances et ma vision de l'astrologie à un maximum de personnes. Cela leur permet de se forger une réflexion objective et détachée de tout ce qu'ils ont pu apprendre à ce sujet, car ce n'est pas en analysant les astres qu'on comprendra les gens.

Retrouvez-moi sur les réseaux sociaux :

@nancyzzle

@thesupernancy

pca
cmb
édition pré-presse
livres numériques

44400 Rezé

Achevé d'imprimer en décembre 2023 sur les presses de la SEPEC en France
Numéro d'impression : 27315231201
Dépôt légal : janvier 2024

IMPRIM'VERT®

PEFC 10-31-1470 / Certifié PEFC / Ce produit est issu de forêts gérées durablement et de sources contrôlées. / pefc-france.org